19~20세기 정치적인 것에 대한 시론

Essais sur le politique, XIXe-XXe siècles

by Claude Lefort

프리즘총서 022

19~20세기 정치적인 것에 대한 시론

발행일 초판1쇄 2015년 11월 30일 • **지은이** 클로드 르포르 • **옮긴이** 홍태영
펴낸곳 (주)그린비출판사 • **펴낸이** 임성안 • **편집** 강혜진 • **디자인** 이민영 • **등록번호** 제313-1990-32호
주소 서울시 마포구 동교로17길 7, 4층(서교동, 은혜빌딩) • **전화** 02-702-2717 • **이메일** editor@greenbee.co.kr

ISBN 978-89-7682-793-7 93300
이 도서의 국립중앙도서관 출판예정도서목록(CIP)은 서지정보유통지원시스템 홈페이지(http://seoji.nl.go.kr)와
국가자료공동목록시스템(http://www.nl.go.kr/kolisnet)에서 이용하실 수 있습니다.(CIP제어번호: CIP2015028968)

나를 바꾸는 책, 세상을 바꾸는 책 www.greenbee.co.kr

19~20세기
정치적인 것에 대한 시론

클로드 르포르 지음 | 홍태영 옮김

프리즘총서 **022**

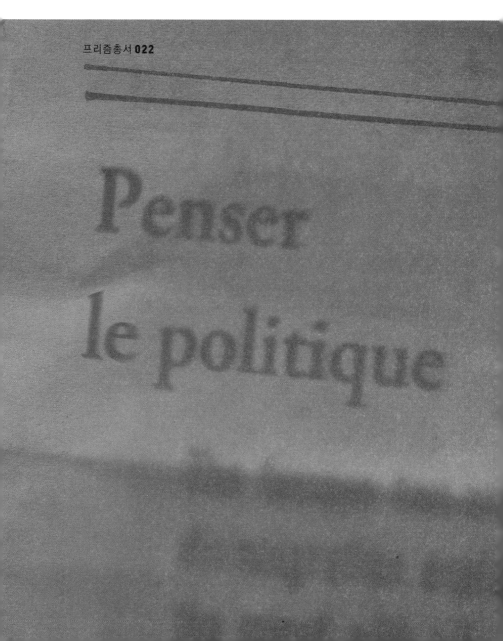

Penser
le politique

서문

우리 시대의 경험으로부터 야기되는 다양한 문제들에 대해 책임을 지려는 의도에서 정치적인 것을 사유하고 재사유하는 이러한 기획은 "정치적인 것이 무엇인가"에 대해 묻지 않고서는 그 문제에 분명히 매달릴 수 없다. 답이 출발에서부터 정의定義의 형태로 있는 것인가 아니면 이러한 종류의 대답을 찾아가야 한다는 말인가? 정치적인 것의 본질을 고정시키려는 모든 정의와 모든 시도는 사유의 자유로운 운동을 방해하며, 또한 그러한 시도는 정치적인 것의 한계를 속단하지 않는 한에서, 정반대로 그 길이 미리 알려지지 않은 탐구에 동의한다는 것이 오히려 적합하지 않겠는가? 우리가 이 책 속에 모아 놓은 글들은 이 탐구의 과정을 효과적으로 드러내 준다. 사람들은 이 책 속에서 체계적인 연구의 단계들을 발견하지는 못할 것이다. 명확히 하자면 한 권의 책을 위한 장들을 구성하기 위해 쓰이지 않았다. 몇개의 테마를 재조합한 이 책이 한 권의 책을 구성할 수 있다는 환상을 자극하지 않으며, 또한 테마들 사이에 불균형도 명백히 남아 있다. 덧붙인다면 어떤 것들 예를 들어, 「『공산주의자 선언』의 재독해」와 같은 것은 상황적 저술이다. 반면에 예를 들어 프랑스혁명에 대한 글, 토크빌에 대한 글 혹은 종교와 정치에 대한 글은 세미나 작업을 통해 만들어진 것이다. 그리고 「불멸성의 죽음?」과 같은 글은 한정된 인터뷰의 산물로서 매우 부족한 상태에서 나온 것이다.

그 기원과 다루어진 주제가 무엇이든 그것들은 자주 무시되거나, 부정된 곳에서 정치적인 것의 표시들을 찾으려는 명백한 의도에 의한 것이거나, 아니면 그러한 표시들을 모으고 의미를 부여하려는 공통된 의지에서 비롯된 것이다. 나는 이중의 형태로 그림을 그리면서 심사숙고된 운동에 의해 우리들이 정치적인 것과의 만남과 관련을 맺는다는 것을 이해시키고자 한다. 하지만 사실 정치적인 것은 우리가 지금, 여기에서 겪는 경험 속에 있으며, 그것은 과거에는 알려지지 않은 우리들의 정치적 존재 양태 혹은 아리스토텔레스의 언어를 빌리자면, 정치적 동물로서의 형태로 존재했던 것이다.

우리가 이러한 단어들에서 빌려 온 의미로부터 정치적인 것을 사유하는 것은 정치(과)학science politique이나 정치사회학sociologie politique의 의도와는 다른 것을 불러일으키고, 그것은 우리를 정치철학philosophie politique의 전통과 결합시킨다. 한마디, 즉 다른 것으로부터 우리를 멀어지게 하는 것과 가깝게 하는 것에 대해 말하도록 하자. 정치학과 정치사회학은 실증적 인식이라는 정언명령——객관성과 중립성이라는 정언명령——이 작동하는 가운데서 구획된 영역에 결합되어 있다. 그리고 그 자체로서 명백히 정의된 다른 영역, 예를 들어 경제적·사회적·법률적·윤리적·종교적·미학적 등등의 영역과 거리를 둔다. 우리들은 「정치신학적인 것의 영원성?」이라는 글 속에서 왜 우리가 그러한 우연적이지 않고, 인위적인 구분 속에서 판단하는지를 보게 될 것이다. 이 간단한 소개글 속에서 인류학자들이

나 역사학자들이 우리에게 알려 주는 대부분의 사회를 고려할 때 그러한 분할은 적실성을 잃었음을 충분히 관찰할 수 있을 것이다. 반대로 그러한 분할은 인류 역사의 범위를 고려한다면, 상대적으로 최근에 서구에 출현한 **사회의 형태**를 증언한다. 이 형태를 이전의 다른 형태들과 구별하는 것이 중요한데, 그러한 작업을 하지 않는다면 정치(과)학은 자신의 근거를 설명하고 정당화하는 데 있어서 무능하다는 것을 자인하는 것이 된다. 따라서 의심할 여지 없이 그러한 종류의 비판은 정치철학의 영역에서는 주어지지 않는다. 사회의 형태들의 차이가 자극하는 탐구 그리고 그 원인을 제공하고 정치적 판단의 토대가 되는 범주들에 대한 탐구는 그 기원에서부터 생생한 상태로 중심에 존재한다. 이러한 탐구는 정치를 사회적 삶의 특정한 부분으로 그리는 것을 금지하면서 반대로 인간들이 그들 스스로와 그리고 세계와 맺는 관계들의 발생적 원칙 혹은 원칙들의 총체를 의미한다. 그러한 구상의 가장 설득력 있는 증언은 아마도 가장 오래된 것이다. 내가 방금 전에 **사회의 형태**라는 칭했던 것은 플라톤(혹은 소크라테스)이 아마도 처음으로 **폴리테이아**politeia에 대한 검토 속에서 만들어 낸 사유일 것이다. 우리는 그 말을 체제régime라고 번역하는 데 익숙해 있다. 이 말은 현재 우리를 혼란시킬 위험이 있는 채로 제한적으로 수용되고 있다. 레오 스트라우스가 정확하게 관찰했듯, 이 말은 우리가 구체제Ancien Régime라는 표현 속에서 그 말을 사용할 때 얻는 모든 반향을 가진 듯할 때만 유지될 가치가 있다. 따라서 헌법의 한 형태라는 사유와 **존재의 스타일** 혹은 **삶의 양태**라는 사유가 결합된다. 스트라우스의 뜻에 따라 이 용어들의 의미를 좀더 명확히 해야 한다. 헌법은 법률적 수용 속에서 취해지는 것이 아니라, 앵글로 색슨적인 용어의 의미에서 '정부 형태'로서 이해되어야 한다. 나는 위험을 무릅쓰고 (명백하게 분화되어 있거나 그렇지 않을 수도 있는) 행정·입법·사법의 기능들 속에서 정당한 것으로 인지된 권력 구조라고 말할 것이다. 그것은 그 자체로서 사회적 지위들의 정당한 구별짓기를 조건짓는다. **존재의 스타일** 혹은 **삶의 양태**와 관련하여 이 용어들은 **미국적 생활 방식**이라는 표현에서 사용되는 것들을 불러일으키게 된다. 정의로운 것과 정의롭지 않은 것, 선과 악, 바람직한 것과 그렇지 못한 것, 고귀한 것과 하찮은 것이 무엇인지에 대한 관념을 규정하는 암묵적인 규범들의 총체를 말하는 습속들과 믿음들이 바로 그것들이다. 사실상 플라톤에 의해 『국가』 속에서 행해진 질문——그것은 이론적으로 좋은 체제란 무엇인가에 대한 탐구로 인도되었음을 상기해야 한다——은 정치의 한계를 고정시키지 않고, 권력의 기원과 그 정당성의 조건들, 사회의 전 범위에 걸쳐 명령과 복종의 관계, 도시 공동체cité와 이방인의 관계, 사회적 필요와 직업적 활동의 분배, 종교, 개인과 사회체의 목적들에 동시적으로 관련되는 하나의 질문을 결집시켰다. 그것은 **개인적 심리 현상**psyché의 구성과 **폴리스**polis의 구성 사이의 유비를 알게 하고, 결국 주목할 만한 것은 폴리테이아에 대한 담론, 더 일반적으로 대화가 정치적 특징의 관계들을 사용하도록 제안하는 데까지 이르게 된다. 우리가 알고 있듯이 플라톤은 모든 것이 정치적이라고 생각하지 않았다. 그는 아버지와 아이, 스승과 제자, **가정**oikos의 주인과 노예, 혹은 도시 공동체의 권력의 담지자와 의존관계에 있는 사람과 시민들의 관계를 혼동하지 않았다. 그 또한 교육 혹은 종교가 정치적 기능으로 환원될 수 있으리라고 확신하지 않았다. 게다가 동일한 원칙들이 도시 공동체의 선善과 인간의 선을 결정하리라고 생각하지 않았고, 그들 사이의 종국적인 불화를 암시하면서, 정치적 삶에 대해 철학적 삶의 우위를 확신하는 데 주저하지 않았다.

　『국가』의 해석이 불러일으키는 난점들이 무엇이든 간에 근본적으로 실수한 것임을 의심하지 않을 수 없는 유일한 독해는 우리 현대인 일부가 그것에서 전체주의 이론의 첫번째 표현을 발견하려는 것이다. 그러한 생각은 무시되어야 하는데, 왜냐하면 그러한 독해는 사회적인 것에 대한 필연적인 정치적 제도라는 관념, 그리고 내적인 이질성에도 불구하고 전 범위를 감지할 수 있는 하나의 공간에 속하는 존재라는 관념을 갖는 것이 불가능하기 때문이다. 혹은 활동의 다양한 양식, 행위, 믿음을 하나의 동일한 틀속으로 이끌어 들이고, 갑작스럽게 개인들을 한 명의 주인에 대한 의지에 종속시킬 수 있는 강압적인 힘을 상상하지 않고서 어떤 단일성을 인식하는 것은 불가능하기 때문이다. 이러한 성향의 정신은 플라톤의 저작에 대한 몰이해를 넘어서 일반적인 정치철학에 대한 몰이해를 의미하며, 그것은 그 기원들에 대한 질문을 자극한다. 우리는 조금 전에 정치철학과 정치(과)학 사이에 이루어진 단절에 대해 상기시켰다. 그러나 이 경우 결코 낯설게 느껴지지 않는 또 다른 하나의 단절, 즉 역사에 대한 맑스주의적 개념이 만들어 낸 단절을 상기하는 것이 필요하다. 그것은 생산관계 및 계급관계에 대한 분석을 특권화하는 것 이상을 말한다. 그러한 분석은 정치, 도덕, 법, 종교, 그리고 명백한 모순이 있어 보이는 과학, 그리고 인류 진화의 각 단계에 특수한 특징들의 기원에 대한 이유들을 제공하는 것으로 여겨진다. 이러한 이론은 철학과 과학에서 동시에 그들 기획의 한 부분을 차용했다는 사실이다. 사실 이것은 우리가 처음 발견한 것은 아니다. 이론은 이론이 총체성의 관점을 보존하려는 주장을 통해 자신의 원칙들을 위반하는 순간 속에서 객관적 인식을 요구하는 기획과 결합한다. 이론은 정치철학으로부터 '사회구성체들'을 구별지으려는 야망으로 보존되지만, 동시에 고유한 의미를 지닌 실재의 관념을 형성하면서 급진적으로 분리된다. 그것은 공통된 정체성의 표상의 부재 속에서 이론이 집단들과 그 각각에게 그들의 이름과 세계 속에서의 자리를 부여하듯이, 인간관계들이 그 기원과 능력을 부여하는 보증자이자 법이 되는 권력으로 기원에서부터 구성되기 위해서이다. 왜냐하면 우리는 다음의 글들 속에서 이러한 문제들을 제기하였고, 다른 곳에서 오랫동안 이 문제들을 논의하였기 때문에, 맑스주의에 대한 비판을 지연시키는 것은 불필요한 것 같다. 따라서 현재에 우리가 관찰하고 있다고 믿는 기이하고 우리를 현혹하는 현상들에 주의를 기울이는 것에 한정하도록 하자. 특히 프랑스에서 70년대 초 이래 수년 동안 맑스주의로부터의 분리, 결과적으로 소비에트와 중국 사회주의의 신화의 붕괴로부터 분리가 작동되었다 하더라도 정치적인 것에 대한 사유의 재활성화는 좁은 순환 속에서만 혜택을 받았을 뿐이다. 마치 전체주의에 대한 비난이 정치적인 것 자체에 대한 비난을 포함해야 하는 것처럼 모든 일들이 발생하였다. 결국 절대적인 힘을 가진 권력이 시민들의 자유를 제거하고, 개인들을 아주 은밀한 영역에서까지 괴롭히고, 행동과 믿음을 공통의 규준에 종속시키려 하고, 그리고 개인들이 저항할 때는 캠프 속에 가두고, 확대경을 통하여 무한한 권력의 악덕들, 그리고 행위의 '정상화'의 도구로서 법률의 실제적 기능, 그리고 [이 모든 것들은] 결국은 근대 국가의 전체주의적 소명을 관찰할 수 있도록 하는 것 같다. 이러한 배치로부터 결과는 종교나 도덕의 초월적인 진리들로의 시끄러운 회귀이자 그 자체로서 역사, 변증법, 총체성, 혁명, 전후 세대의 환상들로 보이는 모든 것들에 대한 수다스러운 비판이다. 결국은 특별한 활기 없이 과거에 지배적이었던 담론의 역전일 뿐이다.

아마도 전체주의와 그것이 때때로 조금은 덜 순진하게 자극하였던 무심함으로부터 끄집어 내길 바랐던 교훈들이다. 그러나 그러한 섬세함이 자유주의적 인간주의와 결합된 합리주의의 복원으로 귀결될 때, 두 개의 전쟁 사이에서 자유주의적 인간주의가 세계 속에서 향유되고 있는 모험을 이해하는 데 있어서 그리고 집단적 동일시와 죽음에 대한 욕망들이 발생하는 심연을 측정하는 데 있어서 무능, 그리고 개인주의와 경제적 경쟁의 폭발과 파시스트적 혹은 공산주의적 집단주의의 매력 사이의 관계를 포착하는 데 있어서 무능이 무엇인지에 대해 알지 못하는 가운데 우리로 하여금 얻게 하는 것이 무엇인지 자문할 수 있다. 결국 그것이 절합하고 있던 인식론과 분리된 칸트 이후의 윤리학이, 자신이 묻고 있는 세계와 역사 속에 주체의 삽입 그리고 무의식의 원형 속에서 자신과 타자의 인식의 뿌리박기에 대한 모든 사고로부터 분리를 허용할 때, 칸트적 혹은 칸트 이후의 윤리로의 회귀의 풍부함이 무엇인지 자문할 수 있을 것이다.

그러한 문제들에 대해 주장하기 시작하자마자, 아주 간단해 보이는 우리의 탐구들은 우리가 교과서 속에서 발견되는 방법들에 따라 서둘러 건설하였던 작은 항구들의 유혹에 빠지지 않을 것이라고 가정한다. 우리 시대에 정치적인 것을 사유한다는 것은 역사에 대한 헤겔적 혹은 맑스주의적인 허구의 포기가 제거하지 않고 오히려 필요로 했던 **역사적인 것**에 대한 감성을 요구한다. 그것은 새로운 것에 대한 표시들을 면밀히 검토하면서 근대 민주주의의 형성과 발전과 함께 등장한 것이 무엇인지에 대해 물으면서 가능한 것이다. 그리고 예를 들자면 그것은 이 책 속에서 다루고 있는 주제들을 불러내기 위함일 뿐이다. 국가와 시민 사회의 원칙의 분리, 인간 권리의 확장의 결과로부터 형성된 요구들의 분출, 개인이라는 개념, 사회적인 것의 영역 밖으로 종교의 후퇴와 신앙의 생존 등이 쟁점이 된다. 그것은 다른 사람들이 상이한 경험들로부터 출발하여 과거 속에서의 엄밀함과 비교할 수 없는 용감함을 가지고서 그것을 행하듯이, 우리가 정치적인 것을 측정할 수 있는 몇 차례 기회를 가지는 것은 바로 투쟁의 장소들의 변화, 한 시대에서 다른 시대로의 변화 속에서 민주주의의 모호성들의 전이, 변화를 수반하면서, 한편으로 구성적인 요소가 되는 논쟁의 진화를 해석하면서 이루어질 뿐이다.

　정치철학의 첫번째 전통에 연결하는 것과 우리의 경험이 우리로 하여금 고대 철학자들의 사정거리 밖에 있는 것을 드러낼 수 있을 것이라고 가정하는 것은 패러독스라고 말한다. 우리는 이 패러독스가 새로운 것이 아니며 무엇보다 마키아벨리, 몽테스키외, 토크빌의 저작들이 이미 그것을 증언하고 있다고 대답할 수 있다. 그러나 때때로 역사주의에 대한 비판들의 과녁이었던 증인들을 불러낼 필요 없이 그들 스스로 문제에 직접 맞서는 것이 나을 것이다. 이 패러독스를 솔직하게 떠안고서 그것이 사유 활동 자체를 지탱해 준다고 확인해 주는 것이 나을 것이다. 사실 역사주의와 인간 본성의 철학 혹은 우리를 가두려는 초월성에 대한 전통적 철학 사이에서 대안은 그 자체로는 알지 못하는 사유의 지표로 나타난다. 역사주의에 반대하는 어떠한 것도——당연히 테제로 확립된 역사주의가 인식의 일시적 한계들을 해방시키는 모든 주장을 파괴할 때——외부로부터 도래한 것, 결과적으로 사회역사적 세계 속에 역사주의를 기입한다는 것에 대해 익숙해진다는 사유 자체가 출현하는 경험에 반대한다는 것이 가치 있음을 알지 못한다. 그리고 동일하게 인간 본성의 관념 혹은 무조건적이고 순수한 의식 혹은 순수한 의지를 지닌 하나의 주체sujet에 명확하게 반대할 수 있다는 것으로부터 어떠한 것도 진실과 거짓, 정의로운 것과 정의롭지 않은 것, 선과 악——혹은 이미 플라톤이 말한 것처럼, 고귀한 것과 하찮은 것——을 구별하는 최초의 권력에 대한 생각이 판단하거나 판단받도록 요구한 경험——보편적인 것을 겨냥한다는 것을 증명한 경험——에 반대하는 것이 낫다고 할 수 없다. 또한 우리가 이 말들, 즉 정치적인 것을 사유하고penser, 재사유한다repenser는 말을 결합시킬 때, 우리는 하나의 과업이 형성된 이래, 그러나 그것은 항상 한 시대에서 다른 시대로 넘어가면서 다시 형성되는 과업이라는 생각을 말하게 된다. 왜냐하면 그 과업이 제공한 지식은 각자가 고유의 자리에서 질문한 것을 해체할 수 없기 때문이다.

바로 이것이 우리로 하여금, 정치적인 것에 대한 관념에 풍부한 의미를 재부여하고자 했던 드문 저자 중의 한 명인 한나 아렌트와 관련짓도록 자극하는 것이다. 우리는 세기의 사건들 중에서 전례 없는 전체주의 체제들의 등장과 그것들이 사유 속에서 새로운 출발을 요구했다는 사실을 최우선에 두는 그녀의 확신을 공유한다. 그러나 그러한 사건들이 서구 사상의 범주들을 피폐화했다는 것 그리고 그 이후 사유는 정치철학 전체의 가르침과 단절해야 했다는 또 다른 확신 ——사실 이것은 그녀가 과거의 위대한 저자들과 대화를 중단하지 않았다는 논의에 의해 반증되는 가정이다 ——은 공유하지 못한다. 사실 아렌트는 우리들처럼 우리가 언급했던 대안의 용어들을 비난하였다. 그녀는 역사주의와 동일하게 인간 본성의 표상을 거부하였다. 그러나 그러한 방식으로 그녀는 사유들을 동원하는 긴장들을 회피하였다. 우리는 그녀의 시도들과 해석의 요구 앞에서 빠져나가는 것을 목격하는 동시대인들의 시도와 혼동하지 않는다. 그러나 해석에 대해서 그녀는 자의적인 경계를 지정하는 길을 그녀 스스로 열었을 뿐이다. 사실상 모든 전통으로부터 분리되려는 그녀의 의지 ——혹은 현재의 절대적 새로움을 보다 잘 구별해 내기 위해 그 근원으로 거슬러 올라가는 그녀의 보다 세밀한 행보 ——는 확신에 차서 정치적인 것의 정의를 보유하려는 것과 함께 가고 있다. 따라서 그녀의 모든 탐구들은 정치적인 것과 정치적이지 않은 것의 명확하고 분명한 구별이라는 생각에 종속된다. 그로부터 모두가 다 알고 있듯이, 사회적인 것의 영역과 정치적인 것의 영역 사이, 자연, 삶, 필요, 노동의 질서와 문화, 자유 그리고 행위의 질서 사이, 사적 영역과 공적 영역 사이, 개인의 존재와 시민의 사이에 뚜렷한 대립이 나온다. 그리고 결국 그로부터 근대 민주주의의 증가하는 부패에 대한 비판과 전체주의의 깊숙한 내면으로부터 도래하는 사건들에 대한 탐사에 대한 그녀의 확신이 나온다.

다른 모든 것은 앞으로 읽게 되는 글 속에서의 우리의 행보이다. 몇 개의 길들을 따라가면서 우리의 '조건'으로부터 결정된 이런저런 범위들에 우리가 임무를 맡기지 않은 사실들, 행위들, 표상들, 관계들 속에서 정치적인 것의 흔적들을 찾아갈 것이다. 새로운 것들에 대한 표지들뿐만 아니라 반복된 표지들에도 주의를 기울이면서 우리는 사회적인 것으로부터 상징적 차원을 구별해 낼 것이다.

차례

| 일러두기 |

1 이 책은 Claude Lefort의 *Essais sur le politique, XIXe~XXe siècles*(Paris: Editions du Seuil, 1986)를 완역한 것이다.

2 본문의 주석은 모두 각주로 표시되어 있다. 옮긴이 주는 끝에 '— 옮긴이'라고 표시했으며, 프랑스어판 편집자의 주석에는 '— 편집자'라 표시했다. 표시가 없는 것은 모두 지은이 주이다.

3 본문 중에 독자의 이해를 돕기 위해 옮긴이가 추가한 내용은 대괄호([ ])로 묶어 표시했다.

4 단행본·전집·정기간행물은 겹낫표(『』)로, 논문·단편 등은 낫표(「」)로 표시했다.

5 외국어 고유명사는 2002년에 국립국어원에서 펴낸 외래어표기법을 따르는 것을 원칙으로 하되, 관례가 굳어서 쓰이는 것들은 관례를 따랐다.

1부

:

근대 민주주의에 대하여

:

민주주의의 문제[*]

나의 주제는 정치철학의 복원에 기여하고 그것을 자극하는 것이다. 우리는 동일한 길을 가고 있는 몇몇이다. 아마도 이 작은 수는 얼마 전부터 늘어나기 시작하였다. 어쨌든 이러한 일이 아직 많은 반향을 만나지 못하고 있음을 인정해야 한다. 놀라운 것은 그 작업에 가장 잘 전념할 수 있는 사람들, 즉 지배적이고 경쟁적인 이데올로기들로부터 벗어나려는 사람들의 대부분이 정치적인 것에 대한 강박된 무지를 드러내기 시작했다는 점이다. 왜냐하면 그들의 혼돈이 어떠하든, 적어도 자유의 변천의 조건들을 해명하기 위해, 적어도 그들이 만나고 드러내는 장애물들을 분명히 하기 위해, 그들을 도그마적인 믿음과 철학적 문화와 단절시키려는 경향이 있는 지적 분위기와 우리들의 세계에서 의미를 찾으려는 집념 때문이다. 자유, 내가 방금 발음한 이 단순한 한 단어, 이것은 자신들의 진영을 선택했다고 선언하고 반공주의에 자족하는 일부 소수의 지식인들에게 표지로서 사용되지 않

---

[*] *Le Retrait du politique*, Paris, Galilée, 1983에 게재된 글.

는 한에서, 통속적인 언어가 되어 지적 언어에 자주 침입하는 것을 우리는 보게 된다. 소란스럽더라도 이런 종류의 지식인들은 내버려 두자. 나에게는 좌파 혹은 극좌 진영에 개입하기를 요구하는 지식인, 철학자들이 더 중요하다. 한편으로 파시즘, 다른 한편으로 사회주의의 표식 아래에서 사회의 새로운 형태가 전개되는 시기에 살면서, 그들이 이 거대한 사건을 사유하고 인식하기를 바라지 않는다. 그것을 위해 그들로 하여금 자유라는 이념에 의미를 부여하도록 해야 한다. 그러나 그의 신념과 이익에 부합하는 특징들을 부여하기 위해 그들에 의하여 여론의 파도 속에 던져진 것이 여기에 있다. 따라서 엄격한 인식의 탐구 속에서 그들이 구실로 삼는 것은 여론이 아니라 바로 정치철학이다. 왜냐하면 정치철학은 집단적 믿음의 종속으로부터 벗어나고 사회 속에서 자유를 생각할 자유를 획득하고자 하는 욕망 이외에 결코 다른 것이 아니기 때문이다. 정치철학은 항상 자유로운 체제와 전제정 혹은 폭정 사이에 놓인 본질적 차이의 관점 속에 있기 때문이다. 따라서 우리는 전제정의 새로운 형태(고대 민주주의의 시각에서 근대 민주주의가 그러하듯이, 고대의 전제정에 대한 새로움이라는 것을 주목하자), 그리고 세계적으로 등장하는 전제정에 맞서고 있다 하더라도, 전제정은 비가시적으로 이루어진다. 철학자들은 전체주의라는 말을 들을 때, 다음과 같이 묻는다. 당신은 무엇에 대해 말하는가? 개념이 문제인가? 당신은 그것을 어떻게 정의하는가? 민주주의는 다른 계급에 대한 한 계급의 지배와 착취, 집단적 삶의 동질화 그리고 대중의 순응주의를 포함하지 않는가? 당신은 어떠한 기준 위에서 민주주의와 전체주의를 구별하는가? 역사가 하나의 괴물을 발생시켰다고 가정한다면, 그러한 돌연변이의 원인은 무엇인가? 그것은 경제적·기술적인 것인가 아니면 국가적 관료주의의 발달에 기인하는 것인가? [이러한 질문은] 놀라울 따름이고 나는 다음과 같이 묻고자 한다. 정치가 문제될 때, 미묘함 속에서 존재론적 차이를 다루고, 하이데거, 라캉, 야콥슨, 그리고 레비스트로스를 결합한 탐구 속에서 비범함을 경쟁시키고, 가장 거만한 현실주의로 회귀하는 것이 가능한가? 분명 맑스주의는 그렇게 지나갔다. 맑스주의는 순진함 속에서 철학이 만들어 낸 관계를 단절하였다. 맑스주의는 중앙 집중적 체계의 제도, 수백만 사람들의 몰살, 결사와 표현의 자유의 억압, 보통선거의 폐지 혹은 유일당의 후보 목록에 99%를 찬성하는 희극으로의 전환 등이 소비에트 사회의 본성을 알려 주는 것은 아니라고 가르쳤다. 그러나 더욱더 놀라운 것은 이 이데올로기의 쇠퇴가 사유를 자유롭게 하지도 않고 정치철학의 길을 새롭게 열지도 않는다는 점이다. 소련, 동유럽, 중국, 베트남, 캄보디아 혹은 쿠바에서 성립된 것이 사회주의 혹은 사람들이 우스꽝스럽게 말하듯이 진정한 사회주의가 아니라고 인정한다면, 사회의 발전 법칙을 제공하는 좋은 이론이라는 환상에 얼마나 매달려야 하며, 합리적인 실천의 정식화는 어디에서 온단 말인가? 최선의 경우에 우리는 공산주의 체제하에서 처형된 이단자들 혹은 민중봉기에 대해 동정을 표하는 것을 볼 수 있다. 그러나 이러한 감정은 사유를 지속적으로 괴롭히지 않는다. 사유는 민주주의 내에서 자유를 발견하는 것을 싫어한다. 왜냐하면 민주주의는 부르주아적인 것으로 정의되기 때문이다. 사유는 전체주의에서 종속을 발견하는 것을 싫어한다.

아직 맑스주의에 대한 비판에만 만족하는 것은 잘못이다. 정치적인 것을 재사유하는 것은 과학 일반의 관점 그리고 특히 정치(과)학과 정치사회학이라 명명한 것 속에서 제기된 관점과 단절하는 것을 요구한다.

정치과학자나 사회학자의 경우, 그들은 정치를 그 기초가 생산관계라는 실질적 수준에서 발견되는 상부구조의 일부로 두려고 하지 않는다. 그들은 특수한 사회적 사실들, 즉 경제적·법률적·미학적·과학적 혹은 집단이나 계급들 사이의 관계의 양식을 지칭하는 말이라는 의미에서 순수하게 사회적 사실들과 구별되는 정치적 사실의 구성 혹은 한정에서 출발하여 인식의 대상을 구성한다. 그러한 전망은 사회라고 명명된 공간을 비밀리에 참조한다는 것을 전제한다. 용어들을 제기하고 그것들을 절합하며 관계들의 특수한 체계들을 만들면서, 즉 지구적 체계 속에 그것들을 결합시키면서, 동시에 역사적이고 정치적으로 결정된 틀 속에 마치 관찰이나 건설이 우리가 개입하는 것을 통해 가장 기본적이고 유일하게 만들어진 사회적 삶의 경험으로부터 유추되지 않은 것처럼, 사회의 목록을 만들고 재구성한다고 주장한다. 따라서 이러한 허구의 결과를 관찰하자. 근대 민주주의 사회들은 경제적·법률적인 것처럼 보이는 영역과 구별되는 정치적인 것처럼 보이는 제도들, 관계들, 행위들의 영역의 경계짓기에 의해 다른 것들 사이에서 구별된다. 정치과학자와 사회학자는 정치적인 것처럼 보이는 양식 안에서 실재의 다양한 분야들이 정당화되는 것이 드러난 사회의 형태에 대해 묻지 않고, 그들 대상에 대한 정의와 인식 행위의 조건을 찾는다. 그러나 특정 시대, 사회적 삶 속에 제한되는 정치*la politique*와 같은 어떤 것은 특수하지 않은 명백히 일반적인 정치적 의미를 가진다. 그것은 사회적 공간의 구성이며 **사회의 형태**, 예전에는 이러한 사건과 함께 작동되는 도시 공동체라 명명된 것의 본질이다. 따라서 정치적인 것*le politique*은 우리가 정치적 행위라고 부르는 것 속에서가 아니라 사회의 제도화 양식의 출현과 엄폐라는 이중적 운동 속에서 드러난다. 사회가 정렬되고 통일되는 과정이 가시성 속에서 등장한다는 의미에서의 출현. 정치의 장소(정당들의 경쟁이 발생하는 장소이며, 권력의 일반적 심급이 갱신되는 장소)는 특수한 것으로 그려지는 반면에, 전체를 형상화하는 발생적 원칙이 감춰진다는 의미에서의 엄폐.

이러한 유일한 관찰은 예전에 정치철학을 인도하였던 문제로의 회귀를 자극한다. 사회의 형태들의 차이는 무엇에 기인하는가? 정치적인 것을 사유한다는 것은 정치(과)학적 관점과의 단절을 요구한다. 왜냐하면 정치(과)학은 그러한 문제의 억압으로부터 탄생한 것이기 때문이다. 정치(과)학은 사회를 형태짓기 위해 선재하는 요소들, 요소적 구조들, 본질(계급 혹은 계급의 분절들), 사회적 관계들, 경제적 혹은 기술적 결정, 사회적 공간의 차원 등 그 어느 것도 존재하지 않는다는 것을 잊어버린 객관화의 의지로부터 탄생하였다. 형태짓는다는 것은 동시에 의미를 부여한다는 것이며 장면을 연출한다는 것이다. 의미를 부여한다는 것은 사회적 공간이 실재적인 것과 상상적인 것, 진실과 거짓, 정의로운 것과 정의롭지 못한 것, 적법한 것과 금지된 것, 정상적인 것과 병리적인 것의 구별의 단일한 양식을 따르면서 절합하는 인지 가능한 공간으로 전개되기 때문이다. 장면을 연출한다는 것은 이 공간이 귀족주의적, 군주제적 혹은 전제적, 민주주의적 혹은 전체주의적 구성에서 그 자체로 유사-표상quasi-représentation을 포함하고 있기 때문이다. 이미 알고 있듯 객관화의 의지는 다른 한편으로 사회적 삶 속에 어떠한 의미도 갖지 않는 인식의 작동을 실현시킬 수 있는 주체라는 입장을 부수적으로 가지고 있다.——현상들 사이의 인과관계와 사회적 체계와 하위 체계들의 조직화와 기능의 법칙을 탐구하는 중립적 주체. 이러한 주체라는 허구는 사실 판단과 가치 판단의 단절을 비난하고 그 분석이 경제적 혹은 문화적 이익의 옹호를 위한 전망의 기능 속에서 이루어진다는 것을 제시하는 비판사회학 혹은 맑스주의적 주장의 비판 대상이 될 뿐만 아니라, 그러한 주장은 결국 비록 잘 구성되었다 하더라도 여기에서는 검토하지 않는 한계들에 부딪힌다. 주체라는 허구는 어떠한 형태의 사회적 삶이든 그것과 결합된 사유가 그 의미가 본성에 구성적인 고유한 해석을 포함하는 재료와 대립한다. 주체의 허구성은 주체에 중립성을 부여하면서 인간들 관계에 대한 암묵적인 개념과 인간과 세계의 관계에 대한 개념의 기반 위에서 발생하고 정렬하는 경험을 사유하는 것을 막고 있다. 이러한 허구성은 모든 사회에서 사유된 것을 사유하는 것을 금지하고 인간 사회의 지위를 부여한다. 정당성과 비정당성, 진리과 거짓, 진실성과 사기, 힘 혹은 사적 이익의 탐구와 공동 이익의 탐구의 차이. 레오 스트라우스는 이러한 주제로의 확장을 위해 사회과학과 맑스주의의 부흥의 효과 아래에서 정치사상의 거세라고 명명할 수 있는 것을 지나치게 비난하였다. 『자연권과 역사』*Natural Right and History*를 여는 비판을 참조해 보라. 나는 단지 그들의 기준을 만들어 내는 것에 대해 알지 못한다는 변명 아래 사유의 행사를 근거짓는 구별들을 알기 원하지 않는다면, 그리고 객관적 과학의 경계 내로 지식을 가져와야 한다고 주장한다면, 그것은 철학적 전통과 단절하는 것임을 말하고자 한다. 가치를 판단할 위험을 감수하지 않는다면, 사회의 형태들에 내재한 차이의 의미를 상실할 수 있다. 가치판단은 실재로 전제된 것의 결정 요인들의 위계 서열화 속에서 위선적으로 재탄생되거나 혹은 선호들의 진술 속에서 자의적으로 확정된다.

나는 현재 우리 시대에서 정치적인 것을 재사유하는 것이 무엇을 의미하는가에 주의를 기울이고자 한다.

현재에는 사라졌지만 미래에 그것이 다시 나타나지 않으리라 말할 수 없는 파시스트적 변형은 물론, 그 성공이 확장되고 있는 사회주의의 이름 하의 변형 속에서 전체주의의 등장은 우리에게 민주주의에 대해 다시 질문하도록 만들고 있다. 확산되어 있는 의견과는 반대로 전체주의는 생산양식의 변형으로부터 도출되지 않았다. 국가 개입의 증가로 알려진 경제의 변화와 자본주의 구조의 유지를 동반한 독일 혹은 이탈리아 파시즘의 경우에 대해 그것을 제시하는 것은 무의미하다. 그러나 적어도 소비에트 체제가 생산양식의 사회화와 집단화 시기 이전에 구별적 특징을 획득하였음을 상기시키는 것은 중요하다. 근대 전체주의는 바로 권력의 지위의 변화가 가장 잘 증언하는 정치적 변화, 상징적 질서의 변화로부터 등장한다. 사실 하나의 정당이 전통적인 정당들과는 다른 성격, 즉 인민 전체의 바람의 담지자이자 법 위에 당을 놓는 정당성의 담지자로서 성장한다. 당은 모든 반대파들을 파괴하면서 권력을 탈취한다. 새로운 권력은 아무도 신뢰하지 않으며, 모든 법적 통제로부터 벗어난다. 그러나 우리의 입장에서 사건의 과정은 별로 중요하지 않다. 나는 새로운 사회의 형태의 가장 뚜렷한 특징에 관심을 갖는다. 전체주의는 권력의 영역, 법의 영역 그리고 지식의 영역 사이를 응축시킨다. 사회의 최종적인 목표와 사회적 실천을 제어하는 규준에 대한 인식이 권력의 소유가 되는 반면에 또한 권력은 스스로 실재적인 것을 진술하는 담론의 조직으로 확증된다. 하나의 집단 그리고 더 높은 수준에서 한 명의 인간 속에 체현된 권력은 동일하게 체현된 지식과 결합한다. 그것은 어떤 것도 파괴하지 못한다. 이론——혹은 이론이 아니라면, 나치즘에서와 같이 운동의 정신——은 환경에 따라 모든 나무에 불을 지피지만, 여기에서는 모든 경험의 부정에 매달린다. 국가와 시민 사회는 융합된 것으로 간주된다. 지배 이데올로기와 상황에 맞는 당의 명령을 확산시키는 모든 곳에 편재된 당의 대변인과 다양한 소규모 조직체들(인공적인 사회화와 일반 모델에 조응하는 권력관계가 재생산되는 모든 종류의 조직들)의 형성을 통해 발효되는 기획, 체현되는 권력의 표상에 의해 지시된 동일화의 논리가 실현된다. 프롤레타리아는 인민과, 당은 프롤레타리아와, 정치국은 일인통치자egocrate와, 결국 당과 하나를 이룬다. 동질적이고 투명한 사회의 표상, 즉 인민-하나라는 표상이 전개되는 반면에 모든 양식에서 사회적 분업은 부정되고, 동시에 믿음, 여론, 습속의 차이를 드러내는 표식들은 거부된다. 이 체제를 규정하기 위해 전제정이라는 용어를 사용한다면, 그것은 선행했던 모든 형태들과는 구별되는 근대적이라는 것을 명시하는 조건 속에서 사용할 수 있다. 왜냐하면 이 권력은 사회적인 것을 넘어서 하나를 향하는 표식을 만들지 않는다. 마치 권력 밖에는 아무것도 없는 것처럼, 경계들(법률 혹은 그 자체로 가치 있는 진리라는 이념이 제기하는 경계들)이 없는 것처럼, 자신의 밖에는 아무것도 없고, 그것을 구성하는 사람들에 의해 만들어지고 완성된 것으로 간주되는 사회에 근거하면서 통치하는 것이 바로 권력이다. 전체주의라는 근대성은 급진적으로 인공주의적 이상과 유기체적인 이상이 결합하는 가운데서 그려진다. 몸이라는 이미지는 기계라는 이미지와 결합한다. 사회는 그 구성원이 엄격하게 연대를 형성하고, 동시에 매일매일 새롭게 구성되고 하나의 목표—새로운 인간의 창조—를 향해 가며, 영원한 동원의 상태 속에서 살아 가는 공동체로서 등장한다.

우리가 다른 곳에서 강조했던 다른 특징들 특히 적(외부의 적의 스파이, 몸의 기생충 혹은 기계 작동의 방해자로 규정된 내부의 적)의 생산-제거의 현상은 무시하자. 전체주의가 부딪히는 모순들을 명확히 하는 것도 여기에서는 하지 말자. 이제 막 그려진 도표는 이미 민주주의를 재검토하도록 하고 있다. 민주주의가 새로운 뚜렷함을 획득하고, 민주주의를 하나의 제도 체계로 환원시키는 것이 불가능하다는 것을 확증해 주는 것은 바로 전체주의라는 근거 위에서이다. 민주주의 역시 마찬가지로 사회의 형태로서 등장한다. 그리고 그 임무는 자신의 독특함이 무엇인지를 이해하도록 하는 것이며, 민주주의 내에 자신의 전복, 전체주의 사회의 도래에 응하는 것이 무엇인가를 이해하는 것이다.

그러한 탐구는 토크빌의 작업에서 많은 부분을 가져올 수 있다. 사실 토크빌을 당시 많은 그의 동시대인들과 구분하는 것은 그가 이미 민주주의를 사회 형태로서 보았다는 것이다. 그것은 민주주의가 이미 그의 눈에는 그 기초로부터 분리되었다는 것이다. 민주주의가 등장하는 사회는 그가 귀족주의 사회라고 부르는 것 ——논의하기에 계제가 적합하지 않은 용어이지만——이었다. 토크빌은 근대 민주주의의 도래를 분석하는 것을 도와주는데, 앞부분에서는 우리가 그것에 근거하도록 자극하는 반면에 후반부에서는 민주주의에서 발생하는 것 그리고 위험스러운 것이 무엇인지 탐구하도록 한다. 그의 탐구는 여러 가지 측면에서 우리에게 중요하다. 그는 거대한 역사적 변동에 대한 생각을 가지고 있었고, 또한 그의 전제들은 오랫동안 그러한 생각으로부터 온 것이었다. 그는 민주주의가 역전할 수 없는 동학이라는 생각을 가지고 있다. 그가 사회 상태 ——조건들의 평등—— 속에서 민주주의의 발생적 원칙을 찾았다 하더라도, 그는 모든 방향에서 그 변화를 탐구하고, 사회적 관계, 정치 제도, 개인, 여론의 메커니즘, 감성의 형태들, 종교, 권리, 언어, 문학, 역사 등등에 관심을 가졌다. 이러한 탐구는 그가 모든 영역에서 **민주주의적 혁명**의 모호성을 탐구하고, 사회적인 것의 속살에 대한 탐구를 실행하는 데로 이끌었다. 이러한 분석의 순간마다 그의 분석을 이중화하였고, 표면에서 현상의 이면으로 향해 갔으며, 긍정적인 것 ——자유의 새로운 표식을 만든 것—— 혹은 부정적인 것 ——종속의 새로운 표식을 만든 것——의 반대편을 드러내는 것으로 향해 갔다.

극히 최근에 관심을 받는 사상가가 된 토크빌은 근대 정치적 자유주의의 선구자적 이론가로서 정의된다. 그러나 사회적 질서의 기초가 사라지면서 등장한 일반적인 모순에 맞서는 사회에 대한 토크빌의 직관이 우리에게는 중요하게 보인다. 이러한 모순은 그가 과거의 개인적인 의존관계의 망이 제거되고 자신의 고유한 규준에 따라 판단하고 행동할 자유를 약속받은 개인, 하지만 다른 한편으로는 고립되고 박탈당했지만 자신의 정체성의 해소라는 위협으로부터 벗어날 수단을 이웃과의 유착 속에서 찾으면서, 자신의 이웃이라는 이미지에 의해 붙잡힌 개인을 검토하면서, 이 모순을 추적하고 있다. 또한 그는 표현과 소통에 대한 권리를 획득하면서 동시에 그 자체로 세력이 되고, 익명의 힘으로서 그들 위에 서기 위해 생각하고 말하는 주체로서 분리되어 있는 여론을 검토하면서 그 모순을 추적하고 있다. 또한 실천과 심성의 변화로부터 발생한 새로운 요구들을 수집하면서, 그리고 조건들의 평등의 결과 속에서 행동의 규준을 동질화하는 작업에 할애하고, 집단적 의지의 축으로 이끌어진 법률을 검토하면서 그러한 모순을 추적한다. 혹은 개인적 정부에 부착된 자의성으로부터 해방되지만, 다른 한편으로 권위의 모든 근원들을 제거하고, 개인의 권력으로 보이거나 그렇지 않으며, 자의적으로 인민의 권력처럼 등장하고 한계 없이 전능해지며, 사회적 삶의 세부까지 담당하는 일을 수행하는 권력을 검토하면서 토크빌은 이 모순을 추적하고 있는 것이다.

민주주의에 내재된 이 모순에 대해 토크빌이 명백하게 분석했다고 나는 말하지 않지만, 그는 분명 그동안 버려졌던 것을 아주 풍부한 길로 열었던 것이다. 그가 마주쳤던 난관들 ——『리브르』*Libre*에 쓴 논문에서 몇 가지 사유들을 제시하였다[1] ——을 상기시키지 않으면서, 나는 여기에서 반대항의 반대항에 대한 질문들을 따라가는 대신에 새로운 사회의 특징이라고 판단된 각 현상의 반대항이라고 부르는 것에 그의 탐구가 가장 빈번하게 멈추었음을 관찰하는 것에 한정하고자 한다. 사실『미국의 민주주의』*De la*

---

1 「평등에서 자유로:『미국의 민주주의』에 대한 해석의 조각들」. 이 책 후반부(280쪽)에 수록되어 있다.

*démocratie en Amérique*가 출간된 지 한 세기 반이 지났다. 따라서 이 저자가 어렴풋이 예견할 수 있었던 것을 해부할 수 있도록 해주는 경험을 우리는 활용할 것이다. 그러나 그의 해석에 한계를 주는 것은 이러한 경험의 결여만은 아니다. 나는 그것을 민주주의의 알려지지 않은 것에 대한 (정치적 편견과 관련된) 지적 저항이라고 믿는다. 여기에서는 나의 비판을 발전시키는 대신에 토크빌이 조건들의 평등이 갖는 효과들의 모호성을 명백히 하고자 하는 근심 속에서 의미의 전환을 나타내는 데 자주 노력했다고 말하고 싶다. 특이한 것의 새로운 확정은 익명성의 지배 아래서 사라진다. (믿음, 의견, 습속의) 차이들의 확정은 동질성의 지배 아래에서 사라진다. 갱신의 정신은 여기 그리고 지금 물질적 향유와 역사적 시간의 전멸 속에서 피폐해진다. 동료에 대한 동료의 인식은 추상적 단일체로서 사회의 등장 앞에서 침잠한다. 그가 소홀히 했지만 우리가 관찰할 수 있는 것은 사회적 삶이 화석화되는 두번째 축 이래 매번 다시 이루어진 작업이다. 그것은 익명성, 예를 들어 여론의 상투적인 언어에 대항하여 사유를 획득하는 방식, 표현하는 방식의 도래가 드러내는 것이다. 법에 대한 형식적 관점을 실패로 만드는 것은 권리를 위한 요구와 투쟁의 성장이다. 그것은 역사에 대한 새로운 의미의 폭발이고, 역사적 인식의 다양한 전망의 전개와 그 결과 과거에는 관습과 전통을 통해 이해되었던 유사 유기체적 지속의 해소이다. 개인에 대한 사회와 국가의 지배가 동반하는 것은 증가하는 사회적 삶의 이질성이다. 분명 우리가 반대항의 반대항에 대한 탐구를 멈춘다고 주장한다면 잘못된 것이다. 오히려 민주주의적 모험이 추구되고 모순의 용어들이 전치되는 만큼, 도래한 것들의 의미가 불안정한 상태에 있다는 것을 인정해야 한다. 따라서 민주주의는 자신의 형태 속에서 비결정을 수집하고 보존하는 역사적 사회로서 등장한다. 그것은 새로운 인간의 창조라는 표식 아래에 건설되면서

실제로 이러한 비결정에 대항하여 배치하고, 자신의 조직과 그것의 발전 속에 법을 보유한다고 주장하며, **역사 없는 사회**로서 근대적 세계 속에 비밀스럽게 그려진 전체주의와는 분명하게 대조된다.

그러나 우리가 토크빌의 분석을 연장하는 것에 만족한다면 우리는 묘사의 한계에만 머무르게 된다. 토크빌의 분석은 새로운 전제정의 형성이라는 방향에 맞춘 특징들을 이미 격려하고 있기 때문이다. 우리가 언급한 비결정은 경험적 사실들, 우리가 다른 사실들이 발생하는 것을 볼 수 있는 사실들, 조건들의 진보적 평등과 같이 경제적 혹은 사회적 특징의 질서가 아니다. 전체주의의 탄생이 사건을 경험적 역사의 바닥으로 떨어뜨리는 모든 역사적 설명에 대해 도전하듯이, 민주주의 탄생은 권력의 새로운 위상을 가장 잘 증언하는 상징적 질서의 변화를 표시한다.

나는 여러 차례 이러한 변화에 대해 주의를 끌고자 했다. 그러한 변화의 여러 측면을 명확히 하는 것으로 충분하다. 민주주의의 특이성은 구체제하에서 군주체제가 어떤 것이었는지를 기억하는 것만으로 충분히 감지할 수 있다. 진실은 망각으로부터 깨어나는 것이 문제가 아니라 숙고의 중심에 정치적인 것의 의미의 상실 때문에 알려지지 않았던 것을 놓는 것이다. 국가와 국민의 특성들 그리고 시민 사회와 국가의 첫번째 분리가 그려지는 것은 바로 군주정과 특수한 형태의 군주의 틀에서이며, 군주에게 영토의 경계 내에서 주권적 힘을 부여하여 그를 동시에 세속적 심급과 신의 대표자로 만드는 정치신학적 원형이 만들어지는 데 기원이 있다. 그 기능이 생산양식의 성격으로부터 유추되는 상부구조적 제도로 환원되지 않고, 군주정은 사회적 장의 평준화와 통일의 작업 그리고 동시에 그 장에 자신을 기입하면서 자본주의 등장을 조건지었던 상품관계의 발전과 행위의 합리화 양식을 가능하게 하였다.

군주정에서 권력은 군주 개인에게 체현되었다. 그것은 그가 무한한 힘을 지녔다는 것을 말하고자 하는 것이 아니다. 군주는 인간과 신 사이의 매개자이거나 혹은 정치적 활동의 세속화와 정교 분리의 과정하에서 정의와 이성의 주권자가 형상화하는 초월적 심급과 인간 사이의 매개자이다. 군주는 법에 구속되고 법률 위에 존재하면서 동시에 죽는 몸과 죽지 않는 몸 속에 왕국의 발생과 질서의 원칙을 응축하고 있다. 그의 권력은 무조건적이고 탈세속적인 축으로 향하면서 동시에 자신 속에 왕국의 단일성의 보증자이자 표상으로서 등장하였다. 왕국은 군주가 하나의 몸으로서 그리고 본질적인 단일체로서 형상화하는 것을 보며, 따라서 왕국 구성원의 위계, 서열과 신분의 구별은 무조건적인 기초 위에 존재하는 것처럼 보였다.

군주에게 체현된 권력은 사회에 신체를 준다. 그리고 그 사실로부터 사회적인 것의 모든 범위에서 **서로를 위한 것**이 무엇인가에 대한 잠재적이지만 효율적인 지식이 존재했다. 이 모델에 관하여 민주주의의 전례 없는 혁명적 특징이 그려진다. 권력의 장소는 **빈 장소**lieu vide가 된다. 제도적 장치의 세밀함에 대해 말하는 것은 무의미하다. 본질적인 것은 통치자들로 하여금 권력을 전유하거나 체현하려는 것을 금지한다는 것이다. 권력의 행사는 주기적으로 다시 제시되는 절차에 종속된다. 그것은 조건들이 영원한 방식으로 보존된, 규제된 경쟁 관계 속에서 이루어진다. 이 현상은 투쟁의 제도화를 함의한다. 비어 있고 점령할 수 없는──어떤 개인도, 어떤 집단도 동일체가 될 수 없다는 것──, 권력의 장소는 형상화할 수 없다. 단지 정치적 권위를 지닌 죽음의 한계를 가진 단순한 인간들 혹은 그들의 권력 행사라는 메커니즘만이 가시적이다. 권력이 사회 내에 있다고 판단하는 것도 잘못이다. 왜냐하면 권력은 인민 투표로부터 오기 때문이다. 권력은 사회가 자신의 단일성을 획득하고 시간과 공간 속에서 자신과 관계를 맺는 그 심급에 존재한다. 그러나 이 심급은 무조건적인 축에 더 이상 근거하지 않는다. 그러한 의미에서 그 심급은 그 관계를 제도화하는 사회적인 것의 안과 밖 사이의 간극을 표시한다. 그 심급은 암묵적으로 순수하게 상징적인 것으로 인식된다.

이러한 변환은 단순한 결과로서 다룰 수 있는 일련의 다른 변환들을 함의하는데, 상징적 질서에서는 인과관계가 그 타당성을 잃기 때문이다. 한편으로 우리가 언급한 탈체현화의 현상은 권력의 영역, 법의 영역 그리고 인식의 영역 사이에서 얽혀 있는 것들의 해소를 동반한다. 권력이 사회체의 발생과 질서의 원칙을 표현하는 것을 중단하자마자, 권력이 이성과 초월적 정의로부터 유추한 덕목들을 자신 내부에 응축하는 것을 중단하자마자, 권리와 지식은 외부 그리고 새로운 비환원성 속에서 권력에 대항하여 확정된다. 그리고 마찬가지로 권력의 형상은 자신의 물질성과 본질성 속에서 지워지고, 권력의 행사는 자신의 재생산의 일시성 속에 포착되고 집단적 의지들의 투쟁 속에 종속된다. 또한 권리의 자율성은 그 본질을 고정시킬 수 없다는 것과 연결된다. 권리 생성의 차원은 이미 성립된 것과 성립되어야 하는 것에 대한 정당성과 그 기초에 대한 논쟁에 의존하면서 충분히 전개된다. 마찬가지로 지식에게 인정된 자율성은 인식의 과정에서 지속적인 활성화와 진리의 기초에 대한 질문과 함께 이루어진다. 권력, 권리 그리고 인식의 관계가 해체되면서 실재와의 새로운 관계가 성립된다. 혹은 분명히 말해서 이 관계는 사회화의 망과 특정한 활동의 영역들의 한계 속에서 보장된다. 경제적 사실 혹은 예를 들어 기술적·과학적·교육적·의학적 사실은 인식의 표식 아래에서 그들에게 특수한 규준을 따라 정의되는 경향이 있다. 사회적인 것의 모든 영역에서 각 활동 영역의 외재화extériorisation의 변증법은 작동 중이다. 이것은 젊은 맑스가 이미 강하게 인지했지만, 소외alienation의 변증법으로 과도하게 끌고 가 버린 것이다. 소외의 변증법이 착취와 지배관계인 계급관계의 깊이 속에서 작동한다는 것은 그것이 사회적인 것의 새로운 상징적 구성으로부터 기인한다는 사실을 잊지 않게 한다. 권력의 행사로 동원된 경쟁과 사회 내의 투쟁 사이에 확립된 관계가 분명하게 확정된다. 이러한 경쟁이 만들어지는 정치적 장면의 정비는 일반적인 방식으로의 분리가 사회의 단일성 자체에 구성적인 것으로 나타나게 한다. 따라서 달리 말하면 순수하게 정치적인 투쟁을 정당화하는 것은 모든 형태에서 사회적 투쟁의 정당성의 원칙을 포함하고 있다. 이러한 변환의 의미는 구체제의 군주제 모델을 기억한다면, 다음과 같이 요약된다. 민주주의 사회는 신체 없는 사회, 유기적 총체성의 표상을 만드는 데 실패한 사회로서 제도화된다. 그것이 단일성이 없다거나 확정된 정체성이 없다고 이해하지 말자. 정반대로 예전에는 군주 개인과 귀족의 존재에 부착되었던 자연적 결정이 사라진 것은 사회를 순수하게 사회적인 것으로 등장하게 하고, 따라서 국민, 국가는 보편적인 전체로서 등장하며 개인, 집단은 동일하게 그와 관련된다. 그러나 국가도, 인민도, 국민도 본질적인 실재를 형상화하지 않는다. 그들의 표상은 이데올로기적 논쟁에 항상 연결된 정치적 담론과 사회학적·역사적 정교화에 의존한다.

게다가 어떤 것도 보통선거의 제도화만큼이나 민주주의의 패러독스를 잘 감지하게 하는 것은 없다. 사회적 연대가 실패하고 시민이 이익의 단일체로 전환되기 위해 사회적 삶을 발전시키는 모든 망으로부터 벗어나는 것은 바로 인민주권이 표명된다고 간주되고, 인민이 자신의 의지를 표현하는 바로 그 순간에서이다. 수는 본질을 대체한다. 이 제도가 19세기에 오랫동안 보수주의자뿐만 아니라 자유주의 부르주아와 사회주의자의 저항──계급 이익의 방어 탓으로 돌릴 수 없을 뿐만 아니라 대표할 수 없는 것을 수집해야 한다고 공언된 사회라는 사고가 자극한 저항——에 부딪혔다는 것은 시사적이다.

내가 민주주의에 대해 제시한 이 짧은 글에서 나는 이 원칙들에 따라 정렬된 사회들의 사실상 모든 부분들——사회주의적 영감에 대한 비판을 정당화한 발달들——을 소홀히 할 수밖에 없었다. 나는 민주주의적 제도가 소수자들이 권력에 접근하는 수단과 권리들의 인지와 향유를 지속적으로 제한하였다는 사실을 결코 잊지 않는다. 또한 나는 토크빌이 예견한 것처럼(그리고 보다 일반적으로 관료제), 국가적 힘의 팽창이 익명적 권력의 위상에 의해 더 강화되었다는 것을 잊지 않는다.——이 부분은 긴 분석을 필요로 한다. 그러나 나는 내가 보기에 가장 빈번하게 잘못 알려진 현상들의 총체를 보여 주고자 선택하였다. 나의 눈에 본질적인 것은 민주주의가 **확실한 이정표**들의 분해 속에서 제도화되고 유지된다는 것이다. 민주주의는 인간이 권력, 법, 지식 그리고 그들 **서로 간**의 관계의 기초와 관련하여 사회적 삶의 모든 근거들(분리 특히 예전에는 권위의 담지자들과 종속되는 자들 사이의 분리가 사물들의 본성 혹은 초자연적인 원칙에 대한 믿음의 기능에 근거하여 표명되는 모든 곳)에 대해 최종적으로 비결정, 즉 아무것도 결정되지 않는 시련의 역사를 출범시켰다. 그것이 바로 나로 하여금 행위자들이 모르는 사이에 아무도 대답을 가질 수 없으며, 확실성을 구축하는 임무를 지녔다고 간주된 이데올로기의 작업이 그 임무를 완수하지 못한다는 문제가 사회적 실천 속에서 전개된다는 것을 판단하도록 자극하는 점이다. 그리고 그것은 나에게 설명을 찾도록 하는 것이 아니라 적어도 전체주의 형성의 조건을 추적하도록 한다. 정치적 질서와 사회적 질서의 기초들이 사라지고, 기존의 것은 충분한 정당성을 주지 못하고, 지위의 차이는 거부되기를 중단하고, 권리는 그것을 진술하는 담론 속에서 중지되고, 권력은 투쟁에 의존하면서 행사되는 사회에서 민주주의적 논리가 고장 날 가능성은 열려 있다. 경제적 위기 혹은 전쟁이 확대되는 결과로 개인들의 불안전이 증가할 때, 계급과 집단 사이의 투쟁이 악화되면서 정치적 영역에서 상징적 해결을 찾을 수 없을 때, 권력이 실재적인 것의 계획 속에서 타락하고, 통속적인 야망의 이익과 욕구를 위한 특별한 것들이 등장하며, 사회 내부에 간명하게 나타날 때, 그리고 동시에 사회가 **분할된** 것처럼 보이게 될 때, 인민-하나라는 환상, 자신의 머리에 접합된 사회체의 본질적 정체성, 체현된 권력 혹은 분리가 사라진 하나의 국가에 대한 질문이 발달한다.

민주주의는 이미 전체주의적인 조직과 표상의 양식, 제도들에 자리를 내주지 않았는가? 우리는 간혹 묻지 않는가? 분명하다. 그러나 전체주의 사회의 형태가 등장하기 위해 권력의 경제 내에서 변화가 필요하다는 것은 분명한 사실이다.

결론을 위해 나는 최초의 나의 고려들로 돌아가고자 한다. 대부분의 우리 현대인들이 철학이 민주주의적 경험에 무엇을 빚지고 있는지를 느끼지 못한다는 것, 그들이 그로부터 숙고해야 하는 그들의 주제를 만들지 못하고 그들의 고유한 질문의 원형을 알지 못하고, 그 원형을 탐구하고자 하지 않는다는 것은 나에게는 낯선 것이다. 나치즘, 적어도 초기의 나치즘과 스탈린주의가 위대한 철학자들을 끌어당겼던 매력을 관찰하면, 신학은 물론 18~19세기 합리주의의 환상들과 단절하려는 권력이 얼마나 자주 반대로 근대철학 속에서 유사 종교적인 신념, 자신의 역사를 통제하면서 자신과 정렬된 사회의 이미지, 그리고 유기체적 공동체의 이미지에 매달리는 것을 하지 않았는지 묻게 된다. 그러나 철학적 사유와 정치적 믿음 사이의 분리라는 이념에 우리가 멈출 수 있는가? 접촉하면서 감염되지 않은 채 남아 있을 수 있는가? 문제는 제기될 가치가 있고, 그것은 메를로퐁티의 사유의 길을 따라가면서 밝혀질 수 있을 듯하다. 동일한 필요성이 신체에 대한 사유에서 살에 대한 사유로 이끌어지며, 역사와 사회적인 것의 존재의 비결정을 재발견하도록 하면서 공산주의 모델에 대한 매력으로부터 벗어나게 하였다.

권리와 복지국가[*]

인간의 권리들에 대해 묻자마자 우리는 문제의 미궁에 얽히게 되는 것을 발견한다. 우선 우리는 인간의 본성에 대한 근거 없이 이 형식을 인정하는 것이 가능한지를 묻게 된다. 혹은 우리가 그것을 거부한다면 역사에 대한 목적론적 전망을 인정하지 않고 그것이 가능한지를 묻게 된다. 사실 우리가 인간과 그의 본질에의 조응에 대해 판단하지 않고, 인간이 스스로를 발견하게 된다고 말하는 것 그리고 그 발견과 인간의 권리들에 내재한 제도들의 운동 속에서 인간이 창조된다고 말하는 것이 가능할까? 그러한 문제를 우리는 무시할 수 없다. 그러나 18세기 말 인간의 권리라고 불려진 권

---

* 이 글은 브뤼셀의 생루이 법과대학의 교수들과 행한 대화에 기초하고 있다. 그 대화는 학장인 프랑수아 오스트에 의해 조직된 '복지국가에서 인간 권리의 현재성'이라는 주제로 열린 것이었다. 이 글은 그들이 준비했던 문서에 기초하고 있다. 독자들은 이미 전에 출판된 글(*Libre*, 7, 1980에 출판되고, *L'invention démocratique*, Fayard, 1981에 다시 출판된) 「인간의 권리와 정치」를 다시 가져오는 것을 용서해 줄 것이다. 왜냐하면 그것은 상이한 의도에 답하는 일관성 있는 주장을 훼손하지 않고는 이러한 반복을 피하는 것이 불가능한 것처럼 보였기 때문이다. *Revue interdisciplinaire d'études juridiques* 13, Bruxelles, 1984에 게재된 글이다.

36 1부 · 근대 민주주의에 대하여

리들의 선언이라는 사건의 영향권을 이해하기 위해서 나는 우리들을 기다리는 난관들을 우회하고 싶다. 이런 경우 이 질문이 관찰이 아니라면 적어도 사실들의 독해와 해석으로 인도된 것 같다. 첫번째로 우리는 개인과 사회의 표상 속에서 도래한 변화의 의미가 무엇인지를 묻고자 한다. 이 문제는 다른 문제, 즉 그러한 변화가 지금 우리의 시대까지 역사 과정에서 영향을 미쳤는가라는 문제이다. 좀더 명확히 하자면, 인간의 권리들은 부르주아 사회에 성립된 관계들을 위장시키는 데만 봉사하였는가? 아니면 민주주의의 도약에 기여한 요구들과 투쟁들을 가능하도록 자극하였는가? 그리고 또한 다른 대안은 너무 거칠게 만들어졌다. 내가 이 논쟁의 제기자들이 공유하고 있다고 믿는 가정, 즉 권리들의 동학은 인간 권리의 제도 위에서 떠받쳐진 것이라고 가정한다면, 그 진보의 효과에 대해서 질문을 해야 하지 않을까? 그것은 사실상 사회적·경제적·문화적 권리들이 첫번째 권리[1]들의 연장선 속에서 발생한 것이라고 말하는 것이 우선이 되어야 할 것이다. 그 권리들은 동일한 영감으로부터 온 것이라고 판단하는 것이 그 두번째이며, 또 다른 하나는 그것들이 자유를 위한 것이었다고 판단하는 것이다. 문제는 우리가 새로운 권리들의 출현이 인간 권리의 원칙들의 타락을 의미할 뿐만 아니라 민주주의적 축조물을 파괴할 위험이 있지 않은지를 물을 때 더 멀리 확장된다. 거기에서 멈추지 말자. 이 모든 문제들은 서구 사회의 형성과 진환과 관련될 뿐이다. 우리 지구의 가장 커다란 부분[2]에서 인간의 권

---

1 시민권에 대한 토머스 마셜(T. H. Marshall)의 고전적 연구 『시민권과 사회 계급』(*Citizenship and Social Class*, 1950)에 따르면 영국에서 시민권은 생명권, 소유권을 의미하는 민권(civil right) 그리고 정치적 권리(political right), 복지국가 성립의 출발이 되는 사회적 권리(social right) 등의 순서로 발달했다고 본다.—옮긴이

2 이 글의 집필 시기를 고려한다면 구 소련을 지칭하는 것임을 알 수 있다.—옮긴이

리에 대한 사유가 무지한 상태로 있다는 것을 모르는 사람은 아무도 없다. 왜냐하면 [이 모든 질문들은] 공동체의 아득한 전통과 양립할 수 없기 때문이며, 혹은 격노한 부정의 대상이 되기 때문이다. 어떻게 그것을 무시할 수 있는가? 나의 시각으로는 특히 라틴아메리카에서나 혹은 사회주의라고 규정할 수 있는 전체주의 체제와 같은 근대의 나라들에서 성립된 독재체제가 우리에게 보여 준 스펙터클과 분리하여 인간의 권리들의 의미를 질문하는 것은 불가능하다.

따라서 문제들의 미궁이다. 각자에게 문제가 요구하는 시간을 준다면 그러나 적어도 문제들 사이에서 한 문제의 한계에 한정되지 않는다면, 그것들이 아무리 구별되는 것들이라 하더라도 결코 분리될 수 없는 것이기 때문에 우리가 길을 잃을 가능성이 크다고 말할 수 있다.

프랑수아 오스트 학장과 동료들은 준비된 문서들을 통해 우리가 "현재의 전환의 틀 속에서 (인간의 권리라는) 범주의 설명력과 동원력의 한계들"을 조사하고 또한 "어느 지점까지 이 개념이 그 본성을 잃지 않고 즉 부정되지 않고……확장될 수 있을지"를 탐구하도록 하였다. 이 문제는 나에게는 충분히 타당하고 적절한 것으로 보였다. 내가 암시를 만들었던 것은 이러한 문제들 중의 하나에 대해서였다. 그러나 의심할 여지 없이 그 문제는 전적으로 철학적이고 동시에 정치적이며 일반적인 질문이었다. 한편으로 자료들은 그것을 잊지 않게 하였다. 한곳에서 그것은 자주관리 모델이 경쟁하였던 전체주의적 억압의 위험을 일으켰다. 그리고 자료의 마지막 부분에서 "인간의 권리 개념에 영향을 끼친 변동들은 결정적으로 그것들의 인류학적 토대에 대한 철학적 질문을 다시 제기한다는 것"을 경고하였다. 그리고 그것은 "어느 정도에서 역사주의의 새로운 토대가 인간의 권리라는 범주 자체를 분해시키지 않으면서 기원적인 자연주의적 토대를 대체할 수 있는지"까지 묻고 있다. 따라서 나는 논쟁의 주요한 주제를 보다 확장된 틀 속에서 대체하도록 용기를 내었다.

'복지국가에서 인간 권리의 현재성', 이것이 바로 우리들 사유에 제안된 대상이었다. 그러나 이 현재성을 평가하는 것은 과거에 인간 권리의 제도가 미화시켰던 의미와 국가의 전환의 성격에 대해 이해하도록 요구한다. 합의는 당연한 것이 아니다. "자유주의적 법치국가 모델에서 출발하여 발전된 우리 서구 사회는 오늘날 복지국가 모델에 부합하는 것이 확실해 보인다"라고 말한다. 그런데 이러한 가정을 부정하지 않고, 나는 어느 지점까지 국가에 대한 이 두 가지 모델의 대립을 확신할 수 있을지 그리고 동시에 우리가 현 시점에서 단지 국가의 사회적·경제적 기능만을 포괄하는 관점에서 인간의 권리를 이해하기로 할 때 그 사유를 위축시키는 것이 아닌지에 대해 자문하게 된다. "이제부터 국가의 사회적·경제적 기능은 시민의 복지를 감시하는 것을 주요한 임무로 할 것이다." 국가는 "물질적 그리고 상징적 재화의 시장에 자유로운 접근을 보장"하는 '구호국가État d'assistance가 된다. 따라서 우리는 주저 없이 그것에 대해 판단하게 되며, 그 답은 문제와 함께 주어져 있다. 왜냐하면 만약 국가의 권위가 단지 구제할 능력만을 측정한다면 (권위라는 개념 자체가 부적절하게 된다) 그리고 시민의 욕구가 복지에 대한 요구로 환원된다면, 인간의 권리는 시대에 뒤떨어진 모델의 단순한 생존을 고려하는 것 이외에 아무것도 아닐 것이기 때문이다. 그러나 우리는 이러한 가정의 유효성을 거의 의심하지 않는다. 왜냐하면 그것은 인구의 필요들 혹은 가정된 필요들의 관리로 환원되지 않는 정치체제의 본성을 한쪽으로 내팽개쳐 버리고 있기 때문이다. 그리고 자유주의적 법치국가로서 정의된 국가의 과거 모델에 결합되어 있는 표상의 유효성에 대해 의심할 수 있다.

이 마지막 언명을 발전시키면서 시작하도록 하자. 자유주의적 국가는 원칙적으로 시민적 자유liberté civiles의 수호자로서 형성되었다. 그러나 실제적으로 국가는 지배적인 이익의 보호를 보증하였고, 그러한 이익의 보호는 시민들의 자유의 획득을 위해 동원된 대중들의 장기적 투쟁을 흔들었다. 위대한 선언들에 의해 언급된 억압에 대한 저항도 소유권도 의사·표현·운동의 자유도, 그것들이 빈자들과 관련되고 부자들의 기업이나 엘리트들, 즉 프랑스에서 19세기 중반까지 '명예, 부 그리고 계몽'을 가진 사람들이었던 이들의 능력에 기반한 정치 질서의 안정성을 훼손할 때 자유주의자들이라 불렸던 사람들 대부분에게는 신성한 것으로 인정되지 않았다.

맑스가 자유민주주의 체제의 도래가 규정한 변화의 의미를 몰랐을지라도 그리고 내가 스스로 보여 주려고 했던 것처럼, 맑스가 인간의 권리를 부르주아적 이기주의의 왜곡으로 만들면서 스스로 지배 이데올로기의 함정에 빠져 버렸을지라도, 그가 평등, 자유 그리고 정의의 원칙들이 감추고 있는 억압과 착취관계를 비난했을 때는 분명히 옳았다. 만약 자유주의적 국가에 대해 상기하면서, 보통선거를 매개로 공적 업무에 각자가 참여할 권리가 효과적으로 제도화된 시기를 생각한다면, 다른 한편으로 의견의 자유가 노동자를 위한 결사의 자유 그리고 민주주의적 체계와 불가분이 된 파업권과 결합하는 시기를 생각한다면, 그러한 모델은 수數의 힘과 권리의 원칙의 결합에 의해서만 이루어질 수 있다는 사실을 인정하자. 달리 말하자면 자유주의적 국가는 그 기능이 개인과 시민의 권리를 보장하고 시민사회에 충분한 자율성을 부여하는 국가로서만 인식될 뿐이다. 동시에 그것은 시민 사회와 구별되고, 시민 사회에 의해서 만들어지며, 시민 사회를 만든다.

우리는 정치적 자유주의의 탄생을 말할 때 콩스탕Benjamin Constant을 기꺼이 인용한다. 그리고 어떠한 사상가도 [그처럼] 중앙 권력의 특권을 이론적으로 확고하게 경계짓고, 한 사람 혹은 집단이나 인민의 주권에 대항하여 권리의 주권의 원칙을 확정하고 개인의 자유를 주장한 사람은 아마 없을 것이다. 그러나 프랑스를 고려할 때 자유주의의 실천은 콩스탕보다는 기조François Guizot에 의해 더 잘 형태지어졌다. 기조는 권리의 주권을 덜 주장하지 않는 것은 아니지만, 그는 동시에 부르주아 엘리트의 발현과 잠재적인 귀족정의 사실적 귀족정 ——분명 새로운 종류의 귀족정인데, 그것은 인간들이 더 이상 그 출생에 따라 분류되지 않고 그 기능과 능력에 의해 따라 분류되기 때문이다—— 으로의 전환의 행위자인 강한 권력의 형성을 추구하였다. 그리고 기조의 자유주의가 이미 규준과 통제의 힘에 기반한 국가라는 개념을 포함하고 있다고 판단하는 것이 잘못된 판단이라고 믿지 않는다. 이러한 국가가 우리 시대의 것과 얼마나 다른가…… 이것을 분명히 하는 것은 불필요할 것이다. 그러나 우리가 결과들을 측정하는 그 경향은 이미 가시적이고, 그 경향은 고유하게 정치적인 영역 위에서 그리고 토크빌이 **민주주의적 혁명**이라고 명명한 것의 가속화의 효과 아래에서 드러난다는 것을 관찰하는 것이 중요하다. 내가 보기에 콩스탕의 사유에서 비껴 나간 것은 권력의 증가가 역사적 우연의 효과, 자의적인 정부를 발생시키는 전횡의 효과가 아니라 과거의 위계제의 폐허, 통일된 사회 혹은 **사회 그 자체**——독립적이고 동시에 동질적인 것으로 정의된 개인들의 출현과 함께 출현한 운동——의 도래를 가져온 불가역적인 운동을 동반한다는 점이다. 다른 한편으로 기조의 사유를 비껴 나간 것처럼 보이는 것은 특히 정치적 권리의 행사에 주어졌던 제한을 위해 그가 지도층, 시민들 사이의 구별과 그 명칭에 맞는 사람들, 빈곤층에서 중간층까지 구분짓는 것들 주위를 둘러싸고 세우고자 했던 공공연한 성벽들, 이 장치는 배제된 자들의 지속적인 공격——이미 형성된 부르주아라는 배제자들[3]에 의해 시작된 공격——에 결코 저항할 수 없을 것이었다는 점이다. 부르주아 사회의 출현을 위해 많은 것들을 행한 그 사람——기조——은 훨씬 덜 가시적이고 훨씬 덜 엄격한 칸막이를 만들어야 했었다는 것을 이해하지 못하였다. 왜냐하면 계급사회는 민주주의 특징을 가지고 있었기 때문이다.

기조와 콩스탕은 민주주의를 정부 형태로서만 인식한 자유주의자들이었다. 민주주의는 그들에게 아리스토텔레스의 그것 그리고 몽테스키외의 그것인 인민 주권이 확정되고 인민이 그의 이름으로 통치하는 체제였다. 그들은 그 원인과 효과가 정부라는 영역으로 정의된 협약적인 영역에 한정될 수 없는 전례 없는 역사적 사건이자 모험이라는 생각을 전혀 갖지 못했다.

따라서 우리 스스로 인간 권리의 성립 이래 고대와 근대의 차이를 가리키는 것으로 충분한 국가 모델을 만들면서 자유주의의 환상 속에 빠지지 말자. 자유주의적 국가는 새로운 민주주의 사회의 윤곽으로부터 특정한 성질을 고립시키고 구별해 냄으로써 어떤 추상이 될 위험성이 있다. 오히려 토크빌에 근거하도록 하자. 그의 저작은 우리에게 우리의 고유한 문제가 이미 19세기 전반기에 등장했음을 가르쳐 준다. 그리고 사실 우리가 자유주의 국가에 적합한 이미지를 고려한다면, 토크빌은 우리가 정식화한 두려움들을 이미 보여 주었고, 또한 자유 체제가 전제정으로 전복되는 위험을 간파했다는 것을 우리는 이해하지 못할 것이다. 오히려 토크빌은 그 정의가 숨겨진 새로운 종류의 억압 체제를 통해 이 용어——자유주의 국

---

3 당시 기조 시대에 선거권은 극히 제한적이어서 성인 남성 인구의 0.7%만 선거권이 주어졌다. 따라서 다수의 부르주아는 선거권에서 배제되었다.——옮긴이

가—를 거부하였다.

토크빌은 다음과 같이 적고 있다. "민주주의적 인민이 위협받는 억압의 종류는 이전의 세계에 있었던 것과는 전혀 유사하지 않으며, 우리 시대 사람들은 그들의 기억 속에서 그러한 이미지를 전혀 찾을 수 없으리라 생각한다. 내가 직접 만들고 포함시킨 사유들을 정확히 재생산하는 표현을 찾는 것이 헛되었다. 전제정과 폭정이라는 고대의 용어가 전혀 적합하지 않았다." 분명 토크빌의 저작은 우리에게 경고하고 있다. 왜냐하면 토크빌의 저작은 왜 우리가 복지국가의 형성에서 볼 수 있는 경제적·사회적 급변을 알지 못한 상태에서, 개인들이 국가의 전능에 종속되고 자유의 보호라는 틀 속에서 자유의 상실을 인식할 수 있는지를 이해하도록 자극하기 때문이다.

토크빌의 그의 『미국의 민주주의』 마지막 부분에서 그가 "전제정이 어떠한 새로운 특징들 속에서 세상에 드러나는지" 상상해 볼 것을 제안하면서 그린 표를 기억해 보자. 시민들의 고립을 상기시킨 후("각자는 분리되고 모든 다른 사람들에게 이방인으로"), 그는 다음과 같이 연결짓는다. "그들 위에 거대한 보호 권력이 세워지고, 그 권력은 혼자서 그들의 기쁨을 보장하고 그들의 운명을 감시한다. 그 권력은 절대적이고 세심하며, 규칙적이고 예견적이며, 부드럽다. 그 권력은 사람들을 성년의 나이에 맞추어 준비시키는 것처럼 부권적 권력을 닮았다. 그러나 그 권력은 반대로 사람들을 돌이킬 수 없을 정도로 어린 시절에 고착시킬 것을 추구할 뿐이다. 또한 보호 권력은 사람들이 향유하는 것만을 생각하면서 그들이 계속 즐기도록 만들기를 좋아한다. 보호 권력은 기꺼이 사람들의 행복을 위해 일한다. 그러나 그는 행위자이자 심판자가 되기를 원한다. 그 권력은 사람들의 안전을 제공하고 그들의 필요를 예측하여 보장하며, 그들의 유희를 용이하게 하고 주요한 업무들을 유도하며, 그들의 산업을 지도하고 그들의 상속을 규정하고 유산을 분배한다. 하지만 그 권력은 사람들의 사고의 난관과 삶의 고통을 제거할 수 없다." 나아가 토크빌은 복잡하고 세심하고 통일적인 작은 규칙들의 망으로 이루어진 전 사회의 표면을 덮고 있는 권력에 대해 묘사하면서, 또한 "그 권력은 폭정을 하지는 않지만, 간섭하고 억압하고 흐릿하게 하고 몽롱하게 한다"고 규정하면서 그의 느낌을 다음과 같이 정리하고 있다. "내가 방금 표를 통해 말한 규율되고 부드럽고 평온한 이러한 종류의 종속은 상상하는 것보다 훨씬 더 자유의 외적인 형태들과 결합될 수 있으며, 인민주권의 이면에 확립되는 것이 불가능하지 않다."

이 구절들은 매우 잘 알려져 있지만 내가 그것들을 인용한다면, 그것은 그 구절들이 복지국가에서 인간의 권리의 현재성에 대해 말하는 순간에 그것들이 동일하게 우리를 상기시키기 때문이다. 그 구절들은 자유주의적 단계가 우리가 복지국가라고 명명한 것들의 잠재성과 토크빌이 보호 권력이라고 부르는 것을 포함하고 있다고 가르쳐 주고 있지 않은가? 그러한 예언 능력은 민주주의라는 수수께끼에 존재하는 전형적인 감성으로부터 탄생했으며, 우리가 직면하고 있는 민주주의에 항상적인 것이 아닌가?

모두가 알고 있듯이 토크빌은 민주주의의 모호성, 좀 더 정확히 말한다면 민주주의적 혁명의 원동력으로 간주된 조건들의 평등이라는 것의 모호한 효과를 탐구하기 위해 이용된다. 나는 이 현상(혹은 그 반대의 것으로 과거에 사람들을 분류하였던 서열, 계층, 덕성에의 원칙의 파괴)이 그에게 이중적인 결과를 낳게 한 것처럼 보였다는 점을 상기시키는 것에 한정하고자 한다. 둘 중 하나는 "자유롭게 있고자 하는 열정"과 관련된 개인에 대한 충분한 확정이고, 다른 하나는 그가 "사회적 권력"이라고 부르고 "지도될 필요"와 연관된, 무명의 혹은 주권적 힘 앞에서 각자가 굴종하는 것이다.

어떤 이들이 진전시킨 것과는 반대로, 토크빌은 기만적으로 개인의 독립에 집착하지 않았다. 어디에서도 토크빌은 개인의 독립을 조롱하지 않았다. 『프랑스의 사회적, 정치적 상태』*L'Etat social et politique de la France*의 한 구절에서 토크빌은 반대로 주저 없이 자유의 민주주의적 개념에 대한 그의 집념을 보여 주고 있다. "근대적 개념, 즉 민주주의적 개념, 감히 내가 자유에 대한 정당한 개념이라고 말하는 이 개념에 따르면 각자는 스스로 행동하기 위해 필요한 계몽을 본성으로부터 받는다고 가정하고 태어나면서, 자신에게만 근거하고 또한 자신의 고유한 운명을 규제하면서 그 이웃들과 독립적으로 살아갈 수 있는 평등하고 소멸되지 않는 권리를 지닌다." 그러나 우리의 저자는 이 동일한 과정이 개인의 독립과 새로운 형태의 종속으로 이어진다는 것을 인식하였다. 이 새로운 형태의 종속이 전에는 존재한 적이 없는 가공할 만한 것임을 말하는 것에 대해 두려워하지 말자. 자신 위에 위치한 타인 속에서 권위를 항상 찾게 하거나 혹은 자신 아래 혹은 앞에서 그를 체현하도록 하는 과거의 개인적 의존 관계의 망들로부터 자유로워진 인간은 이제 과거에는 다양하게 분리되었던 모든 힘들을 응축하고 있는 동질적 사회 속에서 하찮음 때문에 위협받는 존재로 등장한다. 동질적 사회 속에 거대한 권위가 성립된다. 이 권위는 만장일치라는 표지 아래에서 환상적으로 확정되면서 여론 속에서, 동질성이라는 표지 아래서 환상적으로 확정되면서 법률 속에서, 규제라는 표지 아래서 환상적으로 확정되면서 국가 권력 속에서 현실화된다. 토크빌에 대한 해석의 세밀한 부분까지 들어가는 것은 무용하며, 그것은 우리의 문제가 아니다. 토크빌이 인간의 사회적 본성에 대한 첨예한 의식을 가지고 있었다고 말하는 것으로 충분하다. 개인으로서 인간은 자신의 사유의 주인이 되고, 자신의 삶을 만들고 좋은 법률과 좋은 정부가 무엇인지를 결정하기를 원할 수 있지만, 그는 필연적으로 자신의 의지와 인식의 행사에서 벗어나는 행동의 원칙들과 부여받은 이념들에 의존한다. 결국 사회적 권위가 형성되고 종속을 발생시키는 관계들을 해체하려는 열정 ——주인의 형상을 고발하도록 이끄는 평등에의 열정 ——은 자신의 고유한 주인에 대해서는 그 관계를 만들어 낼 뿐이다. 역설적으로 눈에 보이는 주인에 대항하여 행사되는 그의 열정은 얼굴 없는 지배에 종속되도록 부추긴다. 한차례 토크빌이 말한 것처럼 "각 개인은 그들을 묶고 있는 것으로부터 고통을 받는다. 왜냐하면 그 사슬의 끝을 쥐고 있는 것은 사람도 계급도 아닌 인민 자신이기 때문이다".

나는 이 문장이 오랫동안 토크빌의 사유를 가장 잘 요약하고 또한 민주주의의 패러독스에 대한 가장 생동감 있는 빛을 보여 준다고 느껴 왔다. 토크빌의 사유가 현실성을 얻게 되는 문구를 지적해 보자. 그 문장이 쓰이고 오랫동안 그리고 결국 최근 시기까지 계급 분할은 지배라는 특성을 느끼게 할 만큼 충분히 첨예했던 반면에, 계급 분할은 흐려지고 지배는 점점 더 가시적인 표상들로부터 분리되는 경향을 가졌다. 나에게 더 중요한 것은 인격적 권력과 비인격적 권력 사이에 형성된 구별과 사람들에 대한 지배를 강화하기 위해 비가시성으로 이루어진 비인격적 권력의 편재 권력으로서의 표상을 강조한다는 것이다. 하지만 나는 민주주의적 권력이 비인격적 권력으로 환원되지 않으며, 더 정확히 말하면 아마도 분리될 수 없지만 구별되는 두 현상을 포괄한다는 점을 덧붙이고자 한다. 결국 우리는 군주제적·인격적 권력의 파괴가 공동체의 본질이 왕, 즉 그의 몸에 의해 형상화된다고 간주되었던 동일한 장소를 빈 장소로 만드는 효과를 갖는다는 관점을 상실하지 않아야 한다. 이 현상을 고려하는 데 있어서 부정성否定性의 작동은 정치적 자유의 제도화와 결합한다. 그리고 정치적 자유는 권력이 공적 권위의 수탁자들의 영유를 금지하는 만큼 그리고 권력의 장소가 점령할 수 없다고 판단되는 만큼 유지되는 것이 사실이다. 권력은 그것이 누구의 것도 아니라는 것이 선언될 때 민주적이 되며, 그렇게 존재한다. 자 여기서 우리는 토크빌이 성립될 가능성이 있는 새로운 종류의 억압을 규정하기 위해 전제정이나 폭정이라는 낡은 단어를 포기하도록 만든 지점에 있다는 것을 생각하자. 그리고 또한 여기는 우리가 방금 언급한 판단들 중의 하나에 대해 비판적 회귀를 자극하는 지점이다. 자유의 외적인 형태들과 결합한 노예 상태에 대해 말하는 것은 지나친 남용이다. 제도들이 통치자 혹은 통치자들에 의해 권력을 전유하는 것을 불가능하게 만드는 방식으로 조율되는 만큼 우리는 그 제도들이 순수한 형태라고 말할 수 없다. 내가 부정성의 작동이라고 지칭했던 것은 국가를 보호 권력으로 세우는 과정만큼이나 민주주의적 공간에 구성적이다. 이 시스템은 두 용어 중 어떤 것도 그 효율성을 상실하지 않는다는 이 모순으로부터 생존한다. 결국 토크빌이 아직까지 알려지지 않은 일종의 민주주의적 전제정을 상상하도록 만들었던 운동에도 불구하고, 그는 모순 속에서 해결하는 것의 불가능성, 즉 모순을 제거하지 못한다고 느낀 것은 의심할 여지가 없다. 이 이미지에 멈춘 비평가들은 그의 다음과 같은 결론을 잊어버린다. "머리로는 공화국이고, 다른 모든 부분은 극단적 군주제적인 헌법이 나에게는 항상 일시적인 괴물 같아 보였다. 통치자들의 악과 피통치자들의 우둔함은 그것의 파괴로 이어지는 것을 늦추지는 않는다. 그리고 자신의 대표자들과 자신들 스스로에 피곤해진 인민은 보다 자유로운 제도를 만들거나 곧 주인의 발밑에 엎드리는 것으로 돌아섰다." 이 사유는 그에게 매우 중요한데, 그것은 그가 『구체제와 혁명』의 마지막 부분을 준비하는 노트 속에서 수년간 정식화했던 것이기 때문이다. 절대주의 정부와 민주주의를 "인민의 조건에 우호적인 제도 속에서의 법률에 의해" 구별하는 거리를 충분히 세우면서 토크빌은 다음과 같이 선언한다. "그 의미(민주주의의 의미)는 정치적 자유와 친밀하게 연결된다. 정치적 자유가 존재하지 않는 정부에 민주주의적 정부라는 호칭을 주는 것은 분명한 억지이다." 그가 말한 자유는 자유의 외적인 형태들로 환원되지 않는다는 것을 강조할 필요가 있다.

왜 이 마지막 문제에 그만큼의 중요성을 부여하는가? 나의 독자들은 이미 그것을 이해했을 것이라고 짐작한다. 우리들은 오늘날 민주주의와 전체주의 체계 사이에는 억압의 정도 차이만이 존재할 뿐이라고 자주 확신한다. 더 나아가 어떤 이들은 '전체주의적 민주주의'에 대해 말하기를 좋아한다. "그것은 분명한 억지이다"라는 말을 다시 가져오자. 분명 우리는 민주주의 사회의 진화가 새로운 지배 체계를 가능하게 했다고 판단할 충분한 이유들을 가지고 있다. 파시즘, 나치즘 그리고 사회주의라고 명명된 것들이 그것이다. 그것들의 특징은 분명 이전에는 인지할 수 없는 것들이었다. 그러나 적어도 이 이 체계의 성립은 민주주의의 파괴라는 것을 인정해야 한다. 이 체계는 민주주의가 열어놓은 역사적 모험에 결론을 준 것은 아니지만 그 의미를 전복시켰다. 민주주의의 모호성은 국가 장치에 항상 증가하는 힘을 부여하는 경향의 완성을 위해 제거되지 않았다. 왜냐하면 국가 장치가 당 장치를 위해 스스로 제거되었지만, 그 목적이 시민의 복지를 위한 것이 전혀 아니었기 때문이다. 새로운 체제의 특징이 무엇이든, 파시스트이든, 나치이든, 스탈린적이든, 그것이 소비에트 사회주의의 흔적을 따라가든 혹은 유럽, 중국, 한국(북한), 베트남, 혹은 쿠바에서 이 모델이 매력을 갖거나, 국가의 발달을 견인했던 것은 복지의 원칙이 아니었다.

"복지국가는 야누스와 같이 숨겨진 얼굴, 즉 경찰국가의 얼굴을 보여주지는 않는가?"라고 혹자는 묻는다. 이 질문은 정당하다. 억압이 경제적 위기에 의해 위축된 계층에 강화될 위험성이 있을 뿐만 아니라 "사회적 투쟁의 표현을 중립화하는" 것이 복지국가의 본성이라고 판단할 분명한 이유들이 있다. 어쨌든 이중적 측면이 있다는 사실을 잊지 말자. 하나는 밝아지는 부분인 반면에 다른 하나는 어두워지는 부분이다. 그리고 억압적 국가의 확장 과정에 대항하는 것에 주의를 기울이는 것을 중단하지 말자. 지배 기관 속에 권력의 심급, 법의 심급, 지식의 심급이 유착하는 것을 방해하는 민주주의적 장치가 그것이라고 나는 생각한다. 달리 말하면 우리는 우리 사회에서 정치적인 것의 고유한 차원을 알지 못해 왔다. 일반적인 방식으로 공적인 힘의 강화에 대해 행정부의 특권들이 증가하는 것에 대해서 주의를 하지만, 우리는 정당들의 경쟁 ——사실 이러한 경쟁을 가정하는 모든 것들에 대해 ——과 공적인 자유로부터 충전되고 그것을 또한 유발시키는 토론에 의존하고 있는 권력의 특수한 성격들을 구별하지 않고 있다. 복지국가가 경찰국가가 되지 않는다면, 그것은 바로 이 주요한 이유 때문에 주인을 갖지 않은 것이다. 하나의 주인이 등장한다면 국가는 민주주의 내부에 우려스러운 모호성을 상실할 것이다. 그리고 주인을 갖지 않는다는 것은 행정부와 정치적 권위 사이에 만져지지 않는 거리가 존재한다는 것을 의미한다. 이 거리로 인해 결정적으로 규준의 부과와 양립할 수 없는 대표의 절대적 필요성이 유효하게 된다. 왜냐하면 그 거리는 사회적·개인적·집단적 행위자들의 다양한 표현을 정당하고 필요하게 만들고 사회의 모든 부문에서 의견, 결사, 운동, 투쟁, 표현의 자유와 불가분이라는 것을 명백히 하기 때문이다. 따라서 우리는 현재 대표의 정당한 행사를 보장할 정당들이 가지고 있는 능력에 대해 물을 수 있다. 우리는 대표를 부활시킬 수 있는 새로운 장치들의 표식을 찾을 수 있다. 적어도 전체주의 체제와 민주주의 체제 사이의 비교를 피하지는 않을 것이며, 정치적인 것을 고려하지 않고서는 국가의 전환을 인식하지 못할 것이다.

따라서 나는 이 논의가 우리의 이야기 대상과 멀어진다고 믿지 않는다. 최근의 모든 관찰들은 내가 수년 전에 출판한 글에서 인간 권리의 정치적 의미라고 불렀던 것에 대해 새롭게 주목하기 시작하고 있다.[4] 그 글은 나에게는 민감한 반대들, 특히 피에르 마낭의 반대[5]를 불러일으킨 것이 사실이다. 마낭은 내가 국가와 시민 사회 사이에 권리라는 근대적 개념이 파놓은 도랑을 측정하지 못했을 뿐만 아니라 ——『유대인 문제에 대하여』 속에서 맑스의 분석을 활성화시킨 논점 ——국가의 규제적 권력을 강화하기 위해 사회적·경제적 권리의 확장을 국가가 중단하지 않는다는 점을 인식하지 못했다——반대로 맑스와 달리 시민 사회가 아닌 국가의 틀 속에서 변화의 효율성을 찾도록 하는 논점 ——라고 비난하였다. 아마도 내가 후자의 현상에 대해 충분하게 배려하지 못한 것은 잘못이었다. 무엇보다도 인간의 권리를 개인의 권리로 환원시키고 동시에 민주주의를 두 개의 용어가 가져오는 단순한 관계로 파악하는 공통적으로 확산된 해석에 맞서 싸우는 것이 나에게는 중요하다. 따라서 나는 민주주의의 발전과 자유의 기회들을 평가할 몇 가지 기회를 갖는 것은 인간 권리의 제도 속에서 새로운 형태의 정당성의 표식들을 발견하고 개인이 공론장의 선동자이자 동시에 산물로서 인정되는 조건에 한해서만이라고 확신한다. 그리고 동시에 새로운 형태의 사회를 탄생시키는 과격한 변동을 대가로 해서 이러한 공론장이 국가에 의해 삼켜지는 조건 속에서만 그러하다.

따라서 1791년 '인권선언'(이하 '선언')의 해석에 대해 간단히 살펴보도록 하자. 왜냐하면 그 '선언'은 내가 방금 언급한 개념을 약화시키는 것처럼

---

4 "Droits de l'homme et politique", *Libre* 7, Paris, Payot, 1980. 이후 *L'invention démocratique*, Paris, Fayard, 1981에서 재간행.

5 Pierre Manent, "Démocratie et totalitarisme", *Commentaire* IV, 16, 1981~1982.

보이기 때문이다.

　사회적 구별의 종결을 선언(1조)한 후, '선언'은 소멸되지 않는 권리들 중 저항권(2조)을 천명한다. 그러고 나서 '선언'은 모든 주권의 원칙이 국민에게 있다고 특정한다. "어떤 집단도, 어떠한 개인도 명백히 그로부터 나오는 권위를 행사할 수 없다"(3조)라고 '선언'은 덧붙인다. 그리고 법을 일반의지의 표현으로 간주하면서, '선언'은 "모든 시민은 개인적으로 혹은 그들의 대표를 통해 일반의지의 형성에 관여할 권리를 갖는다"라고 명시한다. 아마도 '선언'은 각자에게 권리에 있다는 자연권 이념에 의해 인도되고 있다고 볼 수 있다. 우리가 알고 있듯이 '선언'은 '정치적 결사'로서 정치 사회에 대해 말하고 있으며, 정치 사회에 자연권 보존의 목표를 부여한다. 그러나 이러한 언어의 틀 아래에서 '선언'이 그 의미가 과거의 정치 질서, 즉 군주정의 질서의 원칙에 대비되어서만 드러나는 개념들을 사용한다는 것을 어떻게 인지하지 못하겠는가. 주권, 국민, 권위, 일반의지, 법은 표현에 따라 판단되며, 그것들은 철저하게 적용에 따라 의미가 탈각되는 방식으로 표현되고 있다. 주권은 국민에게 존재하는 것으로 말해지지만 국민은 이제 그것을 체현할 수 없다. 동일하게 권위는 정당하게 위임된다는 것을 보장하는 규칙을 따를 때만 행사될 수 있다. 일반의지는 법 안에서 인식되며 법의 정교화는 시민들의 참여를 함축하고 있다.

　이러한 제안들의 총체는 인간 본성에 대한 모든 근거들에 독립적이며 각 개인은 양도할 수 없는 권리를 태생적으로 지닌다는 이념과도 독립적으로 자체의 일관성을 지니고 있다는 사실을 지적하자. 이러한 일관성은 정치적 자유의 원칙에 의해 보장된다. 분명 우리가 '정치적 자유'라는 긍정적 용어로 우리가 명명하고 있는 것은 '억압에 대한 저항'이라고 불릴 수 있다. 그리고 '억압에 대한 저항'이라는 이 개념은 모든 정치적 결사가 보존을 목표로 해야 할 권리들인 소멸되지 않는 자연권의 범주 속에서 자유, 소유, 안전과 함께 배치된다. 그러나 실제적인 것의 실효성 속에서 그러한 저항의 원칙이 실현시키는 것을 지켜야 한다. 1789년의 제헌의원들은 인간의 본성 속에 그것을 심어 놓았다. 그러나 그들은 정당하지 못하다고 판단한 것에 반대할 능력을 권력이, 주체들에게 부여하는 것을 부정하고 복종을 강요할 권리를 보유한다고 주장하는 권력이 존재하는 체제에 대항하여 그 권리를 확립시켰다. 간단히 말해서 18세기 말 인간 권리의 형성은 사회 위에 위치하였고, 절대적 정당성, 즉 그것이 신으로부터이든 그가 최고의 지혜 혹은 최고의 정의를 표상하든지, 절대적 정당성을 소유하였으며 결국 군주나 군주제적 제도 속에 체현하였던 권력의 표상을 파괴시키는 자유의 요구에 의해 영향을 받았다. 이러한 인간의 권리는 권리와 권력의 분리를 표시한다. 권리와 권력은 더 이상 같은 축 속에서 응축되지 않는다. 권력이 정당화되기 위해서 권력은 이제 권리에 순응해야 하며, 권리로부터 그 원칙을 보유하지 않는다.

국가는 개인의 권리로서 간주되는 자유, 소유, 안전을 보장해야 할 기능을 가지며, 이 기능 속에서 이미 국가의 힘 —새로운 권리들의 등장으로 인해 10배 이상 증가된 힘 —의 잠재성이 드러난다고 사람들은 말한다. 왜냐하면 외관상 중립성, 즉 보호자 그리고 심판자의 위치는 시민들의 기대에 부응한 것 이외에 다른 것이 아닌 것으로 보이게 만들기 때문이다. 내가 이미 적었듯 이것은 침묵 속에서 다른 현상으로 변해 간다. 권리의 확정은 권력의 전능을 비판하는 효과를 갖는다.

'선언'이 억압에 대한 저항권을 규정했을 때, '선언'이 국가에게 그 권리를 존중하도록 만든 과제를 부여했다고 생각하지 않았다. 국가에는 시민들의 소유, 안전, 자유를 보장하는 것이 주어졌다. 그러나 억압에 대한 위협은 다른 문제를 불러일으킨다. 위협이 다른 사인私人에 대해 행사하는 한 사인으로부터 발생할 수 있을지라도, 그 위협은 국민주권에 대항하는 세력의 공격이라는 가정에서 절정에 달한다는 것은 의심의 여지가 없다. 따라서 저항권을 보장하기 위해 호출해야 하는 것은 바로 다름 아닌 국가에 대해서이다. 그리고 그것을 담지하는 것은 시민들 자체의 업무이다. 법률가들이 그 담지자를 정의하고 반대할 수 있을 때 한해서 권리가 존재할 수 있다고 주장하는 것은 그들이 형식주의자이기 때문이라는 것을 명시하자. 이러한 경우에 담지자의 정체성은 불확실한 반면에, 권리가 확정되는 심급은 나타나지 않는다.

현재 개인 이외에 다른 근거들을 갖는 권리들을 살펴본다면, 동일하게 정치적 효력을 인식할 수 있다.

그러나 정치적 효력을 분별하기 위해서 우리는 사회적 삶 속에서 새로운 권리의 행사 결과가 무엇인지를 묻지 않고서 위대한 '선언'의 언표의 문자에 멈출 수 없다는 것은 사실이다. 인간 권리들의 이데올로기적 기능을 부여하기 위해 개인주의 및 자연주의의 흔적들을 추적한 것은, 인간 권리에 대한 비판 중 가장 격렬한 비판을 행한 맑스가 겨냥한 것은 바로 그 언표들이다. 각자에게 인정된 행위의 자유, 의견의 자유 그리고 개인의 안전의 보장 속에서 맑스는 "인간과 인간의 분리" 그리고 더 심도 있게는 "부르주아 이기주의"에 바쳐진 새로운 모델의 형성을 감지할 뿐이다.

그렇게 하면서 맑스는 그 시대적 사고의 특징을 드러낸다. 그러나 그가 권리들의 부르주아적 표상이 덮고 있는 사회적·정치적 관계들의 전복을 무시할 때, 그가 뿌리 뽑았다고 주장한 이데올로기의 영역에서 움직이는 것을 계속하였다. 이러한 표상에 의해 전적으로 포섭된 채 『유대인 문제에 대하여』의 저자는 표상이 시민 사회에 맞서 상상적 정치 공동체를 체현하고 있는 것으로 간주된 국가의 형성과 동시에 이루어진 시민 사회 ——특수 이익과 개인들의 순수한 다양성으로 분쇄된 시민 사회 ——의 효과적인 실체를 보여 줄 것으로 믿었다. 이러한 사회의 "하찮은 얼굴을 보기" 위해 권리라는 장막을 찢어 버리는 것으로 충분하다고 믿는다. 하지만 인간의 권리는 장막이 아니다. 각 개인을 하나의 단자로 만드는 사회적 관계들의 해체를 덮는 기능을 하는 것이 아니라 인간의 권리는 인간들 사이의 관계의 새로운 망을 증명하고 또한 자극한다.

내가 이미 언급한 글에서 발전시킨 주장을 세세히 거론할 필요 없이 나는 마지막 제안을 떠받치는 세 가지 고찰을 할 것이다.

첫번째 고찰. 자유는 타인에 해를 끼치지 않는 모든 것을 할 수 있는 것으로 구성된다[6]라는 선언은 활동의 고유한 영역 내에서 개인이라는 주름 repli을 내포하지 않는다. "해롭지 않은 것……"이라는 부정적 경향은 "모든 것을 행한다……"라는 긍정적 경향과 분리되지 않는다. 여기가 맑스가 멈춘 지점이다. 이 조항에 의해 충분히 알려진 것은 바로 운동의 자유이다. 그가 헌신한 것은 구체제 속에서 운동의 자유를 짓눌렀던 금지의 무게이다. 그리고 동일한 노력을 가능하게 했던 것은 인간들 사이의 관계들의 다양화, 사회적 체계의 부화이다. ——각자는 이제부터 그들이 원하는 곳에 설립하고 국민의 영토 위에 원하는 대로 움직이며, 특권적 범주들에게 예약된 장소를 관통하고, 그가 열망하는 경력에 접근할 권리를 볼 수 있다.

두번째 고찰. 의견의 자유는 의견을 물질적 자산에 대한 소유 모델에 근거하여 인지되는 사적인 재산으로 만드는 것이 아니라, 의견의 자유는

---

6 '위해의 원칙'(harm principle)이라는 자유주의의 기본적 명제 중의 하나로 존 스튜어트 밀에 의해 주장된 것이다. 르포르는 책의 곳곳에서 영국적 자유주의와 구별되는 프랑스의 정치적 자유주의를 주장하면서 그것을 구별짓는 것을 자신의 과제 중의 하나로 보고 있다.—옮긴이

관계들의 자유이다. 1791년 '선언'의 텍스트 자체에 따르면 "사유와 의견들의 자유로운 소통은 인간의 가장 귀중한 권리 중의 하나이다. 모든 시민은 법률이 정한 경우에 이러한 자유가 남용이 아닌 경우 자유롭게 말하고, 쓰고, 인쇄할 수 있다".

따라서 타인들에게 말을 걸고 그들을 이해할 가능성이 각자에게 제공되는 반면에 한정된 경계 없이 생각할 수 있는지 없는지, 말로 표현할 수 있는지 없는지를 결정하고 관리하기를 주장하는 모든 권위가 없는 상징적 공간이 구성된다. 그 자체로서 말, 그 자체로서 사유는 모든 특수한 개인들로부터 독립적으로 확인되며 누구의 소유가 될 수 없다.

세번째 고찰. 안전의 보장——시민 사회에 대한 가장 비열한 표현이자 부르주아의 보호를 위한 "경찰이라는 개념"으로 맑스가 옮겨 쓴 것——은 정의가 권력으로부터 분리되고, 정의는 자신 이외의 다른 근거점을 가지지 않으며, 개인의 자의적 권력으로부터 보호하면서 국민의 존재를 기초하는 자유의 상징이 된다는 점을 가르친다. 콩스탕에서 페기[7]에 이르기까지 개인에게 행해진 부정의는 명분을 넘어서는 것이며, 부정의는 국민 자체를 타락시킨다는 것을 확정하게 됨을 보게 된다. ——그리고 그것은 각자가 이웃의 권리를 침해한다면 차례로 자의적 권력에 의해 희생될 수 있다는 것을 두려워하기 때문이 아니라 정치 공동체 내에서 사회적 관계들의 망은 주인, 각 개인 그리고 모두로부터 독립된 정의에 대한 믿음으로부터 지지되기 때문이다.

---

7 샤를 페기(Charles Péguy, 1873~1914). 시인, 사상가. 롤랑의 협력으로 잡지 『카이에 드 라 캥젠』(*Cahiers de la quinzaine*, 1900~1914)을 창간했다. 특히 드레퓌스 사건 때에는 드레퓌스파로서 싸웠다. 베르그송주의의 철학자로서 신비적 생명력을 노래했으며, 혁신적 가톨릭과 사회정의와 애국심을 촉구했다.——옮긴이

피에르 마낭은 맑스에 의해 충분히 인지된 패러독스를 내가 알지 못했다고 비난하였다. 마낭은 "프랑스혁명의 인간들은 그들이 모든 권리와 권력을 정치적 심급과 통치자로서 그들 스스로의 책임으로 돌리는 순간에 정치 그 자체를 시민 사회의 이기주의적 인간의 수단으로 정당화하였다"고 파악하였다. 그리고 『유대인 문제에 대하여』를 인용한 후, 맑스가 "고유한 내용과 고유한 의견 없이 상황이 그 중요성과 뛰어난 가치를 알게 만들 때, 공민적 삶은 가능성의 조건에 대항하는 순수한 부정의 형태 즉 그것이 단지 도구일 뿐인 부르주아 사회하에서는 불리해질 뿐이다"라고 지적하였다. 그러나 프랑스혁명의 인간들의 모순은 인간 권리의 모순인가?

우리가 알고 있듯이 맑스는 대립물을 상보적인 것으로 만드는 변증법에 탁월하였다. 그는 이미 『유대인 문제에 대하여』에서 정치의 환상이 인간 권리의 환상과 쌍둥이라고 적고 있다. 그의 주장의 일관성은 공산주의는 계급 분할의 철폐와 함께 순수하게 사회적인 것 속에서 경제적인 것, 법률적인 것, 정치적인 것의 구분의 철폐를 이룰 것이라는 테제 ──분명 이것은 마낭의 테제가 아니다──에 근거하고 있다. 역사는 사실 이 테제가 전체주의적 환상으로 이르렀다는 것을 증명하는 것으로 나에게 보이는 이 테제가 없는 경우 비판은 모든 근거를 상실한다. 마낭이 인용한 구절들 속에서 인간 권리의 또 다른 측면이 드러나는 것은 바로 공포정치Terreur이다. 공포정치는 인간과 인간의 분리의 효과 속에서 탈구되면서 물질화되는 사회의 헛된 희망을 의식하였는가? 혹은 시민 사회에 대한 맑스주의의 이러한 이미지는 허구일 뿐인가? 그리고 공포정치는 맑스주의의 보충이 아니라 그 자체로 정치적 자유의 파괴이며, 절대주의 전통의 비밀스러운 부활──미슐레Jules Michelet와 키네Edgar Quinet가 볼 것처럼 ──그리고 군주와 종교에 대한 신념이 무너진 사회 속에서 법과 지식을 체현한다고 주장하는 미친 권력의 출현일 뿐인가? 맑스의 주장을 자신의 것으로 하는 마낭의 주장을 인정하는 것은 나에게 있어 왜 민주주의가 테러로부터 자유로워지고 동시에 인간 권리에 근거하면서 형성되었는가를 이해하지 못하는 것이 어려운 만큼이나 힘든 일이다.

나는 주요한 테제가 다음과 같이 존재한다고 이해한다. 민주주의는 권력 없는 여론의 장소인 시민 사회와 여론 없는 권력의 장소인 자유주의적인 세속 국가 사이의 분리를 제도화할 때만 승리가 가능하다. 이러한 시스템을 위해서는 국가는 항상 중립성의 우산 아래에서 그 힘을 지키며, 시민 사회는 개인들의 의견을 위해 서로서로에게 중립적인 의견들의 열띤 극장으로 존재하면서 끊임없이 약해지는 것이다. 그러나 이러한 테제는 최소한으로 일방적인 것처럼 보인다. 왜냐하면 이 테제는 중립적인 권력의 형성과 자유로운 여론의 형성을 동시에 결정하는 거대한 사건을 무시하게 만들기 때문이다. 나는 모두와 각자를 종속시키는 권위들의 상실 그리고 모든 권위가 근거하는 초자연적이고 자연적인 근거들의 상실을 이해한다. 그리고 그 테제는 항거할 수 없는 정당성과 특수한 위치와 기능들을 담당한 사회의 최종 목적과 인간들의 행위에 대한 이해를 요구하기 위해 제기될 수 있다.

내가 잘 인식하지 못한 것 같은 민주주의의 정치적 창조성은 사실 다음의 이중적 현상 속에 존재한다. 하나는 자신의 토대에 대한 질문에 머물러 있는 권력, 왜냐하면 법과 지식은 권력을 행사하는 사람들 속에 더 이상 체현될 수 없기 때문이다. 다른 하나는 권리에 대한 의견들의 충돌과 논쟁을 모으는 시민 사회, 왜냐하면 인간들에게 특정한 방식으로 서로서로 존재하도록 허락하는 확실성의 지표들을 해소시키기 때문이다. 이중적 현상은 그 자체로 유일한 변동의 지표이다. 권력이 이제 여론 속에서 뿌리 내리지 못한다면, 적어도 정당들의 경쟁으로부터 숨지 못한다면, 자신의 정당성을 얻어야 한다. 그런데 정당들의 경쟁은 시민적 자유의 행사로부터 비롯되며, 그것들을 유지시키고 더 나아가 활성화시킨다. 국가 그것은 사실상 중립적으로 보이며, 여론이 없고 또한 여론 위에 존재하는 것처럼 보인다. 지난 150년 동안 국가가 알고 있는 전환들은 공적 여론의 진화로부터 발생했으며, 공적 여론의 기능 속에서 생산되었다. 그 전환들 속에는 교회와의 분리와 세속 국가로의 구성이 포함된다.

첫번째 자유주의자들 혹은 생시몽주의자들은 그들이 공적 여론 속에서 낡은 편견과 자의성이 점점 더 힘을 상실할 것이라는 전적으로 새로운 거대한 힘 —— "세계의 주권자"라고 반복하여 말하기를 좋아했다 —— 을 발견했을 때 잘못 생각하였다. 토크빌은 그가 인간들을 새로운 사고와 행동의 규준들에 종속시키고 국가 앞에 인간들의 수동성을 요구할 위험이 있는 여론의 응축 과정을 분별했을 때 좀더 정확히 파악하였다. 어쨌든 민주주의적 과정은 하나 이상의 의미를 갖는다는 것을 반복해서 말하자. 우리는 마냥이 말한 것처럼 서로서로를 중립화시키는 여론의 새로운 폭정, 토크빌의 말에 따르면 여론의 새로운 방종과 새로운 자유, 즉 그 효과는 편견들을 약화시키고 사회적으로 받아들일 수 있고, 요구할 수 있고 정당한 혹은 그렇지 못한 것이라는 일반적인 감정들을 수정하는 효과를 가진 새로운 자유를 구분해야 한다.

나는 권리와 여론을 혼동하지 않는다.

내가 말한 것처럼 [권리와 여론에 대한] 이러한 혼동은 오히려 권리 개념을 황폐화하는 특징처럼 보인다. 그러나 나의 첫번째 우려는 그 존재가 정치적인 것과 비정치적인 것 사이의 적합한 경계들을 흐리게 만드는 항상 준비 중인 공론장을 인정하도록 하는 것이다. 이러한 관점에서 내가 스스로 근거하는 시민 사회와 국가 사이의 구별은 민주주의의 형성과 함께 도래했던 것을 전적으로 이해하지 못하게 한다. 그러한 구별은 그것을 순수한 분리로 보지 않는 조건하에서만 적절하다고 말하자. 우리가 기억하는 것처럼 맑스가 그것을 정식화하였다. 그는 정치적 관계가 사회경제적 관계 속에 엉켜 있는 봉건사회에 대하여, 정치적인 것의 영역이 국가의 영역과 일치하는 경향을 가지면서 이익들의 세분화와 그 행위자들 사이의 분쟁에 의해 특징지어지면서 고유한 시민적 영역이 분리되는 부르주아 사회를 대립시켰다. 그는 한 가지를 망각하였는데, 그것은 구체제의 군주정이 봉건체제를 거의 붕괴시켰으며, 국가는 효과적으로 모든 영역에서 권위를 향유하기 전에 이미 권위의 원칙을 보유하였다는 점이다. 그가 부르주아 사회라고 지칭했던 것은 분명 국가적 힘의 강화에 의해서 특징지어지지만, 또한 대의제 체계에 의해서 그리고 사회적 총체로부터 발생하는 국가에 대한 의무에 의해서도 특징지어진다. 이 두 가지 특징은 아마도 분리될 수 없으며, 어느 하나에 대해 다른 하나를 강조할 수 있다 하더라도 그것들은 분리되어 분석될 수 없다.

따라서 우리는 공적 권위가 성립되고 행사되며, 또한 정치적 경쟁의 효과 아래에서 그것들을 통해 사회적 삶 속에서 분출되는 분쟁들이 정기적으로 갱신되도록 하는 헌법의 영향력을 너무나 자주 망각한다는 것을 인정하자. 대의제의 효율성은 그 복잡성이 끊임없이 증가하고 그 결과 그것을 소홀히 하려는 경향이 있는 국가 장치의 영원성에 대립한다는 것은 분명하다. 그러나 이러한 운동에 저항해야 한다.

경쟁으로부터 벗어난 전체주의적 형태의 권력의 형성은 정치적 자유의 종말뿐만 아니라 시민적 자유의 종말 자체를 의미한다는 것을 지적해 두자.

따라서 국가와 시민 사회만을 이해할 수 있는 추론에 만족하는 것은 불가능하다. 시민 사회(우리가 이 용어를 보존하기를 원한다면)는 그 자체로 정치적 구성 속에 기입되어 있고, 그것은 민주주의적 권력의 체계와 함께 연결된 부분을 가지고 있다. 게다가 국가 장치의 범위와 복잡성이 무엇이든, 각각의 부분들이 자신들의 고유한 영역의 자율성을 옹호하는 사회적 행위자들의 특수한 범주들의 압력에 종속되어 있는 한, 그리고 공무원들에 대해 우위를 점하고자 하는 통제의 논리가 선출된 권위에 부과되는 대표의 논리와 충돌하는 한에서, 그것을 통일시키는 것은 불가능하다. 간단히 말해, 동일한 이유로 국가가 사회체들의 모든 운동을 명령하는 거대한 기관이 되기 위해 스스로에게 다시 갇힐 수 없으며, 정치적 권위의 보유자들은 공적 업무의 행위의 원칙을 다시 작동하도록 강제하는 상태로 남게 된다.

내가 우리들의 논쟁의 중심에 놓인 문제를 새롭게 만나는 것은 나의 논점의 이 지점에서이다. 정치적 함의를 피하는 대답을 없애는 방식을 제거하는 것이 아니라 그것을 재구성하려는 경향을 갖는다. 사실 나는 정치적 자유의 행사를 위해 발생하는 새로운 권리들이 국가의 규제적 힘을 증가시키려는 경향에 기여한다고 본다.

게다가 정치 체계는 이러한 진화에 스스로 적합한 것처럼 보인다. 사실 정당들과 정부들은 그들의 정당성을 얻기 위해 대중적으로 보이는 요구들을 모으고 있다. 그 결과 그들은 입법을 수정하고, 입법은 행정부에 새로운 통제 수단과 새로운 강압의 경우와 함께하는 새로운 책임성을 부여한다. 좋다! 어쨌든 이 증명에서 우리는 멈추지 않을 것이다. 새로운 권리들의 법률적 기입이 있기 위해서는 이러저러한 요구가 국가 정상들의 관대한 귀에 가닿는 것만으로는 충분하지 않다. 그러한 요구는 무엇보다도 ── 그 요구가 시민의 범주와만 관련될 때조차도 ──공적 여론의 중요한 분파들과 적어도 암묵적인 동의로부터 승인을 받아야 한다. 간단히 말해서 그 요구는 우리가 공론장이라고 명명한 곳 속에 기입되어야 한다. 분명 세력force과 권리의 절합을 평가절하해서는 안 된다. ──세력은 압력의 효과적인 수단을 동원할 수 있는 이익들로부터 발생하거나 수數에 근거한다. 그러나 요구가 성공, 즉 실현되기 위한 조건 중의 하나는 새로운 권리가 인민에게 영향력을 발휘하고 있는 권리들이 증언하는 자유의 요구에 조응한다는 공유된 확신 속에 있다. 그렇게 19세기에 세력관계 속에서의 변화로부터 결과한 노동자들의 연합의 권리 혹은 파업권은 선동자들의 것이 아니라, 표현의 자유나 억압에 대한 저항의 정당한 연장으로 인정되면서 이루어졌다. 그리고 또한 20세기에 여성의 투표 혹은 사회적·경제적 권리는 원초적인 권리들의 연장으로 나타나거나 문화적 권리는 교육권의 연장으로 등장하였다.

그러나 그러한 감정은 우선 요구의 주도권을 가지고 있는 이들을 자극하였다는 것을 주목하자. 요구들을 정식화하면서 그들은 분명 그들의 이익을 방어하지만, 그들의 요구가 들어지지 않을 때, 그들은 또한 손해나 손실 이상의 희생이 될 것을 의식한다.

이러한 관찰은 잘 측정될 필요가 있다. 권리에 대한 민주주의적 우려는 개인적 혹은 집단적 말의 확정을 함축한다. 그것은 기존 법률이나 군주의 약속에서 자신의 보장을 찾는 것이 아니라 공적 의식에 대한 호소에 비례하여 공적 확정에 대한 기대 속에서 자신의 권위가 발휘되도록 하는 것이다. 이러한 현상의 새로움을 무시하는 것은 헛된 일이다. 어떠한 말은 국가에 향하는 직접적인 요구와 친밀하게 연결되지만 동시에 구별되어 존재한다. 이와 관련하여 전체주의 체제에 대한 참조는 한 번 더 교훈을 준다. 이미 언급한 것처럼 전체주의 체제는 복지국가 모델과 무관하다. 이것이 인구의 어떤 필요들을 고려하여 고용, 공중보건, 교육, 주거, 레저와 관련한 역량을 측정하는 것을 방해하지는 않는다. 그러나 그것들이 스스로 보증이 되는 권리들을 고유하게 말하는 것은 아니다. 권력의 담론은 충족적이어서 자신의 궤도에서 벗어난 모든 말을 무시한다. 그 권력은 결정하고 부여한다. 항상 자의적이지만, 권력이 자신의 법률의 혜택을 인정하는 것과 그로부터 배제하는 것 사이의 구분을 중단하지 않는다. 권리로 위장하지만, 시민이 아니라 의존적인 존재로 취급된 개인들이 받는 것은 필요용품 이외에 아무것도 아니다.

민주주의에서 권리의 근거가 되는 것을 고려하는 데 있어, 근본적으로 고려해야 할 것, 인간의 권리라는 이름하에 보았던 것, 시간의 흐름 속에서 덧붙여진 것을 구분하는 것이 불가능하다고 판단하는 것을 시도하였다. 그리고 내가 명확히 하고자 하는 의미에서 나는 그러하다고 믿는다.

그것은 역사주의적 체제에 대하여 자연주의적 체제를 교환해야 한다고 말하는 것인가? 오히려 다음 두 가지의 명칭을 피하는 것이 중요하다. 18세기 말에 아주 강력하게 주장되었던 인간의 본성이라는 이념은 미국과 프랑스의 두 개의 인권선언이 출범시킨 작품의 의미를 결코 제공하지 않았다. 두 개의 인권선언은 권리의 인간적 진술에 권리의 근원을 제공하면서 인간과 권리를 하나의 수수께끼로 만들었다. 그것들의 진술을 넘어서 선언들은 그 과정을 예언할 수 없는 모험을 하면서 **권리들을 가질 권리**(한나 아렌트로부터 내가 빌린 표현이지만, 그녀는 다른 사용법을 가지고 있다)를 인정하도록 하였다. 혹은 다른 말로 하면, 권리에 대한 자연주의적 개념은 사람들은 그들의 대표자들을 통해 동시에 진술의 주체이자 대상이 되는 자기 선언이었던 '선언'이 구성하는 특이한 사건을 은폐하였다. 사람들은 각자를 인간으로 명명하는 가운데 그들은 "혼잣말하면서", 서로를 비교하며, 그렇게 하면서 서로에 대해 증인으로 판관으로 서게 된다.

이 사건 속에서 우리는 인간 **본성**의 표상이 고립되는 것을 알지 못한다. 그것이 구별된다 하더라도 '자연적인 것' 자신으로의 소환과 분리될 수 없다. ――자신, 그러니까 감히 말하자면, 동시에 개인적이며 복수이고 공통적인 것, 그리고 동시에 각자 속에 그리고 각자들과의 관계 속에 그리고 인민 속에 지시된 자신. 동일한 이유가 우리로 하여금 인간 본성이라는 개념을 고정시키고 그것을 본성 자체로 만드는 것(그렇지 않다면 상상적인 것 속에 빠지거나)과 허구를 실체로 환원시킨다. ――그것들의 보편적 영향력을 제거한다라는 명분하에 주장하는 인간의 권리에 대한 비판을 인정하는 것을 금지시킨다. 자연주의적 과정은 버크와 맑스와 같이 전혀 다른 사상가들에 의해 인도되었고, 역사적 실체를 내세우면서 역설적으로 인간의 확정이라는 표지 아래에서 추상적 존재를 위해 '구체적' 인간을 제거한 철학적 환상으로부터 절대적으로 새롭게 등장한 것을 무시한다. 사실 그 어느 것도 인간 권리라는 이념이 고발한 것, 즉 권리의 담지자로서 권력이라는 정의定義, 그 토대가 인간의 영향력 밖에 존재하는 정당성 개념, 동시에 개인들이 '자연적으로' 분류되는 내부의 정렬된 세계라는 표상을 알게 하지 못한다. 버크와 맑스 모두 명료하지 않은 인간의 추상성을 겨냥하면서 프랑스 '인권선언'의 허구적 보편성을 비난한다. 하지만 그것은 '선언'이 우리에게 물려준 것, 즉 권리에 대해 질문할 권리를 가져온 원칙의 보편성에 대한 알지 못한 것이다. 권리에 대한 질문이라는 형태는 역사주의에 의해서도 부가되지 않는다. 그것은 인간 권리의 제도화라는 것이 우리가 하나의 사건, 즉 시간의 확장 속에서 등장하고 또한 그 속에서 사라지게 될 어떤 것 이상의 것임을 이해하게 한다. 이제 개인, 사회 그리고 역사를 판독하기 위해 우회해야 할 하나의 원칙이 등장한다.

그러나 자연주의와 역사주의가 인간의 권리에 대한 사유를 실행할 수 없게 하는 두 가지 경향이라고 판단하는 것은 주어진 문제를 단순하게 하지 않고 복잡하게 할 뿐이다. 그것은 우리가 첫번째 권리들이 그 근거들을 건드린다고 말할 수 없는 것처럼 보인다. 왜냐하면 우리는 인간의 본성에 대한 믿음을 포기하기 때문이다. 또한 종국적으로 획득된 모든 권리의 각각의 고리가 부분적으로 상황들을 표시하는 사슬을 구성하고 있다고 말할 수 없다. 왜냐하면 우리는 첫번째 권리들의 제도화 속에서 보편성의 원칙의 형성과 출현을 발견하기 때문이다. 그리고 우리는 첫번째 권리들과 새로운 권리들 사이를 구분짓는 선을 추적할 수 없다. 왜냐하면 우리는 새로운 권리들이 첫번째 권리들 위에 세워진 것을 알고 있기 때문이다.

그러나 복잡함은 필연적인 것처럼 보이며, 그러한 복잡성은 우리가 끊임없이 민주주의 체제와 전체주의 체제 사이에서 질문해야 하는 분별의 시각을 잃지 않게 하는 장점을 가지고 있다. 이러한 구별을 고전 철학의 용어속에서 법률에 의해 규제된 체제와 법률 없는 체제, 권력이 정당한 체제와 권력이 자의적인 체제로 번역하는 것은 잘못이다.

한나 아렌트가 매우 정확하게 관찰한 것처럼, 전체주의는 실증법의 무시를 그 특징으로 한다. 그러나 그것은 권력과의 결합 속에서 사람들 위에서 또한 천상에서 지상으로 가져온 인간 세계의 법률로서 부과되는 시대처럼 법Loi의 표식 아래서 정렬된다.

민주주의를 특징짓는 것은 법률이 자신의 초월성을 가졌던 근거점을 제거한 자리에 민주주의가 역사를 세웠다면, 또한 민주주의는 세계의 질서에 내재적인 법률을 주지도 않으며, 자신의 통치와 권력의 통치를 혼동하지도 않는다는 것이다. 민주주의는 항상 인간의 기교로 환원되지 않으면서 사람들이 원하고, 또한 민주주의를 그들의 공존의 이유와 각자가 판단하고 판단되는 가능성의 조건으로 이해하는 조건 속에서만 인간들의 행동에 의미를 부여하는 것을 법률로 든다. 정당한 것과 정당하지 않은 것의 구분은 사회적 공간 속에서 물질화되지 않으며, 그것은 아무도 거대한 심판자의 자리를 차지하지 못할 때, 그리고 그 빈 공간이 앎의 요구를 유지할 때 확실성으로부터 벗어날 뿐이다. 달리 말하면 법과 정당한 권력에 의해 규제된 체제라는 개념에 근대 민주주의는 정당한 것과 정당하지 못한 것에 대한 논쟁의 정당성에 근거한 체제를 대체하도록 만든 것이다. 이 논쟁은 필연적으로 보증인도 용어도 없다. 우리 시대의 권리들의 확산만큼이나 인간 권리가 주는 영감이 이 논쟁을 증언하고 있다.

그러나 우리가 이 논쟁이 민주주의의 본질과 관련된다는 것을 인정한다면, 자연주의와 역사주의의 대립에 머물지 않고 또한 기원부터 현재까지 확정된 것들의 지속성을 이해하면서 아마 우리는 첫번째 '선언'들 속에 진술된 권리들의 상징적 영향력을 더 잘 파악할 수 있을 것이다.

사실상 18세기 말에 선언된 자유들은 민주주의적 논쟁의 탄생과 분리될 수 없다는 특수한 사실이다. 더 나아가 그 자유들은 민주주의에 발생적이다. 따라서 우리는 그 자유가 공격을 받는 곳에서는 민주주의라는 건물이 붕괴될 위험성이 있다는 것을 인정해야 한다. 또한 그러한 자유가 없는 곳에서는 민주주의의 초석을 찾는 것이 헛되다는 것도 인정해야 한다. 반대로 우연적이더라도 경제적·사회적 그리고 문화적 권리들이 보장되는 것 즉 인정되는 것이 중단될 수 있다(나는 대처의 영국이나 레이건의 미국 어디에서도 그 권리들이 원칙 속에서 부정되는 것을 발견하지는 못했다). 침해는 치명적이지 않고 그 과정은 역전될 수 있으며, 민주주의적 구조는 보다 더 많은 수의 운명의 개선에 우호적인 환경을 위해서뿐만 아니라 저항의 조건들이 보존된다는 사실로부터 다시 그것들이 이루어질 수 있게 한다.

물론 사람들이 반대하는 것을 나는 잘 알고 있다. 자유들은 그것이 빈곤, 고용 불안, 질병 속의 빈궁과 결합할 때 형식적이 된다. 그러나 이러한 주장은 나에게는 지지될 수 없는 것처럼 보인다. 서구 사회에 적용했을 때, 이러한 형식적 자유들은 인간의 조건들을 진화시키는 데 성공한 요구들을 가능하게 하였다는 사실을 간과하고 있다. 그러한 주장은 노동자들의 연합의 권리와 파업의 권리를 낳은 첫번째 자유들의 지위에 대해 침묵하고 있으며, 결사권과 파업권의 제거가 민주주의의 파괴를 함의한다는 시각에서 본다면 그것들은 첫번째 권리 그리고 경제적·사회적 권리와 한몸을 이루고 있다.

게다가 인구의 일부분이 비참하게 현재 야만적인 착취의 희생이 되고 있는 사회에 적용할 경우 이 주장은 그들이 내세우는 것에 너무 쉽게 대립하게 된다. 그들은 다음과 같이 묻는다. 인간의 권리에 대해 말하는 것이 무엇에 유리한가? [인간의 권리란] 빈곤, 기아, 유행병 혹은 영아 사망이라는 극적 상황에 맞서고 있는 사람들이 갈망할 수 없는 사치일 뿐이라고. 그들은 피억압자들이 말할 자유, 연합할 자유 그리고 대부분 운동의 자유 즉 억압에 대한 저항과 항의의 정당하고 효율적인 수단을 주는 모든 것이 인정받지 못한다는 것을 망각한다. 그리고 경험은 인간 권리에 대한 무시가 전체주의적 형태의 체제를 건설하거나 그것을 꿈꾸는 소위 혁명가들을 얼마나 자극하였는지를 너무나도 선명하게 가르쳐 주고 있다. 이러한 무시는 더 깊게는 개인, 농업공동체, 노동자 그리고 인민 일반에 대항하여 **권리들을 가질 권리**를 부정하는 것을 덮어 버린다.

우리가 민주주의가 정당한 것과 정당하지 못한 것에 대한 논쟁의 정당성을 확립한다는 것을 지지할 때, 우리가 난점의 중심을 건드리고 있다는 것은 분명하다. 이 원칙은 사실 이제부터 정당한 것이 여기 그리고 바로 지금 판단된다는 것을 가정하도록 한다. 따라서 이러한 판단의 기준은 무엇인가? 그것은 근본적인 권리의 정신에 새로운 권리의 정합성에 있다고 대답할 수 있다. 우리 스스로 그것을 제시하면, 이러한 연결고리의 느낌은 전혀 새로운 요구들을 만들거나 그것을 옹호하는 사람들 그리고 동시에 그것들에 동의하고 그것의 법률적 진행을 담당하는 것을 인도할 것이다. 그럼에도 불구하고 대답은 의심으로부터 자유롭지 않다. 근본적인 권리들은 그것이 공적 논쟁을 구성한다면, 하나의 정의定義로 요약되지 않으며, 문자에서든 의식 속에서이든 그들에게 순응적인지 아닌지에 대해 보편적으로 동의할 수 있다. 명백한 것은 항상 부족하기 마련이다. 따라서 여기 지금 정당하다고 판단되는 것은 다수결의 기준에 의해서만 가능할 뿐이라는 결론에 도달한다. 그러나 이러한 테제에 결합하기 위해 우리는 우리가 방금 언급한 것, 즉 권리는 권리 그 자체의 이념이 실추되지 않는 한 사회 질서에 내재적인 것으로 나타날 수 없다. 권리는 인간들에 의해 말해진다는 역설 —이것은 개인의 존재 속에서 그들의 인간성과 그들이 공존 속에서 그들의 인간성 그리고 정치 공동체 속에 전체가 되는 방식에 대해 말해지고 선언되는 그들의 권력을 의미한다—그리고 권리는 인간의 기교로 환원되지 않는다는 이러한 패러독스는 19세기 전반기가 되자마자 민주주의의 성립에 단호하게 적대적이었던 자유주의자들뿐만 아니라 인민주권 —그들의 눈에는 경제적이면서 사회적 진보를 의미했던—과 권리의 주권에 동의했던 미슐레 혹은 키네와 같은 사상가들에 의해서 인지되었다.

정당한 것과 정당하지 못한 것에 대한 논쟁의 정당성은 어떤 것도 거대한 심판관의 자리를 차지하지 않는다는 것을 전제한다는 것을 반복해서 말한다. 어떤 것, 즉 최고의 권위를 가진 어떠한 사람도 어떠한 집단도 다수가 아니라는 것을 명확히 하자. 따라서 부정은 작동적인데, 그것은 심판관을 제거하지만, 정의를 공론장의 존재에 연결시킨다. 공론장은 각자가 타인의 권위에 종속되지 않고 말하고 듣도록 자극되는 공간이다. 공론장에 주어진 이 권력은 그것을 원하는 것으로 유도한다. 그것은 항상 비결정적인 이 공간의 덕목이다. 왜냐하면 이곳은 누구의 소유도 아니며, 단지 그것 안에서 인정되고 그것에 의미를 주면서 권리의 추론을 확장하도록 한다는 의미에서 비결정적이다. 권리의 기능 속에서 여기 **그리고 지금** 다수결이 형성되고, 그 다수결은 진실을 대신하는 답을 주는 것으로 어떠한 기교도 그것을 방해할 수 없다. 그리고 한 인간이 이 대답의 허구 혹은 잘못을 비난할 권리를 갖는 것은 바로 자유와 권리의 절합, 권리 의식의 여론으로의 불환원성이다. 즉 공론장이 아닌 다수의 실패 가능성을 드러내는 것이다. 권리의 타락은 다수결의 실수에 있는 것이 아니다. 공론장에 결합된 논쟁의 부재 속에서 대중적이고 압축적이며 지속적인 하나의 의견에 대해 다수결이 이루어지고 교환과 분쟁의 돌발 사건들이 우려와 확신의 행복한 분할을 가져오는 대신에 밤 시간에 결정된다면, 그것은 공론장 자체가 타락한 결과이다.

따라서 문제를 제기하자. 이 공간은 위축, 즉 사라지고 있는 중인가 아닌가? 혹은 어떤 이들이 주장하는 것처럼 국가가 민주주의라는 타이틀을 얻도록 해주는 환영simulacre일 뿐인가? 우리는 과장되고 그 자체 위에 모인 의견이 절대적인 권력의 장악을 위해 맞추어지도록 둥글둥글해지는 것만을 볼 수 있을 뿐인가? 이 문제를 제기하자. 그러나 이 문제는 정치의 문제이며, 하나 혹은 다른 의미 속에서 분리하는 것은 거만한 것이 될 것이다.

내가 말하고 민주주의의 본질 속에 있는 것이라 믿는 이 패러독스는 공론장과 같이 예전에 형성된 공간 속에 이전에는 배제되었던 대중의 침투가 광범위하게 발생하는 우리 시대에 발견된다. 따라서 이러한 변화의 효과들을 어떻게 분명하게 평가할 것인가? 분명히 사회적·경제적 그리고 문화적 권리들의 보증인으로서 국가의 더 강력한 위치는 권리의 정당성을 사회적 권력을 응축하고 있는 것처럼 보이는 심급에 의해 의견에 주어진 허가로 환원하는 경향이 있다. 상호적으로 다른 범주들로부터 발생한 것임에도 불구하고 이러한 허가를 기다리는 동안에 항상 그들 공통의 명명자를 찾으려는 경향을 가지는 여론은 수의 힘을 처분할 수 있을 때 정당한 것으로 보여진다.

나의 생각으로는 이러한 관찰의 유효성에는 의심의 여지가 없다. 그러나 공론장에 대한 대중의 개입은 그것을 없애는 것이 아니라 그 경계를 확장하고 망들을 배가시켰다는 것을 감추어서는 안 된다. (우리 시대에 놀라울 정도의 명성을 다시 얻고 있는) 현대의 신자유주의는 사회의 가장 많은 수 그리고 가장 가난한 계층의 말에 대한 권리의 박탈을 주장하였던 엘리트 이론 속에 근거하면서 이러한 모험의 의미를 알려 하지 않는다. 신자유주의는 현재 우리가 맞서고 있는 문제들에 대해 눈을 감고 있다. 왜냐하면 어떠한 후퇴도 민주주의의 틀 내에서는 인식되지 않는다. 그리고 신자유주의는 권리라는 명분의 방어 속에서 우리를 바보로 만들고 있다. 왜냐하면 말의 권리에 대한 일반화는 사회 속에서 권리의 의미의 확산으로부터 분리할 수 없기 때문이다. 새로운 권리의 효과에 대해 질문하는 것, 그리고 그것들이 가지고 있는 모호성을 구분하는 것, 혹은 권리와 의견의 정당한 구분을 추적하는 것은 많은 사람들이 그에 대한 관점을 잃지 않는 것만큼이나 중요하다. 많은 사람들에게 소수의 요구를 만족시키는 것 혹은 많은 범위에서 지배의 위치를 차지할 뿐인 규준에 대한 침묵의 복종은, 정당한 것과 정당하지 못한 것에 대한 문제제기 앞에 멈춰 서는 것이었음을 부정하는 것이 헛된 것처럼 보이게 한다.

예를 들어 여성의 새로운 조건의 기원과 관련한 요구들을 생각해 보자. 누가 그 요구들이 단지 여론의 변화를 증명하는 것인지, 그 요구들이 복지에 대한 단순한 요구들에 의해 인도된 것인지를 판단할 것인가? 특히 피임 혹은 낙태에 대한 논쟁은 어떤 이들이 항의하는 자유의 이념을 활용한 것이다. 그러나 그것은 개인, 인간 상호관계 그리고 사회적 삶의 본질을 건드리는 것이다. 그렇다! 이러한 예들은 가장 설득력 있는 것들이다. 그러나 일자리를 잃은 임금노동자들의 권리 혹은 경영의 어려움에 부딪힌 기업가의 권리, 사회보장 혜택자들의 권리, 이민자의 권리, 수형자의 권리, 신앙거부자의 권리, 군인의 권리(오늘날 표현의 자유를 박탈당했다), 혹은 동성애자의 권리 ——수십 년 이래 특히 프랑스에서 끊임없는 논쟁거리이다——등이 문제가 되고 있다. 그것들은 과거보다 훨씬 더 비교할 수 없을 만큼 첨예한 권리의 의미를 표시하는 것이라는 것을 알아두도록 하자. 우리는 새로운 요구들의 결과 속에서 국가의 힘이 강화되는 것을 곳곳에서 관찰한다. 그러나 침묵 속에서 항의는 지나가고 있다.

고용, 사회보장, 공중보건, 의료보호, 사교육의 지위 등과 관련한 최근의 논쟁들은 서로서로 파업을 일으키거나 대중적인 투쟁을 불러일으키고 있으며, 또한 무관심과 수동성이 지배하고 있지 않음을 보여 준다. 사람들은 반대할 것이다. 충돌하는 것은 이익들의 연합들이며, 위험 앞에서 저항하는 것은 조합주의적 연대이거나 깨어나는 것은 편견들뿐이라고. 그러나 권리에 대한 옹호가 과거 속에서 머무르던 이익들과 의견들을 해방시키지 않았는가? 예를 들어 의사意思들의 조직이나 교육 조직에 대한 싸움 속에서 이익이나 편견들의 소음 이외에 다른 것은 들리지 않았는가? 사람들은 아직 경제적 위기 속에서 기술지배의 관료주의의 새로운 팽창의 동력을 발견한다고 믿는다. 그러나 반대로 그것은 예견되지 않는 방식으로 권리들의 투쟁을 드러내지 않았는가? 또한 그것은 어떠한 악의 반대항 혹은 어떠한 선의 반대항을 발견하도록 하지 않았는가?

나는 공론장의 생존과 확장의 문제와 같은 정치적인 문제에 대해 말하였다. 나는 이것이 민주주의의 중심에 있는 문제라고 생각한다. 나는 그 문제에 답을 하려는 의도를 가지고 있지 않다. 그것에는 대답의 길이 있을 뿐이며, 그것을 찾는 것은 다른 토론의 대상이 된다. 또 다른 토론의 틀 속에 머물기 위해서는 나는 다음과 같은 결론으로 한정하고자 한다. 본성상 권리의 추론이 확장되는 공론장의 존재를 보장하기 충분한 제도는 없다. 그러나 상호적으로 이러한 공간은 구별되는 정치 제도가 자리잡고 정치적 책임을 가진 행위자들이 움직이는 장면에서부터 고유한 자신의 정당성의 이미지가 그 공간에 의지한다는 것을 가정한다. 따라서 정당들과 의회가 더 이상 그들의 기능을 수행하지 않을 때, 사회의 요구에 답할 수 있는 새로운 형태의 대의제가 없는 경우에 민주주의 체제는 자신의 신뢰를 잃어버릴 것을 우려해야 한다. 신문, 라디오, 텔레비전과 같은 매체를 통해 한편으로 정의의 행사, 다른 한편으로 정보의 행사가 본질적으로 독립적이라는 것을 보여 주지 못할 때, 내가 권리의 근대적 의식의 기원인 권력, 법, 인식의 구별이라고 부른 것은 상징적 효율성을 상실한다는 것을 우려해야 한다. 혹은 다시 한번 더 말하자. 정치적·법률적 그리고 지적 행위자들이 이익, 집단 규율에 대한 우려, 혹은 의견을 유혹하려는 우려에 의해 주문된 명령들에 그들이 복종의 스펙터클을 보여 줄 때 확산되는 부패를 우려해야 한다.

공적인 장면에 위치한 인간들의 역할을 보여 주기 위해 피에르 파셰 Pierre Pachet의 글[8]에서 빌려 온 간단한 고찰로 끝맺도록 하자. 전 법무장관

---

8 "La Justice et le Conflit des opinions", *Passé-Présent* 2, Paris, Ramsay, 1983.

알랭 페르피트Alain Peyrefitte는 본질에서 개인적인 자격으로 사형제에 반대하지 않지만, 아직 여론에서 무르익지 않았다고 말하였다. 그것은 동시에 분위기, 공포, 증오, 복수의 욕구의 여론이 지속적으로 증가하게 하며, 또한 그것에 정당성을 주는 것이었다. 권리의 보증인으로 간주되는 권위의 일부분인 권리가 타락하는 예는 거의 없다. 반대로 새로운 장관 로베르 바댕테르[9]는 정의의 언어로 다시 말하였는데, 그것은 여론의 전능이라는 환상을 사라지게 하기 위해 충분한 것이었다.

---

9 로베르 바댕테르(Robert Badinter, 1928~). 프랑스가 사형을 폐지할 당시 미테랑 정부의 법무부 장관으로 사형폐지를 이끌었고 유럽 사형폐지운동의 아버지라고 불린다.─옮긴이

한나 아렌트와 정치적인 것의 문제[*]

한나 아렌트는 그녀의 글이 때때로 활발한 논쟁을 제기했음에도 불구하고 미국에서 위대한 정치사상가로 일찍부터 알려졌다. 반대로 그녀의 많은 저작들이 프랑스에서 번역되었음에도 불구하고 그녀는 오랫동안 특히 좌파 인텔리겐차들intelligentsia에게 무시되어 왔다는 것은 놀라운 일이다. 레이몽 아롱Raymond Aron은 프랑스 공중들에게 그녀를 소개한 결정적 역할을 한 사람이다. 어떠한 의미에서 놀라운 것이 아니다. 레이몽 아롱은 진정한 자유주의자였다. 비록 그의 자유주의가 아렌트의 것과는 다를지라도, 둘 모두는 파시스트와 스탈린 체제에 대해 공통적으로 인지하고 있었으며, 좌와 우에 대한 관습적 정의定義를 피하고 있었다. 아롱의 자유주의와 아렌트의 자유주의 사이에 존재하는 커다란 차이는 아렌트가 혁명적 현상에 대해 가졌던 특징, 특히 헝가리혁명의 순간에 노동자위원회의 형성에 대해 그녀가

---

[*] 래치(Rachi) 센터에서 이루어진 컨퍼런스 그리고 *Cahiers du Forum pour l'indépendance et la paix*, 5 mars, 1985에 수록되어 출판된 글.

표현했던 특징 속에 있다는 것은 분명하다. 아렌트에게 혁명은 호기심의 대상이 아니라, 시작commencement 혹은 재시작recommencement의 시간이 었다.

사실 아렌트가 프랑스에서 무지와 무시, 즉 적대의 대상이었던 것은 그녀의 사고를 받아들이는 데 있어서 명백한 장애물을 형성한 맑스주의의 영향력에서 기인한다. 따라서 우리는 어떤 탈주술화가 작용하고, 상당수의 새로운 문제들이 제기되고 확산되는 시기에 있다. 수년 이래로 근대 과학과 그것의 파괴적 효과를 겨냥하고 또한 그것을 넘어서 이성이라는 이상 자체를 겨냥한 합리주의에 대한 비판이 이루어졌음을 지적할 수 있다. 그리고 과녁이 되었던 것은 계몽주의 철학뿐만 아니라 역사철학 자체였다. 역사철학은 정확히 계몽주의 철학의 연장으로 등장하였지만, 이전에 역사철학은 계몽주의 철학의 부정은 아니었다 하더라도, 적어도 그에 대한 비판으로 인식되었다. 맑스는 더 이상 합리주의를 전복시킨 사람으로 간주되지 않았고, 오히려 역사 속에서 체현하는 주체성의 기획을 가장 멀리 끌고 나간 사람, 그리고 자연에 대한 인간의 지배의 기획으로 가장 멀리 밀고 갔으며, 인간성 자체의 종결로서 일자Un 라는 환상을 가져온 사람으로 간주되었다.

이 비판은 역사라는 개념 자체, '이성의 법정'으로서의 역사만이 아니라 의미의 도래로서의 역사, 우리가 위치하고 우리로 구성되며 과거로의 우리의 접근 조건을 구성하는 장소로서의 역사에 대한 문제제기까지 이어진다는 사실은 놀랄 만한 것이다. 이 비판은 또한 사회적 실체 개념 자체를 겨냥한다. 실체는 고유하게 생산관계 속에서 발견된다고 가정된 것이었다.

이러한 비판들은 사회적인 것과 지배의 동질화의 기관, 집단적 필요의 만족의 요구의 효과 아래에서 성장하는 힘을 획득하는 기관으로서 간주된 국가에 대한 비판 속에서 가장 잘 설명된다.

우리 시대 인텔리겐차의 일부는 전후戰後의 그것과 비교하여 폭력의 질서로부터 온 모든 것을 불신하며, 폭력과 혼동되는 것처럼 보이는 정치에 대해 거부하도록 자극하는 감성을 갖고 있다. 따라서 오늘날 아렌트를 발견한 누구든지 그녀가 어떤 유효성을 가지고서 현재의 문제에로의 길을 열었는지, 그녀가 어떠한 엄밀함을 가지고서 현재의 문제들을 절합하고 대답하려고 시도했는지를 볼 수 있을 것이다. 그녀가 제시한 답변들은 필연적으로 우리의 기대를 충족시킨다고 말하는 것은 아니다. 그러나 그녀의 시도의 저변에 있는 질문은 우리의 주의를 끌기에 충분하다.

나는 그녀의 저작들 속에 있는 사유하기의 요구를 강조하고 싶다…….

이 요구는 그녀의 삶 속에 그녀가 만난 **사건**과 시련, 그녀를 전복시키고 그녀에게 동시에 '우리 시대의 중심적인 사건', 즉 1933년 나치즘의 승리와 같은 사건과의 만남으로부터 발생한다.

그녀는 자신의 정치 그리고 역사에 대한 관심이 시작된 것이 바로 1933년부터라고 말한다. 그녀는 매우 정확하게 제국의회 의사당에 화재가 일어난 날인 2월 27일을 상기시키면서 말한다. "나에게는 즉각적인 충격이었고, 바로 그 순간부터 나는 책임을 느끼기 시작하였다." 일화적인 사실이나 전기적인 세밀 묘사가 아니다. 그녀가 전체주의에 대한 호명에 대답하도록 불려지는 책임감을 느끼는 반면에 그녀는 그 사건이 모든 사유의 동력을 만드는 것을 알았다.

그것이 그녀가 『과거와 현재 사이』*Between Past and Future*(프랑스어판은 『문화의 위기』*La Crise de la Culture*)의 서문에서 쓴 것이다. "나는 그 자체로서 사유가 우리의 삶의 사건들의 경험으로부터 나오며, 사유가 결부될 수 있는 근거점들에 연결된 상태로 있어야 한다고 믿는다." 분명 아렌트는 광범위한 문화를 소유하였다. 뛰어난 헬레니스트인 그녀는 후설의 학생이자 야스퍼스와 하이데거의 제자였다. 그녀가 "사유가 탄생한다"라고 말할 때, '사유하기'란 단순히 이미 사유된 것 안에서 움직이는 것만을 말하는 것이 아니라 다시 시작하기 그리고 정확히 말하면, **사건의 시련에서 다시 시작하기**를 의미한다. 『변증법의 모험』*Aventures de la dialectique*의 서문에서 메를로퐁티는 아렌트의 사유와 완벽하게 공명하는 다음 구절을 썼다. "사건들에 맞서 우리는 우리가 받아들일 수 없는 것이 무엇인가에 대해 인지한다. 그리고 이 경험이 테제가 되고 철학이 된다. 반복, 생략, 괴리, 조건부 등을 통해 솔직하게 경험을 이야기하도록 해야 한다. 그렇게 하면서 우리 경험으로부터 발생하는 체계적인 작품들에 (내재된) 거짓된 것을 피한다. 그러나 학자답게 그들의 기원을 찾는 것에 한정할 때, 시간의 문제가 결합하는 순간, 하찮은 것으로부터 탄생한 것처럼 등장하고 초인간적인 침투의 증거를 만드는 것 같다."

어떤 저자도 아렌트와 같이 사유와 사건 사이의 관계를 엄격하게 규정하지 않았다. 어느 누구도 알려지지 않은 것, 기대하지 않은 것, 우리의 믿음 속에 균열을 가져온 것, 우리 이웃과 공유하는 우주 속에서 사유가 발생하는 장소, 사유가 발생하는 힘을 더 잘 구별해 내지 못했다. 알려지지 않은 것에 맞서는 것, 아렌트의 이러한 태도는 1933년 독일 지식인들의 실책이었던 것을 기억할 때 완전한 의미를 얻는다.——그들은 가장 교활하고 가장 허구적이었던 건설들을 '사유하지 않는' 서비스를 제공한 지식인들이었고, 그녀가 말한 것처럼 그들은 지식인이 되기를 포기하기를 결심하였던 것이며, 따라서 그녀는 그것들로부터 얻을 것이 아무것도 없다는 것을 알았다.

아렌트의 작업은 이러한 요구들과 그녀가 충실했던 것을 포착하지 못한다면, 정확히 평가될 수 없을 것이다. 아렌트는 이론가이자 철학자였다.

그러나 그녀가 이러한 명명을 항상 옹호했던 것은 우연이 아니다. 왜냐하면 그녀의 작품 속에서 이론을 정교화하고자 하는 그녀의 욕망과 사건 앞에서 자유롭고자 했던 그녀의 의지 사이의 긴장을 발견할 수 있기 때문이다. 이러한 방식으로 역사가의 역사에 대한 그녀의 비판은 **사후적으로** 시초 속에 포함된 발전의 결과인 것처럼 보이도록 하기 위해 일시적인 연속체 속에 새로운 것을 해소하지 않으려는 그녀의 우려에 의해 명확해진다.

아렌트는 이런저런 방식을 통해 특이한 것을 원칙의 지배하에 두려는 거대 이론과 인과관계의 사슬을 구성하려는 역사가의 설명에 **이해하기** comprendre의 임무를 끊임없이 대립시키고자 하였다.

아렌트에게 이해하기[1]란 무엇보다도 상식 위에 비판 이전의 이해에 대한 기초를 두는 것이었다. 그리고 사실 상식 속에는 비판적이지 않은 이해에 근거하면서 사유에로의 도전을 가져오는 길을 여는 진실과 거짓, 선과 악, 폭정과 자유 사이의 자발적인 구분이 있지 않은가? 그러나 사실 이러한 선이해 속에서 알려지지 않은 것은 아직 어렴풋이 알 수 있을 뿐이다. 따라서 아렌트가 말했듯이 상식은 전체주의를 폭정으로 취급한다. 하지만 분명 그것은 전혀 다른 것이다. 이미 정의된 거짓말의 새로운 기술이나 악의 새로운 양식이 문제가 아니다.

그러나 이해하기, 그것은 아렌트에게 우리가 존재하는 시간을 모으는 것이다. 그것은 발생한 것을 감수하는 것이 아니라 **시간과 서로 화해시키려고 시도하는 것**이며, 결국 **서로 이해하는 것**, 다시 말해 우리가 사는 세계 속에서 어떻게 전체주의와 같은 것이 탄생할 수 있었는지를 찾아내는 것이

---

1 귄터 가우스(Gunther Gauss)와의 인터뷰를 보라. *Esprit*, juin 1985.

다. 왜냐하면 무엇보다도 그것은 아무것도 아닌 것에서 탄생하기 때문에 그리고 무엇보다도 그것은 우리에게 친숙한 문화 속에서 발생한 것이기 때문이다.

나의 확신은——이 문장 "사유는 우리의 삶의 사건들의 경험으로부터 탄생하며, 그것들과 연결되어야 한다"라는 것에 비추어——많은 부분에서 아렌트의 저작이 그녀의 경험과 전체주의 현상에 대한 그녀의 해석과 결합되어 있다는 것이다. 그녀가 정치와 역사에 대한 그녀의 개념과 전체주의적 현상의 분석의 절합을 명확히 하지 않았음에도 불구하고(형이상학에 대한 그녀의 개념 혹은 더 일반적으로 이러한 분석과 인간의 조건의 결합이라고 말할 수 있다), 그러한 절합은 나의 시각에는 엄격한 것이고 나는 무엇보다도 그것을 명확히 하고 싶다.

첫번째, 전체주의는 법률적인 것, 경제적인 것, 과학적인 것, 교육적인 것 등 모든 것이 정치적인 것으로 표현되는 체제인 듯하다.

두번째, 우리는 당이 모든 영역에 침투하고 자신의 명령을 확산시키는 것을 보게 된다. 전체주의는 모든 것이 공적인 것이 되는 체제로 등장한다.

세번째, 전체주의를 일반적인 폭정과 혼동하지 않도록 하는 것은 전체주의가 법, 지금 여기의 인간들의 해석과는 상관없는 절대적인 법이라는 이념에 근거한다는 점에서 자의적인 정부 형태로 간주되어서는 안 된다는 점이다. 절대적인 법은 공산주의 형태의 전체주의에서는 역사Histoire의 법칙이며, 나치 형태의 전체주의에서는 생Vie의 법칙이다. 이 체제에서 행위는 지배적인 자치인데, 왜냐하면 인민은 동원되어야 하며, 항상 일반이익의 임무 주위에서 움직이기 때문이다. 또한 담론이 지배하는 것은 바로 이 체제이다. 결국 이 체제는 과거를 백지 상태로 만들며, '새로운 인간'의 창조에 열중하는 혁명적인 것으로 등장한다.

따라서 이러한 정치의 전적인 확정은 정반대로 그것의 부정이다. 전체주의가 윤리적인 것 혹은 종교적인 것으로부터 자유로운 힘을 행사하고 가능한 것에 한계를 인정하지 않는 것은 사실상 전체적인 지배에 의해 사회의 제어라는 이상이 표현된 것임을 발견하는 것만이 아니다. 따라서 '새로운 인간'의 창조는 인간의 조건을 존엄한 것으로 만드는 것에 대한 공격으로 전환하였다. 인간 위에 환상적으로 확립된 법은 현실에서는 실증법의 유효성과 모든 법적인 보호를 제거하는 효과를 가져오는 것만이 아니다. 일종의 집단적 몸으로서 '일자'라는 환상은 내부의 적의 제거로 이어지는 것만이 아니다. 우리가 여기에서 멈춘다면, 우리는 그 증명을 넘어서지 못한다. 그러나 외관상 우리는 정치, 공적인 삶, 법, 행위, 말, 시작으로 인지된 혁명이 어디에도 없다는 것을 발견해야 한다.

오히려 우리는 이러한 근거들이 전체적인 지배의 기획을 완성하기 위해 파괴되었다는 것을 인지해야 한다.

어떻게 정치가 모든 것을 침범한다는 이념에서 멈출 수 있을까? 정치와 비정치적인 것 사이의 경계가 존재하지 않는다면, 정치 자체는 사라진다. 왜냐하면 정치는 항상 인간들 사이에서 정의되고 공동의 운명을 위태롭게 하는 문제들에 답해야 하는 요구들에 반응하는 관계들과 항상 연결되기 때문이다.

인간들은 공동의 세계의 지평 속에 함께 자리하면서 서로서로를 시민으로 인지하는 공간과, 그들이 노동 분업과 그들의 필요를 만족시킬 필요성의 효과 아래에서 상호 의존의 노력을 하는 고유한 사회적 삶 사이에 차이가 명백히 드러나는 바로 그곳에 정치가 존재할 뿐이다. 그것은 공적 영역의 외관상 팽창 혹은 같은 의미로 사적인 것이 공적인 것에 흡수되는 경향은 동일하게 기만적이라고 말하는 것이다. 분명한 것은 공적인 것과 사적인 것의 구별이 사라진 곳에는 사적인 영역뿐만 아니라 공적인 영역도 역시 사라진다는 것이다. 반대로 등장하는 것은 그 작동이 지배장치에 의해 명령되는 거대한 조직, 수많은 의존관계의 망으로서 '사회적인 것'이라는 불리는 것이다.

전체주의 속에서 법은 인간들 위에서 확정된다고 믿기를 바란다. 한마디로 이러한 현상은 폭정과 같은 형태와 혼동하는 것이 불가능하다는 것을 말한다. 그러나 자의적인 권력의 한계들 속에서 그러한 경우처럼, 법이라는 이념은 침해될 뿐만 아니라 파괴되는 것도 분명하다. 사실 법이 역사의 운동으로 간주된 것 속에서 혹은 삶의 운동 속에서 물질화된다고 간주될 때, 법의 초월성이라는 개념은 상실되고, 허가와 금지의 기준들은 사라진다. 어떠한 것도 조직과 지배의 기술에 대립하지 않는다. 우리가 자주 언급하는 행위라는 이상은 한편으로 열성당원의 행동주의로부터 지지를 받는 미끼이다. 그것은 전체 사회 속에 최종의 목표 그리고 다음 목적에 대한 인식을 확산시킨 효율적인 말이라는 이상理想이 동일하게 미끼가 되는 것과 같다.

우리가 '행위'라고 부르는 것은 행위자가 없을 때는 '행위'가 아니다. 즉 전대미문의 상황에 맞서는 주도자들이 없고 단지 역사 혹은 삶의 운동의 효과로서 주어진 지도자의 결정만이 있을 때, 그것은 우연을 인정하지 않고 규준과 명령에 순응하는 **행동들**comportements만을 요구하는 것이다.

마찬가지로 '말'parole이라고 부르는 것은 말이 순환하지 않을 때, 모든 대화의 흔적이 사라질 때, 그것은 말이 아니다. 단지 지배자만이 말할 권력을 갖는 반면에 모든 이들은 듣고 전달하는 기능만으로 축소된다.

동일한 이유가 민족 사회주의 혹은 공산주의 혁명이라는 덮개 아래에서 혁명이라는 이념 자체가 사라지게 만들었다. 왜냐하면 혁명은 인간을 사적 우주에서 벗어나게 하면서 그들의 주도권을 동원하고 공통의 논쟁을 제도화하면서 공적인 장면에서 거대한 수가 넘쳐나게 하거나 그러한 장면을 형성함으로써 인간들을 서로서로 접촉하게 하는 흥분을 의미하기 때문이다. 전체주의 속에서 구별되도록 하는 혁명에 고유한 것은 시작하는 능력이 아니라 반대로 사건들로부터 발생하는 모든 문제에 대한 대답을 포함하는 이데올로기의 승리라는 것을 덧붙여야 한다. 사유가 실제적인 것의 경험으로부터 분리되는 것처럼, 원칙에서 출발한 결과들이 발생시킨 것은 지적 기계의 승리이다.

나치와 스탈린의 이중적인 판본 속에서 행해진 아렌트의 전체주의에 대한 독해는 정치에 대한 그녀의 이론의 궁극적인 정교화를 주문한다. 그녀는 전체주의 상像의 역전을 이용하여 정치를 인식한다. 그것은 그녀로 하여금 모델 ──이 용어를 사용하는 것은 그녀의 의도를 배신하는 것일 뿐이다── 을 찾는 것이 아니라, 정치의 특징을 가장 잘 분석할 수 있는 특권적 계기 속에서 정치에 대한 설명을 찾도록 하였다. 그 특권적 계기들은 고대에서 그리스 공동체의 계기 그리고 근대에서는 미국혁명과 프랑스혁명의 계기가 그것이다. 아마도 1917년 러시아에서 노동자위원회의 계기와 1956년 헝가리 노동자위원회의 계기가 추가될 수 있을 것이다.

아렌트에 따르면 그리스는 가장 순수한 경우로서 가정oikos ──노동분업의 강제와 지배자와 비지배자의 관계가 지배하는 가정적 생산의 단위 ──의 울타리에 고유한 사적인 업무들과는 거리는 둔 채, 인간들이 서로를 평등하게 인지하고, 공동으로 토론하고 결정하는 공간이 작동하고 발생하는 것을 볼 수 있다. 아렌트가 말했듯이, 이 공간에서 인간들은 '감언'과 '무훈'을 통해 공적인 전망과 기억 속에 자신의 이미지를 새겨 넣고자 경쟁하고 추구한다.

권력은 모두와 관련된 결정의 관점에서 말들의 교환인 인간들 사이의 관계 속에서 행사된다. 이러한 공간의 존재 자체는 **하나이지 않은** 그러나 동일한 것으로 서로에게 주어지는 '공동의 세계'가 출현하는 조건이다. 왜냐하면 그것은 전망들의 다양성 속에 존재하기 때문이다. 단순한 인지나 단순한 노동으로 성립되는 것은 충분하지 않은 고유하게 인간적인 이 세계는, 항상 아렌트에 따르면 단순한 삶의 이용만큼이나 분명한 것으로, 그것을 넘어서 모든 필요와 부과된 강제를 탄생시킬 수 없다. 따라서 용어를 바꾸어야 하는데, 그것은 여기 제도의 우연성을 초월하는 **세계의 욕망**이다.

우리는 서로서로를 정의하고 배우는 이러한 인간들의 정치적 공간에 참여하고, 공적인 장면 위의 **가시성**에 접근한다는 생각을 지나치게 주장할 수 없다. 혹은 우리가 말할 수 있는 것은 우리는 이러한 공적인 장면에 접근하는 평등한 사람들로서 서로를 알아간다는 것이다. 따라서 아렌트에 따르면, 평등과 가시성 사이에는 가장 밀접한 관계가 있다. 이 공간에서는 각자에게 그들 눈에는 타자들이 나타나고, 타자의 눈에는 그들이 나타난다는 가능성이다. 즉 평등과 동일한 실재성이다. 권력이 조직 혹은 개인 속에 한정되는 곳에서 그러한 공간은 모두로부터 제거된다. 불평등과 비가시성은 같이 간다.

아렌트에게 평등이 그 자체로 목표가 아니라는 것을 이해하게 하는 것이 바로 이 지점이다. 예를 들어 평등은 인간이 태어나면서 평등하다는 역사의 계기에서 만든 발견이 아니다. 평등은 발명이다. 인간을 삶 위로 끌어올리고, **공동의** 세계로 열어 주는 운동의 효과 혹은 단순한 표시이다.

그리스 정치에 대한 이러한 간략한 환기는 우리로 하여금 아렌트의 모든 분석을 지배하는 대립을 명백히 드러나게 한다. 행위와 노동 그리고 작업 사이의 대립이 『인간의 조건』*Human Condition*에서 그녀가 행한 주요한 대상이다. 공적 질서와 사적 질서 사이의 대립, 정치 질서와 사적인 삶의 질서 사이의 대립, 권력과 폭력, 단일성과 복수성 사이의 대립, 혹은 더 나아가 사색적 삶과 적극적 삶 사이의 대립.

마지막 대립을 고려하면서 아렌트는 정치에 대한 무지 혹은 그것의 부정 속에서 플라톤과 그 기원을 발견했다고 판단하였다.──이러한 판단은 정확히 '철학' 자체로 명명하는 것을 그녀가 거부했던 것에 그 기원이 있다. 민주주의적 정치 공동체의 중심인 행위, 논쟁 그리고 **나타내기** 속에서 발견되는 자유는 혼돈의 지배로 그려진 이 세계로부터 분리된 사유에 전이된 것으로 철학에 의해 거부되었다. 아렌트에게 자연적 강제들에 의해 작동된 신성한 것과 세속적인 것, 혹은 정치의 마법적인 우주와 평범한 삶 사이의 구별, 가시적인 것, 공적인 공간의 성장 속에 신성한 것 혹은 마법적인 것을 놓는 이러한 구별은 철학과 함께 의미를 변화시켰다. 왜냐하면 실추가 정치적 행위를 특징짓는다면, 철학에게 내적인 것에 고유한 고귀함이 발견되는 것은 바로 비가시성 (이러한 비가시성은 예전에는 사적인 직업에 부착된 것이었다) 속에서이기 때문이다.

철학을 **실현시키기**만을 원하면서, 즉 경험적인 역사와 사회 속에 행위가 무엇인지에 대한 망각으로부터 유래한 논리와 진리라는 이념을 투사하고자 하면서, 정치적 행동을 복원하고자 했던 맑스에 이르러서 그 효과들을 발견하였던 것은 바로 아렌트에게 플라톤에 의해 성립된 이러한 전통의 힘이었다.

우리는 아렌트에게서 정치라는 이러한 이념이 어떠한 방식으로 근대 역사에 대한 독해와 절합하는지를 물을 수 있다. 근대──불명확한 표현이지만, 그 불명확성을 아렌트의 탓으로 돌릴 수 없다──는 그녀의 말을 들어본다면, 거대한 변화의 극장이다. 폴리스의 시기인 고대에는 사회는 존재하지 않았다. 그 세계는 도시 공동체의 일과 가정의 일 사이로 분리되었다. 반대로 근대의 구별적 특징은 사회적인 것의 탄생이다.

달리 말하면 성장, 기술과 노동 분업의 효과 그리고 근대 과학──그 기획은 자연의 지배이다──의 성장이라는 특징 아래에서 의존의 일반적인 망이 구성된다. 이러한 망은 개인들, 행동들 그리고 필요들의 총체를 포함하며, 점점 더 복합적인 조직의 임무를 포함한다. 또한 그것은 국민이라는 새로운 단계에서 지배 관계를 가져온다.

사회적인 것의 팽창, 정치의 쇠퇴라는 이 과정은 미국혁명과 프랑스혁명에 의해 단절된──사실 그것은 첫번째 국면에서만 그러하다──순간에 발견된다. 그러나 서로서로는 지속적인 효과 없이 존재한다. 아렌트는 프랑스혁명이 '사회 문제'의 도래에 의해 거의 타락했다고 적고 있다.

그녀는 본질적으로 불행은 정치적 평등과 사회적 평등과의 혼동에서 기인하였다고 말한다. 비극적 혼동, 왜냐하면 평등은 정치적일 수만 있기 때문이다. 개인은 탄생에 의해 그리고 인간의 권리라는 괴물에 의해, 평등하다는 무모한 이념에 의해 철학적으로 번역된 혼동. 버크에서와 마찬가지로 아렌트에게 시민의 권리만이 현실적이고 인간의 권리는 허구라는 것을 알아야 한다.

19~20세기 사회의 발전을 본다면, 사회적인 것의 관리를 담당하는 조직으로 국가의 확대되는 역할이 등장하는 것을 볼 수 있다. 정치가 점점 자신의 고유한 지위를 상실하고 공론장이 붕괴되며, 동시에 사적 공간이 해체된다. 그 자리에 한편으로 사회적 조직 그리고 다른 축에 개인의 작은 세계, 아렌트가 친밀성의 세계라고 부른 것이 등장한다. 친밀성의 영역은 언뜻 보면, 습속과 행동들의 표준화에 종속되어 간다.

전체주의의 기원으로 가야 하는 지점이 바로 여기이다. 아렌트가 역사적 전례가 없으며, 서구의 전통적 범주들을 파괴시켰다라고 말하는 현상이다. 그녀가 서구 사회의 전통에 그 원인들을 돌리는 것을 거부한다면, 그녀는 근대 사회 이래 그 출현에 대해 묘사하고 있다는 것이다. 그리고 그 용어를 통해 그녀는 그 존재 이유를 의심하지 않는다.

아렌트에 따르면 전체주의는 공적 업무에 대한 무관심, 원자화, 개인주의적 경쟁의 폭발이 한계를 찾지 못하는 탈정치화된 사회에서 탄생한다. 그녀가 인정하는 것이지만, 아렌트는 부르주아 개인주의가 한 명의 강한 인간에 의해 권력의 독점에 대한 장애를 만들었다고 쓰는 것을 두려워하지 않는다. "그러한 의미에서 부르주아 정치철학은 항상 전체주의적이었다." 부르주아 정치철학은 정치 제도가 사적인 이익들의 표면일 뿐이라는 사실 속에서 정치와 경제적인 것 그리고 사회의 동일을 항상 믿었다.

또한 그녀는 다음과 같이 쓰는 것을 더 이상 두려워하지 않는다. "사적인 삶 속으로 후퇴하고, 자신의 가족과 자신의 전진만을 배타적으로 추구하는 속물은 사적인 이익의 최우선에 있는 부르주아적 믿음의 타락한 마지막 산물이다. 속물은 자신의 고유한 계급으로부터 단절된 부르주아이고, 원자화된 개인, 부르주아 계급의 붕괴의 산물이다. 힘러Heinrich Himmler가 역사에서 가장 기괴한 범죄를 저지르도록 조직하였던 대중의 인간은 군중 속의 인간보다는 오히려 속물을 닮았다. 그는 자신의 우주의 파편 속에서 무엇보다도 자신의 안전만을 걱정하고 다른 모든 것 ──최소한의 선동 속에서 믿음, 명예, 존엄성 ──을 희생시킬 준비가 되어 있는 부르주아 이외에 다른 것이 아니다." 아마도 아렌트는 부르주아 민주주의와 전체주의 사이의 연속성을 세우기를 거부하였다. 그러나 그 이유는 그녀가 전쟁 ──제1차 세계대전 ──에 뒤이은 위기들 속에서 결정적 사건, 계급체계의 붕괴와 대중의 해방, 전통적인 사회 계층들의 붕괴 등을 발견했기 때문이다. 즉 문자 그대로 무관심한 사람들의 출현인데, 그들은 자신들이 옹호해야 할 이익을 더 이상 갖지 않고, 그러한 의미에서 죽음까지도 포함하여 모든 것을 줄 준비가 된 사람들이었기 때문이다.

한나 아렌트의 이러한 해석은 많은 숙고를 요구하였다.

첫번째는 정치적인 것의 질서라는 것과 사회적인 것의 질서라는 것 사이에 성립된 대립 그리고 그와 결합하여 정치적 평등과 사회적 평등 사이에 결합한 대립과 관련된다.

최근에 간행된 핀리[2]의 프랑스어판 제목 표현에 따라 그리스에서 '정치의 발명'에 대해 말할 수 있다고 가정하자. 그렇다면 사회적일 뿐인 어떠한 상황과 어떠한 투쟁의 효과 아래에서 그리고 군사적일 뿐인 어떠한 목표의 관점에서 고도로 분화되고 위계화된 사회들이 농민, 소상인, 장인들을 공적 업무가 결정되는 총회에 오도록 하였는가를 물어볼 가치가 있다.

정치적 평등이라는 덮개 아래에서 어떻게 효과적으로 결정들이 이루어지고, 어떠한 수단에 의해 사람들이 인민의 이런저런 부분들에 대해 지속적인 권위를 행사하는 데 성공했는지를 묻는 것이 필요하다. 마지막 문제는 아렌트가 전혀 제기하지 않은 것으로, 그녀는 한편으로 말에 의해 배타적으로 설득이 이루어졌으며, 다른 한편으로 순진하게 말의 교환이 그 자체로 평등한 것 ——권력의 불평등을 가져오지 않았을 평등——이라고 확신했다. 프랑스혁명에 대한 해석에 이르러서 어떻게 그녀가 구체제의 위계제에 대항하여 수행한 투쟁, 그리고 토크빌이 설명했던 것처럼 경제적 평

---

2 Moses Finley, *L'invention de la politique*, Paris, Flammarion, 1985.

등과는 혼동되지 않으며, 사회 질서와 정치 질서 모두에 효과를 가질 수 있었던 '조건들의 평등'의 과정 속에 기입된 투쟁과 정치적 평등을 구분했는지를 보는 것은 어렵다. 왜냐하면 그것은 자유와 함께 동시에 사회 속에서 비슷한 사람들에 의한 비슷한 사람들의 인정이기 때문이다.

아렌트에게 인간 본성이라는 허구로부터 유추한 것으로 보이는 인간 권리의 개념에 대한 그녀의 비판과 관련해, 어떠한 철학적 기초 위에 유사한 사람들로서 인간의 상호 인정이 도시 공동체의 경계에서 멈추어야 했는지를 알아보는 것은 어려운 일이다. 특히 우리는 우리 사회를 황폐화시켰던 전체주의 체제 ─ 순수한 사실이 아니라면 우연적인 것으로서 ─ 에 대한 우리의 비난을 정당화시키는 것이 무엇인지를 알 수 없다.

아렌트는 인간의 본성을 변화시킬 종국적인 가능성을 드러내는 '가능한 것의 한계'를 탐구할 의지를 전체적 지배라는 기획 속에서 발견한다. 인간 본성이라는 이념을 부정하는 것과 그것을 변화시킬 수 있다고 가정하는 것 사이를 형식적 모순에 한정하지 않고, 정치적 사유 혹은 사유 일반에 구성적인 진실과 거짓, 선과 악, 정의로운 것과 정의롭지 못한 것, 혹은 실재적인 것과 상상적인 것의 구별에 매달리지 않는다면, 우리는 전체주의가 그의 적대자들에 행사한 힘과는 다른 장애물이며, 그 자체로 모든 내적 모순을 피하고 있다는 전제를 확신한다는 점을 강조해야 한다.

"인간의 권력은 매우 커서 그가 원하는 것을 할 수 있다"라는 아렌트의 정식은 역사주의 혹은 레오 스트라우스가 허무주의라고 부르고 아렌트가 다른 한편에서 싸웠던 것으로부터 나온 것이다.

결국 그녀가 정치를 정의하는 방식은 급진적 대안을 우리에게 제시하는 것이다. 어떤 의미에서 정치는 존재하거나 존재하지 않는다. 여기저기에서의 정치의 발생은 설명할 수 없다. 그것은 급진적인 시작의 표시이다.

그리고 더 나아가 정치는 흔적을 남기지 않고 사라지기 위해 여기저기에서 발생한다. 예를 들어 『과거와 미래 사이』의 서문에서 르네 샤르René Char에게서 빌린 표현인 '잃어버린 보물'로서의 레지스탕스에 대해 말하면서 다음과 같이 명시한다.

"유럽 레지스탕스의 사람들은 그들의 보물을 잃어버린 첫번째도 마지막도 아니었다. 근대에 가장 친밀한 역사를 정치적으로 의미하는 1776년 필라델피아의 여름, 1789년 파리의 여름, 1956년 부다페스트의 가을 등 혁명들의 역사는 우화의 형태 아래에서……가장 다양한 상황에서 갑자기 예상치 못하게 등장하고 또한 마치 모르간[3]의 요정인 것처럼 신비한 조건에서 사라지는 보물의 비밀처럼 이야기될 수 있다."

사유의 방식 속에서 현대의 몇몇 위대한 사상가들로부터 영감을 받을 수 있을 것 같다. 레오 스트라우스에게 본성에 일치하는 체제 ——플라톤에 의해 인식된 체제——는 결코 존재하지 않으며, 어떤 것도 그것의 가치를 떨어뜨리지 않는다. 하이데거의 경우, 다른 염려 속에서 잠식되는 국가의 영역이 확장되면 될수록 위험은 더 증가하고, 우리는 첨예함 속에서 존재의 문제를 이해할 수 있게 된다. 아렌트의 경우, 그녀가 이해하는 정치는 실재 속에서 더 이상 체현될 수 없으며, 그것은 실재의 정치가 아니다. 그리고 다른 한편으로 그녀는 하이데거의 사유와 공명하면서 전체주의의 그림자가 확대될수록, 정치의 특징을 더 잘 분별해 낼 수 있다고 가정한다.

따라서 서로서로 그렇게 멀리 떨어져 있던 세 명의 사상가들은 근대성의 동일한 과정 속에서 만나고 있다. 정치적 관점에서 근대성의 과정은

---

3 모르간(Morgane). 켈트 전설에 등장하는 아서왕의 누이동생.—옮긴이

민주주의의 과정이다.

아렌트에게 곤란한 것처럼 보이는 것 그리고 실패의 표시는 바로 자본주의와 부르주아 개인주의에 대한 비판을 행하면서 그녀가 민주주의 자체 그리고 근대 민주주의에 전혀 관심을 두지 않았다는 점이다. 거기서 대의제 민주주의가 문제가 되는데, 대의제 개념이 그녀에게 낯설거나 그것을 비난했기 때문이 아닐까? 나치의 전체주의와 스탈린 형태의 전체주의를 결합하는 특징이 있다면, 그것은 민주주의에 대한 증오이다. 그녀는 그것에 대해 알기를 원하지 않았다. 일자에 대항하여 복수적인 것의 복원에 매달렸던 아렌트는 사회를 그 머리——총통Führer, 최고지도자——에 접착한 단일화된 몸으로 만들려는 환상적인 시도가 법의 축 및 지식의 축으로부터 권력의 축을 구별짓고, 사회 분업과 그 투쟁을 수용하고, 습속과 여론의 이질성을 수용하면서 그리고 정확히는 어떠한 체제도 전에는 그런 적이 없는 유기적인 사회라는 환상과 거리를 두면서 확립된 체제를 전복시키면서 발생한다는 것을 관찰하지 못했다.[4]

4 아렌트에 대해서는 Claude Lefort, "Hannah Arendt et le totalitarisme", *L'Allemagne nazie et le génocide juif*, Colloque de l'Ecole des Hautes Etudes en sciences sociales, Paris, Hautes Etudes-Gallimard-Le Seuil, 1985, pp.517~535.——편집자

2부

:

혁명에 대하여

:

혁명기 공포정치[*]

로베스피에르의 연설¹

로베스피에르의 연설을 검토해 보자. 예를 들어 혁명력 2년 제르미날 11일(1794년 3월 31일)의 연설이 그것이다. 사실 말하자면 우리는 그것을 우연하게 선택한 것은 아니다. 상황들은 예외적이다. 당시 그날, 국민공회 Convention는 공안위원회가 행한 무력 행위를 부인하고 혁명정치의 급변을 가능하게 할 뻔하였다. 약간의 차이로? 정확히 한다면 로베스피에르의 개입으로. 간단히 사실들을 상기해 보자. 당통Georges Danton은 전날 밤에 체포되었다. 그와 동시에 카미유 데물랭, 라크루아Sébastien Lacroix와 필립포Pierre Philippeaux 역시. 아마도 거대한 숙청이 일 년도 되지 않은 시기 이래 가속된 리듬을 이어가고 있었다. 지롱드파당의 수장들, 격앙파

---

* *Passé-Présent* 2, 1983에 게재된 글. [번역상 주의. Terreur, terreur라는 말을 번역할 때, 전자, 즉 대문자 Terreur의 경우 고유명사로서 프랑스혁명 시기 자코뱅이 행한 특정한 정치를 의미하고 일반적으로 공포정치라고 번역한다. 하지만 르포르는 혁명적 테러(terreur révolutionnqire)라고 번역할 수 있는 용어를 통해 그것을 지칭하는 경우도 있다. 번역의 일관성을 위해 르포르가 대문자를 사용하는 경우 보통 공포정치로 번역하고, 소문자인 경우는 그냥 테러라고 사용하였다. 그럼에도 문맥상 공포정치를 가리키는 것이 명확한 경우나 소문자이지만 공포정치를 가리키는 경우는 그에 따라 번역하기도 하였다.—옮긴이]

들Enragés, 에베르파들Hébertistes, 그리고 파리꼬뮌의 과거 지도자들이 숙청되는 것을 보았다. 그러나 그 희생자들의 면면이 누구이든지 간에 어느 누구도 당통의 위엄에 근접하지는 못했다. 아무도 그처럼 혁명의 정신을 체현하는 것을 알지 못했다. 그리고 누구도 카미유처럼 혁명의 아버지임을 자처하지 않았다. 이번에 로베스피에르와 위원회들은 좀더 가까이에서 그들을 공격하였다. 관용파Indulgents이라고 명명된 그들에 대항하여 가해진 공격은 분명히, 특히 자코뱅들에게 알려졌지만, 국민공회 모르게 결정된 체포에 대한 소식은 분명 평범한 것은 아니었다. 이러한 일격의 무력 행사는 한편의 연극이었다. 그것은 공포정치의 절정의 표식을 제공하였다.

사실은──지나가는 길에 그것을 명기하자──당통과 그 친구들의 제거는 혁명 과정에서 하나의 전환점으로서 시간의 후퇴처럼 보이는 것이었다. 언젠가 말했듯이 아마도 그것은 로베스피에르의 몰락을 예견하는 것이었다. 확실히 그것은 로베스피에르로 하여금 이어지는 시기에 전례 없는 테러리스트적 수단을 사용하도록 허락하였다. 제르미날의 사건은 반대파들을 쓰러뜨리면서 일반경찰국Bureau de police générale을 창설하도록 하였고, 두 달 뒤 「프레리알 법령」[2]과 혁명 재판소의 재조직화를 이루도록 하였다.

어쨌든 로베스피에르의 연설이 우리의 주목을 끄는 것은 상황, 순간 그

---

1 우리는 텍스트와 연설을 부셰즈(Philippe Buchez)와 루(Jacques Roux)의 『프랑스 대혁명의 의회사』(Histoire parlementaire de la Révolution) 혁명력 2년 제르미날 11일의 로베스피에르의 연설, 32권. 생쥐스트(Louis A. de Saint-Just)의 방토즈(ventôse) 연설, 31권. 비요-바렌(Jacques N. Billaud-Varenne)의 민주적 정부론에 대한 연설, 32권에서 인용하고 근거한다. 『늙은 코르들리에』(Vieux Cordelier)의 텍스트, 카미유 데물랭(Camille Desmoulins)의 텍스트 30권(다른 부분은 H. Calvet, Le Vieux Cordelier d'après les notes de Mathiez, Paris, A. Colin, 1936.).

리고 효과의 이유 때문만은 아니다. 그것은 스타일, 어조, 구성 그리고 레토릭의 효과들 아래에서 인식될 수 있는 전략에 의해 구별되었다. 로베스피에르는 당통과 그의 친구들의 죄상을 드러내려 하지 않았다. 그러한 것에 대해서는 한마디도 하지 않았다. 또한 공포정치를 지속해야 할 필요성에 대해 의회를 더 이상 납득시키려 하지도 않았다. 공포정치라는 말은 그의 적대자들이 그로부터 공포를 불러일으키기 위해 한차례 언급한 것이 아니라면 발설조차 되지 않았다. 그의 기술은 토론의 대상을 전치시키는 데 있다. 그는 그의 대화 상대들을 그들이 자신의 것으로 인지해야 할 논쟁의 올가미 속으로 끌어들인다. 동시에 그는 주인으로 등장하면서 주인의 자리를 없애 버린다. 결국 모든 말의 제거로 귀결되도록 말의 계략을 확대한다. 그 스스로가 도구가 되는 혁명적 진실은 논쟁 자체를 금지시켰다. 간단히 말하자면 로베스피에르의 연설은 공포정치를 대상으로 하지 않았다. 그는 그것을 실행하였다. 그는 공포정치의 위대한 순간을 실행에 옮겼고, 그것을 말하였다.

따라서 제르미날 11일 국민공회의 회기가 일상적인 절차, 그러나 밤샘 체포라는 소문이 무성한 채 열렸다. 위원회들의 구성원들은 아직 도착하지 않았다. 르장드르Louis Legendre 의원이 곧바로 발언을 요청하였다. 그는 당

---

2 「프레리알 법령」(Loi du 22 prairial an II)은 혁명력 2년(서기 1794년)의 프레리알 22일(6월 10일)에 제정된 법으로, 공포 정치를 강화하는 데 기여하였기 때문에 「공포정치법」이라고도 불린다. 이 법에 따라 공안위원회는 기소, 고발 등 사법 절차를 크게 간소화하였다. 즉, 반혁명적인 행위가 발각되면 증거 없이도 배심원 심증만으로 유죄가 될 수 있게 된 것이다. 법률에 의해 혁명재판소의 권한을 확대하고, 피고인의 자기방어를 제한했다. 이 법률하에서 유/무죄의 판결만 있었고, 무죄는 방면, 유죄는 사형이었다. 따라서 정적을 제거하기 위한 정쟁의 도구로 이용되었고 실제로 결백한 사람이 무고를 당해 단두대로 보내진 경우도 많았다.—옮긴이

황한 채 당통이 자신만큼 순수하다고 자신 있게 확신하였고, 다음과 같이 호소하였다. "1792년 9월 자신의 에너지를 통해 프랑스를 구원한 이 사람은 그가 조국을 배반했다고 고발당했을 때, 자신을 설명할 기회를 가지고 있고 가져야 한다." 이렇게 말하면서 그는 의심할 여지 없이 의회의 중요한 일부의 심정을 표현하였다. 어떻게 의회의 구성원 중 가장 뛰어난 사람들 중의 하나에게 의회 앞에서 자신을 방어할 권리를 주지 않는가? 의회의 반응을 급히 알고 싶었던 로베스피에르가 위원회의 동료들 앞으로 나가면서 등장했을 때 논의는 이미 진행 중이었다. 그는 단상에 올랐고, 그의 첫마디는 르장드르의 첫번째 주장의 외관 아래에 그들의 숨겨진 움직임을 알아내기 위한 것이었다. "언제부터인가 오랫동안 이 의회 내에서 지배하고 있는 문제 속에, 즉 앞서 말한 자가 만들어 내는 선동 속에는, 사실상 커다란 흥미가 있고, 오늘 몇몇의 사람들이 조국보다 더 우위를 점하는지 아는 것이 문제라는 사실을 쉽게 알아차릴 수 있다." 논쟁의 대상이 그렇게 바로 변경되었다. 더 나은 것은 연설가가 자신의 쟁점을 발견하도록 초대하기 위한 자신의 명백한 대상을 알지 못한다는 사실이었다. 그러나 그는 당통 일파의 계획을 비난하는 것에 만족하지 않았다. 그는 의회 전체에 충격을 가하는 의심을 제기하였다. "이 의회의 구성원들, 특히 영광스럽게도 자유의 가장 용감한 방어자들의 피난처에 자리잡고 있는 사람들의 원칙 속에서 명백히 드러나는 이 변화는 무엇인가?"

토론은 무엇과 관련이 있었나? 그것은 자신의 동료들 앞에서 자신의 행위를 정당화할 수 있는, 의회의 동의 없이 체포된 국민공회 의원들의 권리에 대한 것이었다. 암묵적으로 그것은 인민의 대표자들에 주어진 보장들과 관련되었다. 로베스피에르는 이러한 보장의 원칙을 비난하는 것을 삼가하였다. 그는 혁명의 시간 동안에 자유가 충돌하는 제한들에 대해 언급조차 하지 않았다. 산악파에 대한 암시 속에서 그는 자유의 피난처를 찬양하였다. 그러나 오늘 고발된 당통이 바지르Claude Basire, 샤보François Chabot 그리고 파브르 데갈랑틴Fabre d'Egalantine을 위해 요구했던 권리가 거부되었다는 사실——그의 상대자들은 이 사실을 결코 잊을 수 없었다——로부터 논점을 이끌어 내면서, 원칙이 포기된 것에 놀랐다. 이러한 주장은 의회의 불안정성을 명백히 할 뿐이라는 점에서 약한 채로 남아 있었다. 또한 어떠한 지나간 결정도 주권자인 의회를 옭아맬 수 없다는 사실, 그리고 원칙의 수준에서 의원의 불가침성이 저항을 받지 않는다는 사실만큼이나 약하였다. 따라서 로베스피에르가 문제를 제기한 것은 국민공회의 급선회에 대해서가 아니었다. 그는 이유들을 물었는데, 그는 왜 어떤 것에 거부되었던 것이 어떤 것에는 동의되었는지를 물었다. 이 '왜'는 의심의 도구이다. 그리고 대답은 질문과 함께 주어진다. "…… 몇몇 야심 있는 위선자들의 이익이 프랑스 인민의 이익을 침해하는지를 아는 것이 문제이다." 따라서 로베스피에르는 당통과 그 친구들을 서둘러 지칭하지 않으면서, 의회가 개인들에게 특수한 운명을 만들고 있는 중이라고 말하였다.

사실 이 개인들은 야망을 가진 위선자들로 간주되었다. 연설가는 다시 "우리가 지배 욕구를 가진 몇몇의 음모가들의 속박으로 들어가기 위해 고통스러운 엄격한 행동과 같은 영웅적 희생을 하는 것은 아닌지" 묻고 있다. 놀랄 만한 강한 틀이다. 각자는 자신이 말하는 순간에 생각하는 것이 되면서, 각자는 피고인들이 공화국에 행했던 봉사, 명확히 말하면 당통과 카미유가 기회가 주어졌다면 의회 앞에서 설득력 있게 나열했을 봉사로부터 이념을 분리하였다. 로베스피에르는 이미 들었던 것처럼 내뱉었다. "나에게는 얼마나 중요하고 아름다운 연설이며, 그 스스로와 친구들에게 주어진 찬사인가! 너무 길고 너무 고통스러운 경험이 우리에게 우리가 그럴듯한 연설의 형태로 만든 것을 가르쳐 주었다. 사람들은 더 이상 한 사람과 그 친구들이 혁명이라는 특정한 시대와 특수한 상황이 만들어 낸 것을 자랑하는 것을 요구하지 않는다. 사람들은 그들의 모든 정치적 경력 속에서 이루었던 모든 것들이 무엇인지를 묻는다." 명확히 그들의 적대자들에게 지난 그들의 봉사의 진정한 장점을 일치시키지 않고, 로베스피에르는 그들이 행한 모든 것들을 말하기 때문에, 혁명적 행위의 객관적 증거들의 원칙을 고발하는 것이다(그렇게 「프레리알 법령」의 정신을 기대하면서 말이다). 그러나 그가 자신의 적대자들을 건드린다는 것은 편견일 뿐이다. 왜냐하면 자신의 주제는 피고인들 각각의 사건 깊숙한 곳에서 논의하는 것이 아니었기 때문이다. 그것은 반대, 부인, 즉 단순한 문제들의 대상이 되는 것이다. 그 주제는 무엇인가? 그는 의회가 당통으로부터, 하나의 예외적인 인물인 당통을 통해 만든 이미지, 그리고 당통이라는 이름, 하나의 이름이 행한 매력에 대해 인지하기를 바랐던 것이다.

그후 논쟁을 열었던 르장드르의 개입으로의 회귀. "르장드르는 국민공회의 모두가 알고 있는 체포된 사람들의 이름을 알지 못하는 것 같다. 그의 친구 라크루아는 체포된 사람들 중 하나이다. 왜 그는 모르는 체하는가? 왜냐하면 그는 뻔뻔함 없이는 그를 변호할 수 없다는 것을 잘 알기 때문이다." 라크루아의 비도덕성에 대한 암시는 뛰어난 간계를 증언한다. 왜냐하면 연설자가 르장드르로 하여금 라크루아라는 이름에 대해 침묵하도록 비난하는 순간에 그 스스로 다른 사람들의 이름, 특히 카미유의 이름에 대해 침묵한 것이다. 당통에게 주어진 특권을 비난하기 위해 르장드르의 침묵을 가로챈 것이다. 그는 이어서 르장드르는 "당통에 대해 말한다. 왜냐하면 그는 아마도 그 이름에 부착된 특권을 믿기 때문이다. 아니, 우리는 특권을 원하지 않는다. 아니, 우리는 어떠한 우상도 원하지 않는다". 연설의 서두에 놓인 과녁은 현재 중심을 건드리고 있다. 그리고 성공한 듯하다. 왜냐하면 회기의 보고서는 의회의 박수에 대해 언급하고 있다. 그가 다음과 같이 질문할 때, 이 과녁으로 한순간 후에 그는 다시 돌아온다. "개인적인 관계들에, 아마도 두려움에 조국의 이익을 희생시키는 이 사람들은……누구인가? 누가 평등이 승리하는 순간에, 감히 이 성벽 안에서 그것을 제거하려 시도하는가?" 첫번째 문제, "오늘날 몇몇 사람들이 조국에 대하여 승리해야 하는지 아닌지를 아는 것" 혹은 "몇몇 야망을 가진 위선자들이 프랑스 인민의 이익에 대해 승리해야 하는지를 아는 것"은 감금된 자들의 면면의 이미지에 너무 결합되어 있다. 이 문제는 한계를 넘어섰다는 것이 분명해진다. 두번째 문제는 보편적 원칙, 평등과만 관련된다. 고발은 당통주의자들에게보다는 국민공회의 시선을 그들에게 집중하면서 공통의 법으로부터 개인들을 면제해 주려는 이들과 관련된다. 그러나 다시 어떻게 로베스피에르가 청중들의 사유——표현될 수 없지만, 자신의 그림 속에서 꼼짝 못하게 만드는 사유——를 자기에게 복종시키는지를 관찰해야 한다. "아니, 우리는 우상을 원하지 않는다"라고 던진다. 그런데 만약 정식화가 흡족하고 외관상 맘에 든다면, 그것은 당통이 분명 인민의 우상이라고 선언하고 동시에 공격을 가할 두려움을 깨우는 약점을 갖거나 혹은 공중의 상상 속에 다른 어떤 원칙도 지울 수 없을 만큼 강한 위엄을 재구성할 약점을 갖는다. 따라서 그는 곧 다음과 같이 덧붙인다. "우리는 오늘 국민공회가 **오랫동안 부패한 소위 우상**을 파괴할 수 있는지를 혹은 그의 몰락 속에서 그 우상이 국민공회와 프랑스 인민을 붕괴할 것인지를 보게 될 것이다." 몇 마디 말 속에 그는 모든 주장을 응축시킨다. 본질은, 우상을 용납하지 마라. 평등을 존중해야 할 사람은 바로 당신이라는 것이다. 그리고 소문에 흔들리지 마라. 당통은 사랑받지 않는다. 또한 그의 이미지는 일을 질질 끄는 것이며, 부패한 것이다. 분명 이러한 주장은 전개되지 않았다. 이 세 가지 진술이 양립하지 않는 다. 그러나 중요하지 않다. 왜냐하면 공포정치 담론의 덕은 모순에 노출된 절합을 제거하고 선택의 여지를 남기지 않는 결론을 흉내내기 때문이다. 더 이상 이 경우는 의회가 당통을 제거해야 하는지 아닌지를 결정하는 것이 아니다. 부패한 우상, 당통은 스스로 무너진다. 단지 알아야 할 것은 국민 공회가 그의 몰락 속에서 파멸될지 혹은 스스로의 보존을 위해 포기할지의 문제이다. 따라서 잘못된 대안이다. 국민공회는 이러한 상황 앞에서 아무 것도 아닐 뿐만 아니라, 당통의 몰락은 브리소Jacques Brissot, 페티옹Jérôme Pétion, 샤보, 에베르를 포함하는 일련의 몰락의 마지막 에피소드일 뿐이라 고 현재의 우리는 말할 수 있다. 그에 대해 말하는 것을 그들에 대해서는 말 할 수 없다. 모든 것은 "그들의 기만적인 애국심의 화려한 소란으로 프랑스 를 채우는 것이다".

　　로베스피에르는 당통의 죄목에 대한 최소한의 증거를 제공하는 데 항 상 주저하였다는 것에 주목하자. 그는 이미 제거된 배반자들과 그를 비교 하면서 혼합물로 사용한다. "당통은 그의 동료들에 비해 어떠한 점에서 우 월했는가? 그래서 그는 어떤 특권을 가졌는가?" 이러한 비난과 함께 그는 평등에 대한 옹호를 결합한다. "그는 시민 동료들에 대해 어떤 점이 우월한 가?" 바로 이것으로 그에게는 충분했다. 이제부터 당통 개인은 더 이상 상 기되지 않을 것이다.

　　따라서 문제는 세번째로 전치된다. 여기에서 아마도 의심을 의회로 돌 리기 전에 한 번의 휴식, 호흡의 간단한 중지, 어조의 변환을 상상해야 한다. 로베스피에르는 그가 그전에는 아직 하지 않았던 것, 동료들을 질책한다. "시민 여러분, 바로 지금 진실을 말해야 하는 순간입니다." 그는 우선 "원칙 들의 파괴와 타락이라는 불길한 예언을" 인지하였다고 말한다(잠시 뒤, 그는 "평등을 제거하기를 원하는 사람은 누구인가"라고 물을 것이다). 그러나 여기에서 이전의 주장을 다시 가져온다. 더 새로운 것은 그가 이어서 선언한 것이다. "우리는 당신에게 당신이 행사하고 단지 몇 사람에게만 있지 않은 국민적 권력의 남용을 두려워하도록 하고 싶다. 당신은 무엇을 하였는가? 누가 공화국을 구원하였는가? 누가 프랑스 전체의 지지를 받는가? 인민이 공적인 신뢰를 받고, 국민공회로부터 비롯된 위원회들의 희생으로 사라지고 분리되는 것을 두려워하도록 만들고자 한다. 왜냐하면 자신의 존엄을 방어하는 모든 이들은 비방에 노출되기 때문이다. 감금된 자들은 괴롭힘을 당할 것을 두려워한다. 따라서 사법부와 국민적 신뢰를 받은 사람들을 두려워한다. 사람들은 그들에게 신뢰를 부여한 국민공회와 그것을 허가한 공적 여론을 두려워한다." 그 기저의 추론 과정은 명백한 듯하다. 요약해 보자. 국민공회는 국민과 결합한다. 그리고 국민공회가 결정한 것, 그것은 인민의 의지와의 일치 속에서 주권적으로 결정된 것이다. 위원회들은 국민공회와 결합하고, 위원회들은 국민공회의 발현일 뿐이다. 동일하게 사법부는 국민공회로부터 비롯된다. 결론적으로 위원회와 사법부에 가해지는 모든 의심은 국민공회 자체에 대한 공격이며, 이러한 성격의 모든 의심은 국민공회를 고유한 기관들로부터 분리시키면서 파괴하려는 것이다. 간단히 말해 모든 것은 인민, 의회, 위원회와 사법부의 동일시의 원칙으로부터 유추된다. 그는 이미 취해진 결정들의 정당성과 지속성에 대한 문제제기를 금지한다. 그러나 놀라운 것은 말의 작동임을 관찰해야 한다. 명확히 표현되어 말해지지 않은 것, 위원회들에 대해 향해진 추악한 의심들, 적들에게 돌려진 의심에 대한 명백한 비난 속에서 더 심각한 다른 의심, 국민공회를 공격하는 연설자의 의심이 솟아나오는 것을 이해하도록 한다. 로베스피에르가 자신의 청중들에 대해 확산된 위협을 가하는 것은 바로 주어 **사람들**on에서 당신들vous로, 당신들에서 우리들nous로, 그러고서 다시 새롭게 사람들로의 미끄러짐에 의해서이다. 그는 "개인적 관계들에, 아마도 두려움에, 조국의 이익들을 희생시키는 이 사람들"을 상기시키면서 시작하였다. 아마도 그들은 명명되지 않았지만, 그들은 명명될 수 있었을 것이다. 그러고 나서 주어 사람들이 무명의 의지의 방향을 가리킨다. 아마도라는 두려움에 의해 움직이는 개인들이 아니라, 두려워하게 만들기를 원하는 힘이 문제가 된다. 적어도 주어 사람들은 로베스피에르가 호명한 사람들에게는 아직은 낯선 듯하다. 사람들이 당신을 조정한다라고 이해하게 한다. 그리고 그의 대화 상대, 당신들을 가라앉히기 위한 것처럼 그는 그것을 우리로 전환시킨다. 그 스스로를 적의 과녁 속에 포함시킨 것이다. 사람들은 당신이 두려워하도록 만든다는 사람들은 우리가 두려워하도록 만든다로 변환된다. 주어 우리는 사람들이 분리시키기를 원하는 위원회들과 의회를 응축하고 있다. 그러나 사람들의 위치의 인식할 수 없는 전치는 국민공회 자체 속에 그것을 슬그머니 끼워넣는다. 사람들은 당신들이 두려워하도록 만든다는 이번에는 사람들은 (감금된 자들이 억압받는 것을) 두려워한다, 사람들은 따라서 두려워한다로 변환된다……. 적은 더 이상 두려움을 자극하는 외부에 있지 않으며, 내부에, 의회의 의석 위에 있다. 적은 당신들 사이에, 말이 향하고 있는 사람들 사이에 있다.

갑자기 로베스피에르가 나je라는 번개를 던지기 위해 우리로부터 벗어났을 때, 잘못 생각하는 것은 불가능하다. "나는 이 순간 누구든지 죄인이라고 말한다. 왜냐하면 결코 결백은 공적 감시를 두려워하지 않기 때문이다." 여기에서 주인이 등장한다. 그의 눈은 의원들 전체를 보고 있다. 분명 누구도 명명되지 않았다. 그것은 누구도 명확한 자리를 차지하지 않는다는 것이다. 그는 여기 혹은 저기, 여기 그리고 저기, 말은 그에게서 메아리를 만드는 전율 속에 있었다. 말은 전율을 추적하는 시선과 하나가 될 뿐이다. 그리고 두려움은 죄와 하나가 될 뿐이다. 두려움은 그것을 배반하지 않는다. **두려움을 갖는 자는 죄인이다.**

우리가 말했듯이 주인이 나타났다. 그러나 **나는 말한다**je dis에 각인된 타자들과 자신과의 갑작스런 거리는 곧 각자에게 전이된다는 것이 사실이다. 왜냐하면 각자는 타자를 보고 각자는 타자에 의해 보여지기 때문이다. 따라서 로베스피에르의 말이 제도화한 것은 바로 서로 바라보는 것의 실험이다. ——실험 속에서 시선의 움직임을 보고 이웃에 대한 시선을 열고, 자신의 눈빛 아래에서 눈을 낮추지 않는 것이다. 따라서 주인이 말하는 누구든지라는 것은 의회 내에서 두려움을 가진 자와 두려움을 갖지 않는 자의 분리 ——죄를 가진 자와 결백한 자——를 확산시킨다. 그 결과 로베스피에르가 동일한 호흡 속에서 **결코 결백은 공적인 감시를 두려워하지 않는다**고 덧붙일 때, 그는 위원회들의 감시만을 상기시킨 것이 아니라 모두에 의한 각자의 이러한 감시는 전체, 의회에 몸을 부여하고 의회의 거대한 눈, 좀더 좋은 표현을 쓴다면, 로베스피에르의 눈과 일치하는 인민의 눈을 지적하는 것이다. 거기에는 그의 위대한 성공이 있다. 의회가 그의 시선 아래에서 오그라드는 반면에, 그 시선은 그 개인으로부터 분리된다. 그러나 웅변가의 뛰어난 계략을 놓치지 말자. 그가 주인의 위상을 차지하고, 그의 눈이 공적 전망의 기관이 되는 순간에, 그는 타자들 사이의 한 개인처럼 동료들의 눈에 노출된다. 원칙들을 방어하라는 '특별한 의무'가 그에게 주어진다. 간단히 말해 각자 모두처럼, 그는 위협의 조작 혹은 친밀한 압력에 종속되었다. "그리고 나는 역시 사람들에게 테러에 대한 공포를 품게 하고자 하였다. 사람들은 당통에게 다가선 위험이 나에게까지 도달할 수 있다는 것을 내가 믿도록 하고 싶었다. 그들은 나에게 그를 내가 포용해야 하는 사람으로 나를 방어하기 위한 방패처럼, 한 번 넘어지면 내가 적에게 노출되는 성벽처럼 소개했다. 사람들이 나에게 편지를 쓰고, 당통의 친구들은 편지를 보내고, 나에게 그들의 담론으로 나를 괴롭혔다." 그는 그가 당통 그리고 한때는 페티옹의 친구였으며, 그가 롤랑Jean-Marie Roland과도 관계가 있었음을 상기시킨다. 게다가 이러한 것은 우리가 이미 제기한 그의 통찰력의 표시이다. 그는 자신의 청중들의 사유를 상상한다. 사실상 청중들이 그와 당통과의 관계 그리고 가장 가까운 측근의 지지를 빼앗긴 권력의 위태로움을 생각할 것임은 의심의 여지가 없다. 그리고 각자는 하나의 곤란, 하나의 문제에 집중하고 있다는 것은 의심의 여지가 없다. **당통 이후, 왜 나, 왜 그는 아닌가?** 오늘 누가 그의 죽음을 요구하는가?

그러나 로베스피에르는 현재 두려움 없이 이 시선을 지지한다는 것을 증명하기 위해 자신에 대한 시선을 호명하고 있다. 그는 어디에서도 그가 건드릴 수 없는 존재라고 주장하지 않는다. 그는 **당통의 위험은 자신의 것이 되어야 한다**는 가정을 받아들인다. 단순하게 그는 거기에서 '공적인 비방'을 보지 않는다. 개인적인 우연한 사건이라는 것을 이해하자. 그것은 고려하지 않는 것이다. "위험은 나에게는 상관없다. 나의 삶은 조국에 달려 있다. 나의 심장은 두려움이 없다. 그리고 만약 내가 죽는다면, 그것에는 비난도 치욕도 없을 것이다." 달리 말하면 만약 로베스피에르가 두려움을 갖지 않는다면, 만약 그가 타인에게 자신의 시선을 제기하고 타인의 시선에 자신을 노출한다면, 그것은 그가 위험의 안전에 있다고 느끼거나 그가 다른 사람들이 감히 자기를 공격할 것(당통을 피신시키려는 친구들에게 당통은 그들은 감히 그렇지 않을 것이다라고 대답하였다)을 인정하지 않았기 때문이 아니다. 그는 자신을 적을 위한 과녁으로 제시하는 것조차 즐겼다. 그의 침착성은 여기에 있다. 그는 죽음을 두려워하지 않았다. 다른 사람들은 그를 겁줄 수가 없었다. 왜냐하면 죽음이 그를 위협하지 못했고, 그의 목숨은 그의 것이 아니었다. 그것은 조국의 것이었다. 박수가 그의 이러한 선언에 호응하였고, 회기의 보고서는 그것을 말하고 있다. 분명 그러나 아마도 그것은 로베스피에르에게는 충분하지 않았다. 아마 그는 오만함에 대한 고발이 이루어질 위험을 분별하였다. 왜냐하면 그는 우리 속으로 다시 미끄러지면서 이 고백으로 결론짓고 있기 때문이다.

연설의 귀중한 굴절. "아마도 바로 여기에서 그는 우리에게 어떤 용기 그리고 어떤 영혼의 위대함을 요구한다(그가 명시적으로 요구하는 것을 피했던 두 가지 덕목이라는 것을 주목하자). 세속적인 영혼 혹은 죄 지은 인간들은 항상 그들의 이웃이 떨어지는 것을 보는 것을 두려워한다. 왜냐하면 그들 앞에 죄인들의 장벽이 없기 때문에 그들은 진실의 날에 더 잘 노출된 채로 남기 때문이다. 그러나 만약 세속적인 영혼이 존재한다면, 이 의회에서 영웅적인 것이 될 것이다. 왜냐하면 그것은 지상의 운명을 지도하고, 모든 분파들을 제거하기 때문이다." 따라서 숭고함에 대한 미묘한 호명이다……. 그러나 정확하게 그것을 평가하기 위해서는 논쟁의 첫번째 대상에 대한 기억을 보존해야 한다. 당통과 그의 친구들을 이해하기를 거부하는 것은 주체로서 인정받아야 하는 개인 ──이 경우 인민의 대표자들──의 권리에 대한 맹렬한 부정이다. 죄인으로 규정된 그들은 모든 죄에 대한 증거의 부재 속에서 실제적으로 죄인이 되기 전에 상징적으로 제거되었다. 로베스피에르의 재주가 어떠하든 간에 그는 혁명적 영웅이 자신의 존재를 자신을, 명명한 말로부터 끌어내는 것을 감출 수 없었다. 혹은 좀더 정확히 말하면, 말의 권력은 그것이 행사되는 마력과 결합한다. 웅변가에 의해 발산된 마력은 인간의 말 이상의 것인 듯하다. 집단적 영웅, 의회 혹은 의회를 넘어서 인민의 마력. 그런데 그 권력을 힘으로 만드는 것은 동시에 그 유약함을 만든다. 사실 청중들이 전적으로 마법에 걸리지 않는다 하더라도, 그들 다수가 그렇지 않더라도, 로베스피에르가 말한 어떤 것도 미래에 밀려드는 고발, 그리고 오늘의 영웅을 내일의 죄인으로 바꾸는 위협을 예방하지 못한 듯하다……. 의회의 확신은 현재의 완전무결을 요구하였다. 분명, 예전의 것들이 상기되었다. 그러나 그것들은 현재를 더 완고하게 만드는 데 기여하였다. 적들을 파괴하려는 의지는 전날 그리고 그 전날의 적들, 에베르파들, 브리소 일당 등등을 패퇴시켰던 의지의 재-현re-présentation의 지속이었다. 반대로 어떻게 사람들은 미래의 알려지지 않는 것에 의해 괴롭힘을 당하지 않을 것인가? 사실 우리는 그것을 이미 언급하였다. 각자는 다음과 같이 말할 수 있다. 당통 이후, 나는 왜 아니겠는가?

그런데 로베스피에르가 청중들의 사유를 다시 한번 상상한다는 것은 의심의 여지가 없다. 숭고함에 대한 근거를 포기하면서 그는 사실상 갑자기 사소한 것에 대한 근거로 넘어간다. 갑자기라고 우리는 말하자. 그러나 우리는 읽기만 하고, 듣지도 보지도 말자. 새로운 것에 대한 잠깐의 휴식, 목소리와 시선의 변화를 상상해야 하는가? 그는 이렇게 말한다. "죄인의 수는 그렇게 많지 않다. 애국심, 국민공회는 범죄와 실수 그리고 음모와 약점을 구별할 줄 안다. 여론이 그리고 국민공회가 당들의 우두머리를 향해 똑바로 전진하며, 무분별하게 공격하지 않는다는 것을 잘 알고 있다." 그리고 이 말들의 효과를 강화하기 위해, 그는 반복한다. "죄인의 수는 그렇게 많지 않다. 나는 만장일치를 확신하며, 거의 만장일치 속에서 당신은 수개월 이래로 원칙들에 투표를 하였다." 요약하자면 그는 안심하였다. "이 순간 떨고 있는 자는 죄인이다"라는 말을 던진 후, 그는 단두대의 칼날을 들어 올렸다. **그렇게 떨지 마시오**. 우리는 당신의 과오를 용납합니다라고 그는 중얼거린다. 통속적인 영혼들, 자신의 죽음을 두려워하기 때문에 자기 이웃의 죽음을 두려워하는 사람들을 비난한 후, 그는 통속적으로 선언한다. 당신은 죽지 않을 것이오. 그러고서 다시 이러한 약속은 하나의 경고와 비밀리에 조화를 이룬다. 왜냐하면 만장일치 혹은 오히려 지난 몇 달 거의 만장일치라는 것을 상기시키면서, 그는 매일매일의 의견 일치는 제거해야 할 사람의 수에 의존할 것이라고 말하기 때문이다.

그러고 나서 로베스피에르는 서슴지 않고 위원회들에 대항하여 행해진 고발들의 스캔들을 상기시키고, 위원회의 행위가 국민대표를 위한 것이라고 찬양하고, 자신의 안전을 확신하는 순간에 그것을 드러낸다. 자신의 안전의 조건은 침묵이다. 그리고 결코 동요가 일어나서는 안 될 침묵이라는 것을 인식하도록 하자. "게다가 직전에 참여한 토론은 조국에게 위험이다. 이미 그 토론은 자유에 가해진 잘못된 공격이다. 왜냐하면 다른 시민에게보다 한 시민에게 더 많은 혜택을 제공했어야 했는지에 문제제기를 했다는 것은 자유를 침해하는 것이기 때문이다……" 어떻게 더 잘 결론을 짓겠는가? 토론은 지나쳤고 로베스피에르의 말조차도 지나쳤다. 말 그 자체도 죄를 지은 것이며, 자유는 침묵을 요구했다.

모든 것은 마치 로베스피에르가 **지금 이 순간 떨고 있는 자는 죄인이다**라는 것을 **지금 이 순간 말하는 자는 죄인이다**로 대체하는 것처럼 지나갔다.

로베스피에르의 연설에 집중하면서, 우리는 그의 한계 속에서 공포정치의 이론을 발견하기를 주장하지 않는다. 이와 관련하여 로베스피에르, 마라Jean-Paul Marat, 생쥐스트, 비요-바렌 혹은 바레르Bertrand Barère의 다른 연설, 다른 텍스트들이 불가결한 요소들을 제공할 것이다. 더 이상 우리는 언어의 어떠한 개념이 경제적·사회적 그리고 이데올로기적 투쟁들의 역사를 소홀히 하도록 하는지, 내가 알지 못하는 것에 의해 인도되도록 내버려 두지 않을 것이다. 결국 우리는 로베스피에르라는 개인 속에 테러리즘의 모든 특징을 집중시키기를 원하지 않는다. 의회 구성원들을 종속시키는 그의 기술은 의회가 그것에 준비되었을 때만 효율적이었다는 것을 잊지 말자. 이 사람들을 상상해 보자. 어떤 이들은 이 시대에 분파에 따른 위원회와 연설가가 누린 대중성을, 그 결말이 당통주의자들의 운명을 넘어서 국민공회, 즉 혁명의 권력을 집중시키는 권력의 시련을 두려워할 수 있다. 분명히 상당수는 그들의 것이 된 정치의 과정을 전복시키려는 이념 앞에서 후퇴하고, 그 결과의 크기가 어떠하든, 현재까지 승인한 논리의 죄수가 되는 것을 본다. 결국 로베스피에르는 서둘러서 그들의 지나간 결정들을 그들에게 상기시켰다. 그는 공통적으로 공유한 조치들로 돌아가기를 원했다는 것에 놀라는 절호의 기회를 가졌다. 지롱드파, 격앙파, 에베르파들의 제거에서 당통과 카미유 데물랭의 역할 혹은 온건파의 제거에서 지롱드파의 역할을 상기시키는 것이 위험했었다면, 그는 그 어떤 것도 정의의 형태를 포착하지 못했다는 것을 정확히 관찰하였다. 따라서 우리는 테러리즘을 전적으로 로베스피에르의 잘못으로 돌리지 않는다. 그와 함께 다른 많은 이들이 희생자가 되기 전에 테러리즘을 행사하였다. 그리고 예를 들어 그의 친구들을 비난했던 것을 자랑으로 여길 때, 그는 카미유가 『늙은 코르들리에』에서 테러를 늦추거나 종식시키기 위해 운동을 전개할 시기에 썼던 문구를 놀랍게도 거의 유사하게 반복하고 있다. 끝없는 논쟁을 필요로 하는 많은 사실들의 차이 속에 있는 제르미날 11일의 개입은, 자유와 평등의 보편주의적 원칙을 죽음의 원칙으로 전환시키고, 두려움의 확산으로부터 집단적 의지를 솟아나게 하고, 민주주의적 영웅주의의 외관 속에 권력의 위상을 숨기는, 테러의 작동의 특정한 메커니즘을 간파하도록 한다는 것은 여전히 사실이다. 또한 이러한 작동 속에서 로베스피에르가 공포정치의 거장으로 등장한다는 것 역시 사실이다. 따라서 그의 의도에 대해 백여 차례 행해진 논쟁 ―폭군 견습생의 이미지에 그의 신중함 혹은 관대함의 표시들을 대립시키는 논쟁 ―은 헛된 것처럼 보인다. 그러한 표시들이 반박할 수 없는 것이라 하더라도, 그것들은 결코 증거의 기능을 갖지 못하며, 어느 한쪽의 의미 ―우리는 그것들은 세심함 혹은 계산으로 돌릴 수 있다―로 결론 짓도록 하지도 못한다. 예를 들어 만약에 그가 자코뱅에게 1792년 7월 왕의 폐위와 행정 권력의 의회로의 이전을 논의할 것을 선언했다면, "나는 권력들의 이러한 혼잡 속에서 가장 견딜 수 없는 전제정만을 볼 뿐이다. 전제군주가 우두머리이며 그는 700년을 지탱해 왔으며, 그것은 항상 전제정이다. 나는 법률 위에 존재하고 현인들의 집합인 의회에 주어진 무제한의 권력만큼 무서운 사실을 알지 못한다". ―이 선언은 그의 신념이나 그의 진화에 대해 어떠한 것도 알려 주지 않는다. 정당하게도 사람들은 그가 전제정이라고 비난한 의회의 다수파가 그의 적대자로 이루어졌으며, 그들의 권력의 확장을 두려워했다고 반박할 것이다. 이것은 우리의 견해이다. 그러나 그러한 확실한 지적은 결정적이지 않은데, 어떠한 것도 상황에 의해 분명해지지 않으며 확실성을 주지 않기 때문이다. 어떠한 것도 로베스피에르가 말한 자리, 주장을 숨기기 위한 그의 수단, 다른 사람들을 침묵하게 하는 그의 기술을 발견하도록 하는 논쟁의 작업을 알려 주지 않는다.

공포정치가 말하다

왜 혁명기의 공포정치는 그렇게 지속적으로 역사학적이고 정치적인 논쟁을 자극하는가? 그것은 놀랄 만한 매력을 행사했고, 혐의를 둘 이유가 충분히 그리고 항상 있었다. 만약 텐과 같이 공포정치의 시작이 혁명의 시작과 일치한다(텐은 혁명을 1789년 7월 14일 시작했다는 제헌의원 말루에Pierre-V. Malouet를 상기시키지만, 버크의 판단을 언급하는 것이 유용할 것이다)고 제시한다면, 그 과정을 혁명 전체의 과정과 일치시킨다고 말하는 것이 된다.[3] 만약 모르티메르-테르노가 한 것처럼,[4] 대중들의 행위 앞에 의회의 해산의 기점이 된 1792년 6월 20일에서 공포정치의 첫번째 에피소드를 찾는다면, 그것은 인민과 그들의 분노가 배제된 질서 잡힌 혁명을 꿈꾸며, 혁명 자체를 비난하는 것이라고 말하는 것이다. 왜냐하면 제헌의회의 작업은 1789년 이전에 진행 중이었고, 시민적 자유와 평등은 거대한 정치적 전복이 충분히 알려지도록 요구되지도 않았기 때문이다. 혹은 만약 진정한 공포정치를 「프레리알 법령」에 의해 시작된 정치로 그 과잉을 한정하는 공안위원회에 의해 행해진 조치들로 축소한다면, 간단히 말해 티에르가 혁명적 동학을 필요성 때문에 축조된 억압적 기제의 열풍만을 인정하기 위해 "극단적인 공포정치"라고 부른 것으로부터 분리시킨다면, 채 6개월을 지속하지 못한 열기가 국민적 위기를 만들었고, 그만한 비평을 받을 가치가 없다고 말하는 것이 된다. 미심쩍은 것, 공포정치의 매력은 실재 속에서 특이하고 지속적인 것을 지시하지 않는 대상에 대한 인공적인, 즉 위선적인 구성의 지표로서이다. ──알 수 없는 저주의 시스템 혹은 범죄적 열정 속에 있는 운명적 열광을 프랑스혁명 탓으로 돌리고, 우리가 증언하는 상이한 체제들의 역사의 폭력의 전개로부터 주의를 분산시키려는 의지의 지표로서이다.

사실상 프랑스혁명 동안에 행해진 수많은 잔인함과 범죄에 한정한다면, 그 결산은 동양의 전제군주와 그리스, 로마, 근대 유럽에서의 폭군 혹은

---

3 Hippolyte Taine, *Les Origines de la France contemporaine*, t. III, p.77.
4 Louis Mortimer-Ternaux, *Histoire de la Terreur, 1792~1794*, Paris, 1863~1881.

종교재판 혹은 신권을 지닌 군주 등이 축적한 잔인함과 범죄에 비하여 가벼워 보이는 것이 사실이다. 그것은 혁명적 공포정치의 희생의 숫자를 적게 세는 것과 같다. 한 미국 역사가가 수집한 자료들을 사용하여 약간 수정한 르페브르를 믿는다면, [희생자는] 4만 명 이상이다.[5] 그것이 어떻든 정부 시스템으로 공포정치 혹은 굴복시키기 위한 일시적 수단——지난 수세기 동안 이단 혹은 조세에 대해 저항하는 인민을 공격하는 수단——으로서 공포정치가 프랑스혁명의 발명이라는 것은 지지할 수 없다. 1793년 혹은 1794년에 징벌의 위대한 장인들의 오만함을 만드는 체형體刑 속에서 세련됨을 찾을 수 없다는 것을 덧붙이자.

그러나 혁명적 공포정치를 진부함 속에 해소시키기를 바라는 것 역시 헛된 일이다. 혁명적 테러가 특수한 문제를 제기한다면, 그것이 사건에 관심을 가진 사람들에게 매혹을 행사했고 아직도 그러한 영향력을 행사한다면, 그 첫번째 이유는 혁명적 테러가 자유에 대한 추구와 결합하고 있기 때문이다. 그리고 두번째는 첫번째와 관련되는데, 그 행위가 언어의 작동과 분리되지 않기 때문이다.

혁명적 공포정치는 말을 한다. 그것은 자신의 기능, 목적, 한계 자체에 대한 정당화와 논쟁을 함축하고 있다. 또한 그것은 자신의 논쟁을 포함하고 있다.——나는 지금 각자 자신의 편을 취한 사람들의 논쟁이라는 의미를 말하고 있다.

생쥐스트의 말을 들어보자. 그는 공안위원회와 보안위원회의 이름으로 국민공회 앞에서 '죄인으로 인정된 사람들을 감금할 필요성에 대하여'

---

5 Georges Lefebvre, "2 juin 1793 Thermidor II", *Le Gouvernement révolutionnaire*, Centre de documentation universitaire, 1947.

를 보고하였다. 이 연설은 혁명력 2년 방토즈 8일(1794년 2월 26일)에 이루어졌다. 그는 우리가 분석하는 로베스피에르의 개입보다 한 달여 앞서 행하였다. 로베스피에르처럼 연설자는 증거 없이 체포되고 감금된 사람들의 심사를 요구하는 사람들을 관대함을 편드는 사람이라면서 과녁으로 설정하고 있다. 사실 그는 주요하게 카미유 데물랭을 겨냥하고 있는데, 그가 뭐라 불리든 상관없다. 그는 다음과 같이 선언한다. "당신은 공화국을 원했다. 만약 당신이 공화국을 구성하는 것을 원하지 않는다면, 공화국은 인민 자신의 파편 아래 스스로를 매장시키게 될 것이다. 공화국을 구성하는 것, 그것은 공화국에 대립하는 것의 총체적인 파괴이다. 사람들은 혁명적 수단들에 대해 불평한다! 그러나 우리는 다른 모든 정부들과 비교하여 온건하다. 1788년 루이 16세는 파리의 메슬레 가rue Meslay와 퐁네프Pont-Neuf에서 나이, 성별에 상관없이 8천 명을 살육하였다. 왕정은 샹드마르스Champ-de-Mars에서 이 장면을 반복하였다. 왕정은 감옥에서 교수형을 집행했으며, 센강에서 건져 올린 익사자들은 그 희생자들이었고, 4만 명에 이르렀다. 1년 동안에 1만 5천 명의 밀수업자를 교수형시켰고, 3천 명이 차형車刑에 처해졌다. 파리에는 오늘날보다 더 많은 죄수들이 있었다. 기근의 시기에는 군대가 인민에 대항하여 행진하였다. 유럽을 둘러보라. 유럽에는 당신들이 비명을 듣지 못하는 4백 만의 죄수가 있다. 반면에 당신의 절제는 당신의 정부에 대한 모든 적들이 승리하도록 내버려 두고 있다. 우리는 몰상식하다! 우리는 우리들의 원칙의 진열장 위에 형이상학적 사치를 놓아 둘 것이다. 우리보다 천 배는 잔인한 왕들이 범죄 속에서 자고 있다." 더 길게 인용하는 것은 무의미할 것이다. 그러나 적어도 동일한 문구에서 생쥐스트는 스페인의 종교재판을 상기시키고, 두 번에 걸쳐 혁명가들의 공포정치와 억압자들의 테러를 비교하고 있다. "사람들이 다른 곳에서 자유의 지지자들을 다루는 것처럼 폭군의 지지자들을 취급할 권리를 당신은 가질 수 없지 않은가?" 그리고 뒤이어 "권위를 소중히 하는 군주정은 30세대의 혈통 속에서 지내왔다. 당신은 한 줌의 범죄자들에 대항하여 엄격함을 보임으로써 균형을 맞추도록 하라!"

특히 이러한 열정 속에서 놀라운 것은 건설-파괴의 요구, 정당화를 위한 주장 그리고 말의 광기에 대한 관념 사이에 확립된 관계이다. **우리는 몰상식하다!** 생쥐스트는 명백하게 혁명적 테러, 자유에 연결된 테러의 모순을 파악하고 있다. 그런데 그는 그것을 제거할 수 없었다. 그는 **범죄 속에서 자고 있는 이 왕들을 꿈꿀 수 있을 뿐이다**……. 게다가 놀라운 상기가 죄를 느끼지 않고 죽일 수 있는 세상에 대한 향수처럼, 그가 감히 말하고 사유하고자 했던 것 이상을 암시하고 있다. 그러나 그의 연설은 그가 비난하는 광기를 증언하고 있다. 왜냐하면 그 외 다른 누구도 원칙의 진열장에 형이상학적 사치를 놓아 두지 않기 때문이다. 아마도 누구도 동일하게 설명하기를 강요받지 않을 것이다. "공화국을 구성하는 것, 그것은 공화국에 반대하는 것의 총체적인 파괴이다." 또한 누구도 동일하게 정당화하기를 강요받지 않는다. "사람들이 다른 곳에서 자유의 지지자들을 다루는 것처럼 폭군의 지지자들을 취급할 권리를 당신을 가질 수 없지 않은가?"

혁명적 테러에 익숙해진 특별한 운명에 대해 걱정하고 억압 체제들의 테러를 숨기기를 바란다고 믿는 사람들의 의견을 언급하겠다. 그들에 따르면 이 혁명적 테러는 테러에 반하는 테러였으며, 일시적이고 전체적으로 온건한 테러였을 뿐이라는 것이며, 역사적 기이성을 보이기 위해 지나치게 과장했을 뿐이라는 것이다. 그런데 이러한 주장이 축제 이후post-festum에 탄생한 것이 아니다. 그것은 공포정치의 담론의 일부를 이룬다. 혁명 동안에 혁명의 이론과 실천 사이에 나타난 절합을 소홀히 하는 것은 불가능하다. 혁명적 테러의 특이성을 발견하는 것은 역사가들이 아니다. 그것은 그 행위자들이다.

생쥐스트는 침묵 속에서 행위하고, 말을 필요로 하지 않는 확실성 덕분에 공화국에 반대하는 모든 것을 파괴시키기를 바랐다. 국민공회는 분쟁의 희생물이며, 국민공회는 공포정치의 동기와 그 한계들에 대해 자문하고 있다. 생쥐스트는 국민공회를 정당하게 설득하고자 하였다. 그리고 그 토대를 생산하는 데 있어서 권리는 없었다. 공포정치는 하나의 문제를 제기하는데, 왜냐하면 공포정치가 하나의 토대를 요구하기 때문이다. 생쥐스트가 다음과 같이 말하지 않는다는 것을 지적하자. 다른 사람들이 자유의 지지자들을 취급할 권리를 가지고 있는 것처럼, 폭군의 지지자들을 취급할 권리를 당신은 갖고 있지 않지 않는가? 그는 단지 다음과 같이 말한다. **사람들이 다른 곳에서 다루는 것처럼**…… 권리는 역설적으로 권리의 부재와 함께 균형을 이루면서 진술된다. 그런데 이 패러독스가 암시하는 것은 외관상의 균형에도 불구하고 해방적 테러는 폭군의 테러의 복제품인 듯이 보이는 것 속에서, 그것들 사이에는 간극이 존재하였고 느낄 수 있었다. 첫번째는 고유한 확실성이 없다는 것이다. 그것은 정부 시스템과 동질적이다. 그것은 정부 시스템의 분석 속에서 이미 형성된 어떠한 문제도 자극하지 않는다. 이 경우 테러라고 부르는 것은 억압의 양식 속에서 강화를 지시할 뿐이고, 강압적 수단의 집중, 혹은 강압을 잠재적으로 포함하고 있는 권위의 격화일 뿐이다. 결과적으로 테러라는 말은 큰 어려움 없이 다른 말, 극단적 공포, 공통적으로 공유된 두려움——희생된 인민을 고려하여, 혹은 자의적 폭력의 광란——정부의 행동을 고려하여 등으로 교환될 수 있다. 반대로 국민공회가 **공포정치를 일정에 놓았을 때**(폭군이나 위원회가 이러한 표현의 정식화를 사용할 수 있을지 상상했겠는가?), 공포정치는 새로운 정치적 공간이 발생하도록 하였으며, 그것은 자의적인 권력의 속성일 뿐인 것에 본질을 부여하였다. 명명되고, 모두의 시선에 노출되고, 신성시된 공포정치는 해방을 확언하였다. 이제 공포정치에 주인을 정하는 것은 불가능하다. 각자에게는 덕성을 원하듯이, 자유를 원하듯이, 공포정치에 봉사하고 그것을 원하는 것만이 문제였다.

우리가 상기시킨 연설 속에서 생쥐스트는 "정의의 독재를 확립시켰던 혁명정부의 비약"이 늦춰지는 것을 보면서 놀라, 다음과 같이 외친다. "양심과 법률의 완고함에 두려워하는 각자는 스스로에게 '우리는 그렇게 공포스럽게 되기 위해 충분히 덕성스럽지 않다'라고 말하게 되는 것을 믿을 것이다." 그러고서 조금 뒤 다시 방토즈 23일 국민공회에서 연설하면서 그는 다음과 같이 묻는다. "행복해지기 위해 덕성을 전혀 원하지 않는 당신은 대체 무엇을 원하는가?" "사악한 자들에 대항하여 테러를 전혀 원하지 않는 당신은 대체 무엇을 원하는가?" 그는 다시 덧붙인다. "테러를 자유에 대항하도록 돌리는 덕성 없는 당신, 대체 무엇을 원하는가?" 그리고 우리는 또 다른 정식화를 잊지 않는다. "테러는 양날을 가진 무기이다." 따라서 덕성과 테러는 동일한 지위를 갖지 않는다. 그러나 그들의 결합은 테러가 하나의 도구 이상이라는 것을 암시한다. 테러는 폭정에서 자유로 지나갈 때, 손잡이만을 바꾼 것이 아니다. 테러는 좋고 나쁜 칼날만을 가진 것이 아니다. 혁명적, 즉 테러는 자신의 본질에 순응하게 된다. 달리 말하면 테러는 타락한 것으로 드러난다. 혁명적이라는 것, 테러는 동시에 ——충돌하지만 그것을 지정하기에 불가능하다는 것을 증언하는 표현—— **정의의 독재**이고 **법의 힘**이다. 혹은 테러는 행위하는 법, 선과 악, 존재와 무를 구분하는 법이라고 말하자. 반대로 폭군의 테러는 구분할 수 있는 위대한 힘을 가지고 있지 않다.

그는 자신에게 저항하는 것 혹은 자신이 우려하는 것 혹은 자신의 맘에 들지 않는 것을 제거한다. 선과 악을 인지하지 못하는 그는 사회의 본성에 대해서도 인지하지 못한다. 그는 잔인성을 가지고서 적에 대한 무지 속에서 이곳저곳을 때린다. 이러한 의미에서 혁명적 테러는 과거의 테러를 진리로 전환시키거나 더 잘 표현하자면 진리로 끌어올린다. 혁명적 테러는 범죄적 군주의 자의성 아래에 숨겨진 악의 제거라는 원칙을 제어한다. 로베스피에르가 한 차례 이상 우리에게 던진 정식화, **자유의 전제정**은 우리로 하여금 무엇을 이해하게 하는가? 그는 테르미도르 8일 자신의 마지막 연설에서 그것을 도치하면서 **자유의 노예**라고 선언할 때까지 이 정식화에 매달린다. 테러는 따라서 수단을 형상화하지 않는다. 그것은 자유 속에 각인된다. 마치 생쥐스트에게 테러가 덕성에 각인된 것처럼.

그러나 진술된 후 바로, 이념은 혁명가들의 확실성을 능가한다. 국민의 정화 그리고 **인민의 복수심**을 승인하는 즉 자극하는 범죄자들 혹은 혐의자들을 추적에 호소하는 것으로까지. 왜냐하면 자유의 전제정이 인간에 대항하여 인간에 의해 행사되는 순간에, 지금 그리고 여기에서 사실들 속에서 범죄와 덕성, 억압과 자유 사이의 경계가 등장해야 하기 때문이다. 아마도 지롱드파, 당통파들, 격앙파 등은 로베스피에르파들처럼 한순간 혹은 다른 순간에 자유로서, 덕성으로서 절대적인 테러의 표상 속에, 인간을 인간 위에 놓고, 인간을 사회 질서의 발생적 원칙의 높이로 끌어올리는 과장의 표상 속에 있다. 그러나 한순간 혹은 다른 순간에 그들은 야만 속에 떨어지고 통속적인 전제정 속에 던져졌으며, 심연을 엿보았다. 그리고 그들이 위협을 느낄 때, 괴로움이 그들을 엄습한 것은 관심은 있었지만 부차적인 것이었다. 예를 들어 지롱드파는 8월 10일[6] 다음 날, 「일반경찰법」loi de police général을 채택하였는데, 그것은 시민들에게 음모를 꾸미는 자들이나 혐의자들을 신고할 것을 요구하는 것이었고, 자치 권력에게는 감금된 사람들을 확보할 권리를 주었다. 그러나 겨우 한 발자국 나아가, 그들은 테러를 법적으로 인정된 행위자들의 손에 놓으려 했다. 그리고 브리소는 "몇몇 사람들이 전제정으로부터 빌리려 했던 열정적인 회의체들"[7]을 퇴색시켰다. 동시에 당통의 친구인 튀리오Jacques Thuriot는 자유와 범죄를 연결시키려는 것을 강하게 거부하였다. "나는 자유를 사랑한다. 나는 혁명을 사랑한다. 그러나 그것을 확고히 하기 위해 범죄를 저질러야 한다면, 나는 내 몸을 찌르는 것이 더 낫다."[8]

9월 대학살[9] 이후 국민공회의 내분은 심각하였다. 그 순간에는 의원들과 지롱드파의 개입이나 항의 어떤 것도 불러일으키지 않았던 대학살은 곧이어 수개월 동안 공공 안전을 가장한 범죄를 비난하는 통렬한 논쟁의 계기가 되었다. 일반적인 방식으로 테러와 관련한 법률의 책임을 공유하는 이들은 대부분 모순에 잡혀 있었다. 1793년 가을 지롱드파에 대한 재판──즉 사실상 그들의 처형을──을 요구했던 튀리오조차도 며칠 간격을 두고 다음과 같이 선언한다. "혁명의 시작 이래 학살을 선호하는 악랄하고 잔인한 무리들로 악명을 떨친 사람들에 의해 모든 자리가 채워질 때만 공

---

6 1792년 8월 10일 이른바 제2차 프랑스혁명이 발생하고, 왕정에서 공화정으로 이행이 발생한다. 자코뱅 내에서 지롱드파가 권력을 장악하였다.──옮긴이

7 Mortimer-Ternaux, *op. cit.*, t. III, p.33.

8 *Ibid.*, p.36.

9 1792년 9월 2일~6일에 파리에서 수많은 죄수들이 학살된 사건이다. 이 학살은 왕정이 전복된 (1792년 8월 10일) 뒤에 일어난 파리 시민의 집단적 의사표시로서 프랑스혁명에서 '첫번째 공포정치'로 불릴 만큼 중요한 사건이다. 당시 민중들은 정치범들이 반혁명 음모에 가담하기 위해 감옥에서 봉기를 일으킬 계획을 세우고 있다고 믿고 공격 및 살해를 감행하였다. 4일 동안 파리의 여러 교도소로 학살이 번져 나갔는데, 모두 1,200여 명의 죄수들이 즉결재판도 받지 못하고 처형당했다. 그중에는 220여 명의 사제들도 있었으나 대부분은 범법행위로 체포된 형사범들이었다. 9월 대학살은 혁명의 공포를 나타내는 증거로 이 사건이 널리 알려졌고, 학살의 책임소재 문제로 후에 국민공회의 정치 쟁점이 되었다.──옮긴이

화국이 유지될 수 있다고 공화국 전체를 통하여 믿게 하려 한다." 그러고 다시 "우리는 야만으로 몰아넣고 있는 맹렬한 급류를 멈추어야 한다. 이 폭정의 성공을 멈추어야 한다"라고 말하고 있다.[10] 그런데 마치 그의 마지막 호소가 그의 불안의 메아리를 만든 것처럼, 국민공회는 박수로 그 호소를 덮는다. 이 시기에 극단주의자로 비난받았던 격앙파는 투옥되었다. 그러나 그들의 고유한 테러리즘은 낡은 야만으로의 회귀의 위험성을 알고 있었다. 자크 루는 자신의 일기에 다음과 같이 적고 있다. "우리들의 혁명이 세상을 정복하는 것은 사람들을 감금하고, 전복하고, 불을 지르고, 모두를 죽이고, 프랑스를 거대한 바스티유로 만드는 것이 아니다. 한 사람에게 그 출생의 죄목을 씌우는 것은 환타지를 자극할 뿐이다. 죄인들보다 투옥된 이가 더 많다."[11]

사람들은 각자가 테러를 자신의 적대자나 경쟁자에 집중하기를 원한다고 말할 것이다. 따라서 행위자들의 급격한 변동의 이유들을 이해하기 위해 이데올로기적·사회적 투쟁을 구체적으로 재구성해야 한다. 필요하지만 이러한 분석은 테러를 뒷받치고 있는 의심, 말을 하게 한 질문의 의심스런 담지자를 피해 갈 위험성이 있다. 무시무시한 덕성, 자유의 전제정이라는 이미지는 모든 특성에 영향을 미쳤으며, 동시에 그것은 심연——그곳에서 사회적 실재와 역사의 모든 이정표들, 즉 혁명과 억압의 구별 자체가 부여되는 곳——으로 가는 표시를 만들었다.

어느 누구도 카미유 데물랭보다 이 심연을 인식하고 실제적인 의미로

10 Mortimer-Ternaux, *op. cit.*, t. VIII, p.376.
11 Lefebvre, *op. cit.*, pp.119~120.

의 회귀를 인식했던 이는 없다. 『늙은 코르들리에』에서 그가 출범시킨 캠페인은 그것을 증언한다. 그는 4호에 다음과 같이 적고 있다. "당신은 기요틴에 의해 모든 적을 제거하기를 원하는가? 그러나 그보다 더한 광기가 있을까? 당신은 한 가족 혹은 한 친구 10명을 적으로 만들지 않고 단 한 명을 교수대로 보낼 수 있을까? 당신이 감금한 여성, 노인, 허약자, 이기주의자, 혁명의 낙오자들이 위험하다고 당신은 믿는가?" 카미유는 민주주의적 덕성에 대한 칭송으로 이전의 글을 시작했었다. 그러나 생쥐스트와는 확연히 다르다. "군주정과 공화정의 차이는……인민이 속을 수 있다면, 적어도 그것은 인민이 사랑하는 것은 덕성이며, 불한당이 군주정의 본질인 곳에 인민이 올려놓는 것은 바로 재능이다." 따라서 그에 앞서 공화국을 구성하는 것은 그에 반대하는 것의 완전한 파괴라고 하는 이념이 고발당하였다(카미유는 생쥐스트에 답하지 않았다. 방토즈 보고서에서 카미유를 과녁으로 삼은 이가 생쥐스트이다). 그에 따르면 덕성의 원칙은 사회 속에 체현될 수 없다. 형태를 부여할 수 있을 뿐이다. 따라서 악은 제거될 수 없다. 악당들을 제거하기를 원하는 것은 그 적들을 확대시킬 뿐이다. 나아가 가장 큰 광기는 덕성의 장과 범죄의 장을 구분하기를 원하는 것이다. 마치 범죄의 장 속에는 비열하고, 무기력하고, 무관심한 대중이 정렬되어 있는 것처럼. 그런데 이러한 광기는 생쥐스트를 이끌어 그가 재판관과 범죄자의 음모를 비난하기에 이른다. 그들은 이렇게 말하였다. "우리는 그렇게 잔인할 만큼 덕성스럽지 못하다." 그러나 덕성은 그의 소유가 아니다. 그것은 1793년 9월 17일 「혐의자법」의 중심에 있고, 파리코뮌의 감시위원회는 더 나아가 '자유에 대항하여 아무것도 하지 않으면서 또한 자유를 위해 아무것도 하지 않는 사람들'을 혐의자로 정의하는 **지시서**Instructions[12] 속에 밀어 넣는다. ─그것은 「프레리알 법령」의 7개월 전이다.

범죄자 개념에 혐의자 개념이 추가될 때, 그 개념이 놀라울 정도로 확장될 때, 그 개념이 음모에 연루되었다고 간주되는 사람뿐만 아니라 거기에 결합할 수 있을 것이라고 상상하는 사람까지 동시에 의도 혹은 의견이 위험스러워 보이는 사람 그리고 어떠한 표식도 실제적 혹은 잠재적인 적으로 지시하지 않는 사람까지 포함했을 때, 그렇다면 어떻게 혁명적 권력을 전제적 권력으로부터 구별하는가? 『늙은 코르들리에』 3호에서 이렇게 명확히 잘 정식화한 카미유는 타키투스가 혐의자들의 사냥에 근거하여 확립된 로마 황제들의 악랄한 지배에 대해 만든 그림을 보여 주면서 독자들에게 그 문제를 발견하도록 자극한다. 그는 능숙하게 공화국의 적대자들을 정확하게 측정할 수 있도록 하기 위해 만들어졌음을 말하였다. 그러나 그는 혁명적 테러의 정당화와는 반대로 혁명적 정당화와 전제적 테러를 혼동하도록 그림을 구성하였다. 로마 제국에서 대역죄를 열거하면서 그는 그것을 '반혁명죄'로 명명하는 데 만족하였다. 혹은 폭군의 희생자 중 하나를 상기시키면서 그를 '자코뱅의 창백함과 가발'에 의해 걱정하는 새로운 브루투스로 묘사한다. 따라서 그는 역사의 이정표들을 뒤섞으면서 다음과 같이 선언하기에 이른다. "예를 들어 3호와 나의 타키투스 번역에서 통탄할 시대와 우리의 시대가 근접한다고 말하지 마라. 나는 그것을 잘 알고 있다. 그리고 그러한 근접을 막기 위한 것이다. 내가 나의 펜으로 무장하는 것은 자유가 전제정과 닮지 않도록 하기 위해서이다."

혐의자, 그것은 전제정의 망상적인 산물인 듯하다. 타키투스를 많이 인용하면서 카미유는 그의 초상들을 보여 준다. 그의 대중적 인기에 의해 혹

---

12 Mortimer-Ternaux, *op. cit.*, t. VIII, p.389 ; Adolphe Thiers, *Histoire de la Révolution française*, t. IV, p.365.

은 그것에 대한 증오에 의해, 자신의 부에 의하거나 혹은 빈곤에 의해, 그의 우울한 감정에 의해 혹은 그의 즐거운 흥에 의해, 그의 습속에 대한 엄격함에 의해, 그의 문학적 명성에 의해, 그의 군사적 성공에 의해 두드러진 사람들의 초상이다……. 그리고 그 초상의 각각에 카미유는 동일한 말, **혐의자**라는 말을 곁들인다. 자유의 전제정을 로베스피에르는 말하였다.『늙은 코르들리에』의 저자는 새로운 주권자를 위한 개인의 희생이라는 이념에 의해 불타오르는 상상을 전제정의 부활 앞에서 자유의 상실이라는 현실주의적 발견으로 이끌어 간다. 그리고 이어지는 그의 글에서, 그는 자유가 임시방편으로 전제정의 수단을 이용할 수 있다는 것을 믿지 않도록 한다. 그는 다음과 같이 묻는다. 그의 적대자들은 "이 한마디 말, 즉 현재 상태가 자유의 상태가 아니라는 것을 잘 알고 있다. 그러나 참으라. 당신은 어느 날 자유로워질 것이다"라는 말에 의해 그것을 반박하고 정당화한다고 생각하는가? 그는 인용 없이 라 보에티Étienne de La Boétie의 언어로 그들에 반박한다. "자유는 어린아이처럼 성숙한 나이에 도달하기 위해서 울음소리와 눈물에 의해 보내는 것이 필요하다고 생각한다. **자유를 즐기기 위해서는 그것을 원하기만 하는 것으로 충분하다는 것은 자유의 본성과는 반대이다.**" 결코 누리지 못할 천국의 달콤함을 위한 …… 방데의 광신자들처럼 공화국을 위해 죽을 준비가 되어 있다고 선언하는 사람들의 우둔함에 대해 그는 여전히 자유는 알려지지 않은 신이 아니라고 반대한다. "우리는 재산을 방어하기 위해 싸우며, 자유는 자유를 요청하는 사람들의 소유로 즉석에서 만든다."

그러나 이 텍스트가 주의를 끈다면, 그것은 이 텍스트가 공포정치에 대한 가장 급진적인 항의를 증언하기 때문만이 아니라 또한 그것이 혁명적 테러리즘의 위대한 행위자로부터 나왔기 때문이다. 인민의 적들을 제거하는 데 중요했던 모든 권력 행사에서 그의 역할을 상기시키는 것으로 충분하지 않다. ——그가 자신의 판단을 뒤집기까지 했다고 결론지을 수도 있다. 그가 지나간 그의 행동에 충실한 채로 남아 있으려는 걱정을 가지고 있었다는 것은 놀라운 일이다. 분명 그는 구호위원회comité de clémence에 대한 자신의 호소를 위해 모든 음모와 자신의 친구들까지 비난하는 꿋꿋한 혁명가라는 자신의 명성을 이용하였다. 그것은 그가 공포정치에 대항하여 말할 권리를 이끌어 내는 것은 적을 위해 동정심을 보일 수 없다는 것을 알았기 때문이다. 어쨌든 그의 변론 속에서 그 이상의 것을 들을 수 있다. 그는 "혁명의 도를 지나치게 하는 것은 그 자리에 남아 있는 것보다 덜 위험하며, 더 나을 것"(그가 당통과 공유했다고 말하는 정식화)이라는 사유와 자유는 제한을 인정하지 않는다는 사유 사이에서 논쟁한다. 그는 자유의 상을 숨겨야 한다고 주장하지만, 그는 '희미하고 속이 비치는 천'과 '무덤 속에 있는 원칙을 알 수 없게 만드는 검은 천'을 구별하고자 한다. 그는 여전히 테러의 과도함에 가장 생생한 감수성을 증언하는 순간에 정확한 한계를 넘지 않으려는 거리두기의 정식화를 찾는다. 놀라운 모순이다. 왜냐하면 테러의 과도함에 대해 그는 모든 것을 알고 있기 때문이다……. 다시 한번 네로의 시대를 상기시키면서 그는 다음과 같이 지적한다. "사람들은 두려움이 죄를 만들지 않는다는 것에 두려움을 가졌다." 다른 경우에 로베스피에르의 말을 상기시키면서("르 펠르티에Louis-Michel le Peletier와 나 사이에 어떤 차이가 있는가, 죽음 말고?"), 그는 숭고의 수사학을 비난한다. "나는 로베스피에르가 아니다. 그러나 죽음은 인간의 특징을 왜곡하면서 그의 그늘을 아름답게 하지는 않으며, 코르들리에로부터 제거되기까지 한 내가 팡테옹에 있는 르 펠르티에보다 더 잘 공화국에 봉사했다고 나로 하여금 믿게 하는 지점에서, 죽음은 그의 애국심의 찬란함을 더 높이지 않는다……."

말로 표현할 수 있는 것과 말로 표현할 수 없는 것

공포정치는 말한다. 그것은 공포정치가 경찰의 지시 이상을 요구하고, 공포정치는 공적 토론의 산물인 법을 함의할 뿐만 아니라, 행위자들이 공포정치에 대해 비평하고, 설명하고 정당화를 부여한다는 것을 의미한다. 공포정치의 담론에서 말로 표현할 수 있는 것은 말로 표현할 수 없는 것의 흔적을 지닌다. 가장 자주 숨겨지고, 때로는 절박한, 말로 표현할 수 없는 것은 말을 발생시키고 말을 삼키는 테러의 입을 우리에게 드러낸다. 우리가 주장들이 형성되는 상황에만 주의를 기울이거나 원칙들——정치체의 구축, 인민의 절대적 주권, 덕성, 자유 그리고 평등의 지배——의 발화 속에서 결과들——적들의 종국적인 제거——의 원인을 찾고 이론을 발견하기를 원할 때는 그것을 무시할 위험이 있다. 그러나 로베스피에르에게서 매우 민감하였고 생쥐스트에게서는 더욱 그러하였던 밀물 같은 웅변을 동반한 혁명적 침묵의 강박관념은 우리에게 경고한다. 왜냐하면 그것은 느낌과 행위의 일치라는 꿈을 알려 주기 때문이며, 또한 그것은 말하게 하는 것의 언어 속으로 불가능한 이행이라는 들리지 않는 시련을 증언하기 때문이다.

우리가 멈추었던, **자유의 전제정** 혹은 그의 종국적인 선언인 "**나는 자유의 노예이다**"라는 로베스피에르의 정식화는 말해질 수 없는 어떤 것을 듣게 만든다. 이 말들이 과거의 억압의 심연 그리고 과거의 암흑으로의 재추락의 위험을 예견하게 한다고 판단했을 때, 우리는 그 말들을 너무 경시한 것이다. 그것들이 사유 속에서 연 것은 또 다른 심연이다. 자유의 절대적 확정과 그것의 부정은 혼합된다. 의미sens는 비의미non-sens 속에서 비워진다. 말로 표현할 수 있는 것은 이 경우 자유로운 체제의 확립이 뿌리를 제거하기 위해 전제정의 수단인 테러적 수단에의 의지를 가정한다는 것이다. 그러나 로베스피에르의 말은 말로 표현할 수 없는 것의 흔적을 지니고 있다. 그것은 접촉의 언어를 불태우고, 접합은 해체된다. 테러는 인간적 말의 황폐 속에서 말한다. 생쥐스트의 또 다른 정식화를 들어보자. **공화국을 구성하는 것은 그에 반대하는 것들의 총체적 파괴이다.** 이 정식화는 조금 뒤의 순간에 동일한 담론 속에서 복제를 발견한다. "인민의 자유가 구축되는 것은 칼을 통해서만이다." 이 경우 어떠한 것도 말로 표현될 수 있는 것을 능가하지 않는다. 자유의 구축이 예외적인 폭력을 요구한다는 것, 공화국의 원칙과 다른 체제의 원칙 사이에 양립 불가능성이 있다는 것은 토론이 가능하다. 공화국은 자신을 파괴하는 것을 금지하면서 반대자에게 자리를 내주는 권력에 의해 특징지어진다는 것에 반대할 수 있다. 중요하지 않다. 외관상으로 진술할 수 있고, 절합할 수 있다는 것이 이것이다. 더 나아가 말하지 않은 것에 대해 질문할 수 있다. 공화국의 구성은 공화국에 반대하는 것의 파괴를 명령하는 것이 사실인가? 왜 실재 속에서 정치체의 배태가 제기하는 문제에 대해서는 침묵하는가? 왜 건설자의 정체성에 대해서는 침묵하는가? 행위자의 문제와 관련되어야 할 때, 구성한다는 것은 무엇을 의미하는가? 그리고 만약 그 행위자가 인민 혹은 그것을 대표하는 국민공회라고 한다면, 어떻게 그에 대립하는 **모든 것**을 정의하고 규정하며, 적대자로 정의된 형상에 그것을 어떻게 관련지을 것인가? 이러한 말해지지 않은 것을 요구할 수 있는가? 그리고 그것은 말로 표현되지 않는 것인가? 그러나 공화국 건설의 사유 자체를 위해 말로 표현될 수 있는 것은 말로 표현될 수 없는 것의 무게 아래에서 명백히 약화되고, 분절화되는 일이 발생한다. 예를 들어 비요-바렌이 국민공회 앞에서 공안위원회가 혁명력 2년 플로레알 1일(1794년 4월 20일) 회기를 위해 그에게 맡긴 '민주주의적 정부의 이론'을 제시하는 것을 들어보자. 그는 과거의 군주정을 질책하는 것으로 만족하지 않는다. 그는 인민 자체 속에 그 뿌리를 내린 전제정을 제시하고 있다. "수세기 동안 노예 상태에 빠져 있는 습관, 그것이 만들어 낸 열정, 그것이 심어 놓은 편견, 그것이 선전한 악, 그것이 악화시킨 비참함 등은 전제정의 손에서 인민에 의해 인민을 짓밟는 고유한 지렛대가 된다." 이것이 새로운 정치체 구성의 어려움을 충분하게 보이는 표이다. 한편으로 실제 사회가 원칙들의 주입에 저항한다는 명백함 앞에서 이 시기 모두가 느낄 수 있게 된 난점이 문제가 된다. 비요-바렌이 답하려 할 때, 환상의 효과 아래에서 비요-바렌의 말들은 서로 충돌한다. "프랑스 인민은 당신들에게 실현하기 어렵고 광대한 임무를 부과하였다. 오랫동안 노예 상태에서 여위어 온 국민 속에 민주주의를 확립하는 것은 무에서 유로의 놀라운 이행 속의 자연의 노력, 삶에서 소멸로의 이행보다도 더 큰 노력과 비교될 수 있다. 이것은 자유를 부여해 줄 수 있는 인민을 재창조해야 한다고 말하는 것이다." 이러한 제안이 공포정치를 정당화하려 한다. 그러나 담론의 대상 ——적들의 제거—— 으로서 공포정치는 말 안에 각인된 공포정치로부터 분리될 수 없다. 탄생과 죽음, 그것은 표상될 수도 인식될 수도 없다. 정치체의 구축, 민주주의의 구축과 이전의 것의 제거도 마찬가지다. 자연의 작용에 비교할 수 있는 정치적 작용, 달리 말하면 비인간적인 것, 그것이 비요가 이해하도록 하기를 바랐던 것이다. 그러나 그것은 불가사의를 밝혀내고 결과들을 끌어내는 것을 포기하는 조건 속에서만 말해질 수 있다. 반대로 말로 표현될 수 있는 것의 확실성을 잃어버리는 것은 국민공회에 인민을 재창조하라는 임무를 맡기는 인민의 사유이다. 이중적으로 불합리한 사유이다. 인민은 자신의 대표에게 자신을 탄생시키라고 요구하며, 이 대표는 인민의 일부를 구성한다. 오히려 삼중적으로 불합리하다. 왜냐하면 **인민이 스스로 분쇄된**다면, 어떻게 인민에게 자유──게다가 결코 알지 못하는 자유──를 주기를 원할 수 있는가?

우리가 환상이라고 부르는 것──말에 진정한 의미를 부여하는데, 왜 냐하면 모순적인 표상을 포함하고 그 자체로 표상될 수 없는 것이 문제가 되기 때문이다──, 그것이 부정하는 모든 것을 고려하는 한에서 그 기능을 포착할 수 있다. 비요-바렌은 과거에 존재했던 자유들에 대해서는 전혀 알기를 원하지 않는다. 혁명이 새로운 시대를 열기 위해서, 그 건설이 절대적이기 위해서, 인민의 재창조가 이루어지기 위해서 군주정에서 노예 상태는 총체적이어야 했다. 그리고 그가 비록 자유 상태의 인민을 만든다고 말한다 하더라도, 그는 인민의 의지와 자유 사이의 구별을 알기 원하지 않았다. 왜냐하면 그러한 구별은 인민의 의지와 있을 수 있는 그것의 과오에 대해 묻는 것을 요구하고, 자유에 대한 보장책을 추구하도록 강제할 수 있기 때문이다. 마찬가지로 인민으로부터 분리된 권력이라는 이념은 제외된다. 국민공회가 인민을 재창조할 자신의 능력을 갖는 것은 인민으로부터이다. 그런데 테러정치가 흔적을 남기는 것은 그것의 부정이라는 명분이다. 인민이 스스로에서 빠져나오는 반면에, 존재와 무 사이를 가르는 것은 다른 수단들을 통해서일 뿐이다. 왜냐하면 수단이라는 말은 이중적 해석이 가능하다. 인민의 잉태는 인민의 호소에 반응하는 사람들에게는 창조-파괴의 작용을 함의하기 때문이다.

그러나 다시 역사적 연설 속의 비요-바렌의 제안을 검토해 보자. 그를 판단하는 방식에 따라, 그가 "테러와 황폐에 의해 노예 상태로 인민을 이끄는" 목표만을 가지고 있는 인민의 적들과 혁명가들의 싸움을 상기시킬 때, 그의 주장은 논리적으로 보일 수 있다. 능숙하지만 다른 많은 사람들처럼,

그 연설가는 민주주의적 테러를 정당화하기 위해 적들이 폭발시킨 테러를 묘사한다. 한편으로 사회체를 파괴하려 하고, 다른 한편으로 사회체의 분만에 반대하는 이들을 파괴하기를 원한다. "사회체의 계획된 죽음은 음모자들의 죽음을 통해서만 도달될 수 있다. 그들의 침략에 노출되지 않기 위해 그들은 살인자들을 죽이는 것이다. 그러한 투쟁 속에서 혁명은 동일하게 강력한 두 개의 연합군의 우두머리들을 제거하면서 중요한 승리를 가져왔다."──두 개의 연합은 과장파들Exagérés과 관용파들, 에베르파와 당통파들의 연합이다. 이 연설가가 혁명의 마지막 승리를 언급하고 적대자들을 지명하는 순간에, 그는 적의 제거의 전진을 측정하고 적에게 무한하고 위치 지을 수 없는 힘을 주는 기능을 탈취할 가능성을 지운 것이다. "모든 정치적 뉘앙스에 부착되어 있는 악의, 성공을 보장하기 위해서 무질서와 혼돈만을 꿈꾸는 악의, 한마디로 선을 죽이고 악을 강화시키기 위해 **끊임없이 좋은 행동과 나쁜 행동들을 감시하는** 악의가 동요하지 않을 때, 그것은 침묵하는 것은 아니다." 달리 말하면 사형을 시켜야 할 음모자들, 살인자들을 찾아내는 것이 가능하다는 생각을 포기한다는 것이다. 악의의 경험적 존재를 갖지 않는 것은 보이지 않는 힘을 지닌 무능한 사람들이다. 악의는 어디에나 있거나 마찬가지로 어디에도 없다. 그리고 보이지 않는 악의는 눈이다. **그것은 끊임없이 감시한다.** 바로 이것이 환상을 풍부하게 한다. 사회체의 살해는 모든 것을 관통하는 눈이 지닌 저주의 힘이다. 암묵적으로 사회체의 잉태는 악의의 눈을 제거하는 결백의 눈, 인민의 눈의 잉태와 결합한다. 나는 혁명적 공포정치가 폭군의 테러와 구분된다고 지적하였다. 왜냐하면 전자는 선과 악 구별의 원칙을 지니고 있는 반면에, 후자는 군주의 자의성에 달려 있기 때문이다. 그러나 아직 현재에는 공포정치가 자기 자신과 대칭 속에서 적대적 테러를 구성한다는 사실을 덧붙여야 한다.

그러한 대칭은 혁명력 2년 방토즈 23일 생쥐스트의 연설에서 가장 잘 나타난다. 생쥐스트는 모든 음모들을 비난하고, 그것들을 외국, 영국 정부에 의해 선동되었던 첫번째 음모와 연결시킨다. 그 음모의 행위자들은 자신의 나라에서 박해의 피해로 인한 희생자(파리에서 그들은 '이탈리아인, 은행가, 나폴리인, 영국인들'이다)로 망명으로 가장하거나 애국자('모방적 의식은 범죄의 특징이다')로 가장하여 곳곳에서 존재한다. 그리고 그들은 무엇을 하는가? "그들은 모든 것을 감시한다." 은폐의 기술에까지 확장하여 생쥐스트는 혁명가들의 눈에 호소한다. "음모를 숨기는 장막을 제거하자. 그들의 연설, 몸짓, 정신을 감시하자." 이미지는 그에게 중요하다. 그는 그것으로 돌아온다. 눈을 여는 것만으로 충분하지 않다. 왜냐하면 그는 감시하는 반면에 적들은 보이지 않게 하는 방법을 알고 있다. 그들은 대립되는 외관 속에서 파당들의 뒤에 숨기 때문이다. 그는 "자신의 정치적 게임에 의해 그리고 인민적 정의의 **관찰자의 눈**이 승리하도록 하기 위해 그것들이 찢어지도록 하는 것이다". 임무는 보이지 않는 것을 관통하는 것이다.

이러한 호소는 무엇을 의미하는가? 이론상 하나의 힘이 음모의 모든 기제를 지휘한다. 신의 없는 알비옹과 가증스러운 그의 천재 피트[13]이다. 사실 다른 것이 문제이다. 각자는 이제부터 다른 것 속에서 혁명적 복장 아래의 불확실한 반역자를 찾아야 한다. 그 다른 것이 가깝고 이웃일수록, 의심은 더욱더 깨어 있어야 한다. 어떠한 확실한 표시도, 어떠한 확고한 증거도

---

13 알비옹(Albion)은 영국이나 잉글랜드를 가리키는 옛 이름이다. 피트는 여기에서는 소(小) 피트(William Pitt the Younger)를 지칭한다. 24세의 나이로 수상직에 올라 정권을 공고히 한 토리당의 정치가이다. 재정의 건전화, 의회제도의 개혁과 노예제도의 폐지 등, 신토리주의에 의한 토리당으로부터의 탈피에 노력하였다. 프랑스혁명의 파급의 방지를 위해 대불대동맹(對佛大同盟)을 지도하며 국내에서의 혁명적 태동을 억제하였다.—옮긴이

적을 인지하는 데 충분하지 않다. 그는 가면이 벗겨지는 순간, 즉 누군가 그의 가면을 벗길 권력을 갖는 순간에 알려진다. 분명 그러한 권력은 그 권력을 보유한 사람이 그의 사적인 이익에 의해 움직이지 않는다는 것을 가정한다. 그 권력을 행사하면서 그는 인민의 의심과 인민의 전망에 익숙해진다. 그에게 인지하는 능력을 주는 것은 의심하는 의지, 보는 의지이며, 그것은 다른 사람들에게 부족한 것이다. 그것은 생쥐스트의 인상적인 정식화, 즉 행위, 몸짓, 이야기들 속에서 적대의 의지를 찾아내는 것, **각자의 일관된 정신을 감시하는 능력**이다. 그것은 혁명가들이 적에 대한 인식의 증언을 통해서만 다른 사람과 자신에게 이름을 떨칠 수 있다고 말하는 것 ──말로 표현될 수 있는 것이 아닌 것──이기도 하다. 혹은 혁명가의 정체성은 적에 의해서 그에게 주어진다는 것을 말하는 것이기도 하다.

따라서 공포정치와 함께 선의 의지와 악의 의지라는 이중의 축을 중심으로 정렬된 사회적 공간이 정비된다. 그러나 사회적 공간은 대결 관계의 망으로 구성되고, 각자는 타자의 위치에 의해 고정된 적합한 위치를 찾을 수 있을 뿐이라는 본성은, 타자의 시선에 의해 해체될 수 없는 조건 속에서만 유지될 수 있다. 우리가 알고 있듯이 「프레리알 법령」은 그 정점에서 한 명 한 명씩 모든 시민에게 관련된다고 간주되고 동시에 실제적으로 범죄의 기준과 판결의 기준을 해체하는 죽음을 각오한 투쟁의 이미지와 관련된다. 죽음을 각오한 투쟁, 8조는 그것을 명확히 한다. "혁명 재판소에 판단이 달려 있는 모든 범죄에 대한 형벌은 죽음이다." 모든 시민들의 연관성, 9조는 다음과 같이 말한다. "모든 시민은 재판관 앞에서 음모자와 반혁명 분자를 체포하고 그에 대한 생각을 표현할 권리를 갖는다. **시민은 그들을 인지하자마자 그들을 고발할 의무가 있다.**" 범죄 기준의 해소. 추적해야 할 범죄의 범위는 어떠한 것도 혁명적 정의로부터 벗어나지 못한다는 것이다. 인민의 적을 열거하는 6조 속에서는 "의기소침을 불어넣는 사람들"(그러고서 또한 "잘못된 소식을 확산시키는 사람들 혹은 반혁명적 혹은 교활한 글을 통해 내지는 전혀 다른 음모를 통해 여론을 타락시키는 사람들")이 언급된다. 최종적으로 판결 기준의 해체. 8조에 따르면 물리적 증거는 반드시 필요한 것이 아니며, 도덕적 기준으로 충분하다. "판결의 잣대는 조국에 의한 사랑으로 밝혀진 배심원들의 양심이다. 그들의 목표는 공화국의 승리와 적들의 패배이다." 감금된 자들의 예비 심문은 제거되고, 변호도 마찬가지이다. 놀랄 만한 것은 즉각적인 대면, 서로서로의 강렬한 접촉 또한 동시에 전에는 혐의자와 처벌을 위한 연출에 주어졌던 시간이 거의 폐지되었다. 법안에 대한 보고서를 담당한 쿠통Georges Couthon이 거칠게 선언한 것처럼 "조국의 적들을 처벌하는 데에서 지체는 그들을 인지하는 시간에만 한정되어야 한다. 처벌하기보다는 그들을 제거하는 것이 문제이다".

「프레리알 법령」과 함께 공포정치는 한계가 없음을 선언한다. 법의 차원이 사라진 것이다. 그리고 동시에 공포정치에 정당화를 제공하는 것으로 간주된 실재에 대한 근거도 사라지게 된다. 이미 이 시기에 외국의 군대가 누르는 위협은 더 이상 제기될 수 없었다. 이어지는 몇 달 동안 군대의 상황은 굳건해졌다. 그런데 로베스피에르는 이러한 상황을 축하하기보다는 우려하였다. 외부의 위협으로부터 멀어지는 것은 그의 눈에는 다른 위험, 안전이 발생시키는 위험을 증가시킬 뿐이었다. 끝까지 그는 미래에 대한 믿음이라는 환상을 고발하는 데 몰두하였다. 그의 몰락 전날인 테르미도르 8일의 연설에서 그는 다음과 같이 요구한다. "왜 최근에 '나는 당신들에게 우리는 화산 위를 걷는다고 선언'했던 이들이 단지 장미 위를 걸을 뿐이라 믿는가? 어제 그들은 음모를 확신했다. 나는 지금 이 순간 그것을 확신한다."

그의 목적은 두려움을 유지하는 것이다. "사람들은 당신들에게 학술적 가벼움을 가지고서 당신들의 많은 승리를 말한다.……우리의 원칙을 위한 군사적 승리를 위해, 승리의 위험을 예방하기 위해, 혹은 그 열매들을 확고히 하기 위해 무엇을 하는가?" 그는 이어서 말한다. "우리의 적들은 우리 사회의 분열을 붙잡고 내버려 두고 있다. 운동의 마지막을 생각하시오. 내부의 분파들을 두려워하시오. 외국에서 꾸며지는 음모를 두려워하시오." 습관적인 수사학을 넘어서 테러가 끝날 수 없으며 끝나서도 안 된다는 것, 그리고 테러 없이는 혁명은 아무것도 아니다라는 '진실'을 알리고 있다. 로베스피에르가 국민공회에서 예전에 알렸던 유언을 강조해서 상기시키면서 그가 "나는 당신들에게 **무시무시한 진실과 죽음을 남긴다**"라고 말했을 뿐인, 짧은 그리고 분명 정식화하기 불가능한 결론이다.

체포와 사형 집행이 프레리알에서 테르미도르를 통하여 빨라진 것이 사실이라면, 공포정치 시기의 거대한 단절을 상상하는 것이 어려울 것이다. 역사가들은 그것에 대해 우리를 설득하기를 원한다. 그러한 역사가 중 한 명인 티에르는 일상적인 테러 —나는 기능적 테러라고 이해한다— 로부터 분리시키기 위해 극단적 테러라고 명명한 것을 규정하고자 한다. 그것은 1794년 6월의 사건들에 대한 그의 비평의 의미이다. "오늘날 위험은 끝이 났고, 혁명은 성공적이다. 더 이상 분노에 의해서 학살을 하지 않는다. 그러나 살인에 감염된 불행한 습관에 의해 이루어지고 있다. 모든 종류의 적에 저항하기 위해 구축할 것이 강요된 놀라운 이 기계는 더 이상 필요한 것이 아니기 시작하였다. 그러나 한 번 작동하기 시작하자 그것을 멈추는 법을 알지 못했다. 모든 정부는 자신의 과잉을 가져야 하며, 그 과잉에 도달했을 때 비로소 멸망한다."[14]

간단히 말해 열정은 전멸의 실천이 습관으로 혹은 자동 장치로 변화되는 순간에까지 필연성의 의미와 결합한다. 적극적 명분에 의존하는 것에 의한 모든 설명을 피해 가는 것들을 정리하는 것은 현명하다. 「프레리알 법령」이전에 19개월간 지속되었던 학살은 민중적 분노의 산물이 아니었다. 그것들은 어떠한 필연성에 응답하는 것이 아니었다. 누가 감금자들이 ── 코뮌의 회람이 선언한 것처럼 프랑스의 다른 코뮌들에서의 동일한 살육을 말하면서 ── 외부의 적들에 의해 위협받는 파리 시민들을 뒤에서 공격할 준비를 한다고 심각하게 말하려 하는가? 그들은 소규모 집단의 사람들에 의해 알려졌고, 살육자들은 열거되어야 하거나 일부는 열거되었다는 알고 있다. 그리고 그들은 아주 작은 수의 증인만을 가지고 있었다는 것을 알고 있다.[15] 바로 이 시기에 테러리즘의 합리화는 웃음거리가 된다. 나중에 생쥐스트가 요구하게 될 거대한 정화의 이미지에 맞추어진 감옥들의 정화는 적들의 죽음 덕분에 혁명의 실체의 증거를 생산하고 행위자가 등장하게 하며, 그들에게 **절대적 간격의 표시**를 만드는 사건을 위해 형상화를 부여할 의지에 의해 인도된다는 것이 확증된다.

공포정치의 기저를 은폐하려 한다 하더라도 드러났던 풍부한 합리화의 과정이 있었다. 즉 **공안**Salut public이라는 합리화가 그것이다. (1792년 8월) 당통은 혁명을 파선의 위협을 받는 거대한 배에 비유하며, 국민에게 "선원들이 파선에 노출되는 모든 것을 바다에 던지는 것"처럼, "그 내부에서 해가 되는 깃을" 내딘질 것을 요구하였다.[16] 사회체에 건강을 주려는 거대한 절단 수단이라는 생각은 또 다른 것이다. 보도Marc Baudot는 그것을 가장 잘 설명한다. "이기주의자들, 무관심한 자들, 공동체의 적들, 전 자연

---

14 Thiers, *op. cit.*, t. V, p.286.
15 특히 Mortimer-Ternaux, *op. cit.*, t. III에서 제공된 정당화의 서류들을 보라.
16 *Ibid.*, p.133.

의 적들은 아이들 사이에 포함시켜서는 안 된다. 그들이 백만이라면, 신체 전체를 감염시킬 수 있는 암을 파괴시키기 위해 자신의 24분의 1을 희생시켜야 하지 않는가?"[17] 그러나 이러한 언어 혹은 테러주의자들 중 가장 확고한 것으로 판단되는 마라의 언어 자체——'26만 명의 사람들'을 희생시키기를 요구했던 복수, 처벌, 독자의 언어——는 항상 공포정치가 요구하는 것 위에서 항상 뒤로 빠져 있다. 그것은 우리가 명명했던 **절대적 간격**이다. 공포정치를 불가피한 것으로 만들었던 실제적인 것.——외국의 침입에 대한 참조 혹은 지식, 사회체의 본성에 대한 지식에의 참조는 항상 테러리스트적 사유를 지배했던 문제를 해명하기 위해 거기에 있었다. 죽음을 각오한 투쟁의 다급함을 발견하던 실제적인 것, 이 투쟁에 충분한 의미를 부여하기 위한 명분으로서의 지식, 이러한 것들은 공포정치의 작동이 없었다면 무엇이었을까? 만약 공포정치가 확대되었다면, 이 문제는 확대되기를 중단했을 것이다. 분열로부터 해방된 사회 자체에 부합하는 사회라는 이미지는 정화, 더 나아가 제거의 행사 속에서만 포착될 수 있을 뿐이다. 덕성과 범죄, 인민과 적을 가르는 것은 공화국의 제도화의 수단이 아니다. 가르기는 사회적인 것을 가시적으로 인지 가능하게 만드는 수단이며, 혹은 전망과 인식의 발생적 행위이다. 이러한 의미에서 공포정치는 끝날 수 없는 것의 위협을 포함하고 있다. 모든 것은 테러리스트들이 혁명을 뿌리내리기 원했던 땅이 그들의 발자국 아래에서 동시에 그들이 벗어나고자 하는 매 순간 즉흥적으로 이루어졌다. 존재에 대한 그들의 매혹은 동시에 심연에 대한 매혹이다. 그로부터 각자는 인민 속에, 자연 속에, 역사 속에 자신을 기입하려는 표시를 찾으면서 죽음에 호소한 것이다.

---

17 Buchez et Roux, *op. cit.*, t. XXIV, p.204.

끝날 수 없는 것의 한계

끝날 수 없는 것의 시련, 공포정치는 자신의 한계를 만난다. 공포정치가 테러리스트들 자체에 대해 짓누르는 위험에 대한 암묵적인 의식은 자신들의 보존에 대한 감각이 그들을 실제적인 것에 대한 의식으로 이끌도록 하기 위해 충분히 생생하게 되었다고 말하는 것이 충분한가? 대답은 전체적으로 설득력이 있다. 사실은 당통파, 특히 카미유 데물랭이 혁명적 정치의 과정을 순화시키려는 시도에 실패했을지라도, 그들은 메아리를 자극하였다. 서로서로에 의해 제거될 수 있다는 공포로 동맹한 테르미도르의 사람들, 그리고 포함된 모든 경향들은 그것을 중단시키는 데 성공하였다. 그리고 당통의 처형에 대한 기억은 생생하게 남아 있다고 믿을 수 있다. 테르미도르 8일 그에 대항하여 격노한 의회 앞에서 당황한 로베스피에르는 다음과 같이 투덜거린다. "아, 당신들은 당통의 원수를 갚으려 하는군." 우선 불가능해 보이는 것이 가능하다고 공언하는 이유는 그 자체로 명백해 보인다. 제르미날과 테르미도르 사이에서 「프레리알 법령」은 적어도 암묵적으로 위원회에 새롭고 엄청난 권력을 부여하였다. 의회의 동의 없이 의원을 체포하고 혁명 재판소로 넘길 수 있는 권한. 이 법령을 의회가 채택한 것이다. 그러나 투표 다음 날, 의회가 인지하지 못한 위협이 알려지고 의회는 이례적인 저항을 표시하면서, 로베스피에르의 압력하에서 이어진 회기 동안에 양보해야만 했던 그 우려스러운 조항으로 돌아왔다. 그 무시무시한 수단 앞에 복종했지만, 국민공회는 그 이후 비상 상황에 있었다. 이러한 관찰에 덧붙여 더 거대한 무게가 추가되었다. 프레리알에서부터의 공포정치의 서두름은 우리가 이미 알렸듯이, 나라에 안전의 확립을 동반하였다. 반란은 진압된 듯 보였고, 모든 전선에서 프랑스 군대는 승리하였다. 공포정치의 큰 정당화 중의 하나——그것이 허구적일지라도——는 현재에는 사라졌다. 그러나 해석은 공포정치를 더 지속적으로 만들면서 우리를 다른 근거로 옮기게 하는 다른 사실을 제공받는다.

사건의 세밀한 부분에 들어가지 않고서, 제르미날의 끝에 심각한 변화가 정부 조직 속에서 그려졌다는 것을 상기해야 한다.[18] 공안위원회는 권력을 자신의 손에 집중시키고자 노력한다. 그들의 명령하에 놓여진 행정위원회들의 수가 증가한다. 국민공회에 의해 지명된 장관들로 구성된 임시적인 집행위원회는 폐지된다. 그것을 12개의 소위원회로 대체하는데, 그 집행자들은 공안위원회가 지명하였다. 행정 조직들은 에베르주의에 대해 동정심을 가진 의심스러운 요소들이 제거된 반면에, 지역의 민중협회에 대한 공격이 시동되었고, 결국은 그것들을 해산시키도록 하였다. 테러리즘 속에서 뛰어났던 대표자들로 지금에서 보자면 온건적 경향으로 보이는 리옹의 푸셰Fouché, 보르도의 탈리앙Tallien의 임무는 중단되었다. 억압은 점점 더 집중화되었다. 지방의 혁명 재판소 대부분은 사라졌다. 혁명법원은 파리에 집중되었다. 모든 수단은 무엇보다도 로베스피에르와 그 측근, 생쥐스트와 쿠통의 권위의 표시와 관련되었다. 플로레알 초기 새로운 조직, 일반경찰국을 만든 것은 바로 공안위원회이다. 그러나 그것은 그 삼두정에 의해 통제되었다. 공안위원회의 다른 사람들에게 알리지 않은 채, 로베스피에르와 쿠통에 의한 「프레리알 법령」의 준비는 위원회를 찢기 시작하는 분열을 증언한다. 보안위원회Comité de sûreté générale의 활동과 겹치는 경향을 가진 경찰국의 활동은 보안위원회의 관할처럼 보이는 업무를 빼앗아 가려는 의지를

---

18 Lefebvre, *op. cit.*, p.264 *sq.*

보였고, 예전에는 조심스럽게 진행되었던 권력 투쟁을 분명히 보이는 것이었다. 새로운 긴장을 가장 잘 증명하는 이 두 개의 지표는 공안위원회에 더 이상 나타나지 않는 로베스피에르의 결정과 그의 교사에 의해 조직된 최고 존재의 축제[19]를 동반한 몇몇 사건들에 의해 제공되었다. 행렬의 선두에서 분리된 그는 그를 폭군으로 취급하는 것을 주저하지 않았던 몇몇 대표자들에 의해 모욕을 당하였다.

이러한 사실들은 억압의 폭력 ——우리는 이 폭력이 총재정부Directoire 시기에 다시 이루어진 것을 알고 있다——은 아니더라도 적어도 테러리스트적 정치를 끝낸 위기에 대해 또 다른 빛을 던진다. 이러한 사실은 공포정치의 행사와 권력의 위치에 대한 탐구가 결합하는 방식을 재검토하도록 자극한다. 로베스피에르의 담론에 대한 분석을 통해 시작하면서 우리가 이미 분명히 하고자 하는 것이 이 관계이다. 의회를 완전히 자신의 지식, 말, 전망의 담지자로 보이게 하고 동시에 그것들을 행사하는 자신의 위치를 숨기도록 하는 과정을 통해 자신의 의지 ——당통파의 제거—— 에 굴복시키는 그의 능력은 우리에게는 매우 놀라운 것이다. 그는 결정을 요구하지 않았다. 그는 인민의 표상으로서 국민공회의 원칙들과 본질의 논리의 결과로서 결정해야 할 것은 없다는 것을 드러냈다. 그는 토론에서 어느 한쪽 편을 들지 않았다. 그러나 그는 그 토론이 결코 일어나지 않았어야 한다는 것을 드러

---

19 프랑스혁명 시기 축제는 시기에 따라 다양한 정치적 목적을 가지고서 이용되었다. '최고존재의 축제'는 1794년 6월 다비드(Jacques-Louis David)에 의해 조직화된 축제로, 상퀼로트의 봉기의 정치가 산악파의 공안위원회에 의해 제거되는 시점과 일치하여 이루어졌다. 이 축제는 새로운 국가 종교의 제전의 의미를 갖는 것이었다. 홍태영, 1장 「프랑스공화주의 축제와 국민적 정체성」, 『정체성의 정치학』, 서강대출판부, 2011 참조.—옮긴이

내고, 침묵 속에서 자신의 말을 맹세한다. 그들의 주제는 의회의 구성원들에 대해 지독하게 의심하도록 압박하게 하는 반면에, 그는 그들에게 각자가 타자들에 대항하도록 의심을 독점하면서 그것들로부터 벗어나게 하는 능력을 부여한다. 이러한 의심의 전이 속에서 권력의 전이가 발생한다.

그런데 국민공회의 공간 속에서 우리가 관찰한다고 믿는 것은 1792년 8월 이래 좀더 넓은 수준에서 사회 속에서 발생한 것에 대한 이미지이다. 공포정치는 전권(타자의 눈에, 경우에 따라서는 그들의 눈에)의 행사를 숨기기 위해 권력의 위치를 정복할 가능성을 열면서, 권력의 위치들을 다양화하였다. 그러나 이러한 현상은 우리가 만약 원칙의 덮개 아래 은폐된 것을 살핀다면, 아주 평범한 것일 것이다. 그것은 이러한 은폐가 각자에게 권력의 위치를 외관상 비어 있는 것으로 내버려 두는 강제의 결과라는 것을 지적한다면 특이한 것이 된다. 로베스피에르의 간계들은 심리학적 질서에 대한 다른 크고 작은 테러리스트들의 간계와 다른 것이 아니다. 공포정치는 그것이 이러한 위치의 점령을 금지하는 한에서 혁명적이다. 그러한 의미에서 공포정치는 민주적 특징을 갖는다. 공개적으로 독재를 권장했던 것은 마라뿐이다(한편으로 그는 그것을 일시적인 것으로만 보았다). 제거를 원하는 파당에 대항하여 권위를 떨어뜨리고 싶은 사람을 향하여 행해진 고발——고발은 주요하게 루베Jean Louvet, 가데Marguerite Guadet, 바르바루Charles Barbaroux, 캉봉Pierre Cambon에 의해 로베스피에르에 대항하여 1792년 가을에 행해졌으며, 1794년 봄 그들의 적대자들에 의해 다시 행해졌다——은 항상 독재의 고발이다. 달리 말하면, 공포정치는 법——공포정치는 무기라고 말한 법, 그러나 공포정치는 환상적으로 그것을 체현한다——앞에 평등한 개인들로서 테러리스트들의 상호적 인정에 의해 이루어진다. 따라서 개인에 대해서 거대한 정언명령이 짓누른다. 개인들은 공포정치에 대해 책임져야 할 것을 요구받는다. 그리고 개인들이 공포정치로부터 가져오는 힘은 한정된 분명하고 일반적인 권력의 형상에 의해 보장된 제도가 가져오는 이 유대로부터 가져온 것이다. 결국 개인들이 보유하고 있는 이 역할은, 생쥐스트가 재판관의 비밀스런 맹세——우리는 그렇게 무섭게 될 만큼 충분히 덕성스럽지 못했다——를 상상할 때, 비록 잘못 설명했지만, 생쥐스트가 가장 잘 인식하고 있었다. 더 정확하게 그들에게 말하게 했어야 하는 것(그는 인식할 수 없었던 것)은 다음과 같다. 우리들의 권력은 그것이 장대할지라도, 무섭게 되기에는 너무 공허한 것이다.

사실 공포정치의 조직은 그 행위자들이 그들의 고유의 의지로부터 해방될 수 있으며, 그 응집이 우두머리의 존재에 의해 보장되는 신체 속에 각인될 수 있으며 결국 관료제처럼 행동하는 것 이외는 결코 다른 것이 아니라는 것이다. 이러한 관찰은 우리가 상기시키는 주장들에 만족하는 것을 금지한다. 그것은 테러리스트들을 실제적인 것의 의미로 데려가는 관찰의 의미만이 아니다. 역설적인 방식으로 그것은 공포정치를 존속할 수 없는 것으로 만드는 공포정치의 시스템을 강화시키려는 로베스피에르의 시도이다. 사실상 이러한 시도는 테러리스트에게 그들이 결여하고 있는 안전——실질적인 안전, 위험의 안전지대 속의 삶, 상징적인 안전, 의심의 안전지대에 있는 정신——을 제공하는 것이 아니라, 억압에 대한 분노들의 음모 속에서 획득되고 또한 평등주의적 허구의 효과 아래에서 테러리즘의 단일성으로부터 남는 부분을 파괴하는 효과를 갖는다.

그러한 하나의 허구, 로베스피에르는 그러한 허구를 믿었으며, 그가 권력에 대한 총체적인 통제를 획득하기를 추구하던 순간에 그것으로부터 벗어날 수 없었다는 점을 관찰하자. 역사가들은 그가 테르미도르 때에 가졌던 그의 적대자들에 대항하여 거리의 힘을 동원할 기회에 대해 묻는다. 에베르파에 대항하고 또한 파리 지구들에 대항한 그의 행동은 국민공회와의 마지막 투쟁의 시간에 대중의 지지를 빼앗아 버렸다는 것이 정확하게 지적되었다. 그러나 그가 파리에서 무시할 수 없는 무리들을 활용할 수 있었고, 그때 그가 그것을 시도하지 않았다는 것은 반박할 수 없는 채 남아 있다. 그의 목적은 그의 손에 경찰과 혁명 재판의 도구들을 집중시키는 것 그리고 국민공회에 자신의 의지에 복종하는 것을 수용하도록 하는 것이었다. 달리 말하면 로베스피에르는 결코 그의 성격 때문이 아니라 우리가 말한 것처럼, 개인으로서 삭제되는 권력의 위치에 대해 요구한 누군가에 대해 행해진 책임 때문에 권력의 정복의 길을 숨기도록 강제하는 것을 중단하지 않았다. 그가 공포정치의 제도화——이외에도 이미 언급한 행정적 수단들——를 위해 채용한 수단은 본질적으로 상징적 질서이다. 테러리즘의 원리적 단일성이 드러나 보이게 하는 기준을 세우는 것. 그 시도는 윤곽만을 드러냈을 뿐이다. 그러나 그 의미는 의심의 여지가 없다. 최고존재에 대한 신앙은 그의 시각에는 최후의 기간에 공공 안전——테러리스트적 독재라고 이해하자——의 다급하고 종국적인 보장으로 공언된다. 그의 감독 속에 조직된 그 연출이 그를 국가의 첫번째 인물로 지시하고 있는 최고존재의 축제(프레리알 20일)가 실천적으로 공포정치의 새로운 입법(프레리알 22일)과 일치한다면 우연이 아니다. 최고존재에 대한 그의 칭송은 공허하게 울렸고, 사람들은 새로운 숭배 대상의 발명 속에서 기이함 혹은 그의 냉혹한 준엄함과 대조되는, 즉 그것을 없애는 순진함의 표시를 발견하려 하였다. 그것은 이 발명의 기능, 즉 공포정치와 정통성orthodoxie의 절합을 무시하는 것이다. 그리고 그 사실로부터 덕성, 인민의 행복, 정치체의 단일성을 말하기를 계속하면서, 로베스피에르는 프레리알의 마지막에서부터 무신론, 자연주의, 유물론, 철학주의를 비방하는 것을 중단하지 않았다.

프로그램은 왜 그들이 죽이는지를 모르는 사람과 아는 사람 사이의 균열로부터 그려진다. 첫번째는 이러한 지식의 결여 때문에 관대함으로 갔던 이전의 에베르파, 쇼메트Pierre Chaumette 그리고 당통파들이고, 현재에는 로베스피에르에 대항하여 음모를 꾸미는 가장 위험스러운 적대자들이다. 이러한 전략에 대해 테르미도르 8일 그의 마지막 연설에서 그는 다음과 같이 역정을 낸다. "프랑스인들이여, 당신의 적들이 그들의 한탄스러운 독트린을 통해 당신의 영혼을 쇠퇴시키고 당신의 덕성을 짜증스럽게 한다는 것에 고통받지 마시오! 아니오. 쇼메트, 아니오. 죽음은 영원한 수면이 아니오!" 수면의 여신상으로 무덤 위의 십자가를 대체하기를 주장한 이가 바로 그날의 적인 푸셰Joseph Fouché라는 것을 기억하지 못할 수 없다. 진정한 테러리스트의 경우 이제부터 ——우리들의 정식화를 다시 취한다면—— 그들의 고유한 의지를 해방시키고, 공포정치를 사랑해서는 안 되며 결백함 속에서 자신의 의무를 완성하도록 설득된 보통 사람의 재판소보다 더 높은 재판소에 기대도록 요구된다. 로베스피에르의 독재는 최고존재의 덮개 아래 숨겨진 채 전진한다. 이 마스크는 그가 종교재판관의 새로운 얼굴을 숨기고 있다는 것을 잘 폭로하고 있다. 사실 테러리즘의 몸에 뚜렷한 미래를 허락하고, 공포정치의 알려지지 않은 것을 해결하기 위해 공포정치를 신적인 권위 아래로 데려가고 혁명가들을 사형 집행자 혹은 그것의 담당자로 만들어진 경찰국의 집행자로 전환시키는 정통성보다 더 위협스러운 것은 없다.

인민의 적이 신의 적이 될 때, 모든 것은 변한다. 로베스피에르는 비밀스럽게 열린 음모들을 비난하는 것을 계속할 수 있으며, 악의 경제는 전복된다. 끝이 날 수 없는 것은 그렇게 자신의 한계를 찾는다. 혁명적 테러, 근대의 테러는 신학적 제도에 적응하지 못한다(최고존재에서는 종교적 뒷받

침을 결여하고 있다는 사실을 고려하지 않고서).

미래가 보여 줄 것처럼 공포정치가 자신의 제도의 새로운 정식화를 발견하고, 절대적 간격의 의지와 조직 속에 끝이 날 수 없는 것의 환상을 심는 것은 로베스피에르의 꿈과는 반대로 철학주의, 자연주의, 유물론, 과학의 ──자신의 몸으로부터 적들을 제거하면서 자신의 정체성을 정복하는 인민의 표상과 결합하는 데 성공한 과학──타락한 형태들 속에서이다.

프랑스혁명 속에서 혁명을 사유하기[*]

토크빌은 『구체제와 프랑스혁명』의 서문에서 "내가 이 순간 출판하는 이 책은 프랑스혁명의 역사, 즉 내가 그것을 다시 만들기 위해서는 너무나도 많은 파편들로 이루어진 역사에 대한 책이 전혀 아니다. 이것은 이 혁명에 대한 연구이다". 그리고 한 단편에서 다음과 같이 덧붙인다. "나는 역사를 말한다parle. 역사를 이야기하지raconte 않는다." 이것은 프랑수아 퓌레가 자신의 것으로 만들 줄 알았다는 주제들이다. 퓌레는 자신의 최근 저작에서 사실들의 인지에 더 많은 기여를 하고, 아직 알려지지 않은 문헌들을 발굴하며, 개인적 그리고 집단적 행위자들의 역할을 다시 분배하거나 그 중요성을 수정하기를 원하지 않았다. 이것은 토크빌로부터 그를 구별하는 것이며, 프랑스혁명의 대차대조표를 다시 평가하는 것이다. 이러한 계획의 어떤 것도 사실 그에게 무관심한 것은 아니다. 그가 드니스 리셰Denis Richet와 공동으로 저술한 책과 그가 건드리고 만들어 온 길을 기억한다면

---

* *Annales*, 2, 1980에 게재된 글.

그것을 설득력 있게 한다. 그러나 그의 그림은 다른 일정에 있다. '그는 역사를 말한다' 혹은 좀더 명확히 하자면 그는 가장 빈번하게 소홀히 했던 요구——**프랑스혁명을 사유하기**——를 담당하면서 혁명의 역사학에 새로운 방향을 제시하고자 한다.

이러한 요구를 어떻게 정의할 것인가? 사유하기는 여기에서 무엇을 말하고자 하는가? 그의 독자는 아마도 저자가 프랑스혁명은 오랫동안 역사 일반이 전진해 온 길을 내어 주는 마지막이라고 불평하는 문구에서 그 답을 찾을 수 있을 것이다. 그는 우리에게 역사 일반은 "'사실들'이 규칙 속에 세워지기만 한다면, 스스로 말하는 것으로 간주되는 지식이 되는 것을 중단하였다는 것을 상기시켰다. 역사는 분석해야 할 문제들, 사용하는 재료들, 작업해야 할 가정들 그리고 얻어야 할 결론을 말해야 한다"(26)[1]는 것을 상기시킨다. 그러한 정식화는 분명히 유지될 가치가 있다. 그것들의 독창성이 놀라운 것은 아니다. 그 정식화는 오랫동안 최고의 역사가들에 의해 인정된 원칙들을 응축하고 있을 뿐이다. 그러나 그 정식화는 행복하게도 과학의 공통된 법칙 아래 사건을 두도록 자극하기 때문이다. 그리고 그것들은 퓌레의 작업이 확신을 주는 대담함을 증언하는 것이다.

그는 '사건의' 역사는 그 대상의 특수성으로부터 유추되지 않는다고 제시한다. 정확한 관찰에 근거한 사실들의 연쇄의 재구성을 담당하는 사건사는 의미가 도표 속에 기입되고 전망의 작용을 숨기고 있다고 믿는 순진하고 도그마적인 역사이다. 생산양식, 기술, 망탈리테 혹은 습속의 역사나 구조 혹은 장기 지속의 역사——구조 혹은 장기 지속의 역사는 객관주의의

---

1 『프랑스혁명을 사유하기』(François Furet, *Penser la Révolution française*, Paris, Gallimard, 1985). 이하에서 이 책을 인용할 경우 끝에 쪽수를 적어 줄 것이다.

함정에 빠지지 않는다고 가정하고서 ──로부터 사건사를 구별해야 하는 것은 그것의 편견들 때문이며, 그것이 사건événement과 관련되기 때문은 아니다. 널리 퍼져 있는 (그리고 기이하게도 상이한 학파들에 의해 공유된) 의견과 반대로, 대상의 본성으로부터 오는 역사적 인식의 두 가지 양식 사이의 대립은 없다. 대상과의 관계를 인식하는 두 가지 방식이 대립하는 것으로서 인식이 대상 속에 알려지지 않든지, 인식이 자신의 작용에 의지해야 하는 것을 알고 그 자체에 대해 저항의 노력을 하든지 간의 대립이다. 아마도 사건은 개념화에 반역하는 듯하지만, 역사가가 사건을 그 사건의 행위자나 증인들에 의해 명명되고 담지하는 어떤 것으로 이해하는 것은 바로 그 유일한 동기 때문이다. 따라서 눈앞에 나타나는 것과 실제 존재하는 것을 혼동한다는 것과 대상을 구성하기 위해 위치하고 있는 동일한 장소에서 그 대상을 '해체하는' 것부터 시작한다는 것은 환상에 가장 철저하게 사로잡히는 것이다.

사건사의 재평가는 매우 중요하지만, 그것이 프랑스혁명을 사유하도록 이끄는 명령을 충분히 이해하도록 하지는 않는다. 그것은 '개념사'의 유일한 요구들에 그것을 한정짓는 것 이상으로 모호성을 불러일으킨다. 그 정식화는 역사학자들의 새로운 학파의 가입을 가져오기 위해 잘 이루어졌지만, 현대적 작업의 대부분에 대해 결정을 내린 기획을 모르는 채 내버려두는 것이다. 사실 퓌레는 전체적으로 방향을 전환하고 역사를 정치적 숙고와 연결시키는 길을 역사에게 재개하려는 시도를 하였다.

그 스스로 첫번째 글 속에서 자신의 문제설정의 본질을 포함하고 있는 긴 주장을 통해 우리에게 경고하고 있다. "혁명 역사학의 첫번째 임무는 정치적인 것의 분석을 재발견하는 것인 듯하다"(45)라고 결론짓는다. 정치적인 것의 분석을 통해 저자는 특정한 사실의 계급적 분석, 그리고 다른 것——특히 역사가들에 의해 오랫동안 특권화된 경제적·사회적 사실——에 비해 더 적절하다고 판단되어, 공통적으로 정치적이라고 불리는 사실들을 지시하는 것이 아니다. 그는 반대로 분과학문으로 인식되는 정치에 대한 이념과 단절하고자 한다. 현재에는 관습적인 이념이지만 근대 시기 그리고 그후 인식 대상들의 파편화와 함께 이루어진 사회과학의 부상 효과 아래에서, 그리고 실재적인 것의 지위를 부여하기 위해 생산관계를 한정짓고 상부구조의 한 층위 속에 정치를 치워 놓으려는 맑스주의의 효과 아래에서 부과되었다. 그의 의도는 고전적 정치 사유의 근원들로 회귀를 증언하고 있다. 그는 사회를 형태짓고 사회를 연출하며 동시에 그 동학을 주도하는 행위들의 틀 혹은 그 틀들의 전체와 표상들을 명백히 하고자 하는 것이다. 그리고 만약에 권력이 그에게 정치적 숙고의 중심 대상을 구성하는 것 같다면, 그것은 그가 목표가 권력을 정복하거나 보존하고, 그 행사를 전유하고 수정하는 것인 행위자들의 관계를 결정적인 것으로 판단하고, 소유관계와 계급관계가 덜 중요하다고 판단했기 때문이 아니다. 그것은 권력의 위치와 표상, 그 장소의 형상이 그의 시각에 사회적 공간에 구성적이기 때문이다. 달리 말하면 그는 권력에서 실질적 기능과 그 행사의 효과적인 양식을 넘어서 상징적 지위를 인식하고, 프랑스혁명은 그것의 지위의 변화 혹은 그가 말한 것처럼, '권력의 장소의 전치'를 추적하는 조건 속에서만 인지될 수 있다고 주장한다. 이러한 의도를 회피하려는 사람은 프랑스혁명에 대한 그의 해석의 의미를 잘못 이해할 수 있으며, 그에게 행할 수 없는 반대를 하거나 그의 의도가 불러오는 문제들을 제기할 수 없게 된다. 예를 들어 프랑스혁명 전에 착취 양식, 계급 지배, 부르주아의 팽창과 부르주아가 부딪혔던 장애물, 농민들을 짓눌렀던 부담들의 심화, 소유의 재분배 혹은 경제적 위기들로부터 결과된 투쟁을 저평가했거나 혁명 기간 동안에 이익들의 투쟁을 소홀히 했다고 비난하는 것은 헛된 일이다. 사회적 분업의 분석은 분명 우리의 역사가에 의해 무시되지 않았다. 그는 단지 혁명이 폭발과 그것에 이어지는 특이한 과정을 이해하기 위해 멈출 수 있다는 것을 인정하지 않았을 뿐이다.

그것들이 항상 명시적이지 않다 하더라도, 그의 추론의 원칙들은 쉽게 재구성될 수 있다. 첫번째, 그는 계급 대립 혹은 좀더 넓게 사회경제적 계층의 대립은 그들의 수준에서 충분히 의미가 있지 않다고 생각한다. 사회적 행위자들은 그들의 행위가 그들의 물질적 조건이나 그것들을 제도화하고 서로에 대해 서로를 정의하는 관계들에 의해 엄격히 결정된다고 보지 않는다. 이 조건들과 관계들은 동일한 사회에 속하는 행위자들이 구성하는 공통의 상황의 틀 내에서 행위자들에 의해 해명되며, 그 상황 자체는 표상의 일반적인 체계로부터 분리될 수 없다. 혹은 달리 말하면 계급들은 거대한 사회 속에서 조그마한 사회들을 형성하지 않는다. ──이렇게 포함하는 것은 무엇인가? 계급들은 경제적 작용의 망 속에 그들의 유일한 개입이라는 사실로부터 서로 연결되는 것이 아니다. 그것들은 그들의 분업 속에서 사회적 공간의 발생자이며 동시에 사회적 공간 속에서 발생된다. 계급들이 만들어 내는 관계들은 일반적 관계, 사회와 계급들의 본성을 결정하는 계급 자체와의 관계 속에서 포착된다. 그로부터 계급 지배 혹은 착취의 정도 혹은 이익들 간의 모순, 혁명을 유추할 수 없다는 것이 된다. 혁명이 도래하기 위해서는 그러한 범주의 운명이 악화되는 것으로 충분하지 않으며, 공통의 상황에 대한 지표들, 그 상황이 자연스러운 것으로 이해되는 표상의 지표들이 동요되고, 또한 적어도 다른 지표들이 예견될 수 있어야 한다.

두번째, 그러한 일반적인 관계는 사회적 전체와 권력의 분리를 함의한다. 왜냐하면 이러한 분리는 계급 분할이나 내부적으로 말할 수 있는 사회적 분할과 같은 질서는 아니기 때문이다. 역설적으로 사회 전체의 각 부분들과의 거리 속에서, 마치 사회의 바깥에서처럼 그리고 사회에 동질적인 것처럼, 권력은 사회에 대해 행사하고 구획하는 방식으로 사회 통합의 관리자의 기능을 수행한다. 권력은 사회에게 사회가 잠재적으로 가시적이 되고, 다양한 사회적 절합들이 공통의 공간 속에 해명될 수 있게 되는, 그리고 동시에 사실의 조건들이 실제적인 것과 정당한 것에 속하도록 보이게 하는 근거를 제공한다. 그로부터 권력에 대한 반대는 그것이 일반화될 때 특정한 위계 질서의 파괴에 장애물을 설치하거나, 지배 집단의 이익을 옹호하는 결정과 강압 수단들의 보유자에 대한 공격을 할 뿐만 아니라, 기존 질서를 지탱하는 실재의 원칙 및 정당성의 원칙을 공격한다. 따라서 정치적 권위만이 아니라 사회적 삶의 세부적인 것에까지 [적용되는] 존재의 조건들, 행위들, 믿음들과 규준들의 유효성이 흔들린다. 그로부터 혁명은 억압받는 자와 억압하는 자 사이의 내적 투쟁의 효과 아래에서 탄생하는 것이 아니라, 권력의 초월성이 사라지는 순간, 권력의 상징적 효율성이 제거되는 순간에 도래한다.

세번째, 결과적으로 행위의 질서로부터 오는 것과 표상의 질서로부터 오는 것 사이의 경계를 확정하는 것은 불가능하다는 것이다. 틀림없이 구별은 특정한 수준에서 잘 이루어진다. 그러나 정치적 분석은 그것이 행위와 표상들의 명백하고 특수한 사실들에 멈추지 않고, 그리고 그것이 행위와 표상들이 정렬되는 시스템의 탐구를 추동시키는 담론과 이념들 그리고 행위와 제도들 그리고 그것들에 생기를 불어넣는 논리의 연구와 결합하기만 한다면 그 명칭을 받을 만하며, 공통적으로 이른바 정치적인 사실들의 분석과 혼동되지 않는다는 것이다. 그에 대해 그러한 분석이 행위 혹은 표상의 논리라고 말할 수 없는데, 그것은 서로 다른 근거들에 대해 작동하기 때문이다.

　사실 퓌레는 프랑스혁명과 함께 도래한 행위 시스템과 표상 시스템에 대해 말하고 있지만, 그것들을 분리시키고 있지 않다. 그리고 그가 혁명적 동학을 동시에 정치적·이데올로기적 혹은 문화적으로 명명할 때, 그는 다른 두 개의 것을 통해 첫번째 것의 의미를 강화시키려는 것이지 그것들을 분리시키는 것은 아니다. 혁명의 정치적 특징은 한편으로 사회적 관계가 정렬되고 모든 비결정으로부터 벗어나며 인간들의 의지와 지성에 종속된다고 간주되도록 하는 **상상적** 정교화의 기호들, 그리고 다른 한편으로 세계에 대한 지성적·도덕적·종교적 혹은 형이상학적 새로운 경험의 기호들을 포착하는 조건 속에서만 드러난다.

　이데올로기 분석만이 아니라 세계적·관습적으로 문화의 질서에 할당하는 사유와 믿음의 양식에 대한 분석 역시 정치적인 것의 분석 속에 포함된다는 것은, 혁명적 현상을 우리에게 설득시키는 더 나은 것은 없을 것이라는 말과 같다. 사회 속의 파열이 나타나지 않는 만큼 우리는 권력 구조, 계급 구조, 제도들의 작동, 사회적 행위자들의 행동 양식을 그것들이 자체로 의미를 지닌 것처럼, 그것들의 '실체'에 대한 상상적 그리고 상징적 토대들의 망각 속에서 연구하는 것을 시도했다. 그것은 표상들이 무시되거나 혹은 명시적으로 종교적 혹은 철학적·문학적 혹은 미학적 담론 속에서 그것들의 정치적 의미를 인식하지 못하고서 사회적 실천과 거리를 두고 등장할 때만 감지할 수 있는 사회적 실천 속에 깊게 포진하고 있다는 것을 말한다. 그러나 프랑스혁명은 모든 담론이 사회적인 것의 일반성 속에서 그 영향력을 획득하고, 정치적 차원이 명시적이 되는 순간이다. 그리고 그러한 사실로부터 프랑스혁명은 역사가로 하여금 구체제 아래에서 비가시적이었던 순간을 인지할 수 있도록 한다. 그것은 명백한 내용 속에 포착된 표상들이 이제 실체를 투명하게 한다는 것을 말하는 것이 아니다. 퓌레는 불투명성이 혁명적 이데올로기 속에서 절정에 이른다는 것을 확정할 수 있다고 믿는다. 그러나 이러한 불투명성은 처음으로 사유할 수 있는 것이라는 특성이 도래할 것을 숨긴 효과라고 퓌레는 분명히 한다. 부인과 인정, 실천의 엄폐와 실제적인 것의 문제에 대한 개방은 함께 이루어진다. 따라서 우리는 사유의 새로운 요구 속에서 역사와 사회의 표상, 인민 권력의 표상, 적들의 음모의 표상, 시민과 혐의자의 표상, 평등과 특권의 표상의 새로움을 동시에 관련짓지 않고서는 이데올로기를 해명할 수 없다. 그리고 우리는 시간, 과거와 미래의 분리, 진실과 거짓의 분리, 가시적인 것과 비가시적인 것의 분리, 자연에 순응하는 것과 대립하는 것의 분리, 가능한 것과 불가능한 것의 분리 등등에 대한 새로운 관념을 탐색하지 않고서는 실제적인 것과 인식의 변동들, 사회적 건설과 관련된 모든 것의 조건들을 재정의하려는 요구를 측정할 수 없다. 바로 이것이 우리의 저자가 역사가는 정치적인 것의 분석을 재발견해야 한다고 말하게 한 것이다. 그것은 권력의 관계들의 경계 내에서 정치적인 것을 한정지으려는 분석이 아니며, 메타 사회학적인 사회적인 것의 경계 속에 두려는 것도 아니다. 그러나 프랑스혁명은 특히 이러한 분석으로 이끌어지는 현상이며, 또한 정치적인 것을 사유하게 하는 현상이라는 것을 덧붙일 수 있을 것이다.

정치적인 것의 표지 속에서 그러한 역사는 아마도 '개념적인 것'으로 지칭할 수 있을 것이다. 그러나 그러한 용어는 모호성을 가져온다고 말할 수 있다. 왜냐하면 그것은 역사적 인식의 다른 양식들로부터 구별하기에는 너무 넓기 때문이다. 사회와 문화에 대한 숙고, 철학적 역사 혹은 우리 동시대인들에게는 덜 우려스러운 말로서 객관성의 이상을 단순하게 요구할 수 없으며, 측정 수단을 통해 증명할 수 있는 수단을 찾을 수 없다는 의미에서,

그리고 독자들에게 자신의 의견의 무게에 의존하고 현재의 인식과 과거의 인식을 연결짓기 위해 자신의 사회적 삶의 고유한 경험을 동원하라고 요구한다는 의미에서 해석의 역사를 함의하는 역사이다.

어떻게 퓌레가 자신의 분석을 위한 길을 개척하는지 관찰해 보라. 처음 그는 그 특징이 19세기 동안, 좀더 명확히 한다면 제3공화국의 수립과 함께 형성된 국민적 이데올로기를 위해 프랑스혁명의 역사가 행사한 기능을 분명히 한다. 그는 대부분의 역사가가 혁명의 행위자들과 동일시가 되고 행위자들의 담론에 대해 질문하는 대신에, 그것을 자기의 것으로 만드는 것을 보여 주는 데 만족하지 않고 그러한 동일시의 근원을 밝힌다. 국민 속에 뿌리내리고 진정한 기원에 연결되고자 하는 욕망은 국민을 새롭게 건설하며, 기원 속에 자리잡고, 귀족의 특성하에서 자신의 지배를 연장하려는 퇴폐적인 과거 인민의 흔적을 지우려는 욕망과 결합한다. 이것은 퓌레가 유산의 환상 그리고 건설의 환상이라고 비난하는 분해할 수 없는 하나의 운동이다. 그리고 이 운동을 독자들은 동일성과 기원의 신화로부터 벗어나거나 해방되는 조건하에서만 이해할 수 있다. 두번째 순간에서 그는 혁명의 역사가 사회주의 이데올로기에 봉사했을 때 겪은 전치를 인식하게 한다. 그러나 혁명가들이 유포한 이미지에 후세의 환상을 연결시키는 것은 새로운 것이다. 그는 다음과 같이 지적한다. "프랑스혁명은 공화국만이 아니다. 그것은 평등의 무한한 약속이며, 변화의 특권화된 형태이다. 그곳에서 국민적 제도 대신에 매혹의 혁명적 동학과 권력을 부여한 보편적 역사의 자궁을 보는 것으로 충분하다. 19세기는 공화국을 전적으로 신뢰하였다. 20세기는 프랑스혁명*la Révolution*을 신뢰한다. 거기에는 두 가지 이미지 속에 동일한 기초적 사건이 존재한다"(17). 분명 프랑스혁명의 역사에 대한 러시아혁명의 효과들을 알리면서 "역사의 시작과 선구자적인 국민이라는 이

중의 관념은 소비에트 현상에 대해 다시 투영되었다"라고 그가 말할 때, 우리는 이 해석의 명민함에 대해 특히나 민감할 수 있다. 이러한 지적은 국민적 이데올로기와 사회주의 이데올로기 사이의 비밀스런 조합과 그 내용의 전치를 넘어서 표상의 논리의 효율성을 가장 잘 드러내 준다. 그러나 이러한 종류의 분석은 증거의 메커니즘에 의해 지지되거나 존재하는 것은 아니라는 것이 남는 문제이다. 그는 독자의 입장에서 역사에 대한 절대적인 시작으로서 프랑스혁명의 이미지와 좋은 사회의 모델로서 소련의 이미지를 해체할 자유를 요구한다.

결국 퓌레의 행보의 원칙은 그가 우리 시대에서 프랑스혁명에 대한 비판적 거리를 가능하게 할 조건을 충분히 지시할 때 나타난다. 그는 새로운 사실은 프랑스혁명으로부터 등장한 체제 속에 놓여진 희망들이 만개하는 것이라고 본다. 이 체제의 과정이 우파의 사유의 독점인 만큼, 그는 정치에 대한 새로운 숙고를 불러일으키지 않는다. 왜냐하면 그것을 이끌기 위해서 우파는 "자신의 유산의 어떠한 요소도 다시 수정할 필요가 없다. 우파는 반혁명의 사유 내에 머무는 것으로 충분하기 때문이다". 반면에 "중요한 것은 좌파의 문화가 사실들 즉 20세기 공산주의 경험이 구성한 폐해에 대해 숙고하는 것을 받아들이면서 자신의 고유한 이데올로기, 그 해석, 그 희망, 그 합리화를 비판하는 것이다"(25). 우리가 과거와 연결한 관계가 우리가 현재와 맺은 관계 속에 어떻게 존재하는가. 역사에 대한 인식은 역사에 대한 경험에 의해 어떻게 명령되는지를 더 잘 이해하지 못한다. 분명 이것이 그가 동일시의 의미를 전복시키고, 자코뱅주의의 이상 속에서 전체주의를 재발견하고, 굴락goulag의 시스템과 공포정치의 시스템을 혼동할 뻔한 것을 말하고자 하는 것이 아니다.——그리고 우리는 이것이 퓌레의 사유라고 믿지 않는다. 그러나 상당한 진보가 있다. 원칙의 타락을 '상황' 탓으로 돌리는 데 만족하기보다는 혁명가의 담론을 문자 그대로 받아들이는 대신에 그것에 문제제기하고, 이데올로기와 실천 사이에 세워진 모순을 분별하고, 결국 프랑스혁명으로부터 억압 체제가 나오게 한 역사적 과정 속에서 의미를 찾도록 자극한 것이다. 아마도 저자는 '프랑스혁명에 대한 포위의 해제' 혹은 레비스트로스의 언어 속에서 '대상의 냉각'이 '역사적 지식의 변동 속에' 기입되는 것을 명시하는 것을 빠뜨리지 않는다. 그는 "역사가의 **첫번째 원인**primum movens, 과거에 대한 지적 호기심과 인식 동기인 것에"(24) 요구를 들어 주는 시간을 판단한다. 그것은 그가 상대주의의 함정에 빠지지 않고, 역사에 대한 사유를 사유의 역사——그의 전제들을 더 심하게 은폐할 뿐인 것——속에 해소하지 않으며, 우리의 정치적 신념을 동반하는 환상에 대한 비판을 과학적 시도의 내적 부분을 만드는 진리에 대한 탐구와 분리시키지 않으려는 정당한 우려를 가지고 있다는 것이다. 어쨌든 어떤 정식화가 제시하고 있듯이, 역사적 과학은 빠르게 혹은 늦게, 내적 필연성에 의해서 "프랑스혁명에 대해 사유하도록 이끈다"라고 믿는 것은 헛된 일이다. 왜냐하면 프랑스혁명을 사유하기 위해서는 그 유산으로부터 분리되는 것만으로는 충분하지 않기 때문이다. 그 발전을 고려하여 프랑스혁명은 대상의 냉각보다는 주체의 '냉각'으로 향하게 되고, 상호적인 함의에서 프랑스혁명을 제거하는 상황을 차지하려고 시도하면서 정치적 숙고에 더 주저하지 않는다고 감히 말하도록 하자. 결국 퓌레가 정치적인 것의 분석의 재발견에 호소하는 것은 그가 인식의 진보를 동반하고 과학의 미성숙에 매달리지 않는 상실, 망각을 느끼고 있다는 것이다. 그러나 아마도 그는 이러한 진보에 대해 보다 더 급진적으로 문제제기하는 것을 주저하였다.

이러한 주저로부터 우리는 혁명 역사학의 단순화처럼 보일 수 있는 표시를 본다. 사실 동일시와 기원의 신화에 대한 그의 비판이 확고한 만큼,

우리는 그가 역사에 대한 개념 속에서 19세기 후반에 이루어졌던 단절에 좀더 천착하지 않았던 것에 유감스러워할 수 있다. 행위자들의 담론과 실천 사이의 간극을 인식하고 명백히 주어진 사실들을 넘어서, 그 의미가 동시에 정치적·철학적 그리고 종교적인 것처럼 보이는 사회와 문화의 전복에 대해 물었던 이는 토크빌만이 아니라, 콩스탕, 샤토브리앙François-René de Chateaubriand이 이미 있으며, 전혀 다른 전망 속에서 티에리Augustin Thierry, 기조, 미슐레, 키네, 르루, 프루동이 있다. 우리를 미슐레에 한정시키기 위해 퓌레는 논쟁적인 용어를 통해 그를 토크빌과 대립시키고, 나아가 그의 영감에 순응한다. "미슐레는 공감하고 추모한다. 토크빌은 행위자들의 의도와 행위자들이 행한 역사적 역할 사이에 그가 놓은 간극에 대해 질문하는 것을 중단하지 않는다. 미슐레는 혁명적 투명성에 정착하고 가치, 인민 그리고 인간의 행동 사이에 기억할 만한 일치를 찬양한다"(30~31). 그런데 우리가 그에게 정당성을 준다면, 그에게 대립시켜야 할 사람은 오히려 미슐레이다. 왜냐하면 미슐레가 위대한 공감자이지만, 그는 비가시적인 것과 자신을 일치시키는 것이 사실이다. 그는 프랑스혁명의 모든 것을 껴안는다. 그러나 동시에 그것의 연계들, 단일성, 실증성으로부터 받은 이미지를 해체시킨다. 그는 프랑스혁명을 추모하지만 또한 그는 그것을 추모할 수 없는 것으로 판단한다. 그는 1847년 서문에서 쓴 것처럼, 프랑스혁명에서 '빈 공간의 기념물'을 보는 것이 사실이다(그 상징은 샹드마르스 광장이며, "그 모래는 아라비아만큼 하얗다"). 그가 행위자들을 명확히 파악한다고 주장하지만, 그는 그들의 담론을 자기의 것으로 만들지는 않는 것이 사실이다. 그는 그들의 행위와 믿음을 분해하고, 꼭두각시처럼 그것들을 탈구시키는 시간의 업적을 재구성하고자 한다. 그가 가치들, 인민 그리고 인간들의 행위 사이의 일치를 찬양한다는 관념은 우리에게는 잘 정립된 것 같이 보이지 않는다. 그는 인민을 모든 곳에 편재하는 잠재적인 힘으로 만든다. 사람들은 인민의 이름을 남용하여 차용하며, 주체로 그리고 판관으로 세운다. 그리고 그는 사건의 극장에서 인민이 부재했다는 것을 몇 차례나 관찰했는가.─1792년 말이 되자 파리에서 인민의 부재에 대해 그가 말한 것을 기억하자(『폭군』*Le tyran*, p.1009). 인민과 그들의 자리에서 행동하고 그들을 말하게 했던 사람들, 그가 부른 것처럼 '상투적인 역사의 영웅들' 사이의 거리에 대한 그의 비판이 매우 날카로워 퓌레가 '우파의' 근원들을 비난하는 중상모략가들에 대해 선수를 치기 위해 그것을 이용하지 않은 것에 우리는 놀랄 따름이다. 왜냐하면 지롱드파와 산악파에 대해 글을 쓴 것은 토크빌이 아니라 미슐레이기 때문이다. "이 박사들은 중세의 박사들처럼 고유하고 세습적인 이성을 그들만이 소유했다고 믿었다. 그들은 동일하게 그 이성이 위로부터, 가장 높은 곳으로부터, 즉 그들 자체로부터 와야 한다고 믿었다.……두 부분은 동일하게……문인들로부터, 지적 귀족주의로부터 모든 그들의 자극을 받았다."

혹은 더 놀랄 만한 정식화. "이 민주주의자들 속에 이 지독한 귀족주의를 보라."[2] 확증하는 것은 코솅Augustin Cochin이 아니라 미슐레이다. "(자코뱅들은) 인민의 폭력에, 그들의 수적인 힘에 자주 호소한다. 그들은 인민을 매수하고 부추기지만, 그들에게 전혀 자문을 구하지는 않는다……. 그들의 인간들이 93년의 클럽들에서 모든 도départements를 통해 투표한 모든 것은 생토노레 가의 성인들[3]에 의해 보내진 일정에 대해 투표한 것이다. 그들은 인지할 수 없는 소수에 의해 국민의 문제를 어렵게 해결하였고, 다수에게는 가장 잔인한 경멸을 보여 주었으며, 그들이 여한 없이 살아 있는 사람

2 Jules Michelet, *Histoire de la Révolution française*, t. 1, 'Bibl. de la Pléiade', NRF, p.300.

을 죽이는 것의 무오류성에 대한 잔인한 신념을 믿게 하였다."[4] 결국 퓌레 이전에 공포정치에 관하여 "그것은 극복하기에 믿을 수 없을 장애물을 가 졌지만, 그들 스스로 만든 가장 잔인한 장애물이었다"[5]라고 선언한 이는 미 슐레이다. 그러나 아마도 그의 해석의 토대가 아무리 다르다 할지라도 토 크빌의 해석의 토대보다는 덜 정치적이지 않다는 것을 상기하는 것이 중요 하다. 그는 토크빌에게서 정확히 빠져나갔던 것, 구체제의 군주제적 원칙, 사회적·경제적 관계가 정의를 부여하기에는 충분하지 않은 사회의 일반적 구성의 원칙, 왕이 표상 속에 귀족, 계층, 집단, 신분의 표상을 포함하고, 그 골격이 도래한 변화에도 불구하고 정치신학적으로 남아 있는 건축의 원칙 을 분명히 하고자 하였다. 그리고 우리는 국왕의 권위가 혁명정부로 전이 된다는 관념을 이미 그에게 빚지고 있다. 그런데 미슐레와 그의 동시대인 들의 작품을 고려할 때, 우리는 역설적으로 그것이 반쯤은 가장을 한 채 기 원과 국민적 정체성 혹은 혁명적 정체성의 신화를 밀봉하고 있는 실증주의 적 영감의 역사(거기에 우리는 맑스주의의 작업을 포함시키는데, 그것은 그들 이 뛰어난 변형을 제공하기 때문이다)의 부상이 아닌지를 묻도록 인도된다. 따라서 퓌레의 작업에서 역사학적 전통에 대한 비판과 동시에 역사에 대한 근대적 사유의 근원으로의 회귀의 표시를 찾으려 시도해야 한다.

---

3 코르들리에 클럽은 프랑스혁명기인 1790년 파리에서 결성된 대중적 정치 클럽이다. 공식 명칭 은 '인간과 시민권 친구 모임'(Société des Amis des droits de l'homme et du citoyen)이다. 코 르들리에 수도원에서 처음으로 회의를 열어 이 같은 이름을 얻었다. 당시 코르들리에 수도원은 생토노레 가에 위치하고 있었다. 현재 생토노레 가는 콩코드광장에서 루브르박물관에 이르는 패션가이다.─옮긴이

4 Michelet, *Histoire de la Révolution française*, t. 1, pp.300~301.

5 *Ibid.*, p.297.

* * *

퓌레의 주장의 주요한 절합들을 재구성하도록 시도하자. 왜냐하면 그것들은 그의 해석의 미묘함을 잘 평가하고 몇 가지 질문을 제기하기 위해서는 완벽하게 명확하지 않기 때문이다.

그의 출발점은 맑스주의에서 그 합리화와 경전화를 찾았던 19세기 말에 지배적이 된 역사학에 대한 비판에 의해 제공된다. 그 역사학은 설명과 이야기를 결합시킨다고 그는 말한다. 첫번째는 프랑스혁명에 대한 분석과 그 대차대조표에 근거한다. 두번째는 1789년 혹은 1787년에서 테르미도르 혹은 브뤼메르 18일에 이어지는 사건과 관련된다. 설명은 이야기를 통하여 유도되는데, 그것은 역사가가 행위자들에 의해 제시된 과거와 미래, 절대주의와 귀족의 지배에 의해 정의된 구체제와 자유와 인민(혹은 인민에 의해 지지된 부르주아)의 지배에 의해 정의된 새로운 프랑스 사이의 단절의 이미지를 자신의 것으로 만든다는 의미에서 그러하다. 동시에 이야기는 설명에 의해 주도된다. 왜냐하면 이야기는 "마치 한 번 원인들이 제공되면 한 편의 이야기가 최초의 진동에 의해 움직여 스스로 움직여지는 것처럼" 정렬되기 때문이다(34). 이러한 '장르의 혼종'은 환원될 수 없는 두 개의 대상을 혼동하는 것에 근거한다. "그것은 프랑스혁명을 역사적 과정, 원인과 결과의 앙상블처럼, 그리고 프랑스혁명을 변화의 양태, 집단적 행위의 특수한 동학처럼 혼합한다"(34). 그런데 이러한 혼합은 그 유효성이 전혀 문제제기되지 않는 가정, 즉 사건의 특이성을 용해시키는 역사적 필연성이라는 가정에 대한 집착에서 기인한다. "사실 만약 객관적 원인들이 '구'체제를 파괴하고 새로운 체제를 성립시키기 위해 인간들의 행위를 필연적이고 운명적인 것으로 만든다면, 프랑스혁명의 기원의 문제와 사건 자체의 본성 사이에 이루어져야 할 구별이 존재하지 않는다. 왜냐하면 역사적 필연과 혁명적 행위 사이에 일치가 존재할 뿐만 아니라 이러한 행위와 행위자들에 의해 주어진 총괄적인 의미 ——과거와의 단절, 새로운 역사의 형성——사이에 투명성이 존재하게 된다"(35). 우리의 입장에서 결국 퓌레의 입장에 동의하면서 프랑스혁명에 대해 미리 예견될 수 있다고 판단되는, 즉 다시 말해 정상적인 과정을 넘어서는 것으로 보이는 모든 것은 우연적인 사고 탓으로 돌려지고 그 의미를 결코 수정하지 않아야 한다는 것을 덧붙이자. 공포정치의 범람은 전쟁과 관련이 되며 또한 인민의 적들의 음모 등등과 관련이 될 것이다. 퓌레는 이러한 가정이 "역사 의식에 대한 고전적인 회고적 환상을 드러내는" 것이라고 말한다. 과거와 관련된 가능한 유일한 미래처럼 사후에 보이면서 등장하는 것. 그러나 그는 두번째 가정, 즉 프랑스혁명은 프랑스 역사에서 절대적인 단절을 기록한다는 가정에 따라 프랑스혁명에 대한 검토를 지지한다. 이러한 효과 아래에서 새로운 것은, 동시에 과거로부터 오면서 미래의 모든 원칙들을 포함하게 된다. 달리 말하면 필연성이라는 가정은 파괴-도래로서 사회적·역사적 과정을 통일시키는 힘으로서 프랑스혁명이라는 가정과 연결된다. 따라서 맑스주의는 "모든 수준의 역사적 실재와 프랑스혁명의 모든 양상들을 화해시키는" **부르주아 혁명** 개념을 도입할 때, 이 도식화를 획득할 뿐이다. 프랑스혁명은 18세기에 아직은 맹아였던 자본주의의 탄생, 그 열망이 귀족들에 의해 억압되고 있었던 부르주아의 탄생 그리고 그것에 동질적이라고 판단되는 가치들의 총체의 탄생을 유효화시킨 것으로 간주된다. 프랑스혁명은 구체제를 "새로운 것에 대한 **대립물**"로서 정의하면서 파편적으로 존재해 왔던 그 본성을 드러낸 것으로 간주된다. 결국 프랑스혁명은 미래가 필연적인 결과들을 가져오는 전제들을 제기한 것으로 간주된다. 이러한 관점으로부터 프랑스혁명의 동학은 투명한 것이 된다. 그것은 중세적 생산양식의 파괴를 완성하였고, 그러한 작업에 적합한 완벽한 행위자들을 가졌으며, 시간의 업무가 요구하는 언어를 말하였다. 퓌레가 자신의 문제를 만나기 시작한 것은 이러한 구성의 인위성을 비난하면서부터이다. 「혁명적 교리문답」Le Cathéchisme révolutionnaire이라는 제목의 글에서 가장 잘 정식화한 그의 비판의 자세한 내용을 다룰 필요는 없을 것이다. 그러나 적어도 주장을 압축하면서 가장 중요한 것을 지적할 수 있을 것이다. 생산양식의 관점에서의 역사 분석은 긴 시간을 포괄하는 데만 적합할 뿐이라고 그는 말한다. 짧은 시간에 그것을 적용했을 때, 그것은 루이 16세의 프랑스와 나폴레옹의 프랑스 사이의 구조적 변화의 증거를 제공할 수 없다. 그것에 집착하고 귀족에 대한 부르주아의 승리와 호응하는 경제에서의 변화를 프랑스혁명 속에서 발견하고자 한다면, 18세기를 특징짓는 경제적 팽창, 영주 사회의 모공 속에 자본주의의 정착, 이러한 팽창, 특히 산업과 관련한 것 속에서 귀족 분파가 행한 역할을 알 수 없다고 비난한다. 봉건성의 이미지에 사로잡힌 우리는 농민에 대한 착취가 경제의 새로운 형태에 의지한다는 것에 대해 심각하게 고려하지 않고서, 봉건체제의 특징과 영주체제의 특징을 혼합하고 있다. 아무런 증명 없이 귀족의 존재는 상업의 진보 그리고 이윤 경제와 양립할 수 없는 것이라고 당연하게 생각한다. 혁명 전 시기와 혁명 후 시기 사이의 연속성을 특징짓는 모든 것에 대해서는 눈을 감은 채로 있는 반면에, 프랑스혁명으로 재촉된 소유의 분할이 프랑스에서 자본주의 발달에 어떠한 점에서 우호적이었는지 혹은 그것에 방해가 되었는지에 대해 묻지 않는다. 두번째로 계급투쟁의 용어를 통해 이루어진 분석은 계몽주의 시기에 집중된 새로운 문화의 등장에의 참여 및 경제적 삶에서의 귀족의 일부분의 생명력을 알지 못할 뿐만 아니라, 항상 더 강화되는 이질성을 증언하고, 구 귀족과 신

귀족 사이의 투쟁이 쟁점이 되면서 계급의 분열만큼이나 의미 있는 상이한 대립을 등장시키는 다양한 대립을 삭제한다. 일반적인 방식에서 이러한 전망은 사회적 분화와 동일화라는 두 가지 시스템의 복잡한 교착을 측정하는 것을 방해한다. 전자는 오랫동안 계층, 신분, 친족, 집단의 구분에 의해 만들어진 것이며, 후자는 부, 지식, 권력을 공통적으로 소유하는 새로운 지배 엘리트 층 속에서의 융합으로부터 나오는 것이다.

구체제의 모호성을 분별하기 위해서는 절대주의 군주정이 사회적 전환 속에서 매관매직과 귀족서임을 통해, 행정의 근대화와 상업의 장려를 통해 행한 역할을 고려했어야 한다. 퓌레는 다음과 같이 지적한다. "점진적으로 군주정은 계층들의 수직적 연대, 특히 사회적·문화적 이중계획에 대한 귀족들의 연대를 침식하고, 갉아먹고 파괴시켰다. 사회적이라는 것은 관직을 통해서 중세 시대와 다른 귀족을 형성하였고, 18세기 귀족의 대다수가 그러하였다는 의미이다. 문화적이라는 것은 왕국의 그늘 아래 모여 있으면서 왕국의 지배 집단에게 개인적인 명예와는 다른 가치 체계, 조국과 국가를 제안한다는 의미이다. 간단히 말해 돈을 끌어당기는 축이 되면서 사회적 진출의 분배자라는 사실로부터 군주제 국가는 계층 사회의 유산을 보존하고, 또한 그 사회와 평행하면서 모순적인 하나의 사회적 구조, 엘리트라는 지배계급을 만든다"(39). 마지막 혁명적 동학에 대한 분석과 관련한 비판의 세번째 요소이다. 맑스주의는 프랑스혁명에 부르주아의 상이한 집단들의 참여 양식에 대해 정의하지 않고, 왜 프랑스혁명을 인도한 부르주아들이 자본주의의 발달 속에 가장 밀접하게 연루되지 않았는지를 묻지 않고서, 부르주아를 역사적 주체로서 만들었다. 이것은 프랑스혁명 안에 수많은 혁명들, 특히 농민혁명과 도시 소시민혁명이 있었다는 사실과 충돌한다. 그러나 이익들의 다양성과 모순 그리고 이러한 상황에서 통합과 보상의 이데올로기로서 자코뱅주의가 행사한 기능보다, 맑스주의는 사건들과 동맹들을 만족시키려는 필요성에 의해 **자신의** 혁명을 방어하기 위해 방법과 목표를 급진화시켜야 했던 부르주아를 상상하면서 자신의 도식을 지키고 있다. 따라서 우리는 전쟁 속에서 프랑스 부르주아와 그 경쟁 상대인 영국 부르주아 사이의 경제적 투쟁의 지표를 발견하고, 전쟁의 산물인 공포정치 속에서 부르주아 혁명을 완성하고 그 적들을 끝내기 위한 '평민적 방식'을 발견한다. 전쟁은 지롱드가 원하기 전에 왕과 쇠락한 귀족들이 원했으며, 그것은 혁명 지도자들에게는 오래된 군사적 열정을 보편적 해방이라는 임무에 동원시키면서 국민이라는 관념에 형상을 제공하고, 인민의 단일성을 적에 대항하는 전투에 연결시키면서 새로운 국가 주위에 대중을 결집시키는 기회를 주었다. 그리고 공포정치는 그것이 국민적 난관이라는 정세 속에서 앞선 두 가지 에피소드가 결합한 것이 사실이라면, 군사적 상황을 완전히 새롭게 하면서 1794년 봄 거대한 추진력을 가지게 된다.

퓌레의 비판들이 근대 부르주아의 발생에 대한 연구의 요구를 건드리지 않은 채로 내버려 두는 것은, 모든 역사가들처럼 그가 프랑스혁명과 함께 부르주아 사회의 기초가 세워지는 것을 보는 것 이상은 아니며 그에 대한 의심의 여지는 없다. 그가 반박하는 것은 부르주아를 귀족과 대립하면서 하나의 생산 시스템 속에 차지하고 있는 위치에 의해 정의되는 하나의 계급으로서 바라보는 관념 그리고 내적 차이들이 구성원들이 담당하는 기능들——실천적 기능과 이데올로기적 기능——의 다양성과 관련되는 총체성을 형성하면서 그 위치가 구성하는 이익들이라는 사실에서 출발한다는 점이다. 또한 퓌레는 부르주아의 행위가 다른 계급들과의 관계와 사건들의 영향에 의존한다는 조건하에서 필요, 인식, 의지, 열정을 부여받은 역사적 개인을 구성한다는 점을 반박한다. 이러한 개인은 구체제나 프랑스혁명

동안 어디에서도 파악될 수 없었다. 구체제하에서 사회적 분업은 계급들의 분할이라는 개념을 통해서 정식화될 수 없었다. 귀족의 부문과 평민의 부문이 그들의 이익들에 따라서나 그들의 존재 조건, 느끼고 생각하는 그들의 방식에 의해서건 구분되지 않는다는 사실을 알리고자 한다. 낡은 귀족주의 사회의 규준을 더 이상 드러내지 못했던 사회성의 모델이 부과된 것이다. 이 모델들에 대해 우리는 그것이 유지시키고 있는 신분 시스템과 양립 불가능하다는 사실로부터 혁명의 전제들을 포함하고 있다고 말할 수 있다. 그러나 행위자의 주도권을 그것에 돌리는 것은 헛된 일이다. 프랑스혁명 자체와 관련하여, 그것이 제3신분과 귀족 사이의 분열로부터 나왔다면, 프랑스혁명이 부르주아의 역사적 기획으로부터 출발하여 그로부터 발전했다고 결론지을 수 없다. 왜냐하면 장면의 앞에 나섰던 부르주아 집단은 그들이 지배하지 못한 상황 속에서 행동하였다. 우선 군주정의 몰락으로 인해 만들어진 권력의 공백, 그리고 인민적 대중의 동원은 인민과 구분되는 새로운 권력의 정식화를 확정하는 것을 거부하였고, 그들에게서 정당한 것과 정당하지 못한 것, 실제적인 것과 상상적인 것, 가능한 것과 바람직한 것들의 이정표를 박탈하였다. 결국 프랑스혁명이 부르주아의 작품이라는 것을 어떻게 판단할 것인가. 부르주아들이 나중에 요구하게 될 원칙들은 이미 1790년에 확립되었다. 그리고 프랑스혁명은 그것의 첫번째 국면에 있었다. 모든 경우 부르주아 탄생에 대한 인지는 그들이 스스로 결정하는 정치적 형태의 인지에 종속된다.

우리가 말했듯이 맑스주의 역사학은 역사 속에서 단절의 표상 그리고 시에예스Emmanuel J. Sieyès의 팸플릿에서 처음으로 묘사된 혁명적 행위자들의 분열에 존재하는 사회 속의 분열의 표상에 의해 지배되는 듯하다. 맑스주의 역사학이 자극하는 비판은 해석의 길을 가로막고 있는 이 첫번째

빗장을 뛰어넘을 것을 요구한다. 만약 이러한 임무를 확신한 퓌레가 토크빌을 다시 읽을 것을 요구한다면, 그것은 그가 그것을 시도한 첫번째 사람임을 인정한 것이다. 따라서 이것이 주장의 두번째 절합이다. 어떻게 토크빌이 프랑스혁명에 대한 신앙(그에 대한 만큼이나 증오를 제공할 수 있는 신앙)으로부터 프랑스혁명에 대한 사유를 해방시켰는지를 제시하는 것이다. 그러나 우리의 역사가가 따랐던 길을 혼동하지 않기 위해서는 그가 토크빌의 모든 테제들을 그대로 따르지 않았으며, 그의 작품으로부터 이중적인 부문을 가져왔다는 것을 지적해야 한다. 왜냐하면 그의 작품은 그의 실책을 알게 하면서, 그것이 말하는 것과 말하기를 피하는 것에 따라 그를 가르치고 있기 때문이다. 『구체제와 프랑스혁명』의 저자에게 향하는 비판은 맑스주의 역사학에 대항하여 수행된 비판과는 다른 주문으로부터 존재한다. 그 비판은 외적인 것이 아니라 내적인 것이다. 비판은 한계를 벗어나기 위해 자신의 문제설정의 틀 내에서 형성된다.

퓌레는 토크빌의 창의성과 대담함을 명백히 하면서 시작한다. 토크빌은 혁명의 혁신의 크기에 대해 의문을 제기한다. 그는 단절의 표시를 넘어서 행정적 중앙집중화를 통해 국가 강화의 과정과 조건의 평등을 통한 사회의 민주주의화 과정의 지속적인 흔적을 추적하는 데 매달린다. 그런데 그가 장기적 시간의 새로운 해석을 가져오는 것에 만족했다고 믿는 것은 잘못이다. 그는 역사적 행동 양식으로서 프랑스혁명으로부터 우리의 역사가 혁명-과정으로 부르는 혁명을 분리시켰다. 그가 공통적으로 상기시킨 원인들에 대해 대체하기를 원하는 것은 혁명적 사건들에 대한 아직 알려지지 않은 원인들이 아니다. 그의 작업은 단지 무시된 것만이 아니라 프랑스혁명을 만들었다고 믿는 사람들의 행위와 표상에 의해 숨겨진 역사의 차원을 나타나게 하려는 데 있다. 아마도 그의 분석의 운동을 질문하고 정정하는 것이 적합하다. 퓌레는 그의 역사적 정보에서 공백을 지적하고, 전통적 귀족에 대한 그의 이상화, 부의 재분배와 새로운 지배 엘리트의 구성에서 군주제적 국가에 의해 수행된 역할에 대한 그의 무지에 대해 정당하게 비난한다. 그의 비판에 대해 상세히 들어가는 것은 유용하지 않다. 구체제의 본성에 대해 끌어낸 결론 속에서 확고히 세워지고 충분히 설득력 있는 그의 비판은 아주 소수의 저자들처럼, 자신의 언명을 전복하는 데 몰두하고 다음과 같은 관념들을 결합시킨 저자인 토크빌의 세심함에 충분히 응하지 않았다는 문구에 대해 언급하는 것으로 한정하도록 하자. 우선 토크빌은 사실적으로 행정적 권력의 변화라는 관념과 국가 지위의 상징적 변화라는 관념을 결합시키고, 개인들의 평등과 증가하는 동일성이라는 관념과 항상 더 비난받는 불평등과 다른 점이라는 관념을 결합시켰다. 또한 사회적 장이 동질화라는 관념과 행위와 신앙의 양식들이 이질성이라는 관념을, 마지막으로──프랑스혁명의 평가에 대한 그의 효과에 의해 결정적인 모호성──구체제를 거대한 역사적 이행, 귀족사회의 해체의 과정으로 보는 관념과 구체제를 그 모순에도 불구하고 총체성을 가진 내적 단일성, 즉 유기적인 체제로 보는 관념을 결합하였던 것이다.

우리의 주의를 끄는 것은 퓌레가 토크빌의 방법에 대해 수행했던 탐구이다. 그의 정당성을 확신한 퓌레는 혁명적 사실과 구별되는 분석 대상으로서 생생한 사건들의 전개를 **프랑스혁명**으로서 구상하면서 그를 따르는 요구를 수행한다. 그의 시각에 토크빌은 그가 스스로에게 써야 할 필요성을 남긴 '백지' 앞에서 멈추었다. 그는 자신의 분석이 제기한 문제 앞에서 후퇴하였다. 왜 구체제와 새로운 체제 사이의 연속성의 과정은 혁명의 길로 들어섰는가? 그리고 이러한 조건 속에서 혁명가들의 정치적 공격은 무엇을 의미하는가?

여기서 우리는 주장의 세번째 절합을 붙잡게 된다. 프랑스혁명 이전에 진입했고 그 기간을 넘어서 진행된 하나의 혁명의 발견(토크빌이 우선 민주주의 혁명이라고 명명한 이 혁명 그리고 그가 이어서 국가권력의 등장에 결합시킨 혁명)은 프랑스혁명을 더욱더 낯설게 만들고, 그 기이함 속에서 프랑스혁명을 사유할 필요성을 압박할 뿐이다. 달리 말하면 인식의 방법은 놀라움이라고 말할 것이다. 그것은 퓌레가 토크빌이 이 외양에 명분을 제공하도록 재촉한 파괴-출현으로 프랑스혁명의 외양을 비판하기 때문이다. 이 두 가지 관념은 전체적으로 인식되어야 한다. 프랑스혁명은 그것이 스스로에게 부여한 표상과 일치하지 않는다. 그러나 그 개념 속에 '역사적인 것에 조응하는 자신의 생생한 어떤 것', 혁명 과정 속에 해소할 수 없는 어떤 것, 사실과 원인들의 관련을 따르지 않는 어떤 것이 있다. 퓌레는 우리에게 말한다. 그것이 "역사의 장면 위에 놓인 사회적 행위의 실천적·이데올로기적 양태의 출현이며, 그것은 그에 앞서서 진행되었던 것 속에 기입되지 않는 것이다"(41).

이 순간에 두 가지 난점에 우리에게 감지된다. 저자는 프랑스혁명에서 엄청난 것이 있다는 것을 사유하는 임무를 맡는다. 그러나 역사적 인지 가능성이라는 이상을 포기하는 수고 속에서 그는 두번째 임무, 즉 과거의 것과 그것을 능가하는 새로운 것 사이의 인과관계가 존재하지 않는 관계를 사유하는 임무를 가진다. "혁명가들의 정치적 공격은 무엇을 의미하는가"라는 이전의 문제, "왜 구체제와 새로운 체제 사이의 연속성의 과정은 혁명의 길로 들어섰는가?"라는 문제를 잊어버리게 하지 않는다. 다른 한편, 그 자체로 프랑스혁명을 사유하는 것은 실천적 양태와 이데올로기적 양태 양측을 모두 사유하는 것이다. 그것은 사회적-역사적 발명이라는 표시 아래에서 그리고 역사와 사회의 상상적인 것의 부화孵化라는 표시 아래에서 새로운 것을 사유하는 것이다.

두번째 난점부터 시작하자. 왜냐하면 첫번째는 그것이 연결되어 있다 하더라도, 논의의 종국적인 단계에서 나타날 뿐이기 때문이다. 우리가 제기한 문구 속에서 혁명적 동학을 평가하는 요구를 정식화한 후 그리고 한 차례 더, 프랑스혁명을 '피억압자들의 역사의 자연적 형상'으로 만든 설명의 틀을 비난한 후, 유럽의 대부분의 나라에서, 자본주의도 부르주아도 그것을 확립하기 위해 혁명을 필요로 하지 않았다는 사실을 무시한 채, 퓌레는 모호함 없는 판단을 제기한다. "그러나 프랑스는 프랑스혁명에 의해서 민주주의적 문화를 발명한 나라이다. 그리고 역사적 행위의 근본적인 의식들 중의 하나를 세계에 드러낸 나라이다." 몇 줄 뒤에 그는 프랑스혁명이 촉발되는 상황들을 검토하면서 자신의 사유를 명시한다. "프랑스혁명에 의해서 사회의 측면으로부터 모든 것이 국가에 대항하여 동요하였다. 왜냐하면 프랑스혁명은 사회를 동원하고 국가를 무장해제시켰다. 예외적인 상황, 사회적인 것에 거의 항상 닫혀 있었던 발전의 공간을 열면서 말이다." 그리고 그는 한 페이지 뒤에서 다음과 같은 비평을 덧붙인다. "프랑스혁명은 하나의 권력을 다른 권력으로부터 분리시키는 역사적 공간이며, 역사에 대한 인간적 행위라는 관념이 제도화된 것을 대체하는 공간이다." 마침내 그는 "모든 것이 종교적인 것 속에 봉합되고 기원들로의 회귀 속에 고정된" 영국혁명과는 달리, 로베스피에르의 언어와 함께 새로운 시대에 대한 예언 ——"인간과 인민의 운명의 심판이 된 민주주의적 정치"(44) ——을 포함하고 있는 프랑스혁명의 보편적 역량을 부각시킨다.

이 마지막 정식화는 사실 모호하다. 그것은 그 정식화가 사회 혁신의 동학으로부터 제기되는 것과 이데올로기적 동학으로부터 제기되는 것을 더 이상 혼동되도록 하지 않기 때문이다. 분명한 것은 이전에 우리가 인용했던 모든 페이지들 속에서 사회적·역사적 발명, 새로운 행동 양식과 소통의 양식의 발명, 그리고 동시에 인간적 가치의 마지막 의미가 각인되는 공간으로서 역사와 사회라는 관념의 발명이라는 주제, 이 주제가 이데올로기의 탄생 그리고 모순으로부터 해방된 인간 행위와 역사적·사회적 세계라는 환상의 탄생이라는 주제와 뒤섞이면서 구별된 채 남아 있다. 간단히 말해 퓌레가 제안하는 것은 우리가 사유하기에 가장 중요하면서도 또한 가장 이해할 수 없는 것이지만, 정치적인 것을 발견하는 순간——권력과 사회 질서의 토대의 문제가 확산되고, 그 문제 속에 진리, 정당성, 실재의 토대의 문제를 포함하는 순간, 따라서 근대의 민주주의적 감성과 정신이 형성되고 새로운 사회적 경험이 제도화되는 순간이라고 이해하자——은 맑스의 말을 따라서, **정치적인 것의 환상**이 만개하는 순간과 같은 순간이다. 또한 그 것은 행위의 역사적 차원이 풍부하게 등장하고, 역사에 대한 사유 속에 그리고 순수하게 인간적인 사회로서 이해된 사회에 대한 사유 속에 보편적 역량에 대한 질문이 제기되는 순간, 바로 이 순간은 '역사 의식의 확장의 공간'과 일치하는 순간이며, 이 순간은 "마치 그것이 흩어져 있는 사회적 전체를 상상적인 것에 의해 재구성하는 기능을 가진 것처럼, 실제적 역사에 대한 이념의 영구적인 확장"을 확립시킨다(42).

우리의 시각에서 혁명의 과정이 지닌 의미에 대한 이러한 이중화의 관념은 우리의 역사가가 예전에 자유주의적 혁명과 테러리스트적 혁명의 분리를 시간 속에 위치시키기 위해 제시하였던 '일탈'이라는 관념과는 달리 풍부하다. 왜냐하면 프랑스혁명 속에서 전환점을 추적하는 것이 타당하다면, 현재 퓌레가 우리를 유도하는 것처럼 프랑스혁명이 그 기원에서부터 정치에 대한 환상에 사로잡혔고, 실제적 역사 관념에 대한 과장——1790년 글을 쓴 버크가 비록 민주주의적 구축에 대한 부분에 대해서는 눈을 감았지만, 매우 잘 인식한 부분이다——에 할애했다는 것을 인정하는 것이 중요하다. 마찬가지로 프랑스혁명은 그 종말 때까지 사회가 자신의 제도와 함께 보존한 제도를 전복하고 그것을 가능한 한 모든 것에 개방하는 집단적 에너지들의 동원과 주도권의 증식의 근원이라는 것을 인정하는 것이 중요하다.

다만 퓌레가 그러한 단서들로부터 모든 것을 끌어내지 못한 것, 프랑스혁명의 이데올로기적 동학에 대해 그의 분석의 모든 무게를 둔 것, 그리고 사건들의 지층 속에 있는 기호들을 추적하지 않고, 어떤 점에서 인민권력의 환영으로부터 민주주의적 문화와 민주주의적 정치가 구별되는지를 명시하지 않고, 정치에 대한 근대적 토론과 사회적 투쟁의 실천, 스타일 그리고 쟁점이 프랑스혁명에 의존하는 것이 무엇인지에 대해 분명히 하지 않으면서, '민주주의적 문화' 혹은 '민주주의적 정치'의 발명을 언급하는 것에 한정한 것은 유감스러운 것이다. 그러나 어쨌든 그의 주요한 우려는 행위자들의 행동과 담론, 당파들과 집단들의 투쟁의 전개뿐만 아니라 역사가가 보통 프랑스혁명의 정상적 과정을 방해하기 위해 등장한 우연으로 다루는 사건들의 줄거리를 근거짓는 상상적인 것의 논리를 명백히 하는 것인데, 어쨌든 우리는 그것을 이해할 수 있다. 왜냐하면 프랑스혁명이 이러한 논리로 요약되지 않고, 이데올로기가 상징적 질서에 기인하는 변동의 효과 아래에서만 형성되며, 정치의 환상이 정치적인 것으로의 열림, 실제적인 역사에 대한 이념의 과잉, 과거와 미래에 대한 새로운 의미, 자유, 평등, 권력, 인민, 국민, 그리고 권위, 전통, 기존의 위계질서와 군주제적 권력의 자연적 혹은 초자연적 토대에 대한 믿음으로부터 해방이라는 환영을 암시하는 것이 사실이라면, 프랑스혁명이 표상들의 폭발, 즉 사유, 담론, 의지에 의해 제기된 것은 사회, 역사, 인류의 존재 및 존재 자체와 일치한다는 환상적인 확신의 폭발 때문에 형상을 가지고 시간 속에 제한될 뿐이며, 그 에피소드들이 시작과 끝 사이에서 절합될 뿐이라는 것은 사실이기 때문이다.

퓌레는 프랑스혁명에 대한 독해를 지배하는 시각들의 변화에 가장 민감하였다. 그는 다음과 같이 적고 있다. "모든 프랑스혁명의 역사는 지속적인 정치적 위기의 전개에 대한 '상황들'의 영향뿐만 아니라, 특히 '상황들'이 동시에 혁명의 상상적인 것과 권력을 위한 투쟁 속에서 예견되고, 준비되고, 정돈되고, 사용되는 방식을 고려해야 한다." 그리고 또한 "혁명적 동학을 앞으로 밀고 나간 '상황들'은 혁명적 의식의 기대 속에서 자연적인 것으로 기입된 것이다. 그렇게 기대한 덕분에 혁명적 의식은 상황들에 즉각적으로 그들에게 운명지어진 의미를 부여한다"(91). 그리고 사실상 자코뱅의 지배가 취한 전쟁, 공포정치, 그리고 형상들이 문제이다. 분석은 혁명적 의식이 표상 시스템 속에 채운 기능과 그것들의 고유한 행사로부터 끌어낼 필요성을 명확히 하였고, 따라서 혁명적 의식이 '실제적인 것' 속에 그 정당화의 동기를 더 이상 찾을 수 없다는 것을 보여 주었다.

혁명의 상상적인 것의 특징을 간단히 가늠하기 위해 사실들의 실험으로 이어지는 증명 부분은 무시하도록 하자. 처음으로 정치적인 사회 전체의 표상이 형성되고, 그것의 모든 활동과 제도는 그것의 일반적인 성립을 위해 기여하고 그것을 증언하는 것으로 간주된다. 이러한 표상은 원칙에 의해서 모든 것이 '인지될 수 있고' 그리고 '전환될 수 있는 것'으로 주어지며, 동일한 가치를 제기하는 것으로 가정한다. 이 표상은 새로운 인간에 대한 정의를 포함하고, 새로운 인간의 사명은 보편적인 역사적 행위자가 되는 것이며, 공적인 존재와 사적인 존재를 혼합한다. 혁명적 전투원. 그러나 마찬가지로 그 표상은 자신의 반대항과 연결된다. 그렇게 되어야 하는 것과의 관계에서 결점을 지니고, 이익들의 이기주의에 사로잡힌 사회의 표상, 또한 선한 것이 되도록 강제되어야 하며, 혁명적 정치의 유일한 책임자들, 유해한 것이 되는 증식의 표상, 전 사회를 체현하고 있는 보편적 인간의 형상에 특수한 인간의 형상이 결합되며, 그것의 단순한 개인성은 사회체의 통합성에 위협을 가한다. 그러나 이러한 첫번째 관찰은 자기 자신과 이상적으로 일치하는 사회 그리고 그 목적의 담지자로서 개인의 환상이 어디에서 자양분을 공급받는지를 발견하는 한에서 완전한 의미를 얻을 수 있다. 혁명적 이데올로기가 구성되는 것은 인민의 단일성 혹은 좀더 나은 표현으로 동일성의 광적인 확신에 의해서이다. 인민 속에서 정당성, 진리 그리고 역사의 창조성이 결합한다고 간주된다. 그런데 이러한 우월적인 이미지는 모순을 숨기고 있는데, 왜냐하면 인민은 경험적 인민 대중과 구별되고, 입법자로서, 행위자로서 자신의 목표를 의식하고 있는 것으로 제도화되고 또한 제시되는 조건 속에서만 그 본질에 순응할 수 있기 때문이다. 달리 말하면 인민이라는 관념은 그가 저자가 되고, 스스로부터 생산하도록 만드는 중단 없는 작용이라는 관념 그리고 자신의 정체성을 소유하고 있다는 끊임없는 증명이라는 관념을 함의한다. 그렇게 최종적인 가치들과 행위 사이의 일치가 확립된다. 퓌레가 결정적이라고 판단한, **인민적 감시** 개념과 **음모** 개념의 결합은 이러한 상상적 정교화를 가장 잘 증언한다. 인민적 감시는 인민의 내적인 거리를 감지할 수 있게 하며, 그러한 감시를 없앤다는 약속을 인정하도록 하기 위해 인민적 감시를 생산하도록 하는 요구에 응한다. 인민은 배반의 표시를 감시하며 자신이 보여지는 만큼, 또한 시점을 상실하지 않는 한에서 자신에 대한 확실성을 얻는다. 음모라는 개념은 배반을 외부의 근원에 관련지을 필요성으로부터 나온다. 인민은 자신으로부터 나오는 분열을 알지 못하며, 인민은 외부의 적으로부터 오는 저주의 의지를 탓할 수밖에 없다.

인민의 표상이 포함하고 억제하는 문제를 발견하는 것은 동시에 혁명적 권력의 표상이 출현하게 하는 것이기도 하다. 퓌레는 "인민적 감시라는 중심적 개념"에 시선을 돌린 후에, 정확하게 "그 개념이 매 순간 그리고 특히 혁명의 전환점에서, 그것이 움직이는 **형태**들의 해결할 수 없는 문제를 제기한다"는 것을 관찰한다. "인민의 말을 담지하는 자는 어떤 집단, 어떤 의회, 어떤 모임, 어떤 의견 통일인가? 행위의 양태들과 권력의 배분이 정렬되는 것은 이러한 위험한 문제 주위에서이다"(48~49).

사실 권력의 장소와 담지자에 대한 결정은 역설적으로 보편적으로 존재하고, 충분히 활동하며, 모든 업무에 동일한 충동을 부여하고 자신의 목표를 완전히 의식하고 있는 전적으로 정당한 권력, 인민의 권력이 알려지는 순간에조차 불가능한 것이 된다. 어떤 의미에서 권력에 대한 정의는 인민에 대한 정의와 일치한다. 인민은 권력을 보유하고 있을 뿐만 아니라 권력으로 간주된다. 그러나 인민 스스로 감시에 의해 경험적 사회의 외피로부터 빠져나오는 한에서만 자기 자신인 것처럼, 인민이 자신의 정체성을 확정하는 것은 권력의 가시적인 장소에서 결정과 인식의 보편적인 순간이 나오는 바로 그곳이라고 말할 수 있다. 그러나 이러한 해석은 지배적일 수 없는데, 왜냐하면 하나의 권력 속에 인민의 모든 체현, 지속적인 방식으로 인민의 의지를 담지하거나 단지 그것을 행사만 하는 조직의 창조는 제도화하는 것과 제도화된 것 사이에서 권리의 지위를 갖지 못하는 간극을 감지하도록 하기 때문이다. 한편으로 인민의 이름으로 법을 만들면서 인민을 대표한다고 주장하는 의회에 맞서, 지역 혹은 클럽의 사람들 혹은 매일매일의 봉기에 참여한 대중들은 행동하는 인민을 형상화한다고 주장한다. 다른 한편으로 있는 그대로 나타나면서 소수자들은 인민을 기만하고, 자신의 정체성을 숨기며, 권력의 찬탈자로서 행위하는 사실적인 집단으로 비난받는 데 노출된다.

프랑스혁명이 모든 행위자들에게 시도한 함정을 좌절시킬 능력을 지닌 로베스피에르의 전략, 즉 한정된 장소에 고착하지 않고, 의회의 입장, 클럽의 입장 그리고 거리의 입장을 결합시키는 전략에 대해 퓌레가 제시한 설득력 있는 분석의 세밀한 부분까지 들어가지 않고, 본질적인 것을 바로 제시하도록 하자. 그에게 프랑스혁명이 힘, 인민의 힘이 결집되는 순간, 권력은 엄청나게 증대된다. 그리고 조직 속에서 그리고 사람들 사이에서 그가 가시적이 되면서, 동시에 혁명과 인민의 외부가 사실상 분리되면서 나타났을 때, 그는 예기치 않는 허약함을 보인다. 그런데 문제가 되는 것은 자신과 '그리고 매개를 통해 인민에게' 일치하고 또한 인민을 독점하고자 노력하는 개인의 이미지만이 아니라, 인민이 생산하고 그리고 인민을 당위적인 존재로서 만들려 하고, 인민으로부터 분리된 힘, 그래서 잠재적으로 낯설고 인민에 대항하는 것이 가능해진 힘으로 인식되는 권력 자체의 이미지이다.

권력의 관념과 음모의 관념은 동시에 결합하고 또한 이중적으로 연결된다. 권력은 적의 장소를 억압이 자극되는 장소로 지적하면서 인민에 내적인 혁명적 권력으로 인정되도록 한다. 특수한 것으로 노출되도록 위협받으면서 자신의 고유한 위치를 지우기 위해 적을 귀족주의적 음모 탓으로 돌린다. 그러나 음모를 생산하고 억압의 온상을 손가락으로 가리키면서, 그는 타자-적의 이미지를 고정시킨다. 그는 그것이 그 자신에게 전이될 위험을 감수한다. 권력의 장소는 음모의 장소처럼 나타난다.

이와 관련하여 전쟁과 관련한 토론 시기에 퓌레가 브리소와 로베스피에르의 경쟁에 대해 서술한 몇 페이지는 주목할 만하다. 브리소는 91년 12월 자코뱅에 대한 그의 연설의 유명한 정식화를 보여 주면서 혁명적 동학 속에서 전쟁의 기능을 이해한 첫번째 인물인 듯하다. "우리는 거대한 배반을 필요로 한다. 우리의 안녕은 거기에 있다.……거대한 배반은 배반자들에게 죽음을 예고할 뿐이지만, 그것은 인민에게는 유용할 것이다." 반면에 로베스피에르가 나중에 자신과 그 당파들이 그들의 것으로 만들게 될 기획에 반대하는 것을 보면 놀랄 것이다. 그러나 브리소는 프랑스혁명의 원동력을 절반만 포착했을 뿐이다. 그의 유일한 사유는 인민 앞에 그들의 적들의 형상이 나타나게 하면서, 인민의 애국적인 신념을 흥분시키고, 그 단일성에 대한 의식을 부여하며, 동시에 전투를 지도할 권력에게 완전한 정당성을 주는 것이었다. 로베스피에르는 자신의 적대자들의 위선, 즉 인민의 방어라는 명분 속에 권력이라는 목표를 겨냥하는 그들의 위선을 의심할 뿐만 아니라 더 심각하게는——왜냐하면 그의 고유한 정치적 야망을 의심할 수 없기 때문이다——그는 혁명이 자신의 이름을 한정하고 지닌 권력도 배반도 만족할 수 없다는 것을 상상한다는 사실 속에서 프랑스혁명의 내부의 공모를 입증한다. 그는 프랑스혁명이 곳곳에 편재되고 은밀한 배반과 노출되지 않는 권력을 필요로 한다는 것을 상상한다. 그의 힘은 지롱드의 정치 속에 혁명 아래 숨겨진 권력이 있으며, 권력 아래 숨겨진 음모가 있음을 암시하는 것이다. 퓌레의 다행스러운 정식화에 따르면 "그는 자신의 경쟁자를, 그가 루이 16세와 그 조언자들을 몰아넣었던 함정에 넣었다". 그와 관련하여 우리는 "전쟁이 그에게 권력으로 데려다 주었지만, 미라보Mirabeau나 브리소가 꿈꿀 수 있었던 장관과 같은 권력이 아니라, 공포정치로부터 분리될 수 없는 여론의 권위였다"(97)라는 것을 이해해야 한다.

여론의 권위에 대해 말해지는 것은 우리를 혁명적 이데올로기의 분석의 마지막 단계로 이끈다. 그것은 근본적으로 혁명적 이데올로기를 과거에 대한 상상적 형성들로부터 구분하도록 해준다. 사실 혁명적 이데올로기가 정렬되는 중요한 표상들을 탐색하는 것만으로 충분하지 않다. 정치적으로 걸쳐진 사회의 표상, 새로운 인간의 구축이라는 그림에 의해 동원된 사회의 표상, 보편적인 것의 임무를 담당한 전투당원들의 표상, 평등 속에서 자신의 단일성을, 국민 속에서 자신의 정체성을 찾는 인민의 표상, 자신의 의지를 표현하는 장소로서 권력의 표상. 이러한 표상들을 동반하는 상징적 변화를 평가하는 것만으로도 역시 충분하지 않다. 법의 원칙, 지식의 원칙 그리고 권력의 원칙 사이에 작동하는 융합, 그리고 결과적으로 도래하는 것으로 혁명적 사유 시스템의 유효성을 보장하는 실재적인 것으로의 전환. 또한 이러한 변화들을 말의 지위와 여론의 지위의 변화와 관련시키는 것이 적합하다.

인민, 국민, 평등, 정의, 진리는 사실상 그로부터 발산하고 동시에 그것들을 명명하는 말의 덕성에 의해서만 존재를 가질 수 있다. 이러한 의미에서 권력은 인민의 대변인이 될 수 있는 혹은 그 스스로 인민의 이름으로 설득시키고, 말하는 그리고 그 이름을 부여하는 사람 혹은 사람들에게 속한다. 퓌레의 정식화를 다시 취한다면, '권력의 장소의 전치'는 주권의 근원의 다른 곳으로 명시적인 전이를 넘어서 가장 잘 지적된다. 권력은 군주정 하에서 군주의 것으로 고정되고 결정되며, 신비한 장소에서 역설적으로 불안정하고 비결정적이며, 그 진술의 끊임없는 작업 속에만 지시되는 장소로 옮겨 간다. 권력은 말의 미세하고 보편적이며, 본질적으로 공적인 요소와 결합하기 위해 사회의 지시 기관들이 안착하고 있는 왕의 몸으로부터 분리된다. 이데올로기의 탄생을 가리키는 근본적인 변화이다. 분명 창립자의 말의 양식 위에서 말의 행사는 항상 권력의 행사와 연결되었다. 그러나 권력의 말이 통치하는 곳에서 이제 말의 권력이 통치하는 곳으로 옮겨진다.

이러한 사실로부터 말의 권력은 권력으로서 스스로를 숨기면서 통치할 뿐이라는 것을 덧붙여야 한다. 인민의 이름으로 인민에게 향하는 전투적인 말, 공적인 말은 그것이 포함하고 있는 권력을 결코 말하지 않는다. 이 권력은 자신의 공적인 말을 반역적인 말의 진부한 영역 속에서 동요하게 하며, 권력을 탈취하기 위해 그것의 상징적 기능을 해체하는 또 다른 말에 의해서만 무너질 수 있다. ──그에 따라 목표가 도달되는 순간에 권력은 그의 지지 ──한 사람, 사람들, 특별한 이들의 지지 ──가 떨어져 나가도록 내버려 두면서 변형되고 확립된다. 퓌레가 이해시키고자 하듯이 말 속의 권력의 은폐는 권력의 전유의 조건이다. 동시에 그 은폐는 적대자의 숨겨진 야망에 대한 비난에 근거하는, 끊임없는 정치적 경쟁의 조건을 만들어 낸다. 동일한 이유는 "권력이 말 속에 있다"는 것 그리고 "권력은 그것을 전유하기 위해서만 존재하지만, 그러나 인민의 의지가 존재하는 우선적인 그리고 점점 소멸해 가는 이 장소의 정복에서 경쟁적인 말들 사이의 끊임없는 경쟁을 구성한다"(73).

그러나 만약 우리가 권력과도 인민과도 결합하지 않고, 다만 상상 속에서만 서로에 대해 관계를 맺는 것을 허가하는 매개를 제공하는 여론의 새로운 형상을 고려한다면, 이 정복의 수단들, 경쟁의 메커니즘들은 숨겨진 채로 존재한다. 한편으로 여론은 인민의 대체이며, 현실적인 실재는 항상 결여되어 있다. 그것은 여론이 충분히 결정된 표상을 제공한다고 말하고자 하는 것이 아니다. 여론의 기능을 행사하기 위해 여론은 의미와 가치의 근원으로서 나타나는 것을 박탈하는 모든 주어진 정의를 넘어서 존재하도록 하는 소유를 갖도록 해야 한다. 그러나 적어도 여론은 스스로 드러내는 특징을 가지고 있으며, 그것이 어느 정도의 동질성에 도달하기만 한다면, 그것은 인민의 현존의 표시들을 제공하는 능력을 갖는다. 다른 한편으로 권력과 여론 사이에는 가장 밀접한 관계가 있다. 왜냐하면 여론은 스스로를 드러내면서 정치적 행위자에게 자신의 말 속에서 행한 강제 혹은 단순히 자신의 말이 사적인 것이 되지 않고서는 피할 수 없는 근거를 부과한다. 달리 말하면 만약 누군가 혹은 어느 집단이 인민의 이름으로 말할 수 있다고 공언한다면, 그것은 그 말이 그들의 것으로서 수집되고, 확산되고, 인정되거나, 혹은 특수한 사회적 소속과는 분리되어 익명성 속에서 보편적 힘을 증언하는 누구의 것도 아닌 것 같은 하나의 목소리로 재생되기 때문에만 가능한 것이다.

프랑스혁명 과정에서 여론의 기능은 두 개의 비평을 불러온다. 한편으로 여론의 권력은 여론의 축——그 정당성이 군주제적 권력의 축의 붕괴라는 사실에 제한되지 않고 확정되는 축——이 구성된다는 것을 전제한다. 다른 한편으로 여론은 하나의 몸 속에 위치지을 수 없으며, 미완성인 채로 그리고 진술의 전체로 환원할 수 없는 채로 남아 있으면서, 끊임없이 만들어지고 다시 만들어지면서, 말의 권력이 효과적으로 그 표현을 자극하는 기술에 의해 정복된다. 이 경우에 사람들의 의도의 흔적을 지니지 않는 발의에 대한 표결 덕분에 특별한 공간, 협회 혹은 클럽 속에서 만장일치를 만드는 것에 의해 말의 권력이 실현된다. 이러한 의미에서 권력은 말이 여론 속에 밀려 들어가고 그것을 모르게 하는 데 성공하는 한에서 말 속에 은폐되는 것을 성공할 수 있을 뿐이다.

그 분석 지점에서 퓌레는 코셍(그 저작의 마지막 논문은 코셍에 대해 쓰였다)에 의해 열린 길을 따라간다. 아마도 그들의 길은 이전에 교차하였다. 왜냐하면 우리가 기억하듯이 코셍은 이미 우리의 역사가가 토크빌에 대한 비판적 연장선상에서 정식화한 길을 담당하고 있었기 때문이다. 결과에 비추어 프랑스혁명을 평가하거나 장기 지속 과정의 연속성 속에 끼워넣지 않고, '역사적 연속의 단절', 혁명 전개의 논리를 사유하며, 이러한 단절이 생산되는 정치적·이데올로기적 수준에 위치하고, 권력과 인민의 동일시를 함의하는 정당성의 새로운 시스템의 효과들을 분명히 하는 것이 그것들이다. 그러나 퓌레에 따르면 코셍의 가장 큰 장점 중의 하나는, 여론의 생산 속에서 사유에 대한 협회들의 기능을 보여 주면서 민주주의적 이데올로기의 메커니즘에 대한 사회학적 분석을 시도했다는 것이다. 혁명적 이데올로기와 실천들의 의미, 행위와 표상 시스템의 새로운 결합을 가장 잘 보여 준 자코뱅주의는 그에게 이미 18세기 후반에 널리 퍼지고, 서클과 문학협회들, 프리메이슨 은신처, 아카데미, 애국적 혹은 문화적 클럽을 통해 부과된 유산과 '정치적 사회적 조직의 완성된 형태'로서 보여졌다.

코셍이 말하는 사유협회sociétés de pensée는 무엇인가? 그는 다음과 같이 해석한다. "그것은 구성원들은 자신의 역할을 담당하기 위해 모든 구체적인 특수성들과 실제적인 사회적 존재를 벗어 버려야 한다는 원칙을 가지고 있는 사회화의 형태이다. 구체제에서 그 자체로 존재하는 직업적 혹은 사회적 이익들이 공동체에 의해 정의된 집단들과는 반대이다. 사유협회는 구성원 각각에 대해서 이념들과의 관계로 특징지어졌다. 그리고 그 점에서 사유협회는 민주주의의 작동을 예시하였다"(224). 그리고 이 협회의 목적은 무엇인가? "그것은 행위하는 것도, 위임하는 것도, 대표하는 것도 아니다. 그것은 의견을 말하는 것이며, 구성원들 사이에서 토론을 통해 설명되고, 세안되고 옹호될 공통된 의견, 합의를 끌어내는 것이다. 사유협회는 이념과 투표에 기초하여 위임한 권위나 선출한 대표자를 갖지 않는다. 그것은 만장일치의 여론을 만드는 데 봉사하는 도구이다……"(224).

이러한 설명 속에서 자코뱅주의는 무엇인가? 그것은 집단 모델이 해소되고 군주제적 권력이 무너지는 순간에, 완전하게 발달하고 전환된 사유협회의 모델이라는 것을 이해해야 한다. 따라서 사유협회의 구성원인 추상적 개인이라는 관념은 시민의 관념이 되고, 만장일치 여론의 관념은 인민-하나peuple-Un라는 표상을 떠받치게 되고, 동질적인 담론의 생산을 위해 토론, 가입자의 선택이 조직되는 과정은 실천적인 동시에 상징적인 효율성을 획득한다. 여론과 한쌍을 이루는 말 속에서 은폐된 권력은 정치적 권력으로 전환된다.

그러나 퓌레의 주장의 마지막 절합이 제시되고 우리가 암시한 난점이 등장하는 것은 바로 분석의 이 지점에서이다. 사실상 독자는 멀리 떨어져 나왔다고 믿었던 문제로 회귀한 것에 대해 놀랄 수 있다. 구체제 속에서 프랑스혁명의 출현의 원인이 아니라면 적어도 조건에 대한 문제. 퓌레는 다른 사람들이 생산양식과 계급투쟁이라는 특색 혹은 국가의 성장과 행정적 중앙집중화의 특색에서 찾는 역사의 연속성이라는 관념을 '민주주의적 사회성'이라는 특색에 관련지었던 것인가? 우리가 보기에 이러한 난점은 언급될 가치가 있는데, 그것이 해석을 실패로 만들기 때문이 아니라, 오히려 그것이 우리로 하여금 그의 행보를 잘 평가하도록 만들기 때문이다. 사실 퓌레는 구체제 속에서 혁명적 이데올로기가 될 수 있는 것들의 표시들을 찾는 것이 사실이다. 그러나 우리가 생각하는 것보다 더 세심하고 더 잘 조사된 이러한 탐구는 그가 정정했던 원칙 ——새로운 것은 그 전제들의 결과처럼 과거의 것에서 솟아나온다는 보장을 제공하는 역사의 비상飛上이라는 허구적 장소를 포기하는 것, 과거와의 단절 속에서 프랑스혁명이 묘사한 특이한 정치적 형태를 인식하는 것 ——을 제거하지 않는다. 정치적 형태들의 윤곽을 드러내는 특징들을 추적하도록 그를 이끄는 것은 이러한 정치적 형태들에 대한 검토이다. 결국 프랑스혁명은 그에게, 예를 들어 나타나는 것을 보기 위해 18세기로 자리를 옮기는 것이 충분하도록, 이전 역사의 산물로서 인식되지 않는다. 프랑스혁명은 과거에 대한 예시자로 나타난다. 그리고 그것이 드러내는 것은 모든 구체제 사회가 아니라——구체제의 역사가는 그것에 대해 질문하지 않고서 그의 연구를 멀리 진행시킬 수 있다——, 그것이 드러내는 것은 사회적 관계의 전체에 대해 작동하는 표상들의 내적 절단, 정당성의 시스템 속에 열려진 파편들, 절대주의를 여는 동시에 숨기는 공개이다. 그것은 모든 유럽 특히 영국에서 느껴질 수 있는 민주주의 혹은 새로운 이념의 진보가 아니다. 그것은 동질성과 사회적인 것의 투명성에 대한 사유와 마찬가지로 개인들의 평등이라는 사유가 전지적이고 전능한 권력에 대한 항의의 근거가 되어야 한다는 것이다.

코셍이 지나간 길을 따라가는 분석이 우리에게 영감을 주는 것은 또 다른 동기를 가진다. 그것이 사유협회들의 출현 속에서 자코뱅주의의 선례를, 여론의 형성 속에서 특수한 관점의 다양성을 해소시키는 익명적 힘의 등장을 볼 뿐이다. 그런데 만약 그가 근대적 혁명 정당의 창조와 함께 모든 발달들을 보아야 하는 가장 중요한 현상 중의 하나를 건드리는 것이 분명하다면, 그는 그늘 속에 다른 이면을 남겨둔다. 정치적·문화적 삶의 문제를 담당하는 연합들에 의해 사회적 조직의 새로운 관개灌漑, 집단들의 울타리 속까지 둘러쌓인 사적 공간의 장벽 제거, 인식과 토론의 비판적 방법의 확산, 여론을 기초하는 이념들의 교환 혹은 소통의 확립. 토크빌과 달리 그는 사유의 독립, 자유의 주도권과 진정한 형태, 각자의 고립, 사회 앞에 각자의 겸양, 개인들을 체현하는 것으로 간주되는 권력에 대한 구속을 함의하는 개인주의에 대해서는 무감각한 채로 있다. 만약 퓌레가 코셍의 테제 전체와 결합하는 것을 의심할 뿐이라면——퓌레는 코셍이 프랑스혁명 초기에 대의제 민주주의의 방향으로 나아가고, 그 실패에도 불구하고 자코뱅 독재 시기하에서도 지속되었던 운동에 주목하지 않는 것을 비난한다——, 그의 해석은 공백, 즉 우리가 민주주의에 대해 정의하려 하지 않으면서 '민주주의적 문화의 발명'을 말하는 것을 듣고서 놀랐을 때 말한 공백으로부터 고통받는다. 퓌레는 그의 그림이 프랑스혁명 속에서 혁명을 사유하는 것이고, 혁명을 만드는 것은 이데올로기의 등장이며, 결과적으로 이데올로기를 명백히 하는 것 그리고 혁명적 사건을 요구하지 않는 변화의 다양한 측면들을 탐구하는 것을 가능하게 할 뿐인 모든 것을 명백히 하는 것이 중요하다고 대답할 것인가? 우리는 이미 이러한 대답이 혁명적 동학에 대한 엄격한 분석에 의해 지지되고 확립되었다고 말하였다. 어쨌든 문제는 프랑스혁명을 과잉되게 한 것은 무엇인지에 대한 것으로 돌아온다. 이러한 과잉은 이데올로기의 한계들을 넘어선다는 것을 인정해야 하는가? 갑자기 예견된 상징적인 것과 실제적인 것 사이의 환원할 수 없는 간극, 그리고 서로서로에 대한 비결정 ——우리가 항상 시험하는 사회적인 것의 존재 속에서의 간극——의 지표를 찾아야 하지 않는가? 우리의 저자는 프랑스혁명과 함께 "항상 거의 닫혀 있었던 발전의 공간"이 사회에게 열렸다고 말한다. 만약 대의제 민주주의가 확립되는 데 있어 무능했다는 것을 공언한다면, 그것은 정치적 환상이 인간들을 그들 자신의 밖에 놓기 때문만이 아니라, 정치적 환상이 이러한 개방을 보존하기에 충분하지 않았으며, 혹은 충분하다고 주장하면서 반대로 이제 경우 열린 공간을 다시 닫으려 했기 때문이라고 이해시키는 것이 아닌가? 우리의 저자는 혁명가들은 그들이 파괴하고자 했던 절대주의의 매력을 받아들였고, 구체제의 국가가 그들에게 물려 준 사회적인 것의 전체적 통제의 기획을 비밀리에 다시 취하였다는 것을 통찰력을 가지고서 관찰하였다. 그러나 프랑스혁명의 정치적 차원을 명백히 하면서 그는 군주제의 종말이라는 특별한 사건과 유기적 총체성의 형태에서는 더 이상 이해될 수 없는 사회의 새로운 경험을 측정하도록 자극한다. 그런데 이런 사건에서 출발하여 민주주의가 자신의 제도 속에서 안주하는 것을 금지하는 정당성의 토대들에 대한 무한정한 토론을 제도화하지 않는가?

토크빌과 키네는 프랑스혁명에 대한 종국적인 판단을 정식화하기 위해 거의 동일한 단어들을 찾았다. 한 명은 프랑스혁명이 "불가능한 것에 대한 숭배"를 확립시켜다고 말하였다. 그는 상상적인 것 속에 그러한 침략을 비난하였다. 다른 한 명은 프랑스혁명이 "불가능한 것에 대한 신념"을 낳게 했다고 말하였다. 그는 실제적인 것으로 가정된 것의 부정은 근대 사회의 역사에 구성적이라고 이해한다. 두 가지 생각은 결국은 앙상블을 이루어야 한다.

에드가 키네: 결여된 혁명[*]

부셰즈에서 미슐레로

미슐레가 공포정치에 대한 가장 급진적인 비판을 드러내는 것은 자신의 『프랑스혁명』의 3편의 서두(「이 책의 방법과 정신에 대하여」)에 놓은 서문에서이다. "공포정치를 찬양하는 것이 아니라 우리는 그것을 공공 안전의 수단으로 용서할 수 없다고 믿는다. 우리가 알고 있는 것처럼, 공포정치는 극복해야 할 무한한 난관들을 가지고 있었다. 그러나 공포정치의 첫번째 시도들의 잘못된 폭력은 …… 내부적으로 프랑스혁명에 대한 수백만의 새로운 적을 만들고, 외부적으로는 인민들의 동정심을 빼앗아 가고, 모든 선전이 불가능하게 되며, 자신에 대항하여 인민들과 왕들이 친밀하게 결합하게 만드는 효과를 낳았다. 공포정치는 극복해야 할 믿을 수 없는 장애물을 가졌다. 그러나 이러한 장애물 중 가장 지독한 것을 스스로 만든 것이다. 그리고 공포정치는 그것들을 극복하지 못했다. 극복되어야 했던 것은 바로 자신이다."[1]

---

[*] *Passé-Présent*, 2, 1983에 게재된 글.

이러한 판단을 그는 구원적 테러에 대해 신뢰하고 그 행위자들을 찬양하는 오늘날 좌파의 것으로 보이는 전통을 비난하면서 정식화한다. 미슐레는 여기에서 에스키로Alphonse Esquiros, 라마르탱Alphonse de Lamartine 그리고 루이 블랑Louis Blanc을 탓한다. 그러나 처음에는 이들에게 영감을 준 사람인 『프랑스혁명의 의회사』의 저자인 부셰즈와 루를 탓하면서 그들에게 여러 페이지를 할애한다. 이 저작은 그에게 다른 것들 사이에서 비판 대상을 구성하지 않는다. "나는 참조하기에 편안한 이 모음집이 많은 독자들에게 지속적인 매력을 지니지 못한다면, 의회사에 대해서 그렇게 (비판의 대상이 된다고) 주장하지 않을 것이다."[2] 본질적으로 그는 그것에 대해 무엇을 비난하려 하는가? 프랑스혁명을 프랑스 역사의 완성으로 소개하는 것, 즉 프랑스혁명 속에서 타락 이전의 군주정에 의해 시작된 작업의 연속을 발견하는 것 ——그리고 언어도단적으로 혁명 정신과 가톨릭의 정신을 혼동하는 것 ——, 이것은 종교재판과 공포정치를 접합된 정당화 속에서 절정을 이루는 소행이다.

사실 미슐레의 비판이 잘 이루어졌다는 것을 설득하기 위해서는 부셰즈가 프랑스혁명에 대한 자료들의 출판에 곁들인 다양한 책들에서 서문의 형태로 가장 빈번하게 행한 비평들을 살펴보는 것으로 충분할 것이다.[3] 가톨릭 전통의 위대한 복원자가 되기를 바라는 동시에 정열적인 혁명가 ——'가장 많고 가장 가난한 계급'의 옹호자 ——이던 생시몽Saint-Simon의 옛 제자, 부셰즈는 그의 스승에게서 민족사의 열쇠를 가져다주는 유기적인

---

1 Michelet, *Histoire de la révolution française*, t. I, p.297.
2 *Ibid.*, p.296.
3 Buchez et Roux, *Histoire parlementaire de la révolution française*. 27권에서 「9월의 날들」이라는 제목으로 쓴 서문에서 공포정치에 대한 그의 해석의 정수를 볼 수 있다.

시기와 비판적 시기의 대립에 대한 생각을 빌렸다. 그는 루이 14세의 시기까지 영토와 사회체의 통일을 위해 일한 왕들에 대한 찬사를 행하였다. 또한 그의 스승과 마찬가지로, 그는 어떠한 사회도 그것이 '활동 목적'에 맞게 정당하게 위계 질서화되지 않고 또한 동원되지 않으면, 그 단일성을 유지할 수 없다고 판단한다. 그러나 그의 입장에서는 목적으로부터 정치적 권력에게 인식을 할당하는 것이다. 특히 가톨릭이 민족 종교이며 인간들을 질서와 권위에 대한 존경 속에 두게 할 수 있다고 확신한 그는, 종교개혁 속에서 사회체가 가장 거대한 위험 속에 노출되고, 개인주의의 성장과 이기주의적 이익의 전개에 의해 위협받는 순간이라고 인식한다. 이 원칙으로부터 힘을 얻은 『의회사』 저자는 건설의 가치를 지닌 프랑스혁명의 첫번째 시기에서 아무것도 발견하지 못한다. 인간 권리의 선언은 그의 시각에는 개인주의의 성공에 기여할 뿐이며, 일반적인 방식에서 제헌의회의 작업은 18세기 철학들의 비판적이고 부정적인 추종일 뿐이다.

반대로 혁명의 진정한 부상은 공공 안전에 대한 의식의 포착과 함께 시작한다. 그렇다고 해서 그가 공포정치에 대해 기뻐하는 것은 아니다. 오히려 그는 공포정치 속에서 프랑스 사회가 도달한 부패 상태의 결과를 본다. 침체 상태의 공동체를 그 해소로부터 구하기를 원했다면, 그의 시각에 공포정치는 불가피한 것이었다. 특히 반사회적 세력의 발전에 중지의 일격을 가하는 것이 필요했던 때인, 92년 9월의 대학살은 특히 불가피했다.──성 바르톨레메오 학살[4]이 그랬던 것처럼 말이다. 이 대학살의 당사자들에게 가해진 유일한 비판은, 안전을 위한 것이었던 것을 범죄로 보이

---

4 1572년 8월 24일부터 10월까지 위그노 전쟁 중이었던 프랑스 파리에서 가톨릭 세력이 개신교 신자였던 위그노인(Huguenot)들에게 행한 대학살 사건.──옮긴이

게 하면서, 원칙에 의해서 그들의 행동을 공개적으로 정당화하지 않았다는 것이다. 간단히 말해 부셰즈는 그들에 대해 그가 마침내 원동력으로 이해한 역사철학에 대한 무지를 비난한다. 그러나 동일한 순간에 그는 자유에 의해 움직여진 역사와 운명에 의해 움직여진 사건의 과정을 구분하면서 이러한 무지를 인정해 준다. 첫번째, 자유에 의해 움직여진 역사는 목적에 대한 의식의 표시 아래서 발달하며, 그것은 적극적인 인간을 전제한다. 두번째는 맹목적인 필연성 아래에서 발전하며, 원인과 결과는 서로서로를 발생시킨다. 따라서 성 바르톨레메오 학살과 같이 9월의 대학살은 수동성의 시대의 산물인 운명적 사건으로서 제시된다. 그것들은 종국적인 패망의 문턱에서의 분발을 증언할 뿐이다. 그러나 그것은 그것들의 주도권을 가졌던 이들의 눈에 충분히 해명되지 못한 채로 남아 있다.

이러한 구성에서 가장 놀라운 것은 역사는 동일한 방향 속에서 냉혹하게 전개되며, 인간들은 그 목표에 대한 의식을 가지거나 혹은 가지지 못한다는 테제이다. 인간들이 적극적인 주체로서 자신의 자유를 행사하거나 혹은 수동적이어서 최종적인 명분을 이해하지 못한 임무를 수행하도록 강제되는 것에 따라 그 리듬이 변할 뿐이다. 이 두번째 가정에서 행위가 수단의 최고 수준의 경제를 가지고서 간단한 기한에 도달하도록 허용하는 결과들은 수많은 장애물에 대항하는 투쟁 속에서, 수많은 고통을 대가로 수많은 우회를 거친 후에 얻어진다. 어쨌든 이러한 테제의 기능은 의심스럽지 않다. 순수하게 주의주의主意主義적으로 보이는 것과 운명주의적으로 보이는 것이라는 두 개의 개념 사이의 다리를 놓도록 하는 것이다. 운명은 이러한 의미에서 인간의 행위가 어떠하든, 그들의 무지, 그들의 수동성은 사라지게 할 수 없는 최종의 목표를 향해 전진한다는 의미에서 지배한다. 자유는 인간들이 원칙적으로 그 목표를 인식하고 원하며 그것에 도달하기 위해 결집될 수 있는 힘을 가지고 있을 뿐만 아니라, 그들이 원인과 결과의 순수한 사슬 속에 포섭되어 있을 때, 안전을 보장하는 길을 선택할 수 있다. 이러한 관점에서 프랑스 역사는 운명적이면서 항상 자신의 목표에 대한 의식에 포착되는 돌발적인 사건들을 거쳐 유일한 역사로서 인식되도록 한다. 이러한 시각으로부터 또한, 프랑스혁명은 우리에게 혁명정부의 부상과 연관된 행위와 인식의 축 그리고 중도적이고 무관심한 사람들뿐만 아니라 인민의 적들이 연관되어 있는 수동성과 무지의 축 사이의 간극을 예감하게 한다. 그리고 이러한 관점으로부터 결국, 공포정치는 수동성 속에서 발생된 조건의 효과 아래에서 능동성으로의 길을 열고, 적어도 공통의 목표로 향하는 회귀의 가능성의 조건들이 제시되는 여는 순간들 중의 하나로서 나타난다.

그것이 근대적 정신에 너무 낯설다면 아마도 그것이 지속적으로 신학에 연결되기 때문이며, 부셰즈의 언어는 혁명적 좌파의 사유를 오랫동안 지배해 왔고, 아직도 지배하고 있는 범주들로부터 생겨났을 뿐이다. 능동성과 수동성, 자유와 필연, 응집과 이산, 이기주의적 이익과 공적 안전, 창조적 권력과 그의 행동에 의존적인 대중. 그러나 우리를 유혹하는 교차의 자유를 우리들의 독자들에게 주도록 하자. 미슐레에게 돌아가자.

프랑스혁명에 대한 미슐레의 해석은 낱낱이 부셰즈의 해석에 대립한다. 그러나 동일한 길을 그리면서 그러하다. 왜냐하면 1789년부터 1794년까지의 사건들을 프랑스 역사에 놓는 것, 좀더 정확히 하자면, 혁명정부와 군주정과의 관계를 사유하는 것은 그에게 중요하기 때문이다. 또한 공포정치와 공공 안전을 결합하는 것, 그리고 마지막으로 아마도 특히, 프랑스혁명의 종교적 의미를 질문하는 것은 중요하다.

혁명 정신과 가톨릭 정신 사이, 정의의 원칙과 정치신학적 원칙 사이, 종교 재판의 테러와 인간의 권리의 독창성 사이, 권위의 시대와 자유의 시대 사이의 단절에 대한 그의 테제를 강조하는 것은 유용하지 않다. 우리의 주제와 관련하여 더 흥미로운 것은 근대 세계를 출범시킨 단절은 완성될 수 없었으며, 프랑스혁명 속에서 과거에 대한 표상들과 실천들의 회귀가 존재했다는 생각이 그것이다. 미슐레는 우리가 상기시킨 서문에서 공포정치를 정당화하기 위해 종교재판이라는 전례를 내세운 관념에 대해 분개하였다. 그는 자코뱅의 종교재판에 대해 말하면서 그의 시각에서 가장 파렴치한 것은 혁명 정신의 표시를 거기에서 찾는 것처럼 보였다. 이 두 개의 종교재판을 비교하는 것에 흡족해 하면서, 그는 부셰즈의 이론을 따라 중세가 다음과 같이 확신했던 것을 관찰한다. "테러처럼 일시적인 체형을 넘어서, 영원성에 대한 고문을 행하면서 그것은 우위에 있다. 종교재판처럼 심문에 관련한 대상에 대해 이미 인지하면서, 사유를 찾는 인간으로 아이를 성숙시키면서, 교육의 모든 수단을 통해 관철시키면서, 매일 고백에 의해 그를 다시 취하면서, 그에게 두 가지의 고문, 자발적인 것과 비자발적인 것을 행사하면서⋯⋯그것은 우위에 있다. 어떠한 수단도 갖지 않고, 범죄자와 결백한 사람을 구별하려 하지 않는 혁명적 종교재판은 자신의 무능에 대한 일반적인 인정으로 귀착된다. 그것은 모든 혐의자들에게 적용된다."[5]

공포정치가 공공 안전이라는 관념으로부터 발생했다는 것 그리고 그것이 이전 세기 동안에는 결정적이었다는 것에 더 이상의 반박은 존재하지 않는다. 그러나 그는 공공 안전이라는 독트린 속에서 정의에 대한 부정을 구별해 낸다. 그의 시각에 역사적 연속성은 이러한 부정의 반복 속에서 표시된다. "강한 용기와 헌신성을 가진 프랑스혁명의 인간들은 신학자들에 의해 적용되고, 13세기 이래 법률가들, 특히 1300년 노가레Nogaret에 의해

---

5 Michelet, *Op. cit.*, p.295.

만들어진 공공 안전에 대한 로마법의 이름 아래, 또한 이익, **국가이성**의 이름 아래 국왕의 신하들에 의해 설파되고 정식화된 공공 안전의 낡은 독트린으로부터 그들을 해방시킨 정신의 영웅주의를 결여하고 있었다."[6] 공포정치는 정의justice가 '일반이익에 근거하게 될' 때——우리가 한순간, 권리의 무조건적인 가치를 고정시킬 줄 알았던 철학자, 루소에게 만나는 이론의 마지막 현신——나타난다. 미슐레의 판단은 바로 이 지점에서 우리의 주의를 끈다. 왜냐하면 그는 『의회사』의 저자가 최고의 영감을 발견한 그것, 즉 프랑스혁명의 종교적 실패를 비난하는 것으로 주의를 이끌기 때문이다. "프랑스혁명을 정의에서 안전으로, 적극적인 자신의 이념에서 소극적인 이념으로 하강하게 만든 이들은 그것을 통해서 프랑스혁명이 종교가 되는 것을 방해하였다. 소극적인 이념은 결코 새로운 신념을 확립시키지 못한다. 과거의 신념은 혁명적 신념에 대해 승리해야 했다."[7] 그런데 이러한 실패는 지롱드와 산악파의 불임성이 어떻게 공포정치에서 그들의 분노와 결합하는지를 보여 준다.

만약 그가 서문에서 그의 사유를 어렴풋이 짐작하도록 한다면, 미슐레는 「프랑스혁명은 종교혁명 없이는 아무것도 아니다」라는 제목의 장에서 그것을 명확하게 한다. 거기에서 그는 '정치적 논리가'로 남아 있었던 자코뱅과 지롱드를 비난한다. 그는 가장 앞선 생쥐스트가 "종교도, 교육도, 사회적 독트린의 기저도 감히 건드리지 못한 것"을 관찰한다. 그들이 인도한 프랑스혁명을 그는 '정치적이고 피상적인 것'으로 규정한다. "혁명이 다소간 더 멀리 갔었더라면, 혁명이 서둘렀던 유일한 철로 위를 다소간 빨리 갔었

---

6 Michelet, *Op. cit.*, p.298.
7 *Ibid.*, p.299.

더라면, 혁명은 더 깊이 들어갔어야 했다."[8] 그 토대는 그에게는 부족했다. "혁명을 보장하기 위해서 자신의 지지, 힘, 깊이를 발견해야 했던 종교혁명, 사회혁명이 부족했다." 지적인 불임성은 그 실패의 진정한 원인인 것처럼 보였다. "그것은 삶의 법칙이다. 하나가 증가한다면 다른 하나는 낮아진다. 프랑스혁명은 세기의 철학이 그에게 물려준 사활적인 이념의 유산을 증가시키지 않았다." 그리고 공포정치는 이러한 불임성의 결과처럼 보인다. "당들의 모든 분노는 그들의 독트린이 포함하고 있는 수많은 삶에 대한 환상을 만들지 않았다. 정열적이고, 스콜라풍인 그들은 금지시켰는데, 그들이 죽음으로부터 구별할수록 그것들을 분리시키는 미묘한 효과들에 대해 확신하였기 때문이다."[9] 그러나 왜 지롱드와 산악파의 혁명가들은 '새로운 것을 찾으려는 시간과 생각'을 가지지 않았는가? 왜냐하면 인민들을 구원할 수 있는 유일한 사람들이라 확신한 그들은 인민으로부터 오지 않았고, 그들의 본능에 대한 어떠한 감각도 지니지 않았으며, 그들의 열망을 파악하려 하지 않았다. 그들은 모두 부르주아였다. 어떤 이들은 '언론으로 인민을 가르칠 수 있다고 믿었던' 서생들과 변호사들이었다. 어떤 이, 자코뱅들은 확고하였고, 인민을 자극하여 폭력으로 몰았다. 하지만 그들에게 조언을 구하지는 않았다. "그들은 눈에 띄지 않는 소수들에 의해 국민의 문제를 해결하였고, 대다수에게는 가장 잔인한 경멸을 보냈으며, 양심의 가책 없이 살아 있는 한 부리의 사람을 죽이는 것에 대한 그들의 무오류성에 대한 완고한 신념을 믿었다."[10]

그런데 지식과 권력을 가지고 있는 이러한 거만한 주장 속에서 과거

---

8 Buchez et Roux, *Op. cit.*, t. II, p.622.
9 Michelet, *Op. cit.*, p.623.
10 Buchez et Roux, *Op. cit.*, t. I, p.301.

로의 회귀의 표시가 등장하였다. 그러나 그 회귀는 역사의 행복한 연속성을 증언하는 것이 아니라 귀족주의적이고 군주제적인 전통의 억압을 드러내는 것이었다. 미슐레가 새로운 민주주의자들 속에서 '무시무시한 귀족주의'를 발견했다면 그것은 우연이 아니다. 그는 새로운 행동들 속에서 낡은 망탈리테mentalités의 흔적을 인지하였고, 한편으로 "군주제가 당통의 죽음 이후 다시 태어났다"라고 확신하는 것을 주저하지 않았다. 과거의 신념이 혁명적 신념에 대해 승리하였다고 판단하는 것은 그에게 충분하지 않았다. 권위에 대한 정치적 관념은 그에게 구체제의 기저로부터 솟아나는 것 같았다. 그러나 그는 무언가 새로운 것이 반복의 순간에 뚜렷해지는 것을 암시하였다. 우리는 이미 자코뱅의 종교재판을 가톨릭의 종교재판과 비교하는 아이러니 앞에서 그것을 지적하였다. 가톨릭의 종교재판은 그것이 진리에 더 잘 근거했기 때문이 아니라 종교재판의 심문자가 그 대상, 그가 만들어 낸 사람을 알고 있는 시스템 속에서 진행했기 때문에 우위에 있다는 것을 드러냈다. 이 시기에 관련하여 테러리스트적 혁명은 그 대상의 외부에 있는 듯하였다. 사회체에 대한 잘못된 과학의 이름으로 구성된 추상적 대상이 문제였다. 이 잘못된 과학은 국민의 통합을 위해 좋은 절단, 좋은 정화의 원칙을 자신의 것으로 하였다. 그 과학은 "환자에 대한 철저한 무지 속에서 여기저기 철심을 박아 넣으면 모든 것을 구해 낼 수 있다고 [믿는]" "무능한 외과의"의 과학이었다.[11] 그렇게 우리 저자가 보기에 공공 안전의 독트린은 사회체 속에서 그것을 구하기 위해 해결해야 할 광적인 이념 ──합리주의적 신화와──과 결합하였다.

　이것이 바로 미슐레가 그의 이야기를 할 때, 그것들에 어떠한 위치를

---

11 Michelet, *op. cit.*

부여하든 간에, 상황에 의한 공포정치의 설명에 멈추지 않는 이유이다. 바로 이것이 그가 그 시작, '공포정치의 첫발'을, 비록 선언되지는 않았을지라도, 1791년 초 자코뱅이 왕과 왕족들의 처형, 언론의 정화를 결심했을 때, 그들이 "누군가 음모가라고 비난했을지라도, 그의 자산과 생명을 방어하기 위한" 맹세를 했을 때, 결국 그들이 이민에 대한 첫번째 법안——많은 수의 사람들을 비결정이나 혁명의 적으로 더 이상 두지 않고, 도망가거나 밀고의 지속적인 위험 속에 살도록 한 것——을 제시했을 때로 인식한 것이다. 그리고 또한 바로 이것이 그가 테러리스트들의 특징의 다양성을 묘사하고, 과거의 종교심판관의 지식과 달리, 그들의 외과의적 과학은 경우에 따라서는 박애주의, 애절한 수사학, 실패한 예술가의 칭송과 연결된다는 것을 보여 주는 것에 만족한 이유이다.[12]

에드가 키네의 해석

우리가 상기시킨 미슐레의 몇몇 텍스트들은 19세기 혁명적 좌파 사이——프랑스혁명을 정치적·사회적 그리고 종교적 혁명으로 공통적으로 옹호하는 저자들 사이라고 이해하자——에서 이루어진 논쟁의 아이디어와 그들에게 미래를 열고자 하는 욕망을 주었다. 그러나 혼동하지 말자. 공포정치와 그 당사자들에 대한 비판을 가장 멀리 밀고 나간 사람은 미슐레가 아니라 에드가 키네였다. 프랑스혁명을 결여된 혁명으로 소개하기까지 하면서 그의 친구들과 공유한 원칙들——그와 사이가 틀어지는 점까지——로부터 모든 결과들을 끄집어 내고 있는 것은 1865년에 출판된 그의 저작이

---

12 *Ibid.*

다. 사실 프랑스혁명에 대한 저작이 미슐레에게 영감을 주었다는 비판들이 어떠하든 간에, 일괄하여 포착된 미슐레는 키네의 시각에서는 전적으로 긍정적으로 남아 있었다. 그의 해석 속에서 변명적인 구도가 지배하고 있다. 키네와 함께 이러한 구도는 전복된다. 강조점의 재분배는 근본적으로 표의 의미를 수정한다. 분명 프랑스혁명의 시도는 항상 거대한 것처럼 보인다. 그 임무는 그의 원초적인 영감과 연결하는 것이다. 그러나 우리는 전체에 대한 판단을 의심할 수 없다. 프랑스혁명은 정반대로 변화하였다. 예속은 자유를 기초할 무능으로부터 나왔다. 이로부터 첫번째 정언명령은 실패의 원인들을 이해하는 것이다.

키네의 『프랑스혁명』의 맨 첫번째 줄은 그의 의도를 분명하게 알리는 것이었다. "프랑스혁명은 진실이든 거짓이든 변명을 필요로 하지 않는다. 전 세기가 그것을 채우고 있다……. 왜 그렇게 많은 사람들의 거대한 노력, 희생이 아직도 미완성의 그리고 미정형의 결과를 남겨두었는지 발견하고 제시되어야 할 것이 남아 있다. 모든 인민이 수백만의 목소리로 '자유 혹은 죽음'을 외쳤다. 왜 그렇게 영광스럽게 죽을 줄 아는 사람들이 자유롭게 되는 것에 대해서는 알지 못했는가?"[13] 자유롭고자 하는 특별한 시도를 하는 인민에 대한 예속의 매력, 갱신의 희망을 제거하는 반복의 힘을 측정하는 것, 그것이 키네의 거대한 주제이다.

따라서 인민으로부터 발산되는 분노의 테제를 포기하고, 분노를 외국의 침략에 대한 공포 탓으로 돌리고(그는 공포정치가 위험이 폭발했을 때 그

---

13 Edgar Quinet, *La Révolution*, Paris, 1865. 우리의 인용은 3판을 따르고 있다. 이하에서 이 책을 인용할 경우 끝에 쪽수를 적어 줄 것이다.

것이 가속되었다는 것을 잘 보여 준다), 미슐레가 말한 것처럼 공포정치가 그 자체로 극복되기 전에 극복해야 하는 장애물을 발생시켰다는 것을 인정하는 것으로는 우리에게 더 이상 충분하지 않다. 우리는 프랑스혁명에 대한 의미의 전복, 그 속에서 전제정으로 향하면서 작용하는 후퇴로 결론지어야 한다. 그것은 단순한 증명으로부터 오지 않는다. 그것이 혁명의 이름으로 이루어지자마자, 악이 선으로 전환되는 용어 속의 '평민들의 궤변'을 비난해야 하고, "평민적 전제정은 군주제적 전제정과 동일한 효과를 생산한다는 것에 동의해야 하는 것. 더 비굴한 것을 발생시키는 것은 비굴한 정신" 그리고 현재의 사물의 상태——우리들의 저자에 의해 취해진 토크빌의 정식화에 따라 "잘 정렬된 부르주아와 느슨한 시민들"로 구성된 인민 (I, 203)——속에서 그 효과들을 자각해야 하는 것은 사실이다. 그러나 이러한 증명을 넘어서 우리는 프랑스 역사의 특이성들을 구별해 내야 한다. 그러한 특이성은 저작의 첫번째 페이지부터 단호하게 강조된다. "당신이 앞선 것으로부터 결론을 끌어내길 원한다면, 이것이다. 우리가 질서라고 부르는 것, 즉 한 명의 주인 아래 복종과 자의성 속에서의 평화가 우리나라에서는 바위 속에 뿌리내렸고, 아주 오랜 전통으로부터 거의 필연적으로 다시 탄생한다. 그렇게 이해된 질서는 수세기에 걸쳐 보호되었고, 그 오랜 역사는 그것을 위해 그리고 그것의 안전을 만들었다"(I, 9). 키네를 이러한 판단을 자신의 책 속에서 사실, 특히 공포정치라는 사실에 근거하면서 끊임없이 재정식화하였다.

만약 공포정치가 그의 숙고의 중심에 위치한다면, 그것은 그의 시각에 프랑스혁명이 본질적으로 정치적이며, 또한 그것에 의해 종교적이기 때문이다. 후자의 의미는 사람들을 연결시키는 관계들과 그들을 권력으로 연결시키는 일반적 관계를 지배하는 믿음들을 인지하지 않고서는 정치적인 것을 알 수 없기 때문이다. 이 점에 관하여 토크빌에 가까웠던(그는 세밀하게 토크빌을 읽었다), 키네는 정치 혁명으로부터 사회 상태의 변환을 구별한다. 예를 들어 8월 4일 밤[14]을 말하면서 다음과 같이 관찰한다. "오래전부터 프랑스 사회를 밀어붙이고 어떠한 것도 멈추게 할 수 없었던 수평화의 거대한 힘이 이제 그 결말을 가졌다. 자유의 문제, 즉 전적으로 난관인 문제가 남았다." 그런데 이 자유의 문제는 권력의 문제와 하나를 이룰 뿐이다. 프랑스혁명의 시작들에 대한 일반적인 관점을 취하면서 그는 다음과 같이 명시한다. "권력의 문제를 건드리지 않는 만큼 그렇게 모든 것이 쉬웠다. 모든 것은 스스로 성취되었다. 사물들, 장소들, 기억들, 이익들, 특권들, 인종의 연관성과 적대성, 속어들조차도, 모든 것이 무너졌다. 그러나 정치적 자유를 원하는 날 모든 것이 변하였다. 마치 불가능한 것과 싸우는 것 같았다" (I, 119). 그리고 더 나아가 혁명 전 바로, 소유의 분할의 진보를 알리는 문구 속에서 그의 판단은 토크빌의 판단과 다시 결합한다. 이러한 분할은 "이 운동이 정치 밖에서 시작되었다는 유일한 이유에 의해 모든 사건들에도 불구하고 완성되었다. 그것은 프랑스혁명에 의해 가속되었다. 그러나 혁명 없이 준비된 것을 허가하기 위해 프랑스혁명이 필요한 것은 아니었다……". 그러나 그가 이끌어 낸 결론은 토크빌의 것과는 전혀 달랐고 표현상에서 그에게 대립하기까지 했다. 그는 "프랑스혁명이 절대권력의 이름으로 완성되지 못했다"라는 것을 유감스러워하거나 혹은 "전제군주가 자유의 정신의 파괴자라기보다는 국민 자체의 특성이 그러하다"고 생각하는 것은 풍자시에 빠지는 것이다라고 말한다(I, 121). 아마도 "프랑스혁명의 거대한 위기들을 없애 버리면서", "시간의 효율성에 의해서만 얻을 수 있는 결과들"을

---

14 1789년 8월 4일 밤은 봉건적 권리를 포기한 날이다.―옮긴이

생산하였다. 그러나 그러한 판단을 지키는 데 있어서, 프랑스혁명의 혁명적 본질이며 프랑스를 흥분시키는 것에는 무감각한 채 남아 있었다. "항상 그 것으로 돌아가야 하는 것이 사실인 만큼 종교와 정치, 즉 자유의 문제는 소 란을 일으킬 뿐이었다"(I, 123).

공포정치라는 현상은 정치적인 것과 종교적인 것의 지평들에서 재구 성될 때만 인식될 수 있다. 키네는 자신의 저작의 한 부분을 '테러의 이론' (17편)이라는 제목으로 할애하고 있다. 그러나 그의 해석은 이 부분의 경계 들을 넘어서 가고 있다. 그것은 종교에 대한 그의 분석(5편과 16편)과 독재 에 대한 부분(18편)에서 등장한다.

만약 흩어져 있는 비평들을 모으려 한다면, 네 개의 주장이 구별되며, 그것들은 서로 근거하면서 예속의 회귀라는 이념과 모두 연결되어 있음을 알아야 할 것이다.

종교혁명에 대한 대체

우리들의 저자에 따르면 종교혁명이라는 임무 앞에서 혁명가들의 후퇴는 그들을 정신적 공허 앞에 두는 것이었다. 공포정치는 이러한 의미에서 혁 명의 행위자들을 동일한 신념 속에서 결집시키고 그들에게 과거와 미래가 어디에 있는지, 그들의 적들이 봉사했던 명분은 무엇이었으며, 그들의 적들 의 정체성은 무엇이고, 또한 자신들의 고유한 명분과 자신들의 고유한 정 체성은 무엇인지를 알게 하는 행동에 대한 대체물로서 보여졌다. 이러한 창조적 행동과 그것을 지시하는 이념의 결여 속에서 자신과 타자, 인민과 그 적대자의 구분은 실재 속에서 모든 근거들을 상실하였다. 적은 혐의자 와 혼동되기까지 하면서 파악될 수 없게 되고, 반면에 혁명가는 스스로 자신의 도덕성의 기준을 빠져나가도록 하였다. 그는 프랑스혁명을 위해 상상적인 것 속에서 죽음의 위험을 감수하는 권력 속에서 그것을 찾았던 반면에, 혁명이 무엇인지를 모르면서 공포정치에 만족하였다. 달리 말해 키네의 용어들을 다시 사용한다면 "혁명가들은 프랑스혁명에 대해 두려움을 가졌다". 이러한 두려움을 그들은 타자의 두려움과 타자의 죽음을 담보로 하면서 죽음을 이겨 내는 것으로 축소된 영웅주의의 덮개 아래에 숨겼다.

키네는 뒤에서 프랑스혁명에 대한 대부분의 해석가들을 검토하는데, 그것은 프랑스혁명이 광적인 것 혹은 필연적인 것으로 판단하는 것은 공포정치 속에서 과잉, 극단적인 과감함의 표시를 포착하는 공통의 장소이기 때문이었다. 그는 거기에서 난관 앞에서 하나의 과오의 표시를 본다.

저자는 (5편 6장에서) 종교적 자유의 시대를 여는 것 같은 거대한 사건을 지적한다. "헌법은 모든 사람에게 자신에 애착을 느끼는 종교적 숭배를 행사할 권리를 보장한다. 바로 이 순간 많은 사람들은 혁명이 완성되었다고 생각하였다. 시대의 영혼이었던 그렇게 고귀한 자유는 필연적으로 모든 미래의 자유의 척도로 나타났어야 했다"(I, 199). 그러나 그것은 하나의 종교, 가톨릭이 그토록 심오하게 뿌리내리고 있어 아무도 변화를 상상할 수 없을 사회 속에서 그러한 원칙의 효율성에 대해 의심을 두는 것이었다. 그러한 조건 속에서 "신앙의 자유를 주는 것, 그것은 아무것도 주지 않는 것"(I, 151)이라고 지적한다. 그것은 멕시코에서, 튀니지에서, 일본에서 의식의 자유를 확립시키는 것과 마찬가지다.……프랑스혁명을 16세기 종교혁명에 비교해 보라. 종교혁명은 기존의 종교에 대해 마지막 힘을 가지고서 공격을 가한 것이었다. 종교혁명은 새로운 제도를 만들었고, 인민의 분위기를 변화시켰다. 그리고 "효력 상실에 의해 두려움을 주는 것을 중단한 과거의 신앙에 대해 문이 열렸던 것"은 나중의 일일 뿐이다(I, 151). 그런데 어떤 다른 길도 가능하지 않았다. "그렇게 영국, 스칸디나비아 국가들, 네덜란드, 스위스, 미국 그리고 개혁의 영향을 받은 모든 인민들은 새로운 영혼과 계약할 수 있었다. 예외 없이 모두는 과거의 종교를 적으로 간주하였다"(I, 151). 반대로 프랑스에서는 혁명가들은 제헌의원들의 적극적인 의지에도 불구하고 단 하나의 걱정만을 가지고 있었다. "시치미를 떼면서 전통으로부터 벗어나기"(I, 161). 그것은 실행할 수 없는 길이었다. "기묘하게 꾸미기 시작하자 곧 패배하였다. 16세기가 그러한 어조 위에서 그것을 포착하였다면, 하나의 교구도 얻지 못했을 것이다. 한 명의 혁신가가 명령하고 부과하고 놀라게 하지만, 그는 논하지는 않는다. 그것을 고백하지 않고서는 종교혁명을 하는 것은 불가능하다. 소란을 피우지 않고서 신을 전치시키지는 못하다"(I, 162).

키네가 공통된 표상에 대항하여 명백히 한 것은 혁명가들의 '정신의 소심함', 즉 그들의 외관상의 분노와 대조되는 소심함이다. 그러한 동일한 순간에 그는 그 이상을 말한다. 그러한 분노 속에서 그들의 소심함을 보상할 것이 나타난다. "모든 외적인 폭력들, 그러한 정신의 소심함을 보상하기 위해 축적된 모든 분노는 무엇을 할 수 있는가?"(I, 163)

이 주제는 수차례, 특히 테러와 소심함이 연관된 관계에 대하여 어떠한 의심도 주지 않고 있는 16편의 초반에 다시 언급되었다. 저자는 93년 헌법에 대한 토론에서 가톨릭의 지위에 대해 감히 문제제기를 하였던 베르니오 Pierre Verignaud의 무모함 때문에 성난 자코뱅을 보여 주고 있다. "나는 사회적 권리의 선언에서 우리가 사회적 질서에 절대적으로 낯선 원칙들을 인정할 수 있다고 믿지 않는다." "회원들의 기질로 그들은 중세의 신이라는 용어를 전치시킬 사람들이 아니었다"(II, 137). 그러고서 몇 줄 뒤에 "이러한 거대한 무모함은 정신적 질서 속에서 갈대 하나도 굽힐 수 있다고 믿지 않는 것이 사실인가? 그들이 정신적 질서 속에서 덜 무모할수록, 그들은 물리적 질서 속에서 감히 모든 것을 다할 수 있다고 더욱더 유혹되었다. 불모의 용감함! 그들은 죽음의 우상을 만들어도 소용이 없었고, 그것이 그들의 정신의 소심함을 메꾸지도 못할 것이었다"(II, 138).

이러한 소심함은 어디에서 오는가? 그는 6편에서 그 답을 주고 있다. "보기를 원한다면, 진실은 이 무시무시한 사람들이 말하자면 단 하루 과거의 수호신 앞에서 떨기를 중단한다는 것이다." 그들의 예속은 예전의 신 앞에 종속이라기보다는 인민을 그들의 습관에 맞추는 것이 아니라 인민에게 새로운 진리를 확신시키도록 하는 사건, 과거와 현재 사이의 분절에 대한 두려움과 관련된다. 따라서 과거의 수호신 앞에서만이 아니라 인민의 편견들 앞에서 떨림이 있다. 키네는 성체대축일la Fête-Dieu의 행렬에 반대하는 법령을 포고한 마뉴엘Manuel을 꾸짖으면서 카미유 데물랭의 제안을 상기시킨다. "친애하는 마뉴엘, 왕들은 곪을 대로 곪았지만, 신은 아직 그렇지 않네"(II, 181). 그러고 나서 그는 잠시 뒤 이렇게 평한다. "테러리스트들이 느낀 이러한 공포는 바로 프랑스혁명 추락의 깊은 원인이다. 왜냐하면 인민에 의해 배반당하는 이러한 비밀스러운 두려움 속에서 그들은 앞서서 인민을 가르치지도 못하고 아무것도 준비하지 못한다"(II, 182). 그러나 프랑스혁명의 추락 전에, 도덕성 혹은 진리의 이정표의 붕괴로부터 폭발하여 등장하는 것이 바로 공포정치이다. "이 사람들이 갖지 않은 종교를 그들은 충당하였다. 그들이 믿은 철학을 그들은 배반하였다. 그들은 나침반도 없고 별도 없는 길 밖으로 벗어났다. 곧 한밤중의 분노만이 남을 것이다. 어떻게 그러한 칠흑 속에서 서로를 학살하는 것에 놀라겠는가?"(II, 183).

두려움과 상상력의 부재의 효과 아래에서 카미유 데물랭, 당통, 무시무시한 마라, 혹은 캉봉, 바지르Claude Basire 혹은 생쥐스트, 결국 로베스피에르, 그리고 심지어 신중함 혹은 간계조차도 문제가 된다. 그러나 마지막으로 지명된 이, 그의 비타협성 때문에 사랑받기도 미움받기도 한 그는 가장 심한 비판을 받을 듯하다. 왜냐하면 어느 누구도 가톨릭을 보호하기 위해 그 이상을 하지 않았기 때문이다. 자신의 권위의 약화를 믿는 체하면서 그는 자신의 원칙들을 찬양하지 않았는가? ──특히 다음과 같이 선언하기까지 하는 그의 연설 속에서 말이다. "도덕적 이념과 숭고한 독트린으로부터 부과되고 마리아의 아들이 옛날에 그의 시민 동료들에게 가르친 덕성과 평등을 다루는 이 원리들만이 정신에 남아 있다"(I, 185). 로베스피에르가 재정식화하고자 했던 낯선 제안들. "장관들이 아직은 국가에 의해서 고용되고 있는 이 종교가 우리에게 적어도 우리의 것과 유사한 것을 제시한다고 생각하면서 위안을 삼으시오." 이러한 계속된 인용들은 다음과 같은 이러한 증명으로 이어진다. "정신적 질서에서 테러리스트 시스템의 공백은 여기에서 적나라하게 드러난다." 그런데 이러한 공백은 가톨릭에 주어진 처벌의 면제가 왕을 처벌할 준비를 하는 순간에 선언되었던 만큼 더욱더 분명하게 느낄 수 있다. 혁명가들은 군주제적 원칙과 신학적 원칙의 깊은 연대를 포착하지 못했음을 보여 주는 것이다.

이러한 비판을 키네는 16편에서 탈기독교화 운동을 검토하면서 발전시키고 있다. 이러한 반란의 민중적 특징을 확신한 그가 종교 개혁의 성공을 보장한 것은 "교회의 약탈자들, 성상파괴자들, 성유골의 약탈자들"이라는 것을 상기시킨다. 그리고 그는 성직자에 대항하는 항의문의 진지함에 대해 그것을 무장 해제시키고, 이성에 대한 새로운 신념을 우습게 만드는 패러디를 대립시키고 있다. 쇼메트와 에베르의 패러디. 이성Raison, "그들은 연단 위에서 한 시간 동안 지혜의 여신의 역할을 한 아름다운 여성, 살아 있는 사람을 통해서 이성을 형상화하는 것을 상상한다". 우상을 즉석에서 만들고, 네 명의 남자의 어깨 위해 올라 국민공회 앞에 나타난 여자 배우를 선택한다. 그들의 신전으로 만든 노트르담 성당까지 행렬을 그녀에게 맡긴다.…… "가공하지 않은 돌, 벌레 먹은 나무가 신성화 후 한 시간 뒤에 옷을 갈아입은 여배우보다 상상 속에서 백 배는 더 영향력을 가질 수 있다"(I, 144). 키네는 "눈을 점령하고 뜻하지 않는 사건과 같은 이러한 불모성, 종교혁명을 인지하지 못하는 불가능성은 진짜 재난이다"라고 평한다. 그리고 이어지는 로베스피에르에 대한 우울한 패러디. "적어도 첫번째 우상은 기쁨을 형상화했다. 최고존재를 위한 그의 우상은 두려움에 근거한다. 그리고 그로서는 우상파괴주의자들을 짓밟아야 했다"(I, 146). 이번에는 "인민들을 과거의 교회의 문턱에 잡아두고 나가지 못하게 하기 위해, 테러리스트들은 그를 단두대들 사이에 가두었다"(I, 151).

"자 이것이 프랑스혁명의 진정한 공백이다"라고 키네는 반복한다. 그는 다시 이렇게 말한다. "어떤 혁명에서도 우두머리들이 그들의 목표에 그렇게 직접적으로 반대되는 방식으로 행동하지 않는다." 모든 힘을 다하여 그들은 자신들의 고유한 그림에 반대하여 움직였다. 인간적인 것이 결코 이 지점에 제시하지 않는 것은 프랑스혁명에 담긴 분노의 특징을 주는 것이다. 사람들은 의지에 의해 움직여진 전복보다는 오히려 앞이 보이지 않는 특성의 대격변을 본다고 믿는다.

『공포정치의 이론』

공포정치는 『공포정치의 이론』이라는 제목으로 17편의 글이 담긴 책에서 키네가 혁명 자체에서 전제들을 찾을 때, 눈에 띄게 다른 해석의 대상이 된다. 출발부터 그는 첫번째 장소에서 "화해할 수 없는 두 가지 요소들의 충격, 옛 프랑스와 새로운 프랑스"를 인지한다(II, 181). "절대적으로 양립할 수 없는 두 가지 힘이라는 이러한 감정은 영혼을 분노로 밀어올리고 또한 복수에서 복수를 거쳐, 분노를 망상을 건드리기까지에 이른다"라는 것이 타당하다. 그러나 그것은 "사물의 힘으로부터 탄생한" 복수들이 "누군가의 정신 속의 시스템처럼 보이는" 순간에서부터 발생한 변화를 알리는 것이다(II, 183). 바로 이때, 공포정치의 정치는 복수의 연쇄를 대신한다. "로베스피에르, 생쥐스트, 비요-바렌은 우연적인 사건을 영구적인 상태로 변화시키기를 원했다. 그들은 우선 분노, 절망의 폭발이었던 것을 정부의 원칙으로 만들었다……. 그들은 분노를 통치와 안전의 냉혹한 도구로 만들었다." 어쨌든 이러한 첫번째 설명은 사물의 기저를 건드리지 않는데, 왜냐하면 그것은 가장 무시무시한 자코뱅들이 왜 그러한 권력의 특성 속에서 생존할 수 있었는지를 이해하도록 하지 않기 때문이다. 그는 국민공회를 난관, 즉 "노예 상태 속의 부패하고 늙은 국민"이 자유에 도달하는 것의 불가능성 속에 있게 하는 시련 속에서 그 원인을 찾는다. "프랑스인들을 유사한 상황 속에 고대의 정치가 적용한 수단에 의해 자유롭게 하려" 시도하였다. 그러나 이러한 원인은 충분하지 않다. 따라서 혁명적 자발주의 토대에 무엇이 있는가를 구분해 내야 한다. 키네는 다음과 같이 적고 있다. "세번째 원인. 과거 익압의 낡은 유산, 개인의 무시. '자연처럼 되라. 그것은 종의 보존을 보지, 개인들을 보지 않는다'라고 당통은 말하였다. 인간적인 것에 적용된 소위 자연의 테러리즘을 가지고서 인류를 목을 잘랐어야 했다"(II, 184). 여기서 우리는 저작의 이어지는 부분에서 언급될 중요한 주제 중의 하나가 등장하는 것을 본다. 즉자적으로 그리고 대자적으로 단일체가 된 인간들 위에 올라선 혁명이라는 허구가 그것이다. "원칙적으로 우리는 프랑스혁명을 자연과 같은 추상적 존재, 누구도 필요하지 않고 혁명에는 해를 끼치지 않으면서 개인들을 차례차례 삼키고, 모두의 제거에 기반하여 성장할 수 있는, 우리가 상상하는 우상으로 만든다." 그런데 이러한 허구는 공포정치의 메커니즘을 가장 잘 이해하게 하는 또 다른 메커니즘과 결합한다. 루소로부터 빌려 온 인간의 원초적인 선함이라는 허구. 키네는 다음과 같이 묻는다. "누가 박애주의 자체가 공포정치로 이어질 것이라고 믿었겠는가?"(II, 185) 그의 대답은 놀라운 날카로움으로부터 온다. 인간의 선함에 대한 믿음은 프랑스혁명이 만난 난관들을 '악한 사람들의 의지' 탓으로 돌리면서 실패를 파악할 뿐이다. "'인간은 선하다'라는 것을 의제를 놓으면서 시작한 후, 그들(혁명가들)이 정의를 확립하는 데 장애물을 느끼자마자, 그들은 자신들이 그러한 음모가 가장 자주 사물들의 음모라는 것을 보지 않고 거대한 음모에 둘러싸였다고 결론지었다".

공포정치의 마지막 원인인 박애주의에 대해, 키네는 아무도 그 이전에는 시도하지 않은 그 효과에 대해 탐구한다. "로베스피에르와 자코뱅들에게서 행해졌던 의심의 작업"을 제시하는 것에 만족하지 않고, 그는 그것이 테러리스트들의 영혼을 조금씩 파괴하는 것을 본다. "왜냐하면 과거가 그들 주위에서 반쯤 길들여진 채로 으르렁거릴 뿐만 아니라, 그들 스스로 그 일부분을 지니고 있었기 때문이다. 그들 역시 그들이 매번 발견하고 비난한 음모의 공모자였다. 그들 스스로 내부에 적을 가지고 있다면, 누구에게 일을 맡길 것인가?"

이것이 『공포정치의 이론』의 요소들이다. 그러나 키네가 16편의 첫 부분과 이어지는 곳에서 그것을 언급하였다면, 그는 혁명 정신의 산물로 나타났던 것을 구체제가 물려준 유산으로 되돌려 보낸다는 것을 지적해야 한다. 그는 다음과 같이 관찰한다. "사적인 삶에서 아들이 아버지의 잘못을 속죄하는 것은 정당한 것이 아니다……. 그러나 인민의 삶에서 이러한 철학은 실패한다. 이후 세대들이 이전 세대들의 잘못에 대해 벌을 받는 것은 분명하다. **바로 이것이 공포정치의 통치에 대한 도덕적 설명을 주는 유일한 수단이다**"(189). 그러고는 조금 뒤에 "칼이 모든 신분을 공격했다. 왜냐하면 노예 상태는 모두의 작품이기 때문이다. 프랑스의 역사는 이 놀라운 몇 해 동안에 분노 속에서 해결된다……." 혁명가들이 내딛었던 발자국이 만들어 낸 길을 회상해 보자. "모든 단계는 이미 흔적이 있었다. 메를랭 드 두에Merlin de Douai는 루부아François Louvois에 근거했고, 푸키에Antoine Fouquier는 바비유Baville에 근거하였다……. 루아르Loire의 익사는 그들의 모델을 가지고 있었다. 17세기에 플랑크Planque라는 사람은 신교도들을 바다에 익사시키자고 제안하였다. 카리에Jean-Baptiste Carrier로부터의 경고, 비야르Villars는 인민 전체를 죽이겠다고 위협하였다. 그것은 이미 콜로 데르부아Collot d'Herbois의 언어였다. 몽트르벨Montrevel은 인질법을 발명하였다. 총재정부는 그것을 부활시키기만 하면 되었다……."

노예 상태는 프랑스혁명과 함께 성격이 변하였다. 그러나 가장 새로운 것은 과거 속에 각인되어 있다. 그리고 키네가 그 저작의 마지막에 말한 것처럼 말이다. "노예 상태는 자발적이 되기 위한 최소한인가?"(II, 560)

공포정치에 대한 조롱

우리가 매우 간단하게 재구성한 두 개의 주장은, 하나는 주요하게 종교적 현상에 강조점을 두고, 다른 하나는 정치적 현상에 강조점을 두고 있지만, 밀접한 친밀성을 가지고 있다. 그리고 예를 들자면 그것은 두 개의 관념 사이에 모순을 전제하지 않으며, 오히려 일치를 증명한다. 그리고 혁명가들은 프랑스혁명에 대해 두려움을 가졌고, 그들은 그에 대한 우상을 만들었다는 것 등이다. 그들은 프랑스혁명을 신성화시키면서, 낡은 신앙들이 근거하고 있는 토양을 제거하는 운동에 의해 일으켜진 두려움 속에서 그것을 화석화시켰다. 프랑스혁명을 개인들 위로 올리고 그것을 추상적인 존재로 만들면서, 그들은 각자를 자유롭게 하고 각자에게 자신의 양심의 증언 위에 신념을 확립하는 권력을 주는 업무를 회피하였다. 정치적인 것과 종교적인 것이라는 이중적인 측면에서, 공포정치는 동일하게 과거와 단절하는 것에서 무능력을 보여 준다.

저자가 우리에게 혁명가들이 예전에 종교적 건설 혹은 정치적 지배를 위해 활용된 폭력에 대한 과거의 의미를 되찾는 것을 하지 못했다는 것을 보여 주면서 해석은 복잡해진다. 요약하자면 우리는 그들이 혁신가라고 믿을 때 그들은 권위의 원칙에로 동일시되는 포로로 남게 되며, 그들이 모방가라고 믿을 때 그들은 패러디 속에서 타락한다는 것을 알게 된다. 그들이 모르는 사이에 근대적 정신, 민주주의적 정신은 그들의 기획에 대립한다. 이러한 사실로부터 결여되어 보이는 것은 프랑스혁명만이 아니라 공포정치 자체이다. 공포정치는 잔인하지만 불합리하고 가소로운 것이었다.

주장은 한 차례 이상 종교적인 것의 질서와 정치적인 것의 질서 속에서 파악되도록 한다. 그러나 이 경우 우리들 분석의 암시적이고 미묘하고 아이러니한 행보는 증명만큼이나 관심을 받을 만하다. 간단히 말해 그에 따르면 종교적 특징을 가진 건설적인 테러라는, 나중에 **이상형**이라고 불리게 될 것을 만드는 데 만족했다. 그리고 나서 전제적인 테러의 이상형을 만들고, 혁명적 테러에 대해 질문한다.

그의 주제를 요약하자. 16편 「프랑스 테러리즘과 히브리의 테러리즘」이라는 제목의 첫번째 부분 속에서 명백하다. 제기된 문제는 다음과 같다.

"인민의 재생에 적용된 공포정치의 시스템은 즉자적으로 무엇인가?" 저자는 곧바로 그 특징에 집중한다. "이 시스템의 이상은 모세에 의해 인지되고 실현되었다. 그의 인민은 이집트의 노예 상태 속에서 멸망한다. 그는 그들을 재생시키면서 구하려고 시도한다. 그것을 위해 그는 우선 그들에게 이집트의 낡은 우상을 버리도록 강제한다. 그러고 나서 그는 전통과 인민에 대한 교육을 새롭게 하고자 시도한다. 그 성공을 위해 그는 인민을 사막으로 데려간다. 그는 거기에서 인민을 40년의 두려움과 테러 속에 둔다. 공포의 정부이다……"(II, 132). 히브리의 테러리즘과 비교하여 프랑스의 테러리즘은 동일한 시스템으로부터 확립된 것으로 보인다. "인민을 과거의 토대로부터 분리시키려는" 동일한 의지, 완전히 새로운 교육의 꿈에서처럼 "가장 만성이 된 습관들, 월, 주, 날, 계절의 이름까지 바꾸려는" 고심 속에서 "과오의 사막에서 훈련시키려는" 계획. 그러나 동시에 비교는 차이를 드러낸다. 혁명가들은 입법자의 첫번째 임무를 소홀히 하였다. 인민의 종교적 제도화. 모세는 동일하게 행동한다. 그는 "12부족의 피로 덮힌" 낡은 우상들을 신성화시킨다. "(그는) 오늘날 가증스러운 것이다."

　　이러한 비판으로부터 동일한 편의 두번째 부분에서 결론을 이끌어 낸다. "잘못은 불합리한 것을 발생시키고, 불합리한 것은 잔악한 것을 만들어 낸다"(II, 140). 이러한 결론은 외양상 프랑스혁명이 관용할 수 없는 것이 되어서만 종교적이 될 수 있을 뿐이라는 확신에 근거한다. 키네는 93년의 국민공회가 관대한 원칙을 정식화했음에 동의한다. 그러나 그는 그것이 "반혁명을 포함했다"라고 선언한다. 그러한 주장은 처음에 우리가 진술한 주장과 결합하는 듯하다. 그러나 그것은 다른 기능을 채우고 있는 듯하다. 사실 어떤 것도 프랑스혁명이 히브리의 테러를 모델로 취했다는 것을 암시하지 않는다. 분명 키네는 종교혁명과 관용의 양립 불가능성을 분별해 낸다.

예를 들어 그는 5편에서 관용의 정치와 배척의 정치 사이에서 선택을 해야 하며, 하나를 선언하고 다른 하나를 실행하는 것은 두 그림 위에서 길을 잃을 수밖에 없다(I, 125)라고 말한다. 동일한 편에서 그는 관용의 정신이 근대 정신 자체임에도 불구하고, 불관용의 수단에 일시적인 의지가 관용의 정신이 승리하게끔 하였다고 지적한다. 그는 다음과 같이 질문하기에 이른다. "누가 이 빈 공간에, 과오의 사막에서 프랑스의 천재가 산출한 것이 무엇인지, 근대 정신의 자유로운 에너지가 구 세계의 붕괴에 의해 열려진 공백을 메우기 위해 무엇을 했는지를 알 수 있는가?"——이 질문은 다음의 지적으로부터 나온 것이다. "동일한 적대자에 대항하여 연합한 것을 의식하면서, (테러리스트들은) 서로 죽이지 않을 것이었다"(II, 170). 어쨌든 자신의 사유에 대해 의심하는 것이 불가능하고, 16편에서 스스로 경멸을 금지하면서 말이다. "나는 사람들이 나의 사유에 대해 혼동하지 않기를 바란다. 나는 모든 사람들과 같이 신앙의 자유가 우선되어야 할 원칙이며, 그것은 근대 의식의 기저라는 것을 알고 있다. 그러나 나는 혁명가들이 테러에 대한 고대적 권리로 돌아오고 그들이 동시에 적들의 권리를 유지했을 때, 스스로 모순에 빠져 있음을 말할 수 있다고 믿는다. 그들은 이러한 모순을 깨뜨릴 수 있었다"(II, 178). 키네가 명백히 하고자 매달린 것이 이 모순이었다. 그는 상상에 의해서 프랑스혁명의 다른 도정을 재구성한다고 주장하지 않는다. 그러나 그는 공포정치 속에서 사회체의 재생 혹은 공공 안전의 시도라는 불가피한 결과를 찾는 역사가의 테제를 붕괴시키길 원한다. 이러한 목적을 넘어서 그의 주제는 그의 동시대인들을 프랑스혁명의 실패에 대해 설득하고, 그들의 눈앞에 정치적·사회적 그리고 종교적 변화가 제기하는 문제를 가져오는 것이다(프랑스가 루이 나폴레옹의 치세하에 있었으며, 키네가 망명 중에 쓴 것이라는 것을 잊지 말자).

혁명적 테러리즘이 제시한 테러의 예 속에서 조롱거리인——동시에 잘못되고, 불합리하며 잔인한——것이 무엇인지를 보여 주기 위해 진정한 건설적인 테러의 모델을 세우는 것, 그러한 방법은 마키아벨리적인 명백함에 영감을 보여 주는 것이다. 놀라운 것은 없다. 키네는 그의 시대에 마키아벨리에 대한 가장 주의 깊고 가장 명석한 독자였다. 그처럼 자유 그리고 새로운 이념과 제도에 열중한 키네는 현실주의적 전제들과 운명주의를 가르치고 사실상 항상 억압을 덮으려 하는 학자들을 우롱하였다. 키네는 그들을 수단과 방법의 일관성이라는 함정에 넣었다. 그렇게 건설적 테러라는 가정을 제기하면서, 그는 대답으로부터 소란이 발생하고 혁명가들의 '정신의 소심함'을 드러나도록 하면서까지, 그것으로부터 어떠한 결과를 끌어내는지를 묻는다. 그리고 그 저작의 마지막에 이르러서 역사가들의 '바보짓'에 대해 긴 평을 내놓는다. 거기에서 가장 큰 용감함이 보이는 듯하다.

한편으로 키네의 마키아벨리적 영감을 의심하는 사람은 현재 우리를 붙잡고 있는 주장의 두번째 부분에 대한 검토에서 설득을 해야 한다. 이번의 경우 혁명적 테러와 전제적 테러 사이의 기존 비교는 객관적인 조사 아래에서 아이러니를 가장 잘 드러낸다. 그는 다음과 같이 적고 있다. "프랑스의 테러리스트들은 테러의 진정한 정수를 알지 못했다. 그들의 민중적 정신은 필요한 냉혈함을 가지고 이러한 지배 도구에 사용하는 것을 방해하였다. 그것은 가장 강력한 무감각을 요구하며, 테러리스트들은 찬란함과 분노를 거기에 가져왔다. 루이 11세, 필리프 2세, 리슐리외가 행했던 것은 이러한 외적인 폭력을 가지고서가 아니었다……. 피를 흘리지 않고서 이러한 무기들을 사용하기 위해 필요한 냉정함을 가진 것은 고대적인 귀족정과 고대의 군주정뿐이다. 민주주의는 이것을 위해 아무런 가치가 없다. 지나치게 성급하였고, 지나치게 무절제하였다. 민주주의는 모욕할 줄은 알지만 중상하지는 못했다. 민주주의는 적을 때린다고 믿으면서 자신의 손으로 자기를 때렸다"(II, 211~212). 불합리한 것, 테러리즘의 자기 파괴였다. "결코 종교재판은 심판관들을 공격하지 않았다." 불합리한 것, 테러의 한계들에 대한 토론, 테러를 절제하기 위한 어떤 이들의 시도. "이 정부의 본성은 모호하고, 알려지지 않았으며, 모든 점에서 극단적이다. 제동장치도, 한계도 없어야 한다"(II, 213). 또 불합리한 것, 평온한 미래에 대한 믿음. "이 정부의 원칙은 희망을 제거하는 것이어야 한다." 비참한 것. 마침내 93년과 94년의 형벌들, 테러에 적합한 것은 "숨겨지고 맹목적인 형벌들이다. 분명 살인의 분위기 아래 있는 먼 유배, 술탄 궁전 내부의 비단 매듭, 아무도 살아 나가지 못하는 감옥들……호수 아래, 종교재판의 수도원 감옥 또한 시베리아의 유배, 우랄의 광산을 인용할 수 있다.……이러한 것들이 공포 체제에 그 본성에 고유한 형벌들이다. 그것들은 소진되지도 지치지지도 않고서 상상을 채울 수 있다.……보지도 못하고, 측정하지도 못하는 악들이 무섭게 나타난다"(II, 214). 프랑스 테러리스트들 ──사랑받거나 혹은 미움을 받으면서──은 그러한 고도의 시도를 하지 않았다. "……반향을 일으키는 죽음들, 영원한 단두대들, 작렬한 태양과 세상 모두의 눈앞에 쏟아진 피, 세상은 혐오한다.……인민들 사이에서 죽는 것, 그것은 끝까지 살아 있다는 것을 느끼는 것이다. 어둠 속에서 살아 있는 사람들로부터 멀어진 채, 알려지지 않고 잊혀진 채 메아리 없는 죽음, 바로 이것이 진정한 테러이다. 그것은 1793년의 테러가 아니었다"(II, 215).

인민에 대한 무지와 경멸

결국 언급된 세 가지 주장은 17편(「공포정치의 이론」)에서 이미 그려지지만 그다음 편(「독재」)에서 더 잘 그려진 네번째 주장과 결합한다. 우리는 이미 미슐레에게서 그것을 보았다. 인민을 구원하고, 그들을 자유롭게 만들기 위해 선두에 섰던 이 사람들은 그에게는 낯설다. 그의 가장 큰 부분에서 비판은 로베스피에르주의자들을 향해 있다. 그 비판은 우리로 하여금 이전에 제시된 그들이 인민의 분노를 체계화하였다는 테제를 정정하도록 한다. 현재에 그들은 인민의 분노를 지배의 공식화되고 질서 잡힌 프로그램으로 대체하기 위해 그것을 활용하면서 그것을 억압하고자 하였다. 이러한 생각이 18편 「고전적 공화국과 프롤레타리아 공화국」의 제목의 첫번째 부분에서 정식화된다. 여기에서 키네는 에베르파의 제거라는 에피소드에 관심을 가진다. 에베르파에게 그는 어떠한 동정심도 가지지 않았고, 그가 어디에서도 그들을 인민에 대한 해석가로 생각하지 않았다는 것을 알 수 있다. "에베르 및 그와 같이 고발된 이들은 테러 체제의 불가피한 산물이었다. 병적인 상상, 격렬하고 광포한 정신들은 모든 안전을 극단으로 몰았다"(II, 254). 따라서 어떠한 것도 그들의 분노의 진지함을 믿게 하지 않았으며, 자코뱅 운동에 대한 그들의 첫번째 의존을 잊게 하지도 않았다. "……그들을 죽이는 사람이 아니면, 누가 그들의 제동 장치를 제거하고 그들에게 분노를 가르쳤겠는가?" 그러나 그들을 파괴하는 것만이 확실한 것이다. 로베스피에르와 생쥐스트는 부르주아 문인들의 이상理想을 실패로 만든 테러리즘에 대항하는 그들의 분노를 펼쳐놓는다. "에베르파를 분쇄하면서 생쥐스트는 평민, 이름 없는 대중을 분쇄한다.…… 고전 연구자들에게는 특별한 것, 군중의 눈먼 열정들은 그들에게는 외부로부터의 영감인 듯하였고, 그들은 대중들의 기질을 거의 가지지 못하였다"(II, 253). 그리고 키네는 아주 귀중한 비평을 덧붙인다. "세상의 어떠한 호민관도 로베스피에르와 생쥐스트보다 덜 민중적이고, 더 현학적이고 더 연구하지 못하였다. 인민의 언어를 말하는 누구든지 그들에게는 재빨리 그리고 자연스럽게 가증스러웠다. **그것은 그들에게 공화국을 타락시키는 것 같아 보였다.** 그들은 키케로의 화려함과 타키투스의 장중함을 가지고서만 공화국을 변화시켰다." 다음의 비평이 에베르파 제거의 원인들과 관련된 판단에 결합한다. "생쥐스트는 그들이 자신의 스파르타적 정식화를 상스러운 말로 대체했다는 것 때문에 그것을 처벌하였다. 그것은 코르들리에의 미개하고 프롤레타리아적인 혁명을 분쇄한 자코뱅의 고전적이고 문인적인 혁명이었다. 로베스피에르는 고전 비극의 계획을 따랐다. 적절한 법규를 벗어난 모든 것, 삶, 자발성, 인민적 본능은 그에게는 괴물처럼 보였다. 그는 병화兵禍로 휩쓸었다"(II, 225). 특히 생쥐스트가 당통에 대항하여, 로베스피에르가 쇼메트에 대항하여 열중할 때, 이러한 주제가 전 지역을 휩쓸었다.

키네에 따르면 행위자들의 운동과 주제들이 조심스럽게 정비되어야 하는 사건들의 문학적 왜곡, 이상적 장면의 정비는 혁명적 그림에서 귀족들을 패배하게 하는 모든 것을 제거해야 한다고 주장한다. 그러한 의미에서 자코뱅의 상상에 출몰하는 음모는 실제적인 것의 하찮음 속에, 일상적인 것에 집착하는 산문 속에서 그 자리를 찾는다.

그러나 비판은 여기에서 멈추지 않는다. 에베르파의 언어가 더 이상 너그럽게 봐 주지 않았음을 지적할 필요가 있다. "뒤셴 신부의 소란을 수고스럽게 뒤따른 사람은 에베르가 진정한 민중의 언어를 포착할 수 없었다는 것을 보게 된다. 그는 매번 낭독 때마다 선서를 하였고, 대중들에 대한 강조를 표시하였다. 연극의 누더기옷, 상퀼로트의 누더기." 이렇게 우리는 이중의, 즉 위로부터의 동시에 아래로부터의 이상화——인민의 이름으로 말하고 행동하기 위해 효과적으로 인민을 구성하는 사람들의 존재를 부정하는 **무시무시한 의지로 인도되는 이상화**——를 추적하도록 요구받는다.

키네의 이러한 마지막 주제는 미슐레의 숙고의 연장일 뿐인가? 그러나 그는 미슐레의 숙고를 넘어서는 결론으로까지 이끌고 간다. 왜냐하면 그것은 자코뱅과 에베르파, 혁명적 분파 전체를 공격할 뿐만 아니라, 인민의 이상화라는 원칙 자체——이것은 다른 목표를 위해 항상 역사가들의 해석을 주문한다——에 대항하고 있기 때문이다. 교훈은 명확하다. 역사도, 프랑스도, 인민도 신성화되어서는 안 된다. 반대로 역사에 대한 국민, 인민에 대한 진실은 탈신비화라는 혁명적 작업을 요구한다. 결국 탈신비화는 공포정치의 기원과 그 정당화를 공급했던 믿음의 힘을 구별하는 수단을 준다. "어떤 인민이 피의 희생을 필요로 하는 구세주 인민인지 알지 못한다는 관념에 모든 것을 희생한다. 그러나 모든 인민은 이 대가 속에서 구세주라고 주장한다. 모두는 그들의 폭력, 잔인함, 타락을 신성한 것으로 사랑하기를 바란다.……피의 신비주의를 가지고서 그것들을 끝내자. 적어도 역사를 해방하자. 잔인함은 그것을 행사하는 인민이 무엇이든 잔인함이다. 우상숭배는 우리에게 더 이상 허용되지 않는다. 선택한 당도, 피의 시스템도, 물신의 역사도, 시저나 로베스피에르도, 더 이상의 인민-신도 없다! 우리의 경험은 저어도 우리에게 인간으로 남는 것을 가르쳐 준다!"(II, 194~195)

그가 "더 이상의 인민-신"이라는 말을 던질 때, 그러고서 그가 "……공포정치는 프랑스 역사의 운명적 유산이었다"라고 덧붙일 때, 키네는 그의 비판에 프랑스혁명의 유산을 요구하는 사람들과 단절하게 하고, 미슐레로부터 그를 멀리하게 한다. 아마도 이러한 단절은 왜 그의 저작이 그렇게 고의로 그리고 그렇게 집요하게 **잊혀졌는가**를 가장 잘 이해하게 한다.

원칙으로서 그리고 개인으로서 혁명[*]

조셉 페라리가 정치가로서 어떤 악명을 안게 된 것은 이탈리아에서 자신의 삶의 마지막 시기 때였다. 반대로 철학자이자 작가로서 그의 청중은, 그가 1838년에 정착하여 20년을 넘게 살았으며, 그의 주요한 저작들의 출판과 『두 세계지』*La Revue des deux Mondes*, 『독립지』*La Revue indépendante*에의 협력에 의해 알려진 프랑스에서 아주 제한된 채 남아 있다. 망명자의 생활은 어려웠고, 그는 특히 그의 목소리를 막는 새로운 '지적 권력'과 충돌하였다. 1841년 스트라스부르그 대학에서 그에게 맡겨졌던 철학 강의는 곧 장관의 명령으로 철회되었다. 그는 철학교수자격agrégation을 얻는 데 성공하지 못하였다. 1848년 말 부르즈Bourges에서 교수에 임명되었지만, 1849년 6월 13일에 이어졌던 억압은 공식적으로 쫓겨나기 전에 그로 하여금 서둘러 포기하도록 만들었다. 그의 정신적 독립, 공화주의적 확신에 대한 완고함, 가

---

[*] *Différences, valeurs, hiérarchie,* Mélanges offerts à Louis Dumont, EHESS, 1984에 게재된 글.

톨릭과의 협정 거부는 그로 하여금 자리에 있는 사람들의 적대감을 받도록 하였다. 사실 그는 그의 입장에서 그것들에 신중하게 처신하지 않았다. 그는 특히 한때 그를 지지했던 빅토르 쿠쟁[1]에 대해 그리고 그가 임금받는 철학자들——그의 글들 중 하나의 제목이다——이라고 부르는 사람들에 대해 완고함을 드러냈다. 그의 비판의 완고함에 대해 그가 우리의 주목을 끌기를 바라는 책 속에 쓴 짧은 문장을 통해 그의 생각을 볼 수 있다. 마키아벨리가 우리 시대의 혁명들을 판결한다.[2] 루이 필리프의 통치를 상기시키면서 그는 문장 속에서 다음과 같이 관찰한다. "……철학은 자신의 경찰관을 가지며, 그 우두머리, 방법에 의한 성공의 찬미자는, 우화의 아첨꾼과 모든 자유로운 사상가의 적을 만들면서, 박식함과 비천함으로 계산된 혼합물의 교육을 강요한다"(117). 물론 몇몇 위대한 사상가들이 그를 알아본 것은 사실이다. 그는 프루동, 르루와 관계를 가졌고 키네와는 서신을 교환했으며, 바르베 도르빌리Barbey d'Aurevilly의 찬사를 받았고, 보들레르Baudelaire의 관심을 끌었다. 그러나 프랑스혁명에 대한 그의 옹호——그는 항상 진행 중인 혁명으로 판단하였다——로 어떤 이들을 불쾌하게 만들고, 또한 혁명가들의 실수에 대해서는 가차 없는 분석을 가함으로써 또 다른 사람들을 불쾌하게 만든 이 외국 철학자는 많은 공중들의 관심을 끌지 못하였다. 그의 주제들이 마음에 드는 것도 아니었다.

---

1 빅토르 쿠쟁(Victor Cousin, 1792~1867), 1830년 7월 혁명 이후 소르본 대학의 정교수, 고등사범학교의 교장, 공교육에 관한 국가위원을 역임하였으며, 1840년에는 문부대신이 된다. 그의 사상은 일종의 절충주의로 감각론과 관념론에 더하여 회의론과 신비주의 등을 프랑스의 멘 드 비랑, 독일의 셸링, 헤겔, 스코틀랜드의 상식철학의 영향을 받은 것이었다. 7월 왕정 시기 대학은 거의 그의 지배하에 있었다고 해도 과언이 아니었다.—옮긴이

2 Joseph Ferrai, *Machiavel juge des révolutions de notre temps*, Paris, 1849. 인용 후에 쪽수를 적겠다. Id., *Les Philosophes salariés*, Paris, 1849; rééd.,'Critique de la politique', Paris, Payot, coll. 1983.

살아 있는 시기에 페라리에게 예정된 운명은 놀라운 것은 아니다. 더욱 더 놀라운 것은 제목 이상으로 사후에 호기심을 자극할 만한 가치가 있는 그의 『마키아벨리』가 망각 속에 빠졌다는 사실이다. 그 저작은 결코 다시 인쇄되는 혜택을 받지 못하였다. 우리는 그것이 어디에서도 언급되는 것을 보지 못하였다. 많은 큰 도서관에서도 그의 책을 찾는 것은 헛된 일이다. 그러나 그의 책은 근대성의 향기를 내뿜고 있다. 그의 동시대인들을 유혹하지 못했지만, 다음 세대들과 스탕달이 기다린 독자들을 매혹시킬 수 있었다. 스탕달이라는 이름이 우연히 우리에게 온 것은 아니다. 페라리가 그를 읽었는가? 우리는 알지 못한다. 작가라는 그의 직업과 결합한 법률가의 형성 과정이 민법에 대한 동일한 애정을 공유하도록 하였는가? 혹은 그가 어조의 자유, 패러독스에 대한 취향, 경이에 대한 의미 등 스탕달의 것처럼 보이는 것을 물려받은 것은 『군주론』의 저자로부터인가? 그것이 어떠하든 그의 글쓰기는 절도가 있고, 명확하며, 힘이 있다. 그는 과장에 질색했고, 묘사와 논리 전개에서 늦장을 부리지 않았다. 그의 글은 시대의 정치적 문학에 대해 단호한 입장을 보인다. 좋은 말을 통한 환심 사기도, 언어의 분출도 없었다. 시적 감흥이나 예언도 아니다. 그는 콩스탕에게서 보이는 연설가의 방식도 갖지 않았다. 토크빌이 갖고 있는 언어적인 거대한 건축도 그에게는 적합하지 않았다. 그는 독자들을 확신시키고자 고민하지 않고 말을 한다. 이러한 말투는 타자의 반대를 끌어안지 않는다. 그것은 비판을 대비한 경고를 무시한다. 우리는 그가 '원칙'을 끄집어 내기 위해 마키아벨리의 담론의 줄거리와 세기의 사건들을 능숙하게 분해하고 그로부터 마치 정복의 리듬에 대해 쓰고 있는 것처럼 자신의 목표로 달려가는 것을 보게 된다. 그의 확장된 인식은 새로운 학파가 그를 이해한다는 의미에서 역사가의 인식이었지만, 그의 기질은 문필가의 그것이었다. 그는 25페이지에 중세 이래 이탈리아의 모험과 관련된 중요한 사실들을 모으는 것을, 혹은 프랑스를 다루면서 로베스피에르, 보나파르트, 샤를 10세, 루이 필리프, 48년의 공화파와 루이 나폴레옹을 프랑스혁명의 협곡으로 연결시키기 위해 진주처럼 꿰는 것을 두려워하지 않았다. 그리고 단순성과 외관상의 일직선에도 불구하고, 그는 소설화된 소설이나 삽화가 들어간 철학과는 다르게, 독자들의 시선을 잡고 그들을 일종의 정치철학적 소설 속으로 끌어들인다.

분명 우리는 마키아벨리를 근대 혁명들에 대한 판관으로 세우려는 것이 어렵다고 평가할 수 있다. 그의 증명이 부딪히는 반대들이 무엇이든, 그의 전개는 그 저작이 제목이 상상하게 하는 것보다 더 세밀하다는 것을 드러낸다. 사실들에 대한 독해와 정치적 행위의 조건들에 대한 숙고를 엮고 있다. 그의 저작은 사건들이 프랑스혁명의 의미에 대한 발생자이자 동시에 폭로자라는 것을 공언하는 매우 특이한 공간을 펼친다. 반면에 그것들의 해석의 열쇠 —마키아벨리의 해석 —를 제공하는 사유는 역사 속에서 그 자체로 포착되고 그 미래로부터 발견되도록 한다. 이야기와 비판 사이의 왕래는 역사의 외관상의 부조리 속에 그의 논리에 반하는 확신이 있다는 관념을 지지하게 한다.

이 저작의 긴 마지막 장을 차지하고 있는 이탈리아의 혼잡한 상황에 대한 눈부신 분석을 따르자면, 우리는 맑스의 『브뤼메르 18일』을 상기하게 된다. 정치적 음모의 돌발 사건들을 검토하는 데 있어서 탈신비화의 기술 자체.—장식의 이면을 생산하기 위해 장면을 선회시키는 뛰어난 분석가의 기술. 역사의 비극 아래 희극을 벗겨 내기 위한 아이러니. 가정된 영웅들을 평범한 수준으로 가져오기 위해, 이익의 회색 화법 속에서 이데올로기의 잡동사니를 해소하고 동시에 새로운 세계를 불가피하게 배태하는 표시를 생산하기 위해, 만약 페라리의 분석이 맑스의 분석들과 같은 성공을 알지 못했다면 그것은 활기와 세심함의 부족 때문이 아니라, 아마도 그가 독자들을 인류 해방의 주체로서 동일시시키지 못하고, 정반대로 사건들의 인지 가능한 연관에 대한 확신에 프랑스혁명의 행위자, 수단, 상황들에 관련한 불안한 분리를 결합시키기 때문이다. 다음과 같은 예를 통해 그의 방식에 대해 판단하도록 하자. 그의 저작의 마지막 직전의 장에서 그는 카베냐크Louis-Eugène Cavaignac에게서 공화국의 대통령직을 빼앗아간 루이 나폴레옹을 향해 말하고 있다. 마키아벨리는 그에게 그의 주장을 불어넣고 있다. 그러나 그가 그것을 자신의 것으로 만들지 못하고 있음은 분명하다. 여기 모든 것들이 자유주의적 혹은 사회주의적 독자들을 혼란시키는 특징이다. 거기에서 그는 인민과의 동맹에 근거하여 자신의 자산을 짓는 예비독재자를 예언하고 있다. "메디치의 사람들을 모방하라.……하층 인민에 근거하여 너를 세워라. 평민들의 독재자가 되어라……." 그는 이렇게 던지고 있다(121). 그러고는 다시 "사람들은 너에게 네가 반동의 선출자이고, 너는 보통선거의 선출자라고 말할 것이다. 사람들은 너에게 보통선거가 너를 제국으로 불렀고, 그것이 공화국을 폐지했다고 말할 것이다. 따라서 본능적으로 혁명적인 인민의 투표는 필요에 따라 저속한 것이 될 것이라는 것을 명심해라". 이 가정이 한때의 프루동처럼 승리자의 인간성에 대한 몇 가지 환상을 가지고 있다면,[3] 덜 터무니없는 것이다. 사람들은 그를 순진하다고 믿을 것이다. 그러나 그는 전혀 그렇지 않다. 그는 이후 뒤에서 다음

---

3 1860년대 프루동은 루이 나폴레옹에 대해 우호적이었다. 1840년 루이 나폴레옹은 대통령이 되기 이전에 노동자의 궁핍화에 대한 글을 썼고, 그에 대한 개선의 필요성과 국가의 개입을 강조하였다. 또한 황제가 된 후 영국에서 제1인터내셔널이 열렸을 때, 루이 나폴레옹은 프랑스 노동자들의 참여를 기꺼이 허락하였다. 이러한 이유에서인지 프루동은 루이 나폴레옹에 대해 환상을 가지고 있었다.—옮긴이

과 같이 쓰고 있다. "불행하게도 우리는 여기서 꿈을 꾸고 있다. 루이 나폴레옹은 반동에 의해서 승리하였다"(123). 꿈은 단지 역사에 대한 전망을 준다. 역사의 사건들은 분별 있게 연관된다. 그것은 도덕이 배척하는 방식이다. 분명 상상된 순간 자연에 대항하는 동맹은 민주주의라는 명분을 위한 것이었고, 민주주의의 원칙은 모든 장애물을 결국에는 좌절시켰다. 그러나 민주주의자들은 신념과 파렴치함에 대한 강조를 혼합한 어조를 아무런 반감 없이 들을 수 있을까? 페라리는 루이 나폴레옹에게 과거로부터 벗어나라고 주문하며, 또한 다음과 같이 말한다. "이러한 황폐함을 건드리지 마시오.……당신을 구해야 하는 것은 인민이오. 당신에게는 종교가 필요합니다. 바로 인민이 그것을 당신에게 줄 것이오.……르네상스 시기에 몇몇 사람들의 종교는 오늘날 인민-왕이라는 종교입니다. 벼락부자는 사람들이 자신의 성공을 좋아하기를 바랍니다.……인민의 종교에 매달리시오. 그것은 성장할 것이고, 당신은 공화국의 새로운 운과 함께 성장할 수 있을 것이오"(122~123). 가장 놀라운 결론은 다음이다. "만약 군주가 그 역할을 하지 못한다면 공화국의 역할은 무엇인가? 마키아벨리는 이렇게 말한다. '브루투스의 광기를 모방해야 한다', 18년 동안 광기라고 불러왔던 이 토론을 계속해야 한다." 페라리는 어떤 해결책도 제안하지 않는다. 그는 어떤 행동도 호소하지 않는다. 원칙, 역사에 대한 과학을 알고 있는 사람들은 그의 눈에는 결론을 짓지 않고 질문을 하는 사람들이다. "민주주의에 대한 이념들은 아직 혼동되어 있다. 그것은 대중들의 애착을 얻지 못했으며, 그것은 도그마라기보다는 열망이다. 찾으라. 그러면 발견할 수 있을 것이다. 주장하라. 그러면 1789년 그리고 1830년의 원칙들과 같은 결정된 시스템에 도달할 것이다. 그래서 광인들이 승리할 것이다"(123). 현재의 세계에 대한 어떠한 후퇴도 포함하지 않는 기이한 언어이며, 그것은 현재에의 문제들과 관련된 정치적 행동 속에 놓은 희망을 허락하지 않는다. "그동안 평등도, 봉기도 없다." 그는 적대자가 선동과 같은 것을 매달릴 이유는 아무것도 없다고 말한다. 결국 최악의 상황에 대한 어떠한 사색도 없다. 우리가 기대할 수 있는 최상의 것은 그가 전복의 조건을 발생시킨다고 할지라도, 사람들이 대항하여 싸우는 체제가 주는 혜택은 무시할 수 없는 것이라고 그는 우리에게 말한다. "공화국의 우두머리에 왕당파들이 있는 것을 불평한다. 그들이 신뢰를 확립할 수단을 가지고 있다면, 거기에 있는 것도 유용하다. 그들이 파산을 선언한다면, 그들이 머무는 것도 필요하다. 그래서 그것은 왕당파 없는 공화국의 날이 될 것이다"(123). 페라리는 이렇게 차분한 현실주의와 프랑스혁명의 불가피성에 대한 확신을 결합시킨다. 민주주의와 사회주의의 이상과 함께하는 견유주의. 인류의 운명에 대한 생각과 함께하는 사건들의 우연 속에서 의미를 찾는 것. 마침내 그가 종교라고 부른 어떤 것 ─"인민의 종교", "자연적 종교" ─ 그리고 다른 신념, 사회적인 혹은 용어의 진정한 의미에서 정치적인 도그마를 포함하고 있는 어떤 것을 기다리면서 기존 종교에 대해 비난하는 것. 한편으로 그가 애착을 가진 독자들의 다양한 범주들, 다른 한편으로 그는 그에 대항하여 그들을 일으켜 세운다.

그러나 그가 그의 시대에 특이성을 지녔던 것 그리고 현재에 그러한 것이 존재한다는 것을 평가하기 위해 공중에 대한 그의 글이 지닌 효과는 무시하자.

페라리는 마키아벨리의 작품 속에서 자신의 시대의 역사의 원칙들을, 그리고 이탈리아 르네상스에서는 근대 혁명의 요람을 발견한다. 우선 이러한 시도 속에서 새로운 것은 없다고 믿을 수 있다. 마키아벨리는 수세기 동안 정치적 혹은 정치-종교적 투쟁 속에 관여했던 사람들에 의해 이용되었다. 빈번하게 자신의 전제를 선동하는 신뢰 없는 자처럼 보이게 하면서 권력에 있는 자나 적의 도당을 불신하게 했고, 혹은 자유의 명분과 국가이성의 테제를 방어하는 것이 문제였다. 의식처럼 되어 버린 이러한 활용이 프랑스혁명 동안 혹은 그 이후 수년 동안 수많은 저자들에 의해 시도되었다. 로베스피에르와 보나파르트는 '마키아벨리화된' 것으로 보여졌다. 마키아벨리의 정신을 상기시키는 것, 그의 구술 아래 쓰는 것처럼 가장하는 것, 행위자들에게 그의 텍스트가 이야기되는 것을 듣게 하는 것, 페라리 시기에 의존했던 이러한 행위가 이전에도 존재했으며, 이후에도 다시 시도될 것이다. 프랑스혁명을 그것을 예시하는 몇몇 커다란 사건들로 환원하는 경우, 이러한 해석은 이미 19세기 동안에 전통적인 것이 되었다. 몇몇 ——예를 들어 발랑슈Pierre-Simon Ballanche 혹은 르루Pierre Leroux ——에게는 프랑스혁명의 배후에 기독교의 탄생이 있고, 가장 많은 사람들에게는 바로 종교개혁이 옛것과 새것 사이의 단절의 첫번째 계기를 구성한다. 드 메스트르Joseph de Maistre와 보날Louis de Bonald 혹은 스탈 부인Germaine de Staël, 콩스탕과 기조를 읽었던 보수주의자와 자유주의자들은 89년의 원칙들에 대한 그들의 비난 혹은 방어를 떠받치는 동일한 확신을 공유한다. 프랑스혁명을 자유의 발명으로 찬양하거나 집단적 정신착란으로 비난한 후, 프랑스혁명을 역사 속에 다시 각인시킨다. 페라리는 그 탄생의 날짜를 변경시켰을 뿐이다. 그러나 그의 저작은 정치적 팸플릿 전체와 이전의 역사적 재구성의 시도로부터 분리된다. 사실 그는 멸시하거나 존경하는 몇몇 사람들의 입에 제공하기 위해 마키아벨리로부터 몇몇 정식화를 빌려 오는 것에 만족하지 않는다. 그는 명백한 의미 아래 있는 잠재적 의미를 발견하려는 의도 속에서 마키아벨리의 저작에 대한 세심한 해석을 정교화한다. 마키아벨리에 대한 의존은 논쟁의 단순한 구실이 아니다. 9개 중 6개의 장이 그에게 할애된다. 비판적 독해는 사유의 세속성에 새로운 감성을 의미한다. 마키아벨리는 특정한 사회적 세력의 대변자나 과감한 행위자의 이용에 적합한 정치적 전략의 창조자로서 제시되지 않는다. 그는 그의 시대의 이탈리아를 움직인 모순에 의해 관통되고 있음을 드러낸다. 이러한 의미에서 그를 이해하는 것은 황제와 교황의 이중적 권위 아래서 형성된 정치신학적 모델의 해방이라는 기획이 사회와 문화 속에서 그려지는 계기인 르네상스 시대를 질문하는 조건 속에서만 가능하다. 우리가 『군주론』의 저자에게 돌린 위선은 우리가 잘못 믿고 있는 것처럼 그 개인과 관련되지 않는다. 그것은 새로운 권리의 요구가 제기되는 반면에 중세 질서 속에서 신앙이 저항하는 세계에서 스스로를 일치시킬 수 없는 사유의 무능함을 증언하는 것이다. 만약 마키아벨리가 행위자들에게 주어진 목표에 무관심하면서 성공할 기술을 찾는 데 노력하고, 동시에 이탈리아 조국의 독립과 통일을 꿈꾸었다면, 변덕의 게임과 같은 이중적 게임의 표시는 거기에 있지 않을 것이다. 그에게 부족한 것은 원칙과 행위 사이의 관계, 중세적 구조의 파괴를 의미하는 역사적 창조와 그것을 완성시킬 수 있는 세력들 사이의 관계이다. 그런데 그러한 관계는 포착하기 불가능해 보인다. 왜냐하면 원칙이 현실 속에 아직은 체현되지 않기 때문이다. 전통적 가치의 해소, 행위, 습속, 사유속에서 자유의 요구에도 불구하고 창조는 선으로 이끌어질 수 있는 유일한 행위자들, 변화 속에 자신의 신념을 놓을 수 있는 대중들에 의해 이루어지는 것이 아니다. 마키아벨리는 자신의 시대 속에서 기대의 근원을 끄집어 낸다. 그러나 그 시대는 그에게 그의 고유한 사유의 원칙을 찾는 것을 허락하지 않는다. 르네상스의 이탈리아는 세계를 흔드는 모든 투쟁들——계급들의 투쟁, 정치 투쟁, 가치들의 투쟁——이 작동하는 특권화된 장소이지만, 교황과 제국의 이중적인 굴레를 떨쳐 버리지는 못하였다. "바로 그때,

르네상스는 이탈리아를 떠나 독일에서는 종교개혁으로 프랑스에서는 프랑스혁명으로 되었다. 레오 10세 치하에서 불필요했던 이 사람들은 오늘날 우리들의 진정한 동시대인이 되었다"(「서문」). 자신의 시대에서는 정치사상가로서 부당하게 위치지어진 마키아벨리는 페라리의 시대에 정치사상가가 되었지만, 아직은 그가 알렸던 것의 의미가 포착된 것은 아니었다. 마키아벨리는 자신의 사유로부터 추출해 낼 수 없지만 현재가 끄집어 내도록 허락하는 지식을 보유하였다. 사후에 그로부터 차용하려고 애쓰는 이론들—결국은 모순적인—은 중요하지 않다. 페라리는 갑작스럽게 선언한다. "그는 어떠한 이론도 설파하지 않았다. 그가 멸시한 중세와 그가 알지 못한 근대 세계에서 그는 동일하게 낯선 존재이다"(「서문」). 그러나 낡은 것과 새로운 것이 급진적인 대립의 기능 속에서 정렬된 다양한 투쟁의 시련을 겪으면서, 그는 정치적 행위자들이 맞서는 대안들을 이해하고, 성공 혹은 실패가 만들어 내는 논리를 간파할 힘—그를 동시대의 역사의 판관으로 만든 힘—을 얻었다. 명시적으로 그것을 말하지 않고서 페라리는 근대 혁명의 부화인 르네상스가 시작의 계기로서 후일의 사건들의 발전의 법칙을 포함하고 있다고 제시한다. 그리고 동일한 방식으로, 그는 혁명적 담론의 새로운 정교화가 그의 측면에서는 고유하게 정치적인 투쟁의 조건들을 숨기는 효과를 가지며, 마키아벨리는 경험이라는 유일한 수준에서 그것을 발견하였고, 그 조건들을 읽을 수 있도록 한다고 제시한다. 아마도 페라리는 다른 사람들처럼 독자들이 현재의 문들을 열 수 있는 열쇠를 포착하게 하기 위해 마키아벨리로의 회귀를 재촉하는 것 같다. 하지만 이러한 호소로 그의 의도가 축소되지 않는다는 것을 알 수 있다. 그를 피렌체의 저술가의 작품에 대해 알도록 하고, 그가 모르는 사이에 그가 인도하는 것을 발견하게 만드는 것은 근대적 혁명들이다. 그리고 이 혁명들은 돌발 사건들의 세밀함 속에서 혁명들이 인식하도록 이끌어 주는 원칙들에 비추어져 분명해진다. 시간들의 차이는 지워지고, 역사의 철학이 해석을 떠받친다.

그러나 이러한 행보의 풍부함을 인정해야 한다면, 또한 해석 자체를 평가하는 것도 중요하다. 그런데 그 해석이 하나의 주요한 테제 ——프랑스혁명은 근대의 군주이다——의 기능 속에 배열된다. 우리가 알고 있는 것처럼 그람시Gramsci는 나중에 군주와 혁명당을 일치시킨다. 혁명당에게 그는 프롤레타리아의 열망을 정치적 현실주의의 용어로 전환시키는 임무——마키아벨리적 영웅이 부르주아를 위해 담당했던 임무——를 맡긴다. 그람시와 달리 마키아벨리의 저작들(『군주론』뿐만 아니라 『로마사 논고』까지)을 풍부하게 참조하였던 페라리는 프랑스혁명 자체 속에서 각각의 경우를 이용하고, 차례차례 장관들을 이용하고 폐기하고 무모함과 신중함을 결합시키며, 갑작스런 일격을 가하거나 혹은 기다리고, 간단히 말해 자신의 목표에 도달하기 위해 모든 수단을 사용하는 편재하고, 전능하고 간계를 가진 주권자를 우리가 알아채도록 하고 있다. 이러한 표상은 신의 섭리와 은밀한 공모가 없다고 할 수 없으며, 그것은 시간에 대한 저술 속에서 다시 등장한다. 혹은 '이성의 간계'라는 표상과 혹은 공산주의라는 비밀스런 변증법의 표상과의 공모이다. 그러나 그것은 매우 특이한 특징을 가지고 있다. 보르지아Borgia의 잔인한 환상들에 대한 이야기에 영감을 받은 페라리는 행위자들, 역사의 영웅들이 저자-감독의 요구에 대해 자신들의 능력을 보이거나 대응하지 못하는 무능함을 보이기 위해 등장하도록 요구받는 극장을 꾸미는 듯하다. 혹은 좀더 자세히 말한다면, 그는 프랑스혁명을 배우들과 음모의 상황을 찾는 창조자이거나 동시에 관객으로 만든다. 프랑스혁명은 자리들을 배분하고 역할들의 해석을 판단한다. 아마도 낯선 허구이지만, 그러나 세기의 정신이 지닌 어떤 것을 드러낸다. 환상이 자신의 스펙터클에 대해 환상을 품는 세력들 혹은 창조적인 전망으로부터 활짝 피어난다. 그리고 그 환상은 민주주의 혹은 사회주의라는 마지막 빛 속에서 폐지되기 전까지 지속된다. 이러한 의미에서 논리주의는 탐미주의와 결합한다.

자 이제 합의하도록 하자. 만약 마키아벨리가 우리들의 시대의 혁명들에 대한 판관으로 제시된다면, 최고의 심판관으로 명백해지는 것은 프랑스 혁명 자체이다. 마키아벨리는 자신의 목소리를 그것에게 빌려 주는 것일 뿐이다. 기억하자. 그는 그 원칙을 알지 못하기 때문이다.

우리는 어떻게 페라리가 그의 분석의 가장 뛰어난 단편들 중 하나에서 나폴레옹의 모험을 묘사하는지를 알고 있다. "나폴레옹은 무엇인가"라고 묻고 우선 다음과 같이 답한다. "마키아벨리에게 물어보라"(108). 그가 이해하고 있는 것처럼 마키아벨리는 그의 초상화를 이미 그렸다. "그것은 새로운 군주이다." 혹은 또한 "조국 위를 걷는 장군, 그가 승리를 가져오는 순간 재빨리, 마키아벨리에 따르면 배은망덕한, 시에예스에 따르면 **사살하도록 했어야 하는** 공화국의 낌새를 알리러 온 용병 대장이다"(108). 나폴레옹은 인민을 통치하고, 사랑하고 두려워할 줄 알았으며, 자신의 사명을 위해 군대를 만들고, 내부의 적들을 제거하며, 좋은 조언자들로 에워싸게 하고, 결정의 자유를 전적으로 보장할 줄 알았다. 그러나 군주가 만날 수 있는 가장 큰 난관에 그가 부딪친 것은 그의 상황이었다. 그는 영주에 익숙해 있다가 갑자기 자유로워진 인민들 가운데 나타났다. 그의 운명은 공화국과 연결되었지만, 그의 지지자들로부터 그가 기대할 것은 아무것도 없었다. 그리고 그의 적들에 대해서는 거의 왕과 같은 권위를 행사하면서 그는 버려질 뿐이었다. '새로운 자유의 이익'은 그에게 거의 왕과 같은 권위를 부여했다(110). 그렇게 "그의 역할은 지시되었다. 나폴레옹은 과거의 군주정과 새로운 공화국 양측 모두와 싸우면서 앞으로 나갔다……." 사실 "그는 프랑스혁명의 법을 통해 왕정주의와 싸웠고, 군주정의 형태를 통해 프랑스혁명과 싸웠다"(111). 그는 새로운 이름을 만들었고, 새로운 사람들을 키웠으며, 귀족을 만들고 제국을 세웠다. 그러나 하나의 모순이 그것을 삼켰다. 종교 안에서 인민의 존경을 보존하는 좋은 이미지를 가져오지 않고서는 통치할 줄 모르는 군주는 새로운 종교, 조국의 종교와 옛 종교, 왕들의 종교 사이에서 찢겨진다. 그는 콩코르다Concordat에 서명하고 신성함을 요구하면서 전자를 배반하였고, 교황을 공격하면서 후자를 배반하였다. 마찬가지로 군대의 힘에 모든 것을 맡기면서 유럽을 복종시킬 줄 알았는데, 거기에서 그는 정복자의 역할과 해방자의 임무 사이에서 선택하는 데 무능을 보여 주었다. 마키아벨리가 가르친 것을 실행하는 데 있어서 그는 주저하였다. 왕들을 폐위시키고 적들의 왕국을 황폐화시키는 대신에 그들을 내버려 두었지만, 곳곳에서 반란군의 증오를 받았다. 군대의 운이 그에게 실패를 주었을 때, 그에 대항한 동맹이 만들어진다. "공화주의자도 폭군도 아닌 사람에 대항하는 공화주의적 군주제적 그리고 민주주의적 왕당파적 전쟁이다"(134). 모든 분석은 인용을 많이 사용하여 이루어졌다. 마키아벨리는 대안들을 진술하고, 가능한 것과 불가능한 것 사이에서 줄을 그었다. 나폴레옹은 마키아벨리에 의해 판결된 듯이 보인다. 그러나 결론과 함께 또 다른 장면으로 커튼이 열린다. 그의 몰락 속에서 지롱드, 당통 그리고 로베스피에르와 결합하는 나폴레옹. 페라리는 다음과 같이 묻는다. "그토록 많은 제물을 희생시킨 절대적 주인, 추상적 군주는 무엇인가? 그것은 프랑스혁명이다. 하나의 도구가 지긋지긋해질 때마다 마키아벨리의 계율에 따르면 인민들이 **놀라고 만족하도록**, 그것을 깨뜨렸다"(114).

새로운 군주, 그것은 더 이상 나폴레옹이 아니다. 마키아벨리적인 창조에 일치되는 순간, 정치적 장 속에 위한 이상적인 행위자에게 형상을 제공하는 모델로 아니다. 군주, 진정한 주인은 이 장 바깥, 이행자들이 빠져드는 극장을 설치하는 이다. 그리고 매우 놀라운 것은 마지막 이미지, 놀라고 만족스러워하는 인민의 이미지이다. 이 이미지는 그가 프랑스혁명과 이토록 뛰어나고 또한 파렴치한 폭군 사이의 명시적인 동일시 앞에서 후퇴하지 않는다면 아마도 페라리가 언급하기를 주저하는, 충분히 유명한 보르지아의 모험의 에피소드를 정확히 기억 속에 두는 것이다. 마키아벨리는 정력적이고 잔인한 한 사람에게 로마냐Romagne ——그때까지 잔인하고 약탈적인 소영주들에 종속된 지방——에서 질서를 확립시키는 임무를 맡긴 후, 발렌티노 공작le de Valentinois이 그 명성이 자신에게 해가 될 것을 두려워하면서 자신의 장관을 적절하게 제거한 것을 언급하였다. 이 사형 집행의 장면이 독자들의 눈앞에 드러났다. "그 위에 정확한 경우를 들자면 [공작은] 이른 아침 세즈나Cesena에서 광장 한가운데에서 그를 두 동강내었고 그 옆에 단두대와 피묻은 칼을 [내버려 두었다]. 이 스펙터클의 잔인함은 모든 인민들을 동시에 만족스럽고 얼빠지게 하였다." 마키아벨리는 독자들이 한 시선으로부터 스펙터클과 넋을 잃은 공중을 포괄하도록 하며, 보르지아의 시선, 즉 그가 만들었던 그림을 응시하고 있는 주인의 존재를 상상하게 한다. 이러한 효과들을 느끼면서 페라리는 마키아벨리를 대체하고, 동시에 프랑스혁명은 보르지아를 대신하며, 1789년 이래 희생자들의 행렬은 잔인하고 불행한 장면을 대신한다. 결국 그는 독자들에게 프랑스혁명이 만들어 낸 드라마를 보게 하면서 프랑스혁명의 시선을 상상하게 한다.

마키아벨리의 비판은 페라리가 군주라는 개인에서 프랑스혁명으로 작동시킨 전이에 의해 지배된다. 그 비판은 피렌체의 저자에 의해 의미가 잘못 알려진 투쟁들에 대한 재평가에 근거하며, 이 잘못된 인지의 결과로서 행위에 대한 추상적 이론을 비판한다. 그러나 우리들의 저자가 당한 반박, 마키아벨리의 사유뿐만 아니라 이탈리아의 역사에 대한 재구성의 누락과 자의성이 주목을 끈다. 그의 증명은 그가 명시적으로 명명하지 않은 목표를 위한 것이다. 프랑스혁명의 원칙에 형상을 제공하는 것, 그 속에서 근대적 개인의 결정 자체를 구체화하고자 한 것이다. 그 분석에 따르면 프랑스혁명은 세계 정신이 체현되고 있는 힘을 드러낼 뿐만 아니라 과학과 의지와 열정을 증명해 보인다. 그것은 비밀 속에서 **벼락 출세**의 야망을 가지고 행위한다.

마키아벨리가 개인들의 힘의 욕구에 대해 부당하게 언급하려 했던 투쟁의 실체를 재구성하려는 우려 속에서 페라리는 교황당guelfes과 황제당gibelins의 적대를 우선 순위에 놓고 그것으로부터 19세기까지 이탈리아의 역사의 원동력을 만든다. 그가 르네상스 시기에 사실상 모든 사람들이 교황당이 되었다고 한차례 말했음에도 불구하고, 그는 중세 세계와 근대 세계 사이의 구별의 선을 긋고 마키아벨리에게 그들에 대한 이해를 반박하기 위해 상상적인 이 행위자들이 필요하였다. 그들의 투쟁에 대해 그는 마치 낡은 원칙이 이름뿐이고 더 이상 제국적이지 않은 새로운 군주정들 속에서 생존하는 것처럼, 교황이 스페인과 오스트리아와 동맹할 때 황제당의 교황이라고 규정하는 것을 두려워하지 않고, 황제와 교황에 대한 이탈리아의 연장된 복종을 제시하였다. 피렌체 역사에 대한 세부적인 인식의 표시를 주면서, 그는 14세기에 정통적 교황당의 옹호자에게 황제주의라고 고발된 사람들에게 '진보주의적' 요소들이 있음을 인정하는 것을 금지하였다. 그들은 정력적으로 국가권력의 해방에 기여하였으며, 그들 중 어떤 이들의 경우 시민적 인문주의의 위대한 테제들을 정식화하였다는 것을, 또한 최근의 시민들 대부분은 낡은 부르주아의 보수주의적 분파와 충돌하였다는 것을 인정하는 것을 금지하였다. 마키아벨리는 그때 당시는 황제당의 음모의 흔적을 알아차렸어야 했던 것인데, 치옴피Ciompi의 반란을 로마공화국 아래에서 평민들의 반란에 비교하였던 것을 비난하는 것을 본다. 이것은 증명에 대한 우려 속에서 제기된 특이한 판단이라고 할 수 있으며, 페라리가 1848년 6월 봉기를 상기시키면서 그의 책의 다른 장소에 다음과 같이 말할 때, 그는 명시적으로 그 반대로 이야기한다. "이 투쟁은 무엇인가? 피렌체의 평민과 대부르주아의 전쟁, 비쩍 마른 인민과 기름 낀 인민의 전쟁, 치옴피와 포폴라니popolani의 전쟁이다"(119). 역사에 대한 마키아벨리적인 전망을 제거하고자 하는 압박감에도 불구하고, 그는 다시 한번 단체의 전망에 마키아벨리의 것을 대립시키는 것을 주저하지 않는다. 단테의 경우 그의 시기에 낯선 존재인 반면에, "마키아벨리는 거대한 반란과 동일시된다.……그가 겨냥한 곳은 르네상스이다. 그는 르네상스가 자신의 작업을 완수하기를 바랐고, 그가 반란의 위대한 기술을 가르친 것은 바로 이러한 목표 속에서이다"(53).

이러한 자가당착을 드러내는 것은 그것들이 페라리의 기저와 그 그림에 대한 비판을 지지하는 수단을 잘 가늠하게 하지 않는다면, 별 이득이 없을 것이다. 우리가 언급한 것처럼 그 비판은 여기에 있다. 마키아벨리는 개인의 행동만을 인지했을 뿐이다. 그는 마치 행위자들이 그들의 위치가 결정되는 기능 속에서의 쟁점들과는 독립적으로 행위의 주권적 자유를 누릴 수 있는 것처럼 행위자들에 제공된 대안들에 대한 정의에만 한정하였다. "이중적인 부문에서 천 가지의 조언이 펼쳐졌다.……그것들은 음모가들을 가르쳤고, 그것들은 음모들의 진행 위에 있는 군주들을 밝혀 주었다. 시민전쟁의 모든 상황들은 일종의 궤변에 의해 소진되었다"(21). 이러한 관찰은 페라리가 주어진 상황의 강제뿐만 아니라 그들 고유의 본성이 부과한 강제로부터 자유롭게 된 주체의 환상을 비난할 때 더 멀리 간다. "이러한 성공의 기술은 개인에게 해방자 혹은 폭군이 되도록 애정을 보이거나 죽이거나, 자선가가 되거나 살인자가 되도록 한다. 마치 우리들이 우리의 본성, 우리의 열정과 이념을 선택할 수 있고, 세계 속에서 우리들의 역할이 대립적인 역할을 불가능하게 하는 원초적인 주어진 조건의 논리적 결과가 아닌 것처럼"(29). 간단히 말해 마키아벨리는 인간과 사물 속의 모든 결정을 제거하는 지식의 현기증에 굴복한 것으로 간주되었다.

페라리는 마키아벨리의 사유로부터 그 자신의 고유한 주제에 적합한 것만을 끄집어 낸다. 그가 전복하기를 원하지만 또한 역설적으로 다른 영역 위에 옮겨 놓으면서 재건하기를 바라는 행위 이론이 그것이다. 그는 지배의 관념을 포착하여 프랑스혁명과 결합하고자 행위의 주인으로서 개인이라는 허구를 비난한다. 마키아벨리가 정치적 행위자들에게 가르치기를 원했던 성공의 기술을 배척한 후, 그는 숨겨진 의미를 찾아내기 위해 사실상 그것을 다시 포착한다. "그가 생각하지 못한 것, 그가 예견하지 못한 목표가 있다. 그리고 그가 도달한 것은 그 목표이다. 마키아벨리의 위대한 기술은 본질적으로 비밀이다. 그것을 폭로하자. 그것은 개인적이다. 이 개인의 상징을 깨뜨리자. 개인을 원칙들에 의해 대체하자. 마키아벨리는 도달한 모든 원칙들의, 내가 말하고 싶은 것은 세상에 성취된 모든 혁명들의 이론을 추적하였다"(29).

'비밀을 폭로하기', 이 정식화는 이미 『군주론』의 저자의 재활성화를 위해 이용되었다. '상징을 깨뜨리기', 아마도 더 최근에 이미지는 복음서를 프랑스혁명의 암호화된 텍스트로 만들고, 예수 그리스도를 도래할 인류의 반쯤 숨겨진 형상으로 만든 문필가들에게서 전혀 다른 영역에 등장하는 듯하다. 그러나 페라리는 마키아벨리가 자기 기술의 비밀을 가지고 있다고 판단하지 않는다. 그는 군주에게 주어지는 교훈이라는 포장 아래 인민을 가르친 장자크 루소처럼 말하지 않는다. 그는 근대인들이 읽을 수 없는 해방의 메세지를 더 이상 내세우지 않는다. 마키아벨리를 통해서 그가 모르게 말하고 그리고 개인의 마스크 아래 명명된 것은 프랑스혁명이다. 프랑스혁명에서 우리는 개인에 순진하게 맡겨진 권력을 인정해야 했다. 절대적 주인, 프랑스혁명은 인간과 사물의 조정자의 힘을 소유하였다. 모든 역할을 짊어진 프랑스혁명은 상황들에 따라 군주의 관점과 음모가의 관점을 결합하였다. 만약 사랑하고 죽이는 자유로운 개인이라는 허구를 고발한다면 반대로 그것은 사실이며, "적들을 학살하기 전에 사랑하게 되는" 혁명은 없다는 것을 인정해야 한다. "18세기 중반경, 혁명이 그 과정에 출몰하였고, 사랑하다가 몇 년 뒤에 죽었다"(29). 군주에게 "중심, 부, 인간들을 옮기는" 능력을 주는 것은 불합리하다. 반면에 그것은 혁명의 권력이다.

　아주 분명하게 우리들의 저자는 『군주론』의 도입에 정식화된 문제를 포착하였다. "어떻게 권력을 정복하고 보존하는가", 마치 이 문제는 성공의 기술에 대한 논의를 여는 듯하다. 그는 분명히 마키아벨리 작품 전체를 탐구하였고 아주 세심한 독자였다. 그러나 그가 멈추길 바란 것은 바로 이 문제에서였다. 가장 높은 힘을 보유하거나 거기에서 호흡하는 사람의 시선에 객관화된 세력의 장에 대한 표상이 그를 유혹하였다. 그는 행위자의 지성이 드러나는 전제와 선택들의 전개에 매료되었다. 그러나 그는 권력의 사회적 토대, 그 제도와 그 행사의 탐험을 알고자 하지 않았다. 공화국과 군주정의 구별은 그의 눈에는 마키아벨리의 이론의 틀 내에서 적절성이 없는 것이었다. 그는 피렌체인으로 그 사람은 군주정보다는 공화국을 더 좋아한다고 믿었다. 그는 마키아벨리가 특정한 상황 속에서 공화국의 역할보다는 군주의 역할이 더 행복하다고 판단할 수 있다는 것은 사회의 성격에 대한 숙고 때문임을 이해하려 하지 않았다. 그에 따르면 지배계급이 가장 커다란 부패에 도달한 곳에서 불평등의 효과는 군주적 혹은 유사 군주적 권위에 의해서만 억제될 수 있지만, 그러나 조건들이 좋을 때 공화국만이 민중적 에너지를 동원할 수 있기 때문에, 공화국이 그의 눈에 최상의 체제로 비치는 것은 동일한 숙고 때문임을 이해하려 하지 않았다. 우리는 페라리가 그것을 이해하려 하지 않았다고 말한다. 사실상 『로마사 논고』에서 정식화된 상이한 체제들의 비교는 그를 비껴 가지 않는다. 그러나 그는 모든 정치 사회가 인민과 귀족, 명령하고 억압하고자 하는 욕망과 명령받지 않고 억압받지 않으려는 욕망 사이의 분할을 중심으로 정렬된다는 관념에 무감각하게 머물기 위해서 그러한 비교의 의미를 인정하지 않았다. 귀족들의 오만함을 억제할 줄 아는 군주의 억압보다 공화국 내에서 지배계급의 억압을 더 두려운 것으로 판단하도록 마키아벨리를 이끈 것은 이러한 분할에 대한 사유이다. 더 일반적으로 사회 전체에 권력의 개입의 다양한 양식을 찾도록 하는 것은 이러한 분할에 대한 사유, 좋은 정부 안에 체현되는 가능한 열망과 이익들의 공동체에 대한 순진한 믿음에 대한 비판이다. 이러한 연구에 대해 페라리는 인민에게서 토대를 찾으려는 군주의 필요성에 대해서도, 귀족들의 희생 속에서만 성취될 수 있는 군주의 지배의 열망과, 결코 채워질 수 없으나 귀족들의 억압에 대한 대응 속에서 행사되는 인민의 자유의 열망 사이에서 결합할 수 있는 가능성에 대해서도 말하지 않는다. 그는 개인들이 간계는 권력과 사회적 공간의 구성적 간계에 대한 대응이라는 것을 알아차리지 않고서, 귀족의 특질에 대한 마키아벨리의 고려들 속에서 개인들에게 주어진 교훈을 발견한다. 왜냐하면 군주는 그가 공적 선의 명분을 체현하는 것처럼 나타나는 순간에 인민의 자유의 욕망을 충족시킬 수 없으며, 인민은 인민이 되는 것을 중단하지 않고서 지배할 수 없어 속임수에 노출되기 때문이다. 그리고 동일한 장막이 군주의 권력의 건설과 공화국의 건설에 던져진다. 페라리는 로마공화국 모델을 회고적인 유토피아로 본다. 따라서 그는 화합, 안정성, 좋은 정부라는 개념들을 불신하는 과감한 분석, 사회적 투쟁, 평민들의 봉기, 자유의 요구를 로마 영광의 근거로 만드는 분석, 따라서 전통적으로 입법자에게 맡겨진 위치, 정확히 말하면 정치적 지식의 보유자로 간주되는 개인의 위치를 제거하는 분석, 마지막으로 정당성에 대한 끊임없는 의문에 열려 있는 항의받는 권력의 덕성을 벗기는 분석을 높이 평가하지 않는다.

마키아벨리 담론의 이러한 부분은 그에게는 확정된 목표에 맞추어 노출된다. 어떻게 그는 프랑스혁명 속에서 군주의 권력을 맡겼겠는가? 만약 그에게 사회 분할의 문제를 맡긴다면, 그리고 만약 그가 극복하는 분할 속에 항상 **잡힌** 권력이라는 관념을 받아들인다면, 어떻게 그가 프랑스혁명을 절대적인 주인으로 세웠겠는가? 페라리는 분할을 두 원칙의 분할로서 인지할 뿐이다. 그리고 그가 역사적 장면을 정렬시키는 것은 그들의 적대——그 결과가 미리 주어지는 적대, 왜냐하면 프랑스혁명의 원칙은 근대성의 원칙이며, 미래의 진리가 놓인 정복적인 원칙이기 때문이다——라는 표시 아래에서이다.

더 우리를 놀라게 하는 것은 이러한 관점으로부터 원칙의 내용과 관련된 문제는 삭제되는 경향이 있다는 것이다. 그러나 그가 거기에 매달린다는 것은 의심의 여지가 없다. 저자는 자유 사회의 도래, 군주제적 낡은 질서의 소멸뿐만 아니라, 근대 자본주의에서 발생하는 불평등의 소멸을 예견하게 한다. 정치적·사회적 민주주의의 도래, 인간 권리의 선언으로부터 출발된 작업의 완수, 그 결과 자유의 사회는 부르주아의 경계들을 지양한다. 그러나 프랑스혁명의 의미에 대한 관념과 그 행위의 관념 사이의 간극이 작동하고, 그것은 1789년 이래 역사의 재구성을 매우 특이하게 만든다. 사건들은 목적과 수단 사이의 충돌 없이, 원칙의 승리라는 기준 속에서 판단된다. 그로부터 예를 들어 공포정치에 대한 변명은 없고, 자코뱅의 억압과 자유의 이상 사이에 만들어진 대립에는 무관심한 채, 프랑스혁명으로부터 유추되는 작동으로서 냉정한 상기만이 있을 뿐이다. 그로부터 더 일반적으로 인간들은 그 과정에서 끝까지 이용되지 않거나 혹은 그들은 상황에 따른 선택 속에서 저해되기 때문에, 원칙에 의해 사라진다는 운명적 발전이라는 이상이 나온다. 이러한 재구성의 과정 속에서 페라리는 때때로 자신의 이론의 한계를 넘어선다. 우리는 그를 그 이론에 가두고자 하지 않는다. 그가 항상 다시 시작하는 프랑스혁명과 항상 방해되는 이탈리아혁명에 대한 묘사에 할애된 페이지들은 그 저작의 가장 강한 부분들이며, 그 관심을 정당화한다. 그는 1789년 이래 혁명들과 쿠데타들 속에서 단 하나의 역사적 모험을 보고 그 미래를 추적한 소수의 사람들 중 하나이다. 마키아벨리로부터 영감을 받은 그는 행위자들을 옭아매고 그들의 선택으로부터 그 뒤의 결과를 이끌어 내지 못하는 모순들을 아주 명백하게 보여 준다. 그가 악평하는 행보를 조용하게 고려하면서, 그는 아이러니하게도 인간들이 "전적으로 좋게 되지도 전적을 나쁘게 되지 못하는" 세계의 불행을 벗기고 있다. 루이 필리프의 중간이라는 개념에 영향을 받은 그는, 마키아벨리에 의해 비난받은 **매개를 통하여**vis media라는 개념과 관련되는 **중도**juste milieu 속에서 핵심적 열쇠를 발견하였다. 그것은 인민에 근거할 수 없는 체제들에 대한 신랄한 분석으로 그의 모델 속에 영감을 주었다. 따라서 필연성에 대해 인지하지 못하는 순간을 지적하기 위해 자신의 고유한 영토 위에서 열심히 추적하는 역사적 행위자들에 대한 비판은 결국 민주주의의 문제에 대한 대답과 정치에서 자발주의 및 행동주의의 비난이 없는 현재의 이미지와 결합한다. 어쨌든 페라리가 모든 의심을 빼앗아 버리는 혁명에 대한 그의 이론적 과장에 의해 우리의 주의를 끌지 못하는 것은 의심의 여지가 없다.

인간들의 등 뒤에서 작용하고 또한 인간들의 자유가 솟아나오는 역사의 패러독스, 권력의 모든 가시적인 건축물이 해체되는 행동 아래 있는 비가시적인 권력의 신화, 프랑스혁명의 이행의 표시 속에서 그날의 영웅이 종국적으로 비난받는 잔인함, 우둔함, 공포의 변모, 시간의 악들과의 거만한 협약. 이것들이 바로 근대적 상상을 오랫동안 괴롭히게 될 정치적 미학의 요소들이다. 페라리의 드문 찬미자들 중에서 보들레르를 기억하자. 그는 한순간 문학적 댄디즘에 대해 기획한 글 속에서 한 장을 그에 대한 생각으로 할애하고 있다. 그에 대한 그러한 기획은 유일하게 위대한 개인으로서 혁명 이론가의 근대성을 밝혀 주고 있다.

『공산주의자 선언』의 재독해[*]

우리는 아직 맑스를 읽을 수 있을까? 역사가의 입장에서 그에게 다가가는 것만이 아니라 그의 저술 속에서 사유에 대한 자극을 찾는 것, 그와의 대화를 연결하는 것, 그에 따라 그의 시대의 경험으로부터 이끌어 낸 문제들은 우리들의 경험이 우리에게 맡긴 문제들에 양분을 공급하는가? 우리의 시각에 대답은 의심의 여지가 없다. 맑스주의가 현재에 해체되었다는 거의 반박할 수 없는 사실은, 몇몇 무례한 비판가들이 믿는 것처럼 맑스의 작품이 우리에게 말을 걸기를 중단했다는 것을 야기시키지 않는다. 진실은 단지 그의 테제들이 그가 전통의 다양한 흐름과의 단절 속에서 19세기 유럽에서 그려진 새로운 세계를 이해하기 위해 시도했던 길이 우리에게 별로 중요하지 않다는 것일 뿐이다. 경제적·정치적 제도를 넘어서, 철학적·도덕적·종교적 표상들을 넘어서, 그것들이 근거하는 실천들의 의미를 발견하고 그것들의 발생의 원칙들을 포착하고 동시에 사회적 관계들과 역사적 생성

---

* *Dictionnaire des oeuvres politiques*, Paris, PUF, 1986에 게재된 글.

에 대한 일반적 지식을 얻기 위한 그의 노력을 말한다. 분명 우리는 그러한 시도가 모순에 빠지고, 또한 이후에 전체주의 이데올로기에 양분을 제공했던 환상을 탄생시켰다고 판단할 충분한 이유를 가지고 있다. 그러나 우리는 그러한 시도가 헛되거나 실패를 통해서만 교훈을 얻는다고 결론내릴 수 없다. 만약 맑스가 합리주의와 비합리주의 사이, 주의주의와 운명론 사이, 극단적인 주관주의와 극단적인 객관주의 사이에서 진동하게 했을 뿐이라는 것이 사실이라면, 해야 할 일은 그의 의도를 평가하는 것이고, 어떻게 그가 이러한 대립들을 피하려고 시도했는지를 아는 것이다. 그것들의 지양이라는 임무보다 더 정당한 일이다. 어떤 다른 이들은 그를 따라서 그것을 찾으려 했으며, 우리 역시 아직 찾고 있다. 그가 인간 세계의 특수성과 자연 세계 속에서 그 함의를 동시에 인식하는 것에 혹은 서로서로를 해체시키지 않는 실제적인 것과 상상적인 것 사이의 구별을 정교화하려는 데에 도달하지 못한 것이 사실이라면, 해석에 대한 그의 작업은 지속적으로 이러한 목표의 흔적과 관련된다는 것을 인정해야 한다. 당신이 정치적 사실에 대한 그의 무지를 비난하고, 그것을 생산양식에 의해 결정된 계급관계들의 효과로 환원시키기는 것이 환상이라고 결론지으며, 결과적으로 맑스가 고갈되었다고 믿었던 정치철학의 근원으로 돌아가기를 결심해야 한다면, 이러한 요구는 그의 전 저작의 횡단에 의존해야 한다는 것 그리고 사회적인 것의 문제로부터 면제된 것은 정치적인 것에 대한 심각한 질문이 아니라는 것을 부당하게 무시하는 것이다.

그러나 왜 맑스의 테제와 그것을 포함하고 있는 저작 사이에서 그러한 분할을 해야 하는가? 왜냐하면 모든 사유의 저작들이 그러하듯이, 이 저작은 확언했던 것이 존재하는 것의 부분으로 환원되지 않기 때문이다. 그리고 출발에서 결론까지 똑바로 난 길을 나타내는 표시를 찾는 것은 헛된 일이기 때문이다. 이 저작은 그 사유가 형식적 추론의 시도를 피하고, 그 사유가 그 영향에서 벗어난 것에 의해 넘어서거나 시선을 끌도록 하는 해석에 공헌할 때, 사유가 자신의 고유한 운동 속에 창조되는 장애물의 흔적과 관련된다. 테제의 진술은 확실성의 힘에 의해 수취인의 접수 혹은 거부에만 달려 있는 반면에, 저작은 그것이 전달하는 문구에 대한 사유의 친밀한 논쟁이라는 이유로 인해 독자에게도 열려 있다. 바로 이것이 저작이 아직도 독자들을 호명하는 점이다. 혹은 다른 개념으로 말하자면 맑스는 그가 살아 있는 동안에 맑스주의자가 아니다(그리고 그가 이러한 맑스주의자라는 명명에 대해 화를 내며 거부했다는 것을 우리는 알고 있다)라는 한에서 그러하다. 그의 입장에서 맑스주의자는 생산양식의 정의, 사회 계급의 정의, 이데올로기의 정의, 하부구조와 상부구조 사이의 관계의 정의, 사회구성체의 연계의 정의를 알고 있다. 그러나 자신의 저작을 집필하던 맑스에게 이러한 개념들의 의미는 확정되지 않았으며, 그는 질문과 해석의 작업 속에서 그것을 발견한다. 한 책에서 다른 책으로 혹은 단 한 권——가장 중요한『자본』Le Capital——의 공간 속에서 그 의미는 전치된다. 주장은 그 부정에 노출되는 것을 피하지 않았으며, 새로운 현상의 검토에 의해 부과된 탈선도 없어졌다고 믿었던 모호함을 다시 들여 왔다……. 그렇게 생산양식 개념은 동양적 전제정의 분석에 의해 흔들렸고, 근대자본주의와 전자본주의적 형태 전체 사이의 단절의 역사가 등장했을 때, 생산력의 발전에 의해 지배되는 유일한 역사라는 이미지는 해체된다. 부르주아 세계 속에 사회적 관계들의 투명성이라는 관념은 자본주의의 '마법에 걸린 우주'에 대한 묘사에 의해, 개인들을 거대 산업 속의 기관으로 만드는 '기계적 괴물'이라는 묘사에 의해, 그리고 또한 자신의 역할을 알려 주는 유령들에 의해 괴롭힘을 당한 부르주아 혁명가들에 대한 묘사에 의해 실패되었다.

맑스의 저작은 그 자체와 일치하지 않는다. 그것은 독자에게 열리면서 독자에게 그것을 탐구하고, 거부하고, 의심하고, 그것을 알기 위해 몰입했던 그 순간의 자신으로 돌아오는 힘을 준다.

그러나 맑스의 저작에 대한 이러한 방어가 더 명확한 문제를 벗어나게 하지는 않는다. 우리는 아직 『공산주의자 선언』(이하 『선언』)을 읽을 수 있는가? 우리가 이해하는 의미에서 그것을 읽는 것, 즉 하나의 서류로서 그것을 검토하거나, 사상사의 한 에피소드로서 그것을 다루는 것(저자가 바로 비난할 관점이다)이 아니라, 그 위대한 텍스트가 제공하는 특징을 시험하고, 그에게 굴복하면서 과거와 현재 사이의 거리를 순간적으로 잊어버리는 것? 아마도 [맑스는] 헛된 문제라고 말할 것이다……. 이미 답은 주어졌다 왜냐하면 『선언』——다시 이것은 엥겔스와의 합작품이며, 공산주의자의 이름으로 다시 서술되었다는 것은 알려졌다——은 맑스의 뛰어난 저작의 한 부분이 되었고, 그것은 그의 가장 유명한 작품이기 때문이다. 전 세계에 퍼져 있는 셀 수 없이 많은 독자들에게 그것은 창시자의 위대한 메시지를 포함하고 있다. 『자본』의 과학을 내세우는 수백만의 전투당원들에게, 그것은 그들에게 친숙한 저작들 중 하나이다. 게다가 맑스는 그것을 결코 제거하지 않았고, 그의 생의 막바지에 자신의 저작의 최고의 서론으로 그것을 소개하였다. 어쨌든 대답은 충분하지 않다. 한편으로 맑스의 저작 속에서 그의 확실성을 부정하는 모든 것들에 대해 주목한다는 조건 속에서 다른 저작들과의 관계 속에서 『선언』을 읽을 수 있다는 것과, 다른 한편으로 그것들의 극한까지 가져가 그것 내부에서 이해하여 그것이 우리에게 말을 거는 힘을 잃어버렸다고 해석하는 것이 서로 모순되지 않는가? 이것은 우리의 의견이다.

이러한 의견은 우리의 첫번째 주장으로 되돌아가도록 한다. 맑스가 살아 있는 것은 그가 맑스주의자가 아닌 한에서 그러하다라고 우리는 지적하였다. 우리는 맑스주의가 그의 에피고넨epigonen의 일이었다고 믿게 하면서, 그가 맑스주의자가 되는 것을 방어했다는 것을 보면서 그렇게 말하였다. 그것은 반만 진리일 뿐이다. 그의 사유가 레닌적 맑스주의, 스탈린적 맑스주의, 트로츠키적 맑스주의 그리고 마오적 맑스주의가 만들어 놓은 것으로 환원될 수 없다는 것을 인정한 후, 맑스의 맑스주의가 존재하며, 가장 순수한 그 표현은 『선언』에서 발견된다는 것이 인정되어야 한다. 자기 자신에 갇히고 진실한 것에 대해 진실한 것만을 진술하면서, 『선언』의 담론은 독자를 그 밖에 내버려 둔다. 기념물, 그는 그렇게 존재한다! 그러나 자신의 고유한 펜에 의해 올려지고, 순례자들만이 명상에 잠기기 위해 오는 맑스의 정신적 능陵이 아닌가?

한 사상가가 자신의 저작들로부터 만들어 낸 표상이라는 것은 아무리 생각해도 기이한 현상이다. 맑스는 자신이 『독일 이데올로기』의 수고를 쥐들이 갉아 먹는 비판에 던져 버렸다고 말하는 것을 만족스러워했다. 쥐들은 오지 않았고, 그 책은 계속해서 생생하게 등장하고 있다. 반대로 『선언』에 대해서 그는 시간의 도전을 기다렸다(적어도 사람들이 읽을 필요를 인식하는 시간). 그런데 거기에는 죽음의 역할이 있지 않는가? 그의 성공은 다른 쥐들 그리고 세계의 곳곳에서 다른 쥐들의 이빨 사이로 끌고 간 쥐들의 작업, 즉 공산주의의 희생물이 되어 버린 것과만 관련된다.

이러한 의견은 그 독트린의 좋은 면과 나쁜 면을 대립시키는 것으로 돌아가지 않는다. 그러한 조처는 맑스주의 논쟁 내부에 항상 슬그머니 끼어든 것이며, 우리가 보기에는 모든 정당성을 상실한 것이다. 완전히 다른 것은 우리는 그가 침범할 수 없는 지식을 얻기 위해 스스로 사유를 질식시켰다는 것 그리고 그러한 위치를 차지하기를 바라면서 그에게 도래한 모험을 할 준비를 하였다는 사실 ──맑스주의 과학과 침범할 수 없도록 만드는 일을 담당한 권력의 결합──을 숨기지 말고, 사상가 맑스를 인정한다는 것이다. 이와 관련하여 『선언』의 지위는 우리에게는 중요해 보인다. 지금 당장 맑스가 사물 자체와 명명되기를 기다릴 뿐인 역사 과정을 지시하기만 하기 위해 사유하는 것을 포기하고, 사유하지 않는 것에 전념한다고 말할 수 있다. 아마도 환상의 힘은 거대하다. 그러나 일단 그것이 확산되면, 우리는 그림의 기교들만을 인식하게 되고 그 속에서 스타일과 시대의 표시 이외에 다른 것을 찾는 것은 헛되게 된다.

이미 맑스주의의 쇠퇴를 관찰하고 이데올로기 속에 매몰된 맑스의 사유를 재발견하기를 바랐던 메를로퐁티는 『기호들』Signes의 서문에서 다음과 같이 쓰고 있다. "사유의 역사는 요약해서 말하지 않는다. 어떤 것은 사실이고, 어떤 것은 거짓이다. 모든 역사처럼 사유의 역사는 암묵적인 결정들을 가지고 있다. 그것은 어떤 독트린을 정지시키거나 보존하며, '교서'로 혹은 박물관의 유물로 전환시킨다. 반대로 어떤 독트린은 진술, 제안, 좀더 멀리 나간다면 강제된 매개를 넘어서 말하면서 존재하기 때문에 활동성을 유지한다. 그것들이 바로 고전이며, 아무도 그것을 문자 그대로 취하지 않고, 새로운 사실은 절대로 그것들의 역량 밖에 있지 않음을 인정하며, 그것들로부터 새로운 메아리를 끄집어 내고, 새로운 입체감을 드러낸다. 우리는 맑스에 대한 재검토가 하나의 고전에 대한 숙고이며, 그것은 그것의 무해 증명nihil obstat이나 인덱스 만들기로 끝나지 않을 것이다."

처음으로 이 문구를 읽었을 때, 그것은 우리에게 우리의 신념을 빼앗았다. 그 문구는 지금의 시대에 더 적절한 듯 보인다. 역사는 맑스를 고전으로 변화시켰고, 동시에 그의 저작 속에 맑스주의의 일부인 것을 보존하도록 하였고, 역사는 『선언』을 박물관의 유물로 전환시켰다.

『선언』은 우리에게 그것의 특성과 그 기능을 알려 주는 서문에 의해 시작한다. 출발점을 상기해 보자. "유령이 유럽을 떠돌고 있다.──공산주의라는 유령이다. 늙은 유럽의 강대국들은 이 유령을 몰아내기 위해 신성동맹을 맺었다." 외양상 하나의 증명이다. 맑스는 이로부터 두 가지 결론을 이끌어 낸다. 첫째는 공산주의가 힘으로서 보편적으로 인정된다는 것이다(그것이 불러일으키는 증오와 공포를 듣고 보는 것으로 충분하다.──전설과 거짓이라는 포장 아래에서 사실은 반박할 수 없는 것이다). 두번째는 "공산주의자들이 전 세계를 향해 자신들의 시각, 목표, 경향들을 공개적으로 드러낼 시간이다……." 이러한 결론을 맑스는 자신의 이름으로 진술하지 않는다. "결국에 가장 다양한 민족들에 속하는 공산주의자들이 런던에 모였고 그들은 여기 명백히 밝혀진 위대한 노선을 따랐다……." 따라서 저자는 사라지고 공산주의자들은 그를 통해서 말을 한다. 그의 입장에서 독자는 결정되지 않았다. 공산주의자들은 그들이 본 것, 그들이 원하는 것, 그들 자체를 전 세계를 향하여 드러낸다. 『선언』은 하나의 순수한 현시로서 제시된다. 그것은 이 말들이 제시하는 것보다 더 심오한 의미 속에 있다. 왜냐하면 전 세계를 향한 이러한 현시는 세계 자체의 현시이기 때문이다. 처음에 아주 명백하게 나타났던 이들의 운동은 전적인 가시성 속에서 스스로를 드러낸다. 공산주의자들은 하나의 관점, 특정한 위치에서의 목표와 경향들을 형성하지 않는다는 것을 빠르게 알아챌 수 있다. 역설적으로 전 세계에 맞서 그들은 그 점에 관하여 거리를 두지 않는다. 그들이 이러한 위치를 점한다면 그것은 그들이 세계에 대한 일반성을 체현하기 때문이다. 세계 앞에 자신을 드러내면서 그들은 본질적으로 세계를 표상한다.──역사적으로 사회적으로 결정된 방식에 따라 위치한 인간들의 상상 속에 나타나는 것을 넘어서. 이 소책자의 두번째 부분이 명시하는 것처럼 "공산주의자들의 이론적 제안은 세계의 이러저러한 개혁가들에 의해 발명되거나 발견된 이념, 원칙들에 근거하는 것이 전혀 아니다. 그것은 존재하고 있는 계급 투쟁과 우리 눈앞에서 일어나고 있는 역사적 운동의 실질적인 관계에 대한 일반적인 표현일 뿐이다".『선언』은 절대적으로 현시가 되기를 바란다. 맑스는 공산주의자들의 이론을 제시하지 않는다. 공산주의자들은 스스로를 드러내지 않는다. 그를 통해서, 그들을 통해 드러나는 것은 세계이며 역사이다. 『선언』은 발생하고 있는 것, 즉 도래하고 나타나는 것에 대해 눈을 열 것을 요구할 뿐이다.

처음 세 부분으로의 분할은 공산주의자들의 현시의 세 가지 계기에 조응하는 것 같다. 관점, 목표, 경향. 그러나 이른바 관점의 현시는 다른 두 개를 포함한다. 왜냐하면 사실상 그것은 여기 지금 드러나는 것 그리고 동시에 역사적인 전체의 운동을 가시적으로 만드는 것의 순수한 표상이기를 바랄 뿐이기 때문이다. 공산주의자들의 목표의 현시는 역사적 운동의 목표의 현시 이외에 다른 것이 아니며, 사회주의의 다른 경향들로부터 분화된 그것들의 경향의 현시는 자신의 고유한 경향을 발견할 수 있도록 하는 것과 환상 속에 포획된 것 사이에서 역사가 작동하는 분할의 경향일 뿐이다.

존재하는 것, 즉 존재하게 되는 것에 대한 전망은 변화하는 세계의 실질적인 실재와의 일치의 요구 속에서 모든 것을 가져간다. 그것은 공산주의자들의 위상 그러나 동일하게 프롤레타리아의 위상으로서 맑스의 특수한 위상을 제거한다. 왜냐하면 그는 자신의 고유한 역사적 출현을 표상하고, 자신에게 맡겨진 목표에 순응하여 행위하는 것 이외의 다른 운명을 가지지 않기 때문이다. 결국 그것은 계급의 적대자들의 위상을 제거하기에 이른다. 그들의 거짓말은 그들의 이익과 투쟁의 이유를 알게 하는 힘을 드러내지 못하며, 사회에 대한 그들의 개입 방식과 역사적으로 결정된 그들의 조건은 그들을 볼 수 있게 하지 않으며, 불투명한 장소에 가두어 놓는다는 사실을 드러내지 못한다.

부르주아의 반대를 멸시와 조롱으로 분쇄하고자 열중하는 두번째 부분의 문구 속에서 맑스는 갑자기 대화처럼 보이는 것을 중단한다. "그러나 부르주아적 소유의 철폐를 자유, 문화, 권리 등등에 대한 당신들의 부르주아적 이념의 잣대로 측정하면서 우리에게 트집을 잡지 마라. 당신들의 이념 자체는 당신들의 권리가 법률로서 확립된 계급의 의지, 그 내용이 당신들 계급의 물질적 조건 속에 주어진 의지일 뿐인 것처럼, 생산과 소유의 부르주아적 관계의 산물이다. 생산과 소유의 관계——생산 과정이 일시적인 것으로 만드는 역사적 관계들——를 자연과 이성의 영원한 법칙으로 전환시키도록 하는 흥미로운 이 개념은 당신이 사라진 모든 지배계급들과 그것을 공유하도록 한다. 당신이 고전적 소유에 대해 이해한 것, 당신이 중세적 소유에 대해 이해한 것이 당신으로 하여금 부르주아 사회에서 소유를 이해하도록 허락하지 않는다." 따라서 적대자들의 관점에 대항하여 방어하고 관철시켜야 할 관점은 전혀 없다. 맑스는 부르주아의 기저에 있는 실체를 본다. 그는 부르주아가 보지 못한 것을 보는 데, 부르주아가 그것을 숨기기 때문이 아니라 자신이 계급의 존재라는 사실로부터 자신에 대한 인식을 박탈당하기 때문이다. 또한 이 문구는 맑스가 주장과 논쟁에 빠지는 드문 경우 중의 하나이다. 그가 단념하는 방식은 그만큼 주목할 만하다. 왜냐하면 그 주장과 논쟁은 대화 상대의 존재를 암시하고 공산주의 이론을 전시하며, 사실상 부르주아 사회, 역사, 세계의 전시로의 이행을 보여 주는 『선언』은 위험 부담 없이 다른 말의 흔적을 따르도록 할 수 있으며 말하는 주체, 누군가를 상기시킬 수 있다. 단 계급과 계급관계를 고려해야 한다. 그로부터 전 세계에 맞서 던져진 『선언』이 아무에게도 말하지 않은 이미 언급한 이러한 역설이 도출된다. 이 담론은 일반성의 순수한 요소 속에서 전개된다. 그것은 설득시키기 위해 행해진 것이 아니다. 그것은 사물 자체 속에, 그것들의 변화 속에 존재하는 진리를 보여 주고 있다.

바로 이것이 맑스로 하여금 자신을 위해서 혹은 공산주의자들을 위해 혁명적 세력의 방향을 요구하고, 다른 당을 대신할 수 있고 정치 권력의 독점을 주장하는 당의 형성을 알리도록 하는 것이다. 사실 그에 따르면 공산주의자들은 생시몽과 콩트에게서 암시받은 것으로서, 모욕적인 이러한 표현을 사용한다면, 일종의 **정신적 권력**을 행사하도록 운명지어졌다. 두번째 부분이 알리고 있는 것처럼, "공산주의자는 다른 노동자 정당에 맞서 특수한 당을 구성하지 않는다. 그들은 전 프롤레타리아로부터 분리된 이익을 갖지 않는다". 그러한 의미에서 당에 대한 레닌주의적 개념이 맑스의 정신에게는 절대적으로 낯선 것이라고 정당하게 판단하였다. 그러나 지식과 관련하여 전례 없는 모험이 이루어지고 있으며, 행위와 관련하여서는 아직 그러한 모험이 남아 있을 수 있음을 조심스럽게 부정해야 할 것이다. 『선언』은 예를 들어 헤겔의 철학 속에서 그 흔적을 헛되게 찾는 실제적인 것과 합리적인 것 사이의 일치를 가정한다. 헤겔의 철학은 그가 실제적인 것이라고 명명한 것과 역사적 사건의 세세한 것을 혼동하지 않았으며 보편적인 것을 체현하고, 계급의 민감한 존재 속에서 개념을 현실화시키는 기능을 가진 사회적 행위자를 지명하지 않았다. 아마도 사람들이 강조하는 것처럼 맑스는 이론과 실천 사이의 소중한 차이를 유지하였다. 공산주의자들의 일은 이론이다. 행위자는 역사의 운동이 흔적을 남기는 프롤레타리아뿐이다. 공산주의자들이 프롤레타리아에게 이론을 제공해야 하는 것은 아니다. 그러나 원칙상 이론이 빠져나간 것은 무엇이든 실천에 존재하지 않는다. 왜냐하면 실천은 이론을 자신의 고유한 표현으로서 포함하고 있기 때문이다.

이론이 지시할 수 없는 것은 지배와 착취의 낡은 관계가 제거되는 미래와 사회의 형상이다. 그러나 이론은 그 예측의 거부에서 자신의 한계를 알지 못하는데, 왜냐하면 아직 표상할 수 없는 것은 엄격히 말해서 현재에 선先 결정되기 때문이다. 프롤레타리아는 자신의 본성에 조응하지 않는 사회를 탄생시킬 수 없으며, 그것이 바로 사회가 어떠한 불투명도 숨길 수 없는 본성이라는 것이다. 프롤레타리아가 실패한다고 가정한다면 그것은 언급될 수도 없는 가정이지만, 그러한 실패는 퇴보 이외에 다른 결과가 아니다.

공산주의의 명백함은 도래할 것에 대한 묘사를 허용하지 않는다. 그러나 우리 눈앞에 나타나는 세계에 대한 묘사는 그것이 잉태하는 의미와 그 결과에 대한 어떠한 의심도 내버려 두지 않는다. 두번째 부분의 가장 많은 양을 차지하는 부르주아적 반대에 대한 반박은 그들의 반대가 특수 이익들의 방어를 위한 것이며, 공산주의의 필연적인 발전을 전제하는 주장의 일부를 이룬다는 것을 보여 주는 주요한 대상이 된다. 맑스의 아이러니는 각각의 부르주아적인 진술이 스스로에 대항하여 돌아선다는 혹은 공산주의에 대한 반박이 자신의 고유한 반박을 만들어 낸다는 역사의 아이러니를 동반한다. 부르주아는 사적 소유의 철폐라는 이념에 대해 분개하는가? 맑스는 만약 노동, 노력, 개인적 능력의 산물인 소유가 문제라면 "우리는 그것을 철폐하는 것에 대해 우려하지 않는다. 산업의 발달은 그것에 대한 책임을 지어 왔으며 지고 있다"라고 그들에게 답변한다. 만약 근대 부르주아적 소유가 문제라면 그는 그것이 순수하게 개인적인 위치와 결합하는 것이 아니라 사회적 지위와 결합한 것이다. 자본가는 스스로에 의해 존재하지 않는다. 그는 사회적 특징을 갖는 자본의 행위자이며, 공산주의자들이 변환을 알리는 것은 그 사회적 특징만이다. 일반적인 방식으로 사적 소유를 철폐하기를 원한다고 비난하는 것은 헛된 일이다. 왜냐하면 사적 소유는 이미

구성원의 9/10에서 철폐되었다. 가족의 철폐라는 주제, 여성공동체에 대한 주제 혹은 교육이라는 주제는 스캔들을 발생시키는가? 그러나 부르주아 가족의 토대가 자본, 개인적인 욕심이라는 것 그리고 그것은 대립항으로 프롤레타리아의 빈곤과 공창이라는 것 이외에도, 부르주아는 여성에게서 생산의 도구라는 것만을 보며, 부르주아적 결혼은 결혼한 여성들의 공동체를 함의한다. 교육과 관련하여 현 사회가 교육에 대해 행하는 행위는 공산주의자들이 사회화를 발명하지 않았다는 것을 그리고 공산주의자들에게는 아이들을 지배계급의 영향으로부터 벗어나게 하는 것이 문제라는 것을 보여 준다. 사람들은 공산주의자들이 조국과 민족성을 제거하길 원한다고 비난한다. 그러나 자본주의는 조국과 민족적 애착이 없는 하나의 계급 프롤레타리아를 만들어 냈다. 따라서 어떻게 공산주의가 그들이 소유하지 않는 것을 박탈할 수 있겠는가?

간단히 말해 공산주의자들은 어떠한 것도 발명하지 않았다. 그들은 단지 어떻게 결과가 전제로부터 발생하는지를 보여 줄 뿐이다. 그들은 혁명을 호소한다. 그러나 그들은 사회적 생산의 필연성을 반영하는 언어, 사유에서의 내적 필연성의 효과 아래에서 말하기를 독촉받는다고 말하는 것이다. 그들의 문제는 집단으로서 프롤레타리아에게 명령하는 것이 아니며 개인으로서 자신의 집단에 가입, 결합하거나 그들의 명분을 선택하는 것은 더더욱 아니다. 그가 지식인임에도 불구하고 맑스는 지식인들의 부르주아에의 소속이라는 감정과 '치사한 사람'이 되는 의식 그리고 참여에의 매력 사이에서 분열된 지식인들의 드라마가 되는 것을 전적으로 무시하였다. 노동자가 지식인으로서 자기발견을 하는 것은 자신의 실천을 통해서인 것처럼, 지식인이 프롤레타리아의 실천에 연결된 명백함을 인식하는 것은 이론 내부 자체에서이다. 혁명적 언사는 혁명적 행위가 그러하듯이 **자연스러운**

것이다. 그것들은 동일하게 자연적인 역사 속에서 포착된다.

자연적인 역사? 발전의 법칙이 인지될 수 있는 과정이 문제이다. 이 인지는 과정 자체의 일부를 이룬다. 이 법칙은 현재적인 역사적 순간에 인지될 수 있다는 사실에 대해 설명한다. 맑스는 다음과 같이 묻는다. "인간들의 삶의 조건, 그들의 사회적 관계, 그들의 사회적 존재와 함께, 그들의 표상, 개념 및 관념들, 한마디로 그들의 의식이 또한 변화한다는 것을 이해하기 위해 사물의 기저까지 들어가야 할 필요가 있는가? 지적 생산이 물질적 생산과 함께 변환하지 않는다면 이념의 역사는 무엇을 증명하는가? 시대의 지배적인 이념은 항상 지배계급의 이념일 뿐이었다." 달리 말하면 가시적인 것은 아무것도 없으며, 물질적으로 명백히 드러나는 것보다 더 심오한 것은 없다. 사람들의 이념은 그것이 포괄하고 있는 사회적 조직으로 동시에 생산되고 전환되는 필름이다. 과거 그 자체는 조사될 필요는 없다. 어떤 것도 현대인들에게 숨겨지지 않는다. 왜냐하면 각 시대에 모든 것은 운동 자체의 전체를 지니고 있으며, 모든 것은 새로운 형태에 따라 필연적으로 정렬하기 위해 이 운동의 사실 전체를 밀어넣기 때문이다. 이러한 형태의 변화는 현재의 표면 위에서 감지된다. 왜냐하면 현재의 물질적·사회적·지적 조직은 이전 조직을 해소하려 한 흔적을 지니고 있으며, 최근의 조직은 이미 이전 조직의 해소로부터 결과한 것이기 때문이다.

아마도 지적 생산의 변형의 이미지 앞에서 저항하는 것들은 인간 정신의 상수들을 상기시킨다. 고대 세계의 쇠퇴와 봉건 사회의 도래는 기독교의 부상을, 중세의 쇠퇴와 부르주아의 팽창은 계몽 이념의 부상을 혹은 좀 더 명확히 하자면, "의식의 자유와 종교적 자유라는 이념은 의식의 영역에서 자유 경쟁의 지배를 설명할 수 있을 뿐"이라는 것을 인정하는 것으로는 그들에게 충분하지 않다. 맑스는 그들의 주장을 고려하면서 다음과 같이 말한다. "그러나 종교적·도덕적·철학적·정치적·법률적 등등의 이념은 사실상 역사적 과정 속에서 수정된다. 종교·도덕·철학·정치·법은 항상 이러한 변화 속에서 유지된다. 게다가 모든 사회적 체제에 공통적인 자유, 정의 등과 같은 영원한 진리가 있다." 그의 대답은 이전의 모든 사회는 계급의 대립이라는 기능 속에서 배치되면서 "모든 세기의 사회적 의식은 다양성에도 불구하고 계급 대립의 완전한 소멸과 함께만 완전히 사라지는 의식의 형태, 특정한 공통적 형태로 변동해 간다는 것에는 놀랄 것이 아무것도" 없다. 역사 속에 어떠한 그늘도 남기지 않는 역사에 대한 전망은 대립의 용어를 전치시킨 후 그 해결의 조건들을 발생시키는 운동 속에 기입되었다고 공언한다.

　　맑스가 아이러니하게 적대자들의 반대를 반박할 때, 그가 부르주아적이 아닌 자유, 도덕, 권리를 정의하는 것을 신중하게 피하였다는 것을 가정할 수 있다. 그러나 그러한 의심은 그가 '영원한 이념'이라고 명명한 것을 명시적으로 비난할 때 허락되지 않는다. 분명 그는 낡은 부르주아 사회를 "각자의 발전에 대한 모두의 자유로운 발전의 조건이 되는 연합"이 대체할 것이라고 명시하였다. 그러나 **자유로운**이라는 말은 우리에게 다음과 같이 말할 때 개인이라는 말 이상의 의미가 없다. "모든 생산은 연합된 개인들의 손에 집중될 것이다." 민주주의적 혹은 자유 지상주의적 해석을 위해 이러한 선언들을 독점하는 것은 헛된 일이다. 이러한 해석들은 『선언』이 아닌 다른 텍스트들에 근거할 수 있다. 각자와 모두의 자유로운 발전이라는 말을 통해 맑스는 생산력의 제한 없는 성장을 이해할 뿐이다. 그는 자유롭게 되기 위해 그것을 원해야 한다는 것을, 자유는 상태와는 다른 것이라는 것을 인정하지 않는다. 그리고 연합에 대한 그의 개념 ──게다가 이른바 유토피아적 문헌 속에 공통적으로 퍼진── 은 그 자체로 이해되는 즉 타자와는 다른 각자의 특이함이 되는 권리를 요구하는 개인에게 형상을 부여하지 않는다. 공산주의 사회는 자연적인 사회로서 나타나며, 마찬가지로 역사도 전적으로 자연스러운 것으로 표현된다. 자유와 권리에 대한 이념은 지배계급의 실천을 보장하고 가장하기 위해 그리고 사회적 분업으로부터 벗어난 세계 속에서 만개하도록 하기 위해 존재하고 또한 등장했다는 것은 바로 같은 이유에서이다. 역설이 남는다. 공산주의자의 시선에 전적으로 벗겨진 인류의 역사는 **이념이 없는** 사회, 그 속에서 판단의 모든 가능성을 제거하는 지점에서 그 자체와 일치하는 사회로 이르게 된다. 바로 이것이 마지막으로 왜 맑스가 그 특징을 상상하기를 거부했는지에 대한 이유이다. 그 존재는 스스로 충분하다. 그 존재는 그 자체의 모든 표상을 배제한다. 우리는 그것을 말할 수 없으며, 자유롭고 정당하게 그것을 명명할 수 없다. 그런데 이러한 역설은 『선언』의 환영을 비난한다. 어떻게 맑스는 인류를 하나로 인지하는 자유를 부여받는가? 만약 그가 역사 속의 업적으로 자유, 권리를 인정하지 않는다면, 그 변환의 과정에서 마찬가지로 어떤 권리에 의해서 그는 억압자와 억압받는 자, 그들의 해방을 위해서 억압받는 자의 투쟁에 대해 말하는가?

왜 맑스의 자연주의는 환상을 만드는가? 왜냐하면 그는 극적인 구성 속에 끼어들면서 반을 숨기고 있기 때문이다. 『선언』은 나중에 알게 될 것처럼 호감이 첫번째로 구별해야 하는 것을 묘사하면서 시작하지 않는다. 물질적 생산의 운동과 그것을 동반하는 사회적·지적 변환의 행렬. 첫번째 부분은 차례차례, 낱낱이 충돌하는 계급들의 행렬에 대해 열고 있다. "지금까지 모든 사회의 역사는 계급투쟁의 역사이다. 자유로운 인간과 노예, 전문가와 평민, 영주와 농노, 직업 집단의 스승과 직공, 간단히 말해 억압자와 피억압자는 지속적인 대립 속에 있다. 그들은 숨겨지거나 혹은 공개된 중단 없는 투쟁, 매 차례 전 사회의 혁명적 변환 혹은 투쟁 속에 있는 계급의 공동의 패망에 의해서 끝나는 투쟁을 수행하였다." 한편으로 맑스가 생시몽에게서 빌려 온 이 도식에 대해, 다른 이들은 우리에 앞서 이것이 부정확한 고려 속에 있다고 언급하고 있다(가장 의미 있는 실수는 초기의 부르주아를 농노의 후예로서 소개한 것이다). 따라서 그 세부적인 것에 멈추지 말자.[1] 놀라운 사실은 인간의 단일성, 역사의 연속성은 가장 오랜 옛날부터 지금까지 지속되어 온 전쟁의 스펙터클 속에서 확립되어 왔다는 것이다. 주동자들은 변화하지만, 전쟁은 동일한 특징을 지속적으로 지니고 있다. 억압자들이 투쟁의 승리자들을 쫓아내지 못하고 새로운 질서를 확립시키지 못할 때, 적대자들이 서로서로 기진맥진하는 것 외에 다른 것을 하지 못할 때, 전쟁은 새로운 전투원들을 요구한다. 따라서 항상 다시 시작되는 계급 전쟁은 인간들의 도시 공동체를 유일한 극장으로 가진다는 의미에서 수많은 에피소드 중 유일한 전쟁이며, 시민전쟁이다. 현재는 과거의 연장 속에 있다. 부르주아 사회는 억압자와 피억압자의 투쟁의 반복을 증언한다. 왜냐하면 부르주아 사회는 "옛날의 것들을 새로운 계급, 새로운 억압의 조건들, 새로운 형태의 투쟁으로 대체하기 때문이다". 그리고 만약 우리가 그것을 긍정한다면, 그것은 숨겨졌던 것이 완전히 가시적인 것이 되었고, 그 이후 모든 것은 유일한 방향성에 따라 그리고 독특한 대립의 기능 속에서 정렬되며, 모든 것은 유일한 공간과 시간을 드러내기 때문이다. 예전의 사회들은 이질적으로 남아 있으며 지배계급과 피지배계급 사이의 균열의 선은 의존

---

1 우리는 『선언』(le Manifeste, Petite Bibliothèque socialiste)의 샤를 안들러(Charles Andler)의 판본의 서문과 비평을 항상 참조한다.

의 선들의 실타래 속에서 혼란스러웠던 반면에, 부르주아 사회는 "계급 대립들을 단순화시킨다". 부르주아 사회는 "점점 더 두 개의 거대한 적대적인 진영으로 나뉘게 된다". 이제부터 결투는 무대의 정면에서 이루어진다. 이전에 사회적 변환의 완만함은 그것들의 연결을 포착하는 것을 허용하지 않는다. 현재에서 역사는 급변하고, 변화는 우리의 눈앞에서 생산된다. 이 변화는 제한된 틀 내에서 이루어지고, 세계 전체는 가속화된 리듬에 따르고 동일한 계급투쟁에 의해 열광한다. 결국 부르주아가 과거 지배계급의 대체일 뿐일지라도, 자신의 행동을 통해 근본적으로 달라진다. 과거의 지배계급은 일단 한번 확립되면, 자신의 보존 이외에는 다른 목적을 갖지 않는다. 그 보존은 파괴와 혁신의 열정으로 수행된다. 역사 속에서 다른 계급들을 계승하는 하나의 계급이 문제이다. 그러나 역사는 그 계급에게 흔적을 남기며, 부르주아는 변화를 자신의 존재의 원칙으로 만든다. 부르주아는 혁명의 산물이며, 혁명의 거대한 사슬의 마지막 고리일 뿐이다. 그러나 부르주아는 이 혁명을 자신의 바로 뒤에 두지 않으며, 부르주아가 행한 역할은 "혁명의 가장 높은 지점에서의 역할"이라고 맑스는 관찰한다. 어떠한 전통도 부르주아에 저항하지 않는다. 인간을 자연적인 상위의 계급으로 연결시켰던 봉건적 관계를 부르주아는 깨뜨린다. 부르주아는 "벌거벗은 이익"만을 알 뿐이다. "부르주아는 이기주의적 계산으로 얼려진 물 속에 종교적 찬양, 기사도적 열정, 소시민의 감상적 우울 등의 신성한 전율들을 빠뜨린다." 그의 행보는 제한 없는 정복이다. 그러한 효과 아래에서 인간은 땅에 대한 그리고 민족에 대한 애착을 상실한다. 그들의 관계는 보편적이 되고, 지적 생산과 같이 물질적 생산도 동일한 분모로 환원된다. 가장 야만적인 인민들은 부르주아의 소용돌이 속에서 휩쓸려 간다. "한마디로 부르주아는 자신의 이미지에 따라 세계를 창조한다."

이것이 바로 맑스가 부르주아에 대해 그린 진정한 초상이다. 이 근대의 정복자는 자신의 길 위의 모든 것을 휩쓸고, 과거의 어떤 것도 남기지 않는다. 그러나 동시에 이 정복자는 인간에게 그에게 익숙하고 또한 그가 모르는 것을 창조하는 거대한 권력을 부여한다. "부르주아는 인간의 행위가 가능한 것이 무엇인지를 보여 준 첫번째였다. 부르주아는 이집트의 피라미드, 로마의 수로와 고딕 성당보다 더 놀라운 것을 완성하였다. 그들은 거대한 침공과 십자군과는 전혀 다른 탐험을 실현하였다." 혹은 맑스는 다시 말한다. "계급 지배 속에서 부르주아는 모든 지난 세대들이 취한 전체보다는 더 거대하고 많은 생산력을 창조하였다." 그는 다음과 같이 묻는다. "그러한 생산력이 사회적 노동 속에 잠들어 있다고 의심한 지난 세기는 무엇인가?"

그러한 정복자에게 복종하는 인류는 주술로부터 벗어나려는 수련을 받는다. 신앙의 장막이 찢겨진다. 사회적인 것, 그 자체로 그것은 각자에게 자신의 자리와 기능을 할당하는 제도들의 외관상의 엄격성을 넘어서 그 전적인 조형성 속에서 발견하도록 내버려 둔다. 역사적인 것, 그 자체는 과거의 소비라는 끊임없는 운동 속에서 발견되도록 한다. "모든 위계질서와 모든 영원성은 사라진다. 모든 신성한 것은 세속적이 되고, 인간들은 결국 삶과 상호적 관계 속에서 자신들의 위치를 차가운 시선으로 고려하도록 강요된다." 탈주술화는 실재의 필수적인 시련과 함께 이루어진다. 실재를 보라. 그것은 기존 질서를 받아들이는 것이 아니다. 그것은 부르주아가 자신이 작동시킨 창조-파괴의 작업 속에서 자신의 고유한 지배를 유지시킬 수 있고, 모든 위계질서가 해체된 순간에 부르주아는 계급의 경계들 속으로 퇴각하고 피착취 대중을 사회화 과정에서 배제시킬 수 있도록 환상으로부터 자유롭게 되는 것이다.

이것이 부르주아 사회에 대한 묘사에서 출발하여 맑스가 그린 견습의 소설이다. 그러나 너무 낯설다. 왜냐하면 영웅이 교훈을 이해하도록 하기 위해서는 과거의 어떤 것도 그의 주의를 끌지 못하고, 현재의 어떤 것도 그에게 존재할 환상을 주지 못하는 본성이어야 하며, 그 일시성과 사회성은 분쇄되어야 한다. 그것이 사실상 프롤레타리아에 대해 표상할 수 있는 형상이다. 그것은 그가 이전 사회들 속에서 피착취자의 형상으로 머물러 있던 조건 아래로 있고 항상 그리로 떨어져 있기 때문이다(그리고 이러한 추락은 그들의 신분 속에 떨어진 모든 중간계급의 형상을 포함한다). 프롤레타리아가 죽음의 위협에 대항하는 투쟁이라는 유일한 요구 속에서 혁명과 공산주의의 길을 발견할 수 있는 것은 가족적·민족적·종교적 애착 없이 존재해야 하기 때문이다. 우리들의 논의와 관련하여 자신에 대해 의식을 가진 정치적이고 전투적인 계급으로의 점진적인 전환의 이야기는 그다지 중요하지 않다. 우리는 단지 『자본』과 달리 『선언』은 부르주아 사회의 발전과 거대한 산업에서 프롤레타리아가 행사하는 기능에 대한 프롤레타리아의 힘을 확립하지 않는다는 것만을 발견한다. 사회적 존재의 분쇄는 그들의 봉기의 유일한 조건이다. 그러한 봉기는 총체적 혁명에 충분하다. "현 사회의 가장 낮은 계층, 프롤레타리아는 공식적인 사회를 구성하는 계층들의 모든 상부구조를 분쇄하여 날려 보내지 않고서는 똑바로 설 수 없다."

맑스의 자연주의가 극적 구성 속에서 반쯤 숨겨져 있다고 우리는 말하였다. 그러나 단지 동일한 순간에 생산력의 자연적 부상으로부터 오는 생산관계의 묘사가 우리의 상상에게 말하기 때문에 그 드라마, 그 음모 그리고 그 영웅들이 일관성을 가진다고 말할 수 없는 것인가? 동일한 문구에서 맑스는 "거대한 생산과 교환 수단들이 마치 마법에 의한 것처럼 솟아나도록" 만드는 부르주아 사회를 보여 주고 있다. ──그는 그것을 자신이 불러일으킨 지옥의 힘을 더 이상 통제할 수 없는 "마법사"에 비교하고 있다. 그리고 갑자기 맑스는 생산관계에 대항하는 생산력의 충돌을 부르주아의 존재와 우위성의 조건으로 만들기 위해 엄격하게 결정주의적인 언어를 취한다. 일반적인 방식으로 하나의 스펙터클이 다른 스펙터클을 만들어 낸다. 완전히 가시적인 역사라는 환상이 확산되는 것은 서로에 대한 평행주의라는 계략에 의해서이다. 그러나 이러한 환상을 보존하기 위해서는 많은 고지식함이 필요하다. 각각의 스펙터클은 다른 스펙터클의 진실을 부정하는 고유한 순서를 지니고 있기 때문이다. 예를 들어 하나의 스펙터클에서 부르주아가 마법사로 변화되는 일이 일어났다면, 다른 곳에서 부르주아는 산업의 진보에 대해 "무기력하고 저항하지 않는 행위자"로 등장한다.

최종적으로 만약 저자의 설득력을 고려하지 않는다면 ─그 스스로 자신의 담론과 도표의 뒤에 능숙하게 은둔하고 있다─, 『선언』에 대한 그렇게 광범위한 공중으로부터의 지속적인 관심을 설명하기 어렵다. 그는 이 작은 기적을 성공시켰다. 역사는 하나의 시선 아래에서 전체를 포착하는 듯하며 진리는 철학, 경제, 정치, 도덕의 단어들이 섞이는 단 하나의 문장처럼 확대된다. 지식의 누설이라는 작은 기적에 선동이라는 특수한 기술이 달라붙는다. 맑스는 프롤레타리아의 비참함에 대해 세계가 측은한 마음이 들게 하는 것을 찾는 것이 아니다. 그것에 대해 그는 지나가면서 말할 뿐이다. 그리고 마지막 부분에서 그는 "가장 고통받는 계급을 방어하려는 데" 첫번째 걱정을 가지고 있는 유토피아주의자들을 비난한다. 그는 마음속 깊이 지식의 북을 치기를 원한다. 아메리카의 발견 이래 거대 산업의 도래까지 전투적인 계급들의 연속, 자본주의 단계의 연속, 노동 분업 양식의 연속, 소유관계에 대항하여 생산력의 공격의 연속(이때의 소유관계는 "생산을 진보시키는 것이 아니라 생산을 마비시킨다. 이러한 소유관계는 족쇄로 전환된 것이다. 그것을 극복해야 하며 극복해 왔다"), 혹은 프롤레타리아 조직 형태의 연속("시골길을 가진 중세의 부르주아에게 수세기 동안 요구했던 조합을 철길 덕분에 프롤레타리아는 수년 만에 실현하였다").──이 모든 것은 군사적 행렬은 물론, 강물의 흐름, 그리고 기계의 가혹한 운동을 상기시키는 리듬을 따라 언급되었다. 대경실색한 증인에게 그것을 따르거나 혹은 과거의 폐허를 향해 비겁한 후퇴를 하는 것 이외에 다른 선택은 없다. 맑스는 이러한 후퇴를 예견하였다. "사회주의적 그리고 공산주의적 문헌"에 할애한 부분은 이러한 증인에 대해 모든 향수병을 금지한다.『선언』은 감상을 가진 모든 혁명이론의 주창자들에 대한 엄정한 숙청을 진행시킨다. 그는 미성숙성, 환상, 퇴폐한 계급들과의 음모의 수준을 정하면서 그들을 구분한다. 그리고 그는 그가 올라가기를 원한다고 믿는 정상에까지 단계를 끌어올린다. 왜냐하면 현재의 말, 현재의 시선은 스펙터클 자체, 역사의 담론 자체로부터만 솟아오르기 때문이다.[2]

---

2 우리가 이미 언급하였듯이 샤를 안들러는 앞선 이들에 대한 맑스의 빚에 대해 세밀한 예를 가지고 검토하고 있다.

3부

:

자유에 대하여

:

가역성: 정치적 자유와 개인의 자유*

18세기에 문인들의 역할과 프랑스혁명의 준비 과정에서 그들에 넘겨진 책임에 대한 토크빌의 판단은 잘 알려져 있다. 그들의 영향하에서 "각각의 공적인 열정은……철학으로 변장하였고, 정치적 삶은 문학 속에 격렬하게 압축되어 있었다"(A. I, 193).[1] "경제학자 혹은 중농주의자라고 부르는" 이론가라는 새로운 범주의 출현이 그의 눈에 띄었다는 것을 잘 인식하지 못한다. 토크빌은 그들이 철학가적 문필가와 동일한 특징을 행하지 않는다는 것을 인정했다. 그러나 그는 대혁명의 "진정한 본질적인 것을 가장 잘 연구할 수 있는 것은" 바로 그들의 저술 속에서라고 생각하였다. 더 나아가 "이미 사람들은 그들의 책 속에서 우리가 잘 알고 있는 혁명적이고 민주적인 분위기를 알고 있었다. 그들은 특권 계급에 대한 증오를 가지고 있었을 뿐만 아니라 그 다양함에도 지겨워했다. 그들은 노예 상태 속에서까지 평등을 사랑하였다. 그들의 구상 속에서 그들을 방해하는 것은 파괴할 뿐이었

---

* *Passé-Présent* 1, 1982에 게재된 글.

다. 계약들은 그들에게 존중되어야 할 것으로 비춰지지 않았다. 사적인 권리들은 전혀 고려되지 않았다. 오히려 그들의 눈에는 사적인 권리를 말하는 것은 전혀 존재하지 않았으며, 그들은 공적 유용성만을 말하였다"(A. I, 210). 그들은 인민들을 흥분시키고자 하지도 않았으며 군주정을 파괴하고자 하지도 않았다는 점을 명심하자. 정반대로 그들은 권위와 질서에 대한 사랑을 가지고 있었다. 우리의 저자는 그들을 "유순하고 조용한 습속의 사람들, 자선가들, 명예로운 판사들, 능력 있는 행정가들"로 묘사하기를 좋아했다. 공적 유용성에 대한 그들의 근심은 무엇을 숨기는 것이었을까? 그것은 공적 자유에 대한 전적인 무관심이다. 주목할 만한 사실은 그러한 무관심이 경제적 자유에 대한 강한 집착을 동반한다는 것이다. "그들은 식료품의 자유로운 거래, 상업과 산업에서 자유무역에 아주 우호적이라는 것은 사실이다. 정확히 말해서 정치적 자유에 대해서 그들은 전혀 사고하지 않았으며, 정치적 자유가 그들의 머릿속에 등장하였을 때, 그들은 우선 그것을 밀어내었다"(A. I, 210).

토크빌의 주장을 따라가며 그가 자선가라는 개념과 "오늘날 사회주의라는 이름하에 묘사되는 파괴적 이론들"(A. I, 213) 사이에서 가려 낸 연관성을 드러내는 것은 무의미하다. 토크빌이 틀을 만들어 낸 정치적 자유주의가 경제적 자유주의와 본질적으로 다르다는 것만을 상기하는 것으로 충분하다. 그는 경제적 자유주의에서 전제정과의 동맹 가능성의 실마리를 인

---

1 여기의 인용들은 J.-P. Mayer의 책임하에 갈리마르에서 출판한 토크빌 전집(Alexis de Tocqueville, *Œuvres complètes*, Paris, Gallimard, 1951)으로부터 온 것이다. 『구체제와 프랑스혁명』(*Ancien Régime et la Révolution*)은 A로, 『미국의 민주주의』(*De la démocratie en Amérique*)는 D로, 괄호 안에 쪽수와 함께 표시한다. [토크빌의 두 책의 경우 한국어 번역본이 있지만, 이 책에서는 원래 르포르가 참조한 프랑스어판의 쪽수를 달았다.—옮긴이]

정하는 것에 주저하지 않았다. 그가 자유로운 제도와 개인의 권리에 대한 존중을 불가분하다고 판단했다면, 그것은 전능한 권력에 대한 비판의 기능 속에서이다. 이 점에 대해 토크빌의 감수성은 콩스탕과 스탈 부인 그리고 동시대 몇몇의 저술가들과 동일하다. 그럼에도 그를 구별짓는 것은 근대 국가의 동학과 전제정의 새로운 특징들에 대한 그의 인식이다. 콩스탕이 이론적인 용어로 인민의 절대적 주권에 대한 비판에서 멈췄다면, 그리고 개인의 이익이 공동의 이익 앞에서 사라지는 모델의 구성 속에서 과거로의 회귀와 실수의 표지만을 보았다면, 토크빌은 "우리가 잘 아는 혁명적 그리고 민주주의적 기질"의 특성들을 분별해 냈다. 그는 경제학자들이 "[그들의] 이상에 맞는 것을 그들 주변에서 찾지 못하자, 아시아의 깊숙한 곳에서 그것을 찾고 있다"는 것을 관찰하는 데 만족하지 않았다. 그는 전체 시민을 복종 상태로 잡아두는 것에 만족하지 않고 그들을 극한까지 변환시키고 생산해 내는 임무를 갖는 권력에 대한 관념을 분명히 하고자 하였다. "경제학자에 따르면 국가는 국민을 지휘하는 것만이 아니라 특정한 방식으로 국민을 만들어 낸다. 미리 제안된 특정한 모델에 따라 시민들의 정신을 형성시키는 것이 국가이다. 국가의 의무는 시민들을 특정한 생각으로 채우고, 시민들의 가슴속에 그들이 필요하다고 판단되는 특정한 감정을 제공하는 것이다. 국가의 권리에 한계가 없으며, 국가가 할 수 있는 것에 제한이란 실제로 존재하지 않는다. 국가는 사람들을 개혁하려 할 뿐만 아니라 그들을 변환시킨다. 다른 것을 하는 것은 국가에게 달려 있다!"(A. I, 212). 이러한 문제는 『미국의 민주주의』 마지막 부분과 밀접하게 연관된다. 비록 보호자적 국가와 이미 인지된 모델에 따라 사회와 인간을 창조하는 국가라는 두 개의 이미지가 정확하게 일치하는 것은 아니지만 말이다. 저자는 경제학자들의 기획이 점점 현실 속에 각인되고 있다는 점을 확신한다. 절대 권력의 기획은 개인과 사회 전체에 대한 인식과 생산의 기획을 결합한다. 나아가 이러한 과정에 대한 그의 직관은 좀더 멀리 나간다. "경제학자들이 상상한 이러한 거대한 사회적 권력은 그들의 시야 속에 있는 그 어떤 것보다도 거대할 뿐만 아니라 그 기원과 특징에 의해 명확히 구별되는 것이다. 이 권력은 신으로부터 직접 유래하지 않는다. 그것은 전통에 매달리지도 않는다. 그것은 비인격적이다. 그것은 더 이상 왕이라 불리지 않으며 국가라 불린다. 그것은 한 가족의 유산이 아니고, 그것은 모두의 산물이자 표상이며, 모두의 의지 아래에 각자의 권리는 무릎을 꿇어야 한다"(A. I, 216). 우리의 눈에는 의심할 여지가 없다. 여기에서 토크빌은 전례 없는 지배 형태 ——『미국의 민주주의』에서 그가 관찰한 것처럼 "전제정이나 폭정이라는 과거의 단어는 적합하지 않는 형태"(D. II, 324) ——의 출현을 나타내는 한 사건을 지적한다. 여기에서 그는 사회적 권력pouvoir social이라는 단어를 충분히 활용한다. 군주라는 인격으로부터 분리되고 군주를 질서와 정치체의 영원성의 보증자로 만드는 초월적 심급으로부터 해방되어, 정치체를 거의 자연적인 것으로 만들어 주는 영양공급 기간에서 벗어난, 이 사회적 권력은 사회가 스스로에 대해서 행사하는 권력처럼 보인다. 그것은 사회가 그 자체의 외부에 대해 아무것도 인지하지 못하게 되자마자 무제한적이 된다. 사회로부터 만들어진 이 권력은 동시에 사회를 생산하는 임무를 갖는다. 인격적 존재의 경계들은 사회에는 알려져 있지 않은데, 그것은 모두의 대리자로서 등장하기 때문이다.

비인격성이라는 포장 아래 권력의 기관 속에 응축된 '모든 것'과 다른 사람과 평등한 것으로 정의되면서 자신 고유의 정체성을 상실한 각자 ——각 개인 사이의 전대미문의 분열이 작동한다. "거의 유사하고 전적으로 평등한 개인들로 구성된 인민, 유일하게 정당한 군주에게 인식된 혼란스러운 이 대중, 그러나 그 스스로 자신의 정부를 지도하고 감시할 수 있는 모든 능력을 조심스럽게 빼앗겨 버린 대중이다. 이 대중 위에 그들의 이름으로 전혀 의견을 묻지도 않으면서 모든 것을 행하는 유일한 대리자"(A. I, 213). 바로 이것이 그 일람표이다.

토크빌이 근대적 전제정의 위험을 제시할 때, 그가 『미국의 민주주의』에서 "표에서 제시했던 것과 같이 절제되고, 유순하며 평온한 이러한 노예 상태가 자유의 외적인 형태와 상상하는 것보다 더 잘 결합할 수 있으며, 인민의 의지의 그림자 속에 성립되는 것이 불가능하지 않다는 것을 알릴 때"(D. II, 325), 그는 누구를 겨냥하여 말하고 있는가? 아마도 저자의 말은 현재뿐 아니라 미래의 결정되지 않은 독자와 만날 것이다. 그의 표는 그 시대에는 극단적으로 보일 수 있고, 또한 사회적 권력과 평등의 확장의 표식들은 우리 사회가 보여 주는 스펙터클과 비교해 보면 훨씬 덜하다는 점에서 우리는 토크빌의 동시대인들보다는 더 잘 토크빌을 이해할 수 있는 경험이 풍부하다는 점을 명심하도록 하자. 또한 각자는 글을 쓰면서 의식적이든 혹은 그렇지 않든, 특권화된 대화 상대와 적대자를 갖는다. 토크빌은 아주 특별하게 스스로를 자유주의자라고 믿고, 그와 같은 계몽된 엘리트의 일부를 형성하는 사람들을 향해 말을 한다. 그들은 프랑스혁명이 낳은 소유에서의 전복과 인간의 권리에 대해 우호적이지만, 사회체의 분열과 무정부주의에 대한 공포 때문에 정치적 자유와 개인적 자유가 발달하는 위험에 대해서도 우려한다. 그들은 전제정의 출현을 예감하지 못하면서 권력의 강화를 통한 공적 평온의 보호를 기대한다. 토크빌이 공표하는 것은 바로 그들을 향해서이다. "나를 둘러싸고 있는 폐허 속에서 감히 내가 그것을 말할 수 있는가? 미래 세대를 위해 내가 가장 두려워하는 것은 혁명이 아니다"(D. II, 269). "나는 무정부주의가 민주주의 세기에 두려워해야 할 주요한 악이 아니라 가장 작은 악이라고 확신한다"(D. II, 295). "공적인 평온함에 대한 취향은 (혁명의 출구에서) 무지몽매한 열정이 되고 시민들은 질서를 위한 혼란스러운 사랑에 열중하는 데 익숙해진다"(D. II, 308). "우리 시대의 사람들은……우리의 눈앞에서 일어나고 있는 거대한 혁명에만 주의를 기울이고 있다. 그리고 그들은 인류가 무정부상태에 빠질 것이라고 믿고 있다. 그들이 혁명의 최종적인 결과들을 생각한다면 그들은 아마도 다른 두려움들을 인식할 것이다"(D. II, 321). "우리 시대에는 국민권력이 이루어질 때, 행정적인 전제정과 인민주권 사이의 이러한 종류의 타협에 아주 쉽게 적응하는 사람들이 많이 있다"(D. II, 375). 물론 토크빌이 혁명에 대해 어떠한 동정심도 갖지 않는다는 점을 상기할 필요가 있다. 혁명가들이라는 인종은 그에게는 혐오스러운 것처럼 보였다. 1848년 그는 자신이 속한 계급과 감정을 공유할 것이었고, 프롤레타리아의 봉기의 기원에서 "탐욕스러운 욕망과 거짓 이론들의 혼합"(『회고록』[2], 151)을 볼 것이다. 게다가 거기에서는 항상 미국에서 언론, 시민적·정치적 결사의 자유 혹은 보통선거에 대한 그의 찬사가 조심스럽게 결합되어 있음을 알 수 있었다. 그러나 더 주목할 만한 것은 그의 편견들의 원환을 깨뜨릴 능력이 확인된다는 것이다. 그가 자신의 첫번째 덕목을 인식한 것은 바로 민주주의의 고유한 열정 속에서이다. 민주주의가 최상의 것들을 손쉽게 선택하도록 하며, 공적 업무의 행

---

2 『회고록』(Souvenirs)은 1893년 후손들에 의해 발간된 토크빌의 유작으로, 1848년 프랑스 제2공화국의 탄생과 관련한 각별한 증언을 담고 있다. 즉 1848년 보통선거권과 관련한 역사적 상황들, 1848년 6월 노동자들의 폭동과 의사당 난입, 당시 정치가들에 대한 자신의 소감들, 1848년 혁명 이후 토크빌의 제헌위원으로서의 활동 등에 대해 자세히 설명하고 있다. 또한 자신은 좌파에 적대적이었지만 동시에 우파의 적대적 열정에 대해서도 우려를 표명하면서, '중간파'로서의 자신의 무력함을 토로하기도 한다. 그것은 1848년 이후 30여년 뒤에 성립될 '온건공화정'(République modérée)의 조건들과 관련될 것이었다.―옮긴이

위 속에서 정부의 효율성을 증가시킬 수 있는 것은 그 능력 속에서가 아니라 그 열정 속에서이다. 사람들이 자주 잘못된 방향으로 공적 업무를 이끌게 된다면, 그는 거기에서 비난해야 할 것을 보지 않는다. 왜냐하면 공적 영역을 지배하는 선동은 모든 영역에서 주도권을 지니면서 각자에게 자신의 호기심의 영역을 확장하고 사고를 순환시키면서 그에게는 사회 전체가 소통하려는 것처럼 나타나기 때문이다. 그래서 그는 다음과 같이 선언하기를 주저하지 않는다. "끊임없이 재생하는 이러한 선동은 민주주의 정부가 정치 세계에 도입한 것이며 시민 사회로 이어진다. 모든 것을 따져 보면 결국 이러한 것이 민주주의 정부에 가장 이익이 되는 것인지 알지 못한다. 그리고 나는 그것이 행한 것보다는 그것이 행하게 하는 것 때문에 더 그것을 찬양한다"(D. I, 254). 그리고 또한 명백하게 "민주주의는 인민들에게 가장 능력 있는 정부를 주지 않지만, 민주주의는 가장 능력 있는 정부가 행할 수 없는 것을 행한다. 민주주의는 전 사회에 우려할 만한 행위, 지나친 힘, 민주주의 없이는 결코 존재하지 않으며, 조금이라도 환경이 우호적이라면 최상의 것을 만들어 낼 수 있는 에너지를 확산시키다"(D. I, 255). 분명 그는 끈질기게 유럽에서 찾을 수 있는 "야만적 본능에 던져진" 민주주의를 "미국이 보여 주는 스펙터클의 자연스럽고 조용한 발전"과 대립시키고 있다. 그러나 첫 인상에 대한 이러한 대조가 그의 주장 전개 속에서 독자들——무정부로의 길을 여는 위험을 무릅쓰면서 개혁에 질린 "소심한 정신들"——을 안심시키는 기능을 갖지 않는다고 가정하고서, 자신의 원칙의 논리를 통해 자신의 생각을 가장 잘 요약하고 있는 것처럼 보이는 형식을 밀어붙이는 데까지 이르게 된다. "미국인들이 더 크지 않은 자유의 위험을 주는 기술을 습득하는 것은 위험한 자유를 향유하면서이다"(D. II, 126). 어떻게 민주주의의 모험의 독특한 특징을 더 잘 알 수 있을까? 토크빌은 전체 의지를 대표하려 하면서 공공이익과 사회에 각인시켜야 할 정당한 방향이라는 관념에 각자의 권리들을 종속시키는 권력 때문에 이 모험을 제어한다는 가정을 거부한다. 그러나 "너무 당연한 이익"이라는 이론에 양보를 하든지 하지 않든 (여기에서 그러한 양보가 전술적 질서인지는 물어야 한다), 그것은 이익들에 대한 자연스러운 자기 규제의 원칙에 의존하는 것 이상이 아니다. 그것은 개인들의 열정의 조합을 발생시키는 조화라는 허구에 낯설다. 그의 분석은 개인들은 역사 과정에서 조건들의 증가하는 평등이라는 효과 아래에서 독립적이지만 타인들과 유사한 각자로서 등장한다는 점을 제시한다. 또한 시민들은 공적 권위의 행사나 그 통제에 평등하게 기대는 시민들 사이의 각각의 시민으로 등장한다. 이러한 발견은 역사주의적 개념의 한계들 속에서 해석되도록 하지 않는다. 그것은 사회적 조직의 양식에 우연적으로 동일하고 정당하게 연결된 사건으로 등장하지 않는다. 토크빌은 『프랑스의 사회적, 정치적 상태』L'Etat social et political de la France에서 명쾌하게 이 점에 대해 설명하고 있다. "자유에 대한 근대적 개념, 민주주의적 개념 감히 말하자면 자유에 대한 **정당한 개념**에 따르면, 행위하기 위해 필요한 지식을 본성으로부터 받는 것으로 전제되는 각 개인들은 태어나면서 자신과만 관련된 모든 것에서 이웃들과 독립적으로 살아가고 자신의 고유한 운명을 제어하기 위한 평등하고 소멸되지 않는 권리를 행사한다"(A. I, 62). 그는 개인의 자유라는 개념이 역사적으로 도래한 정당한 것이라고 이해한다. 헛되이도 사람들이 그에게 이미 민주주의의 도래 이전에 자신의 독립에 대한 의미를 지닌 사람들이 존재했다고 반박한다. 그 누구도 귀족주의 사회에서 그러한 감정의 활발함과 그것이 만들어 낼 수 있는 효과를 그보다 더 의식하지 못할 것이다. 그의 확신은 이러한 활발함은 독립이 더 이상 어떤 사람들에 의해 이루어지지 못하고 사회적으로만 인정되는 곳에서는 엷어진다는 것이다. 권리로 전환된 개인의 독립은 다른 사람들의 종속의 대가로 행사되는 몇몇의 특권이 되기를 중단하였고, 인간 자체에 부착되어 그 역할을 드러내고 있다. 그 어떤 것도 권리에 대한 이러한 인지 속에서, 사회와의 관계 속에서 개인의 선차성이라는 환상을 인정하지 않는다. 개인들이 자신의 이웃들과 유사하게 등장할 뿐만 아니라 그 자체로서 정의되고 선언되는 것은 바로 민주주의 속에서이다. 게다가 토크빌은 동일한 글 속에서 다음과 같이 분명히 하고 있다. "절대적이고 자의적인 사회적 권력은 물질적 사실이며, 지나가는 사건일 뿐인 것이 되자마자……복종은 그 도덕성을 상실하였다." 그것은 그 자체로 역사적으로 도래한 정치적 자유가 개인적 자유를 보호할 제도의 체계에 이르는 것을 알지 못함을 말하는 것이다. 각각은 동일한 원인으로부터 발생한다. 그 원인은 자신 고유한 목적이라는 기능 속에서 공동의 운명에 영향을 미치는 것을 결정하는 권력을 점령하는 모든 특수한 권위로부터의 해방이다. 정치적 자유는 이제 무조건적인 것이 된다. 그것은 정치적인 것의 본질을 드러낸다. 어쨌든 우리가 인간들이 민주주의 속에서 개인으로서 그리고 시민으로서 등장한다고 말할 때, 민주주의를 지탱하는 제도들이 그렇게 중요하다면, 그 어떤 것도 그들의 자유를 물질화할 수 없다는 것을 이해해야 한다. 이로부터 자유의 명백한 형태들은 노예의 새로운 체제와 적응할 수 있다는 것이 명백해진다(D. II, 325). 토크빌이 『미국의 민주주의』 시작에서 맹세처럼 말한 새로운 정치학은 바로 이러한 독특함을 드러내는 것이다. 새로운 정치학은 제도들의 기능에 대한 인지로 요약되지 않는다. 그것은 모두의 봉사를 위해 가장 유용한 기능을 채울 수 있도록 그 운동이 엄격히 제어되고, 각자가 자신의 정확한 자리를 부여받는 사회체의 일부들이 기원하는 유사 과학과 거의 관련이 없다. 그 것은 오히려 과학적이기보다 철학적이다. 조직이론의 환상을 버리면서 그것은 자유로부터 벗어나기 위해서가 아니라 자유를 받아들이고 위험 속에서 다른 위험을 벗어날 수단을 찾기 위해 자유의 위험성을 가르치기 위해 만들어진 것이다.

개개인의 자유, 정치적 자유, 그것이 토크빌의 사유 속에서 서로 같이 가지 않는다면, 그것은 그 자유들이 서로 지지하면서 행복하게 결합하기 때문일 뿐만 아니라, 자유는 특정 장소에 국한되지 않고, 존재와 인간적 공존의 하나의 특성이 아니며, 자유는 구성적이거나 분리되지 않기 때문이다. 자유는 베르그송이 진실된 것으로부터의 후퇴 운동이라고 부른 것 속에서 드러난다. 따라서 그 독특성과 대담함을 측정하기 위해서는 콩스탕의 자유 개념과 비교하는 것으로 충분할 것이다. 아마도 토크빌은 콩스탕과는 자의적인 것에 대한 증오라는 것을 공유할 것이다. 자유에 대한 토크빌의 이념은 경제적 자유주의의 이론으로부터 유사하게 분리된다. 게다가 콩스탕에게 마땅하게 돌려져야 하는 공로는 모두의 이름으로 각자를 강제하는 권리 속에서 표현된 인민의 절대적 주권이라는 허구를 비난할 뿐만은 아니다. 그에게는 특히나 고대인의 정신과 근대인의 정신의 차이를 분별해 내고, 18세기 혁명가들에 의해 찬양되고 고대의 도시 공동체에서 이루어진 공적 업무에의 참여가 개인의 권리에 대한 포기를 대가로 지불한 반면에, 개인의 자유의 향유는 직접 민주주의의의 행사를 불가능하고 바람직하지 않은 것으로 만들 필요성이 되었다는 것을 보여 주는 이점이 있다. 그러나 그의 『정치적 원리』*Principes politiques*에서 콩스탕은 "필요에 의해 개인적이고 독립적으로 남고, 사회적 능력 밖에서 권리를 갖는 인간적 존재의 부분이 있다"(271)[3]라고 확언하는 데 만족하지 않는다. 자의성이 통치에 계약의 불변성을 대립시키는 것, "결사체들에 대한 보호자적 신성함"이라는 형태의 규칙을 명확히 하는 것, 만약 그러한 것들이 없을 경우 모든 것이 "불명확하고" "고독한 의식과 동요하는 의견"에 노출된다(411). 그의 주장은 끊임없이 개인들을 정치적 질서의 조건과 목적으로 만들려는 경향이 있다. "오늘날 개인의 자유를 둘러싸고 있는" 근대적 시민 제도들을 나열한 후 그는 다음과 같이 분명히 한다. "이러한 개인적 자유는 사실상 모든 인간적 결사의 목적이다"(408). 그는 계약과 정치 제도 자체들을 결합시킨다(410). 그는 그 형태들을 "인간들 사이의 유일한 관계들"로 정의한다(411). 개인의 자유의 침해 속에서 그는 "법의 제국하에서 인간들의 결합의 첫번째 조건이자 유일한 목적"인 모든 보장책들의 소멸을 본다(412). 그와 같이 그에게 개인의 독립은 "근대적 필요의 첫번째"이며, "결과적으로 정치적 자유를 확립하기 위해 결코 희생을 요구하지 않아야 한다"(506)라는 사실을 확립하는 것만으로는 충분하지 않다. 그의 눈에는 정치적 자유는 하나의 보장책일 뿐이다(509). 그것을 보존할 필요성이 "정치적 권리의 행사가 우리에게 사적 이익을 위한 시간을 더 많이 주면 줄수록, 자유는 우리에게 더욱 더 소중한 것이 될 것"(512)이라는 사실을 잊게 해서는 안 된다. "정치적 권력에의 참여"를 전적으로 포기하지 않는 진정한 동기는 권위의 수탁자들이 수임자에 대한 무관심을 이용하고 자신들의 뜻대로 보장책을 처분할 위험성을 볼 수 있기 때문이다. 개인들이 사적 향유를 상실할 위험성 역시 존재한다(513). "고대인과 근대인의 비교된 자유"에 대한 자신의 유명한 연설에서 콩스탕이 갑자기 다른 언어를 사용하여 인류의 유일한 목적으로서 행복을 분리해 내고, 정치적 자유를 "하늘이 우리에게 준 가장 강력하고, 가장 정력적인 완전화의 수단"으로 만든다고 강조된 문구를 통해 말했던 것은

---

3 고셰(Marcel Gauchet)가 편집한 콩스탕의 글 모음집인 *De la libertés des Modernes*, Paris, Le Livre de Poche, 1980에서 인용한 것이다. 이하 본문의 괄호 안의 쪽수는 이 책으로부터 온 것이다

결코 누구를 속이고자 한 것이 아니었다(513). 근대 민주주의에 대한 그의 전망은 토크빌의 것과는 전혀 다르다. 토크빌이 "근대인에게서……사적인 삶 속에서 독립된 개인은 가장 자유로운 국가들에서조차 외관상으로만 주권자일 뿐이다"(496)라는 주장이나 혹은 "개인적인 영향력은 정부에 자신의 지시를 각인시키고자 하는 사회적 의지 속에서 인지될 수 없는 요소"(448)라는 주장을 반박하는 것은 아니다. 그러나 이러한 관찰은 민주주의적 동학의 양상들 중의 하나일 뿐이다. 이러한 관찰은 모든 영역에서 주도권에 기회를 주는 한 사회의 생명력을 무시하게 하지 않는다. 그리고 콩스탕에게서는 이러한 관찰은 사적인 향유를 향한 불가역적인 운동이라는 사유를 지지할 뿐이라면, 토크빌에게 그러한 관찰은 각자의 고유한 영역에서 각자의 후퇴가 만들어 낸 빈 공간le vide ──사회적 권력이 소진되는 빈 공간──을 드러낸다.

　　정치적인 것으로부터 표상을 분리해 낸다면, 이제 개인의 표상은 일관적이 못한 것이 된다. 혹은 더 분명히 말한다면 개인에 대한 문제설정은 전적으로 정치적인 것이라는 새로운 관념의 기능으로 전환된다. 콩스탕이 행한 사용법 속에서 그러한 문제설정은 공동의 이익이라는 정언명령에 의해 지배되는 행위들과 관계들의 영역을 그린다. 정치 권력은 사회 속에서 그것이 행사하는 특정한 기능들로 둘러싸인다. 즉 각자의 안전의 보호를 감시하면서 공적인 평온함을 유지하는 것, 시민들 사이의 모든 질서에서 저렴한 거래에 필요한 힘과 보조품을 요구하는 것, 외부로부터의 가능한 공격에 대항하여 방어를 보장하는 것이 그것이다. 사법, 재정, 방위, 국가의 이 세 가지 부분은 전통에 맞게 자신의 개입 영역을 정의하는 데 충분하다. 공적인 영역은 사적인 영역으로부터, 공적인 목적은 사적인 목적으로부터 분리된다. 동시에 권력은 개인들이 선거 혹은 의사표현을 통해 정부의 행위에 대해 행사하는 영향력이 어떠한 것이든 개인의 밖에 위치한다. 아마도 토크빌이 정치적인 것에 대한 새로운 정의를 주었다고 말할 수 없다. 사실 그가 정치적 결과들과 사회 상태, 시민 결사와 정치 결사, 행정 권력과 정치 권력, 이념들, 감정들, 습속들, 그리고 전제정 혹은 정치적 자유 등을 분리할 때, 그가 그 단어 속에 미국 민주주의 분석에서 가져온 특수한 의미를 보존시켰다는 것이다. 그러나 결국 그 기준이 자주 동요하는 이러한 절단들에도 불구하고 독자는 민주주의 속에서 **사회 형태**를 인식하는 것을 빠뜨릴 수 없다. 사회 형태의 독특함은 분명 귀족주의적 사회가 드러내는 다른 **형태**와 관련하여 정교화된다. 조건의 평등 속에서 모든 다른 것이 유래하는 발생적 사실을 찾아내기 위한 노력이 무엇이든 간에 그는 평등이 구체제와 다른 의미를 민주주의에서 얻는다는 사실을 의심하지 않는다. 정부의 행위와 구별하여 특수한 행정적 집중화를 살펴보면서 그는 그것에 상징적 의미를 부여하면서 또한 기술적 질서의 특수한 정정을 넘어 사회의 전 범위 속에서 심성이나 행위들에 대한 그것의 효과를 드러낸다. 그는 정치적인 것과 거리를 두는 특수성을 갖는 행위의 양태를 인식하려 하지 않고, 오히려 정부와 정당들의 영역에 제한된 사고를 벗어나는 정치적 의미를 파악하고자 한다. 동일하게 그는 시민적 결사와 정치적 결사, 또한 이익이나 특수한 권리의 옹호에 의해 자극된 일시적인 집단 형성과 전국적 정당들을 혼동하지도 혼동할 수도 없었다. 그러나 그의 분석은 분리되지 않는 결사 그 자체의 진실을 드러내고 있다. 그는 본질적으로 결사의 자유를 특수한 행위의 틀 속에 가두려는 것이 헛되다고 말한다. 사람들이 커다란 사안들 속에서 공동으로 행위하는 자유를 거부당하게 된다면, 그들은 가장 가까운 작은 것들에서도 결사체를 구성하려는 의지를 상실할 것이다. 상호적으로 사람들의 개입을 사회적 삶의 세부적인 것에 한정한다면, 그것을 판단하지도

원하지도 않을 것이다. 그는 "내가 다른 하나를 소유하지 못하고서 다른 하나를 보장받을 수 있다고 생각한다면, 나로서는 자유를 커다란 문제보다는 사소한 문제에서 더 필요하다고 믿는 것이 된다"라고 말한다. 그는 또한 다음과 같이 명확히 한다. "작은 사안에서 종속은 매일 드러나고 있으며, 모든 시민들이 의문의 여지 없이 느끼고 있다. 종속이 시민들을 절망시키지는 않지만, 시민들을 끊임없이 괴롭히고 시민들로 하여금 자신들의 의지를 사용하는 것을 포기하도록 한다.……이 권력의 대표자를 때때로 선택하는 데 중앙 권력에 아주 의존적인 동일한 시민들로 이루어진다는 것은 헛된 일이다. 이러한 아주 중요하지만 짧고 드문, 그들의 자유로운 자의적 권력의 사용은 그들이 점점 스스로 사유하고 느끼고 행위하는 능력을 상실하게 하며, 점점 인간성의 수준 이하로 떨어지게 될 것이다"(D. II, 326). 토크빌은 분명 전혀 혼동하지 않았으며, 그는 모든 것이 사회의 두께와 관련이 있고, 민주주의적 층의 훼손은 사회를 낱낱이 찢게 될 것이라고 암시한다.

결국 사회적 권력이라는 개념의 반복적이고 방법적인 사용을 면밀히 검토하는 것으로 충분하다. 그 행위가 담당하고 있는 역할에 의해 국한될 수 있는 권력, 보이는 권력에 대해 『미국의 민주주의』저자는 개인들의 외부뿐만 아니라 내부에 존재하며, 개인들에 의해 감수될 뿐만 아니라 그들에 의해 생산되며, 실재적일 뿐만 아니라 상상적인 권력 그리고 정부 안에서 행정에서 의견에서 동시에 표현되는 산재되고 보이지 않는 권력을 대체하였다. 그 결과로 콩스탕을 따라 자의적 권력을 공격하지만 그의 우려는 거기에 머물지 않는다. 그는 사회의 절대적 권리의 표상에 부착된 더 깊은 위험을 인식한다. 예를 들어 그가 다음과 같이 선언할 때, 그의 언어는 콩스탕의 그것과 아주 근접해 보인다. "그는 억압하도록 내버려 두어도 위험하지 않을 만큼 보잘것없는 시민이 아니다." 그러나 시각은 동일하지 않다. 악이라는 것은 개인의 권리를 침해하면서 권력이 모두와 관련된 협약을 공격하는 것만이 아니라, 결과적으로 각자가 자신의 안전을 위해 두려워하기 때문이다. 악은 아래로부터 또한 동시에 위로부터 오는 것이다. 그것은 권력과 결합한 사회의 이미지 앞에서 인간을 현혹하는 표시이다. 한 사람이 다른 사람의 인격 속에서 충격을 받는 것을 더 이상 느끼지 않는다는 것은 서로의 관계가 사라져 버리며, 개인의 존재가 사회의 본질적 힘과의 관계 속에서 우연적이 됨을 의미한다. 토크빌은 적어도 두 가지 측면에서 그것을 관찰한다. 사회적 권력이라는 관념은 국가를 지휘하는 사람들과 국가에 복종하는 사람들의 상상을 지배한다. "모두는 유일하고 단순하며, 섭리적이고 창조적인 권력의 이미지 아래 있는 정부를 인식한다. 정치적 문제와 관련한 모든 이차적인 관념들은 유동적이다. 하지만 사회적 권력에 관한 관념은 확정적이고 변하지 않는다.……피지배자들과 지배자들은 동일한 열정을 가지고 그 관념을 쫓아가는 데 동의한다"(D. II, 299). 토크빌은 그가 동질성이라는 새로운 취향을 분석할 때, 자신의 확신을 반복한다. "정부는 시민들이 사랑하는 것을 사랑하고, 시민들이 증오하는 것을 자연스럽게 증오한다. 민주주의 국민에서 지속적으로 동일한 생각 속에 각각의 개인과 주권자를 결합시키는 이러한 감정의 공동체는 비밀스럽고 영구적인 동정심을 만들어 낸다"(D. II, 302). 토크빌이 개인의 새로운 자유에 대해 말하든 혹은 새로운 종속에 대해 말하든, 그는 정치 사회의 형태 속에서 그것이 작동하고 있음을 본다.——게다가 이러한 형태의 사회 제도는 그가 보기에는 개인으로부터 제도를 분리하도록 내버려 둔다.

또한 그것이 민주주의가 그에게 통치자와 피통치자의 복잡성을 포착하도록 한 민주주의에 대한 그의 날카로운 시각이다. 그리고 또한 동시에 무정부에 대한 두려움 속에서 그들이 정부 권력을 강화하고자 다루는 모든 것들을 통해 질서를 굳건히 하고자 하는 이들과, 인민이라는 대의명분을 위해 새로운 혁명에 호소하거나 모든 적대로부터 해방된 사회 모델을 만드는 권력에 대한 적대자들을 연결시키는, 그의 민주주의에 대한 그의 세련된 시각이다. "전쟁을 하는 권력들조차도 동의하는 것을 빠뜨리지 않는다.……권력의 단일성, 편재성, 전능성 그리고 그 규칙의 통일성은 오늘날 성장한 모든 체계의 두드러진 특징들을 형성한다. 사람들은 가장 기이한 유토피아의 기저에도 그것을 발견한다. 인간의 정신은 꿈을 꿀 때 여전히 이러한 이미지들을 쫓는다"(D. II, 299). 토크빌은 콩스탕과는 다른 전망을 새롭게 열고 있다. 콩스탕에 대립하여 생시몽은 유일한 정당화가 개인의 보호가 될 사회라는 관념을 포기하기 위해 노력한다. 사실상 『산업 체계』*Système industriel*의 「서문」은 "개인의 자유에 대하여"라는 장에서 발전된 『정치적 원리』의 독트린에 대해 조목조목 안티테제를 구성한다. 본질적으로 생시몽은 자유는 모든 인간 결사의 목표라는 관념을 조롱한다. 결사는 하나의 '활동 목표'에 의해 움직인다. 자유는 각각의 시기에 이 목표의 기능 속에서만 정의된다. 그 목표가 첫번째이다. 자유는 그 목표를 추구하는 데 열중해야 할 능력일 뿐이다. 계약 개념을 이상화하는 것은 하나의 신비화를 갖고 있다. 인간들은 법을 형성하려는 구상 속에서 사회 속에 서로서로 연합하지 않는다. 그것은 체스 게임에서 새로운 협약을 그리기 위해 모이고 그렇게 하면서 스스로 게임의 당사자로 믿는다는 것을 상상하는 것과 같다. 그 형식들은 군주정에 봉사하는 법률가의 업무를 수행했다. 그러나 그 형식들 아래에 토대가 있다. 근대 사회의 운명을 책임지는 사람들은 그 토대를 고려해야 한다. 정치적 자유의 경우, 그것이 통치할 권리 혹은 정부를 제어할 권리를 행사하는 것을 의미한다면, 그것이 모든 곳에서 알려질 때 그것은 권위를 우연에 맡겨야 하고, 공적 업무의 지휘 속에서 능력을 부여해야 한다. 각각의 명백함과는 달리 이러한 주장들은 적어도 공동의 기초를 가지고 있다. 개인에 대한 자유주의적 이론을 특징짓는 추상들에 대한 비판. 하지만 이러한 비판은 토크빌이 저술했던 것에 도달하지 못할 뿐만 아니라 토크빌은 그것을 충분히 고려하였고, 정치적 현실주의의 방어자들의 원칙에 있는 자신의 비밀을 인지하도록 하였다. 비판은 그에 대항하여 행해지지 않는다. 왜냐하면 우리가 말한 것처럼, 개인들은 그들의 독립의 보장책들을 제공하는 것만으로 정당화되는 결사체의 첫번째 근거로서 위치짓는 것을 중단하기 때문이다. 계약들과 형식들은 그 보장책들에 대한 설명과 안정화 속에서 그들의 유일한 존재 이유를 찾지 않는다. 그것들의 덕목은 신앙을 파괴하여 사회의 절대적 권리로 만드는 경향이 있는 사회적 관계들의 분화와 접합의 지표들을 유지하고 느낄 수 있도록 하는 것이다. 보통선거로 등장한 정부는 능력의 이점들을 누리지 못하지만 그것이 한 것보다 그것이 하게 하는 것을 위해 더 가치 있는 것이다. 요약하자면 토크빌의 사유는 자신의 고유한 지형에서 생시몽의 사유와 만나고 있다. 생시몽만큼이나 토크빌도 근대 사회의 도래에 관심을 가지고 있다. 그의 근심은 미국의 예에 근거하여 근대 사회가 자신의 조직을 통제할 환상을 포기하는 지점, 그리고 인간의 의견이나 활동이 국가적 강제로부터 벗어나는 지점에서 가장 활발함을 얻는다는 것을 보이는 것이다. 개인의 주권이라는 관념에 대항하여 사회 주권이라는 관념을 제시하는 대신에 그는 사회 주권이 포괄하는 허구, 즉 집단적 개인의 허구를 정의를 부여하고 주위를 둘러싸고, **토대**를 인식하고 그 **목표**를 고정시키는 것이 가능한, 거대한 존재로부터 분별해 낸다. 그리고 그는 이 허구가 전능한 권력의 상과 분리할 수 없다는 것을 제시한다. 유토피아에서 이 권력은 강제의 경제를 만드는 것으로 간주되는 것 그리고 과학의 표지하에 위치하는 것, 정신적인 것으로 불리는 것, 자신의 신민들의 동의에 근거하는 것은 중요하지 않으며, 그것은 전제적인 본질이라고 보기 어렵다. 개인의 위치가 생시몽에 의해 지워진 것이 아니라면 적어도 왜 엄격하게 사회적 응집이라는 정언명령에 종속되는지가 이해된다. 그것은 유기적인 시기 —새로운 형태의 관리에 필요한 것으로 낡은 원칙의 해소라는 사실로부터 개인주의가 작동하도록 할 뿐인 비판적 시기 —에 주어진 우선성 때문만이 아니다. 스스로에 대한 인식을 획득하는 사회와 사회가 현실되는 조직이라는 이중의 이미지는 개인이 사회 속에 각인되고 이해된다는 것을 함의한다. 단지 소수만이 능력을 가지기 때문에, 그들에게 공정한 사회 조직과 기능의 친절함과 합리성이 그들에게 보이지 않고, 그들 스스로 사회적 기제의 미세한 배치가 제공하는 거대한 스펙터클에 참여하지 않는다면, 시민들은 그들의 어두움 속에 던져질 것이라는 점을 덧붙이자. 따라서 사회에 형상을 부여하고 가족은 물론 산업에서 구성원들의 역할을 격려하고 또한 각자가 타인들에 의해 보여지면서 타인들을 보여 주도록 하는 축제나 다양한 의식을 위해 그들의 시선이 공동의 목표로 향할 때, 개인은 어두움으로부터 벗어난다.

어떤 것도 명백한 부정을 구성하는 이 모델보다 토크빌의 자유주의를 더 잘 설명하지는 못한다. 고전적 이론의 흔적을 지닌 형식을 넘어 토크빌에게서는 권력과 과학의 새로운 결합에 대한 비판과, 사회의 전적인 가시성의 이상에 대한 비판이 결합된 개인에 대한 새로운 사유를 알 수 있다. 개인들의 자유 그리고 각자에게는 환원될 수 없는 것이 존재한다는 사실에 대한 환대는 인식할 수 없는 것과 제어할 수 없는 것에 대한 새로운 감성 속에 제도화되는 정치 사회에 대한 가치평가와 함께 이루어진다. 그리고 동시에 이러한 사회의 경향은 각자가 포함되는 사회적 존재에 대한 풍부한 전망을 금지시킨다. 또한 적어도 결과적으로 그러한 경향은 그것이 불러일으키는 위험을 전복시키지 못한다. 그것은 토크빌이 **군중 속에 상실된 인간**이라는 새로운 현상 속에서 개인들의 고립이 가진 위험에 대해 주의를 기울이지 않았다는 것은 아니다. 각자는 그가 조건들의 평등의 두 가지 효과 중의 하나를 추적하고 있다는 것을 알고 있다(다른 하나는 독립에 대한 애정이다). 그러나 그는 이러한 현상의 전환 속에서 정반대로 전제정이 등장할 수 있는 사건을 발견한다. 이것이 사실상 그가 각자는 모두의 눈 아래에서 살고 모두는 각자에게 모습을 드러내는 그러한 공동체의 형성에서 기대하지 않았던 조건의 평등의 불가역성이라는 그의 확신이다. 귀족주의적 사회는 이러한 모델을 보여 주었다. 그 사회는 개인적 의존의 다양한 망을 따라 정돈되었다. 아마도 동일한 사슬이 첫번째 고리와 마지막 고리, 왕과 농부를 결합시켰지만, 그가 말한 것처럼 "사회의 동일한 이미지는 불분명하고 끊임없이 시민을 통치하는 모든 권력들 속으로 상실되었다"라는 것을 그는 관찰하였다(D. II, 334). 사람들이 서로서로 관계를 맺는 것은 성, 영지, 꼬뮌, 조합 속에서이다. 각자는 서로의 아래 혹은 위에서 누군가를 인지했다. 반대로 여기저기서 사회적 연결 관계의 보장책이었던 다른 이웃이 사라지고 권위가 붕괴하는 것은 이중의 결과를 가져오는데, 그것은 개인이 스스로를 동등한 것으로 정의하는 사회라는 관념을 얻는 것이고, 그리고 개인은 사회를 보지 못한다는 것이다(개인은 스스로 드러내지도 않으며, 사회 속에서 타자들을 보지도 못한다). 유일한 하나의 전망 속에 자기를 희생시키면서 자신의 정체성의 표식들을 상실할 뿐이고, 또한 익명성의 전망 속에 흡수되는 것을 내버려 둔다. 토크빌은 "사람들에게서 조건들이 균등해지면서 개인들은 더욱더 작아지고 사회는 더욱더 커진다. 혹은 오히려 각 시민은 군중 속에서 사라지고 인민이라는 거대하고 화려한 이미지만을 알아볼 수 있을 뿐이게 된다"라고 지적한다(D. II, 298). 인민(또한 이미지가 자신의 것을 대체하는 사회와 권력)에 대한 전망이 동반하는 소외에 대한 그의 인식은 놀라운 것이다. 서로서로를 고립시키는 작동에 의해 구성된 개인들이 군중 속에서 자신을 잃어버리는 순간에 거대한 존재가 등장한다는 전망은 그 개인들을 제거하고 **사람들** 속에 그들을 흡수해 버린다. 토크빌이 생시몽을 표적으로 삼았는지를 명확히 할 필요가 있다(동일한 장에서 유토피아에 대한 언급이 존재하는 것과 무관하지 않을지라도). 그는 민주주의의 위험성을 드러내기 위해 민주주의적 경험과 친밀하게 관련된 과정을 분석한다. 그러나 유토피아가 그 기원을 알지 못할 뿐만 아니라, 매일매일 개인들의 삶을 동반하기를 바라는 시각에서 "인민에 대한 거대하고 화려한 이미지"를 활성화시키기를 추구할 뿐인 이 과정은, 익명성으로부터 개인들을 끄집어 내고 모두가 서로서로를 볼 수 있는 공동체적 공간이라는 거대한 빛 속에 다시 놓으려는 욕구에 의해 자극된 것이다.

토크빌은 각자에게 자신의 일을 처리할 수 있도록 하는 기제의 풍부함에 대한 충분한 가시성, 타인의 시각으로부터 분리되고 사회의 응집을 보장하는 그러한 가시성에 접근하는 사회에 대한 꿈에 반대하지 않았다. 그가 사회의 이미지가 귀족주의 사회에서는 희미하다고 관찰했을 때, 그것을 당시의 덕목으로 만들지 않았다. 이웃들과의 상호 인식 그리고 같은 사회뿐만 아니라 동일한 인류에 속한다는 감정을 동반하는 자유에 대한, 정당한 개념에 대한 그의 주제는 그의 의도에 대해서 어떤 의심도 남기지 않았다. 그는 이웃, 사회, 인류에 대한 새로운 감각이 실재 속에서 그들의 완성에 대한 표상을 저지하는 조건 속에서만 자유와 일치할 수 있다고 생각하였다. 그러한 완성을 원하는 것은 그 효과가 한편에 여론의 통치, 권력의 통치, 과학의 통치 그리고 다른 한편에 그에 종속된 인간들을 분리시키는 상상적인 것으로의 미끄러짐을 불러일으켰다. 그의 모든 저작은 평등, 혹은 사회 혹은 인류에 대한 이념이 잠재되어야 한다는 것을 설득하고자 한다. 그렇지 않으면 그러한 이념은 잔혹한 허구로 전환되어 다양하고 독특한 전망과 만나게 된다. 따라서 개인의 독립에 대한 진리는 분할할 수 없는 단일성이 아니라 특이성의 뛰어난 상징을 제공하는 것이다.

우리는 토크빌이 평등의 불길한 효과들에 대해 그렇게 강하게 강조하면서 개인적이고 정치적인 자유의 모험을 추구할 기회를 주었는지 물어볼 수 있다. 『미국의 민주주의』 끝에서 두번째 장을 보면 전제정의 불가피성으로 이끌어질 것이라는 주장에 대한 방향을 갑작스럽게 정정하고 있는 것을 볼 수 있는 것이 사실이다. "우리가 들어 온 민주주의 세기에 사람들은 자연스럽게 독립에 대한 취향을 갖는다"라는 것을 상기하면서 그는 다음과 같은 결론에 도달한다. "자연스럽게 사람들은 참을성 없이 규칙을 지지한다. 사람들이 피곤함을 선호하는 것과 같은 상태의 영원함, 그들은 권력을 사랑하지만 그것을 행사하는 사람을 무시하거나 증오하는 경향이 있다. 그리고 그들은 그들의 빈약함과 변동성 때문에 권력의 손에서 쉽게 빠져나간다"(D. II, 339). "새로운 각각의 세대는 인간의 자유를 위해 투쟁하기 위한 새로운 무기"를 찾을 것이라는 확신 속에 드러난 그의 낙관주의는 단지 사실들에 대한 관찰에 근거하지 않는다. 왜냐하면 개인은 그에게 형이상학적 의미를 지닌 정치적 사건에 스스로 연결되었다는 것을 잊을 수 없는 독립에 대한 취향을 얻은 것 같았기 때문이다. 어떤 사회적 틀 속에서 그 스스로 수탁자라고 주장하는 누군가의 무조건적인 권위의 몰락. 어쨌든 이러한 독립에 대한 특징에 대한 토크빌의 제안은 간단하다는 것이 분명하다. 평등으로부터 등장한 독립은 인간이 "특별한 자신의 행동 속에서 자신의 의지만을 따를" 경향——"곧 그들에게 정치적 자유에 대한 이념과 취향"을 제시할 취향——으로 요약할 수 있다(D. II, 295). 누군가의 형상과 무조건적인 권위라는 이념 사이에 세워진 관계는 실망스러운 것으로 드러났다. 토크빌은 귀족주의 세계의 특징인 개인적·인격적 의존 현상에 대해 잘 묘사하였다. 하지만 그는 군주가 자신 내에서 정당성을 드러낼 때 신 혹은 이성과 정의가 된 세속화된 새로운 신성함들로부터 유래한 것으로 간주된, 그 권력과 국민을 체현하고 있는 것으로 간주될 때, 군주가 행사했던 기능에 대해 진정으로 묻지 않고 언급할 뿐이다. 그래서 근대 민주주의의 도래가 가져온 기이한 사건의 영향력을 측정할 수 없다. 즉 체현의 덕목과 정당성의 마지막 근거들을 빼앗긴 권력의 형성, 동시에 이제 주권적으로 사유와 인간의 행위의 질서를 초월하는 원칙에 근거하는 것이 불가능함을 함축하면서, 권력과의 관계에서 자유로운 법과 지식의 관계 성립을 측정할 수 없다. 토크빌이 자신의 고유의 경계 속에 사회를 감금하는 것을 증언하는 사회적 권력의 새로운 표상을 조사하든지 ——그가 정확한 이름을 통해 부패라고 해석한 것——, 그리고 동시에 그가 구체제, 정치신학적 질서로의 회귀라는 모든 가정을 배제하든지 간에, 그는 정치적 자유와 개인적 자유의 경험, 권력과 권리에 대한 새로운 이념의 도래는 지식의 새로운 경험, 진리에 대한 새로운 이념의 도래와 동시에 발생한다는 결론 앞에서 멈춰 서고 사라진다. 전에 적은 수의 정신 속에만 생겼던 것이 사회적 삶 속에서 발달하고 흩어지고 각인된다고 주장하면서 이러한 변화를 명확히 해야 한다. "자유 자체보다 다른 것을 위해 자유를 찾는 사람은 봉사하기 위한 것"(A. I, 144)이라고 감히 선언하는 토크빌은 그 자체가 아니라 다른 것을 위해 진리를 찾는 사람은 믿기 위한——그리고 또 봉사하기 위한——것이라고 말하지는 않는다. 만약 그가 라 보에티와 유사한 영감을 따르면서 자유는 원하지 않는 사람에게는 교육되지 않고, 자유는 정의된 그리고 명명될 수 있는 선이 아니며, 그것을 바라는 것 자체가 이미 그것을 소유한 것임을 인정한다면, 진리에 대한 물음이 진리 자체와 하나를 이루고, 근대 사회와 근대적 개인은 확실성의 마지막 지표들의 해체라는 시련에 맞서 제도화된다는 생각 속에 무언가가 그를 붙잡고 있는 것이다. 근대 사회의 효과 아래에 있는 하나의 모험 ——근대 사회가 자극하는 저항에 의해 끊임없이 위협받는——, 권력의 토대들, 권리의 토대들, 인식의 토대들이 의심받는 모험, 고유하게 역사적 모험. 이러한 의미에서 근대 사회는 종국적으로 가능한 것과 사유할 수 있는 것들의 한계가 밀어내는 모든 멈춤의 지점을 금지한다.

우리는 모든 영역에 분리와 효과를 가지고 있는 권력의 분리라는 새로운 현상, 특히 몸이라는 모델로 더 이상 표상될 수 없는 사회의 경험이 가져온 결과들을 다른 곳에서 검토해 보았다. 사회적인 것의 제도화 양식에서 찾을 수 있는 변화들은 개인의 제도화에서도 감지될 수 있다는 것을 여기에서 알리는 것에 한정하자. 자신이 보기에 타인이 체현하고 있는 권위로부터 자신의 사회적 우월성에 의해 벗어난 이러한 개인은 이제 자유로운 검토에 따라 이성과 정의에 순응하는 자신의 행위의 표준을 취한다. 자신의 규칙은 모든 것에서 자신의 의지만을 따른다는 것이다. 자유주의 담론으로 자주 틀 지어진 이러한 이념은 이성과 자유가 모두에게 엄숙히 부여된 근거들이 되면서, 각자의 고유한 운동에 그리고 인지하고 말하는 고유한 힘을 작동시키는 것과 분리되지 않는 발견에 주어진다. 모든 수단이 사회적 판단의 새로운 기준을 부과하기 위해 지배적 이데올로기에 의해 주어졌다는 사실은 별로 중요하지 않다. 그것의 효율성이 무엇이든 간에 그것들은 종국적으로 민주주의적 혁명의 작품, 즉 정당성과 진리의 토대들의 파괴를 지울 수 없다. 개인이 독립적인 것으로 정의될 때, 토크빌이 전제한 것처럼 개인은 다른 것과 어떤 하나의 확실성 —— 현재 자신의 자율성을 유추해 오거나 혹은 반대로 의견의 권력 혹은 과학의 권력에 자율성을 부여하는 확실성 —— 을 교환하지 않는다. 개인은 불확실성에 의해 묵묵히 일하도록 예정되어 있다. 진리가 사유 활동을 해체하지 않을 때, 권리가 개인이 위치한 덕목 속에서 발언할 고유한 능력과 연결될 때, 지식과 비지식은 서로 결합되며 결코 구분할 수 없다. 그리고 또한 사유와 권리 사이의 이러한 구별은 사건의 새로움을 고려하지 않는다. 왜냐하면 사유의 무한한 권리 그러나 항상 전에 금지된 것에 대항하여 항상 더 멀리 가는 사유의 권리가 확정될 때, 사유의 활동은 스스로를 정정하기 때문이다. 그러한 권리는 정치적인 것의 한계에 제한되지 않는다. 그것은 개인이 세계와, 타인들과 그리고 스스로와 맺는 모든 관계들을 다루며, 그 권리는 모든 사유들과 관련되며 그것이 도래하도록 한다는 의미에서 그것을 **토대짓는다**.

개인들의 사유를 수용하는 것, 투쟁, 내적 모순과 함께 사는 것을 받아들이고 그것들을 환대하는 것, 자신의 사유에 일종의 **평등**(사유는 고귀할 수도 미천할 수도, 타인과 사물과 접촉 속에서 인식과 열정의 지표 아래 형성된다는)을 부여하는 것, 내부와 외부의 구별이 흐려지는 것에 동의하는 것. 간단히 말해 토크빌의 시대에 소설과 일반 문학작품에 나타난 모든 것이 민주주의의 지평에서 개인의 존재에 대한 새로운 양식의 지표이다. 개인은 단지 자신의 운명의 통제자로 약속된 것처럼 등장할 뿐만 아니라 자신의 정체성, 예전에 사회 속에서 자신의 위치와 조건, 정당한 권력에 연결될 가능성을 부여하는 것처럼 보였던 정체성의 보장을 빼앗긴 것으로 등장한다. 미국에 대한 토크빌의 말을 빌리자면 우리는 개인이 "끊임없이 재탄생하는 혼란" 속에 노출되고, 자신의 정체성에 대한 불확실성이 자신의 정신 속에, 예전에는 자기 자신에게 행사하고 하나의 정당한 모델에 의해 보증된 정부가 "창조하는 데 무능했던", "불안한 활동"과 "넘치는 활력"을 확산하고 있다고 기꺼이 말할 것이다. 따라서 우리가 생시몽의 유토피아에 대해 스스로 행했던 비판을 빌리자면 우리는 개인이 정의定義, 윤곽, 기초, 목표 없이 드러난다고 말할 것이다.

따라서 한편으로 스스로에게 열려 있고 진리를 답이 없는 문제, 또한 개인이 알게 모르게 그것을 관통하는 문제로 만드는 새로운 비결정의 축 아래에서 구성되는 것을 바란다면, 토크빌에 의해 만들어진 대안을 거부해야 한다. 적어도 절대적으로 명확히 하는 것을 억제해야 한다. 개인은 자신에 대한 전적인 확신 속에서 등장하거나, 결과적으로 여론과 사회적 권력에 의해 삼켜진 자신의 약점과 고립에 의해 전적으로 사라진다. 그것은 개인에게 너무 많은 것을 주거나 그의 자원이 주체의 충분한 실증성 속에 있지 않다는 것을 무시한 것이다. 또한 그 자신의 일부분이 객관화를 피했기 때문에 노예화의 모든 시도가 그것이 아무리 정교화됐을지라도 한계에 부딪혔다는 것이다.

민주주의적 자유가 노예 상태로 전복된다는 토크빌의 이념은 오늘날까지 지속되어 왔다. 이유가 없는 것이 아니다. 이러한 움직임을 증언할 모든 표식, 특히 개인의 '정상화'라는 방향으로 이루어진 다양한 노력들을 추적할 필요는 없을 것이다. 그래도 토크빌을 따라 이러한 위험을 가장 강하게 비난한 사람들은 그 기획이 완성되기를 믿는 데 이른다. 그들은 전적인 독립 속에서 사유하는 능력을 확보하면서 개인의 절멸을 기꺼이 결론짓는다. 따라서 민주주의적 경험의 모호성들을 인식하는 것과 개인의 문제가 진리의 문제와 연결되어 제거될 수 있다고 판단하는 것은 별개이다. 모든 악에도 불구하고 민주주의는 전체주의적 억압을 겪은 사람들에게는 바람직한 유일한 사회 형태이다. 왜냐하면 민주주의는 정치적 자유와 개인적 자유라는 이중의 관념을 보존하고 있기 때문이다.

민주주의에 대한 비판 가운데서 가장 주목할 만한 것은 **군중 속에서 상실된 인간**이라는 표상의 영원성 속에 드러난다. 민주주의는 익명성의 공포와 구성원이 전체의 행복을 알 수 있다는 공동체에 대한 유혹을 제공한다. 후자의 욕망은 토크빌에게서 나타나지는 않는다. 그러나 그가 자신의 계급 사람들과 공유했던 인민적 동원에 대한 증오가 군중의 이미지 속에서 개인의 실패라는 표식을 찾는 것을 방해하지 않는다는 것은 놀랄 만한 것이다. 따라서 이 점이 지닌 모호성에 주의해야 할 필요는 없을까? 익명성은 절대악인가? 우리는 개인 혹은 공동체 혹은 동시에 둘 모두를 활동하는 주체로 만들기를 원할 때, 그것을 확신한다. 그러나 개인이 스스로를 피하고 모르는 사람과 함께하는 것을 적합하게 여긴다면, 왜 고독과 익명성의 관계를 부정하는가? 왜 타인에 대한 무지로 인해 비슷한 사람들이 비슷한 사람들을 인지하게 된다는 것을 부정하는가? 결국 왜 결사의 자유와 고립의 자유를 함께 사유해야 하는 것에 반대하는가? 그러나 개인주의에 대한 변호에서 대중 민주주의에 대한 변호로 모든 것이 진행된다. 마치 거의 두 세기 이래 하나의 부정이 다른 하나의 부정으로 이송된 것처럼.

평등에서 자유로: 『미국의 민주주의』에 대한 해석의 조각들[*]

토크빌처럼 발견에 대한 감정을 가지고 생각을 집중할 대상을 지명한 저자는 거의 없다. 조건들의 평등은 그에게 미국 사회에 대한 검토에서 "각각의 특수한 사실들이 유래하는 발생적 사실"로서 등장하였다.[1] 그것이 자신의 극한에 이르는 것을 관찰하면서 그는 유럽이 매일 거기에 접근하고 있다는 확신을 얻었다. 따라서 그것은 그에게 "섭리적" 사실이라는 특징을 갖는 듯하다. "그것은 보편적이며 지속적이고, 매일매일 인간의 역량을 벗어난다" (4). 그는 그의 시대의 사람들이 "평등의 단계적이고 점진적인 발전 속에서 자신들의 역사의 과거와 미래를 동시에 인식해야"(5) 한다는 것을 강조한다. 그렇다면 조건들의 평등은 무엇을 그리고 있는가? '사회 상태'이다. 그것의 단계적이고 점진적인 발달은 무엇을 그리는가? '사회 운동' 혹은 '사회 혁명'이다. 이 사회 상태, 사회 운동이란 무엇인가? 그것은 민주주의, '민주주의 혁명'을 말한다. 『미국의 민주주의』 1권 서문에서 조건들의 평등과 민주주의 개념은 지속적으로 상호 교환되고 있다.

---

[*] *Libre* 3, 1978에 게재된 글.

그러나 조건들의 평등은 발생적 사실일 뿐이다. 서문의 맨 앞부분에서 토크빌은 그렇게 소개하고 있다. "그것은 사회의 전진에 대한 첫번째 사실로서" 공공정신, 법, 정부 그리고 시민 사회에 대해 "거대한 영향력을 행사한다". 따라서 민주주의 혁명은 이 첫번째 사실로 환원되지 않지만, 그것과 함께 그 결과들을 이해하게 된다. 어쨌든 그 결과들이 모든 수준에서 사회에 영향을 미친다면, 그 변화의 본성은 그것이 각인되고 역사에 의해 만들어진 환경에 의존한다는 것이 사실이다. 그렇다면 어떻게 사물의 과정에서 필연적인 것과 우연적인 것을 구분할까?

그 대답은 다음과 같다. 미국 사회는 그 국민의 기원과 민주주의의 기원이 일치한다는 점에서 첫번째 사실과 그 결과들의 연쇄사슬이 충분히 감지되도록 한다. 따라서 거기에서는 역사의 방해 요소들이 제거된다. 민주주의의 본질을 드러내는 것과 구체제의 파괴, 즉 거대한 혁명의 효과로부터 유래된 무질서를 탓해야 할 것을 구분해야 하는 것에 어려움이 있는 유럽과 달리, 미국은 순수한 상태의 민주주의적 현상을 보여 주고 있다. 프랑스에서 특히 민주주의는 "그것이 파괴하지 않는 것들을 뒤흔들면서 민주주의로의 길에서 만난 모든 것들을 전복시켰다. 자신의 제국을 세우기 위해 민주주의는 전투의 무질서와 혼돈 속으로 들어가는 것을 중단하지 않는다. 투쟁의 열기에 의해 자극되고 의견과 적대자들의 과잉에 의한 의견의 한계를 넘어서 각자는 자신이 추구하는 대상을 상실하고 진정한 감정과 비밀스런 본능에 제대로 답하지 못한다"(9). 반대로 미국은 "거대한 사회혁명이 …… 그 자연적 한계에 거의 도달한 듯한" 나라이다. "혁명은 그곳에

---

1 『미국의 민주주의』(De la démocratie en Amérique, t. I, vol. I, p.1.) 여기의 인용들은 J.-P. Mayer의 책임하에 갈리마르에서 출판한 토크빌 전집으로부터 온 것이다. [본문에서 인용되는] 책과 권수와 쪽수가 정확할지 우려되는 부분이 있다.

서 단순하고 쉬운 방식으로 작동하였거나 혹은 그 나라는 혁명 자체를 겪어 보지 못한 채로 우리들 사이에서 작동하는 민주주의적 혁명의 결과를 볼 수 있다고 말할 수 있다"(11). 우리가 잡을 수 있다고 믿는 답은 두번째의 앞부분에서 확정되고 있다. "미국은 사회의 자연적이고 조용한 발달을 볼 수 있는 나라이며, 국가의 미래에 대해서는 그 출발점에 행사된 영향력을 명시할 수 있는 나라이다"(27). 그는 또한 "미국은 초기의 무지와 야만이 우리의 시야에서 제거한 것을 우리에게 보여 준다"라고 말한다.

덧붙여 토크빌의 첫번째 행보를 고려해 보자. 1장「북아메리카의 외적 전경」은 머리말에 해당하는 외양적 기능을 갖는다. 저자는 식민주의자들이 도착하기 전에 영토의 일정 부분을 차지하고 있던 인디언들과 자연 환경에 대한 개요를 설명하고 있다. 2장의 제목은 「앵글로-아메리카인들의 미래를 위한 출발점과 그 중요성」이다. 그는 우리에게 국민의 탄생이 보인다는 사실로부터 투명한 역사의 한 예를 보여 준다. "말하자면 인간에게 요람의 언어가 전부이듯이"(26), 그리고 우리가 그것을 알지 못한다고 비판받듯이, 우리가 성년의 시기에 그것을 공부하기 시작하자마자, 역사의 의미는 우리에게 일반적으로 숨겨져 있다. 왜냐하면 인민의 기원이 우리에게 숨겨져 있기 때문이다. 만약 토크빌이 선언하기를 두려워하지 않는 미국의 출발점에 대한 인식이 풍부하다면, "이 책을 읽는 사람들은 현재의 장에서 추적해야 하고 그리고 거의 이 책 전부의 열쇠에 해당하는 것의 씨앗을 발견할 것이다"(28). 3장은 「앵글로-아메리카인들의 사회적 상태」에 대해 쓰였다. 책의 서문에서 간단히 관찰했듯 이 사회 상태는 "일상적으로 사실의 산물, 때로는 법의 산물, 가장 빈번하게는 그 둘의 결합된 산물이다. 그러나 일단 그것이 존재하면 국민을 통치하는 대부분의 법률, 관습, 이념의 첫번째 원인으로서 간주될 수 있다. 그것이 만들지 않은 것은 그것이 수정한다"(45). 이

장을 마무리짓는 절은 "앵글로-아메리카인들의 사회 상태의 정치적 결과들"을 말하고 있다. "그것이 다루는 것은 일반적이며, 첫번째 결론의 가치를 가지면서 동시에 이 책의 전체의 발전을 기대할 수 있는 테제를 포함하고 있다"(52~53). 그로부터 분석은 정치적 법률(인민주권의 도그마), 민주주의 정부(꼬뮌, 주, 연방 국가의 수준에서), 제도들(결사체와 언론), 습속들과 이념들과 관련될 것이다……. 따라서 처음의 세 개의 장, 더 정확히는 두번째, 세번째 장은 하나의 총체를 이루며, 그다음을 인식할 수 있도록 하는 조건과 관련된다는 것은 의심할 여지가 없다. 다행히도 서로 일치하는 (역사적인) 출발점과 (사회학적인) 첫번째 원인에 대한 정확한 인식은 민주주의 모델의 접합들에 대한 인식으로부터 유래하는 것으로 간주된다.

어쨌든 토크빌의 주장은 가까이 들여다본다면 놀라움을 자극한다. 그는 출발점에서 우리에게 무엇을 소개하고 있는가? 그것은 영국 이민자들이다. "많은 점에서" 그들이 다를지라도, 그들은 그들 사이에 "공통점"을 가지고 있으며, "유사한 상황" 속에 존재하고 있다(28). 그들은 동일한 언어로 말하고 같은 인민의 자식일 뿐만 아니라 동일한 정치적 유산을 공유하고 있다. "그들 사이에는 유럽의 대부분의 인민들보다 더 많은 권리에 대한 관념과 진정한 자유에 대한 더 확실한 원칙이 확산되어 있음을 볼 수 있다"(28). 특히 그들은 이미 "영국적 습관들 속에 깊숙이 각인된 자유로운 제도의 풍부한 씨앗"이며, 그들에게는 튜더 왕조 시기에 도입된 인민주권의 도그마로 친숙한 꼬뮌 통치의 경험이 있었다(28). 토크빌이 왜 식민화가 귀족주의(이민자들의 기원과 토지 착취의 조건)의 원인이 될 수 없는지를 설명하는 것은 첫번째 관찰을 한 후에서일 뿐이다. 그는 곧바로 "모든 영국의 식민지는 그들의 탄생 시기에 그들 사이에 거대한 가족의 분위기를 가지고 있어 왔다. 그들의 원칙에서 모든 것들은 그들 모국의 귀족주의적 자유가 아니라, 세계사가 아직 완벽한 모델을 제공하지 않은 부르주아적이고 민주주의적 자유의 발전을 제공하도록 운명지어졌다"(29)라고 주장한다. 이러한 판단은 서론이 이미 담고 있는 것을 상기시키는 것이다. "이민자들은……그들이 유럽의 오래된 사회 속에서 대항하여 싸운 모든 것들로부터 민주주의의 원칙을 끌어냈으며, 그것을 새로운 세계의 강물 위에 이식시켰다"(11). 따라서 우리는 사회의 원칙이 민주주의 원칙과 일치하는 곳에서 그 원칙은 자유를 포괄하고 있다는 것을 알아야 한다. 이어서 토크빌은 북부와 남부의 대립을 고려하면서 진정한 출발점은 북쪽, 뉴잉글랜드의 주들에 있다는 점을 분명히 한다. 바로 거기에 "오늘날 미국의 사회 이론의 기초들을 형성하는 두세 가지 원칙들이"(30) 결합되어 있다. 이번에는 출발점이 사회적 사실뿐만 아니라 정신적·도덕적 사실이라는 것으로 이해할 수 있다. 여기에서 혼동할 수는 없다. 저자는 북부 이민자들의 사회적 조건, "대영주나 평민, 다시 말해 부자도 빈자도"(31) 없는 독특한 사회적 현상에 대해 묘사한다. 그러나 그것은 다른 식민지들과 그들의 계몽, 도덕성, 신념들에서 구별되는 것을 분명히 하기 위한 것이다. 그들은 필연성이라는 이유로 영국을 달아나지는 않았으며, "그들은 **이념**의 승리를 원했다"(31).

아마도 우리는 그들이 종교적 동인에 복종하였다는 것을 알고 있다. 이어지는 장들은 이민자들의 이야기와 청교도 선구자들에게서 가져온 인용에서 출발하여 종교의 역할에 대해 충분히 보여 준다. 토크빌은 유럽인들에게는 분명히 존재하지 않는 "종교 정신"과 "자유 정신"(42)의 뛰어난 조합에 대해 찬양하고 있다. 그러나 이러한 고려들은 자유가 출발점에 있으며, 민주주의가 **정치적** 시작에 있다는 점을 잊어버리게 하지는 않는다. 그는 "청교도가 종교적 독트린일 뿐만 그것은 많은 점에서 가장 절대적인 민주주의적이고 공화주의적 이론들과 혼합되어 있다"(31)라고 확언한다.

또한 그는 종교에 의해 행해진 역할에 대해 감탄하면서, 그는 "종교분파의 협소한 정신과 모든 종교적 열정"과 "2백 년 전에 추적된 우리 시대의 자유의 정신을 전진시킨 정치적 법률들"(31)의 표지와 관련된 입법의 요소들을 분리시키는 것을 주저하지 않는다. 뉴잉글랜드에 의해 만들어진 법률(공적 업무에 대한 인민의 개입, 세금에 대한 자유로운 투표, 권력행위자들의 책임성, 배심원에 의한 평결) 속에서 그는 "유럽의 어떤 나라에서도 감히 부여하지 못한 적용과 발전"을 수용할 운명에 있는 "발생적 원칙"을 알아차린다(39).

왜 놀라운가? 왜냐하면 그가 말한 어떠한 것도 발생적 원칙들, 정치적 원칙들, 자유의 원칙들, 발생적인 것으로 명명된 사회적 사실, 첫번째 사실, 즉 조건들의 평등을 추론하게 하지 않기 때문이다. 조건들의 평등은 그냥 존재하는 것처럼 보이며 그의 생각과 연결되어 있지만, 이 생각은 출발점에서 자유에 대한 생각과 분리되지 않는다.

우리가 예상한 모순은 3장의 마지막 절을 읽으면서 깊어진다. 이전의 분석을 고려하지 않고 토크빌은 첫번째 원인을 결정하는 데 매달린다. 마치 그 원인이 출발에서 구분되고, 사회학적 원인과 역사적 원인이 구분되는 것처럼 말이다. 그러나 2장이 미국의 민주주의의 시작에 대한 단순한 묘사를 제공했을 뿐이라면 저자가 그것이 "이후 이어질 씨앗이자 거의 전 저작을 관통하는 열쇠"를 포함하는 것이라는 점을 알리지 않았다는 것은 당연하다. 그리고 3장의 가장 많은 부분을 차지하는 상속법의 효과에 대한 분석이 역사적 전망뿐만 아니라 사회학적 전망을 드러내고 있다는 것은 너무나 명백하다. 결국 두 가지 전망 모두 토크빌의 주장 속에 항상 결합되어 있다. 그것이 그에게 힘을 주는 것이다. 그러나 그는 사회 상태(조건들의 평등)로부터 정치적 결과들을 "유추해" 내는 것을 주저하지 않는다. 원인의 기능이 맡겨진 사회 상태로부터 정치적 상태, 혹은 더 정확히 말한다면 결과로서 정의된 정치적 대안을 유추하는 것으로 이해하자.

이러한 추론 자체는 주의 깊은 검토가 필요할 만큼 당황스러운 것이다 (52~53).

무엇보다도 토크빌은 평등이 필연적으로 "다른 곳처럼 정치 세계를 관통하는 것"으로 귀결되어야 한다고 확언한다. 그는 "다른 모든 곳에서는 평등하고 단 하나의 점에서 영원히 불평등한 인간들을 찾아볼 수 없다. 사람들은 모두에 대해 평등한 존재의 시대에 도달하였다"라고 본다. 그는 평등은 정치 세계 속에서 인민주권 혹은 전제정(모두 혹은 한 사람에게 주어진 권리들)으로 번역될 것이라고 결론짓는다. 이러한 확신은 그가 제공한 사회 상태, "거의 쉽게 두 가지 중의 하나로" 귀결될 사회 상태에 대한 묘사에 근거한 것이다. 토크빌이 말한 조건들의 평등은 다양한 불평등에 순응한다. 사실상 그는 미국에서 "신분과 세습적 구별의 마지막 흔적들이 파괴되었다"라고 밝힐 뿐이었다. 그것은 사회 상태에 의해 도달한 한계를 나타낸 것이며, 그것은 유럽에서 단계적이고 점진적인 발전 상태에 있는 것을 성취한 것이다. 그 자신은 특히 "다른 곳처럼 미국에서는" **부자들**이 있다는 사실을 관찰하였다. 그는 "나는 돈에 대한 사랑이 인간의 마음속에 더 많은 자리를 차지하고 있는 나라 그리고 부에 대한 영속적인 평등 이론을 위한 더욱 심각한 멸시를 토로하는 나라를 알지 못한다"(50)라고 말한다. 어떤 것도 조건들의 평등에서 모든 점에서 평등이라는 것을 유추하도록 하지 않는다. 그러나 그는 이러한 주장을 분명히 한다. 서론은 이미 평등이 섭리적 사실로서 등장했다는 문구에서 그것을 말하였다(4). 그리고 1848년 초판 출간 이후 거의 15년 후 나온 12판 '주의'에서 이 문구 그대로를 재생산하고 있다. "그렇게 아주 오래전부터 시작된 사회 운동이 한 세대의 노력에 의해 중단된다는 것을 믿는 것이 현명한 것인가? 봉건제를 파괴하고 국왕에 대해 승리한 후 민주주의가 부르주아와 부자들 앞에서 후퇴하리라 생각하는가? 민주주의가 아주 강해지고 그 적대자들은 아주 약해진 지금 민주주의가 멈추겠는가?"(XLIII) 그러나 이러한 주장이 서론에서 그렇게 설득력을 지니지 않았는데, 왜냐하면 우리는 이미 평등이 아주 많은 부분에서 "가장 활동적이고 가장 지속적인 수평파인" 왕들이 행위한 결과라는 것을 알았기 때문이다(3). 그리고 저자는 조금 뒤에 민주주의가 "갑작스럽게 권력을 탈취했다"(5)라고 알리고 있다. 조건들의 평등과 왕들의 패배 사이에는 인과관계나 사회 상태와 정치체제 사이의 일반적인 방식의 설명도 세워지지 않는다. 아마도 조건들의 평등은 귀족주의적 사회의 파괴를 함의한다는 것을 인정할 수 있다. 그러나 두 가지 현상이 동일한 과정의 두 측면인 것처럼 보인다. 따라서 이 점에서 원인과 결과라는 개념으로 추론하는 것은 불가능하다. 왕은 두 측면을 갖는 이 과정의 기원으로서 명백하기 때문에, 다음의 두 개의 가정 중에서 하나를 선택해야 한다. 하나는 왕이 절대 권력을 탈취하면서 귀족주의 사회를 스스로 파괴했지만, 왕이 교사자이자 수혜자인 사회 운동이 '왜' 필연적으로 승리했는지는 알 수 없다. 또 다른 하나의 가정은 민주주의 혁명이 고유의 논리를 가지고 있으며, 민주주의가 왕의 행위에 의해 자극되고 보호받았다는 것이다. 그러나 그러한 행위가 조건의 평등화의 현상에 포괄되는지는 알 수 없다. 만약 민주주의 혁명이 우선적으로 왕정을 파괴하고 이어서 부르주아와 부자들의 힘을 파괴하려 했다면, 그것은 조건의 평등화가 정치적 소명을 갖는 것이고, 그 쟁점은 계층과 세습적 특징들을 제거하는 것으로 환원되지 않으며, 그것이 눈에 보이는 모든 지배 형태, 사람들과 계급들에 체현된 모든 양식에 대항하는 증오심을 품었다는 것이다. 그리고 이러한 전망 속에서 민주주의 혁명이 절대 권력과 자유의 성립에 "그렇게 쉽게 적응할 수 있는지"를 어떻게 말할 수 있을까? 토크빌 사유의 모호성은 다른 한편으로 1848년의 경고 속에서 명백한 표시를 보여 준다. 거기에서 자신의 서문의 '예언적인' 몇 줄을 재생산한 후 저자는 공화국 도래를 비가역적인 순간으로 포착하고 있다. "만약 프랑스에서 왕정을 가질지 공화국을 가질지가 더 이상 문제가 되지 않는다면, 우리에게 남아 있는 것은 우리가 혼란스러운 공화국 혹은 조용한 공화국, 규칙적인 공화국 혹은 변덕스러운 공화국, 평화로운 공화국 혹은 전쟁하는 공화국, 자유로운 공화국 혹은 억압적인 공화국, 소유와 가족의 신성한 권리를 위협하는 공화국 혹은 그것들을 인정하고 보존하는 공화국 중 어떤 것을 가질 것인지를 결정하는 것만 남아 있다." 그러나 이제 막 이 "지독한 문제"가 만들어졌고, 대안은 다음과 같이 수정되었다. "우리가 민주주의적 자유 혹은 민주주의적 폭정을 추구하면서 세계의 운명은 달라질 것이다. 그리고 세계에 공화국이 곳곳에 형성되거나 혹은 곳곳에서 파괴되는 것은 전적으로 우리에게 달려 있다고 말할 수 있다." 우리의 눈에는 민주주의의 본성에 대한 불확실성을 배반하는 낯선 이동이다.[2] 첫번째 관점에서 볼 때 민주주의는 공화주의 체제를 의미하는 듯하며, 유일한 문제는 그것이 잘 규율될 것인지 아니면 탈선할 것인지를 아는 것이다. 반면에 두번째 관점에서 민주주의는 자유와 마찬가지로 폭정과도 잘 적응하는 것으로 간주된다. 민주주의가 정치 세계에 대해 영향력을 행사하든지 행사하지 않든 민주주의의 발달은 자신의 경계를 넘어서 이루어진다.

　　그러나 전망들이 연결된 양식에 더 이상 소홀해서는 안 된다. 모든 것

---

2 퓌레는 이미 『구체제와 프랑스혁명』에 대한 심도 있는 연구에서 토크빌 사유의 모호성들을 명확히 밝혔다. "Tocqueville et le problème de la Révolution française", *Science et Conscience de la Société*, Mélange en l'honneur de Raymond Aron, Calmann-Lévy, 1971, Paris, vol. 1, p.337. ; *Penser la Révolution française, op. cit.*에 재수록.

은 민주주의의 정치적 소명을 그에게 알게 한 사유의 첫번째 운동에 양보한 후, 마치 토크빌이 조건들의 평등의 목록에 민주주의의 정치적 소명을 제거하고 절하하기 시작한 것처럼 발생하였다. 따라서 세번째 장의 마지막에서 이루어진 추론은 동일한 인상을 준다. 자유가 미국의 '출발점'에서 좀 더 일찍 각인되어서, 자유는 가능한 단순한 결과의 이름으로 재도입되기 위해 기원에서 제거된 것이다.

또한 이러한 변화는 충분한 것 같지 않다. 저자는 영국과 미국의 사회 상태가 이 두 결과 (모두의 절대주권, 한 사람의 절대권력) 중 어느 것 하나로 쉽게 귀결된다는 판단을 내리는 것에 만족하지 않는다. 평등에 대한 열정이 양면적 ──가장 높은 수준으로 오르려 하거나 혹은 가장 낮은 수준으로 하락하거나── 이라는 발견으로부터, 그는 정치적 기회들의 균형을 끊는 결론에 이른다. 그 결론은 이미 매우 다른 두 개의 주장에 의해 준비되었다. 간단히 말해 첫째에 따르면, 민주주의적 인민들은 자유를 위한 본능적 취향을 갖는다. 그러나 자유는 사람들에게서 "급속한 충동"을 자극하고 간헐적인 노력들을 동원할 뿐이며, 결국 인민들은 평등에 대해 영원한 사랑을 표현하고 그것을 위해 모든 것을 희생할 준비가 되어 있다. 그러나 기이하게도 "평등을 향한 남성적이고 정당한 열정"과 평등을 위한 과거에는 뛰어났지만 타락한 취향은 어떤 투쟁의 표시가 아니다. 그것들은 동일한 효과를 생산하며, 노예 상태의 위험으로부터 벗어나는 강박관념 속에 혼합된다. 두번째 주장에 따르면 평등은 그것이 실현되자마자 시민들을 "권력의 공격들"에 노출시킨다. 왜냐하면 어떤 것도 고립적으로는 그것에 저항할 만큼 강하지 못하기 때문이며, 단지 모든 세력들의 결합만이 "자유를 보장"할 수 있게 되었기 때문이다. 이 두 개의 주장에 근거하여 최종적인 사고들이 확립된다. "내가 방금 묘사한 이러한 가능한 대안에 첫번째 주장을 종속시키면서 앵글로 아메리칸들은 절대권력으로부터 벗어나 충분히 행복하다. 환경, 기원, 계몽 특히 습속들은 그들에게 인민주권을 확립하고 유지하는 것을 가능하게 했다."

아마도 대안은 형식적으로 보존될 것이다. 그러나 절대 권력은 민주주의의 운명처럼 등장하는 듯한 반면에, 자유는 상황의 우연과 관련된 듯하다. 요약하자면 미국인들이 그들을 기다린 운명으로부터 벗어났던 것은 바로 행운에 의해서이다. 영토의 넓이와 상대적 고립 그리고 기획 추진의 예외적 조건을 제공한 이점들을 고려할 때만 알 수 있는 행운, 혁명 없는 건국, 신의 사랑에 의해 영감을 받고 낡은 영국으로부터 온 계몽된 계층 출신의 덕성스러운 건국의 아버지들.

따라서 우리는 첫번째 원인, 즉 사회학적인 것과 출발점, 다시 말해 역사적인 것 사이의 분리를 재발견한다. 그러한 분리가 정당하지 못했다고 판단했었다. 그러나 현재 미국 민주주의에 대한 토크빌의 해석은 가장 높은 수준에서 역설적이다. 서문의 독해를 통해 우리가 이해했던 것처럼 미국의 민주주의는 귀족정에 대항하는 인민의 투쟁과 민주주의에 반대하는 세력들에 대한 저항에 의해 발생하는 굴곡들이 나타나지 않으며, 모든 것이 완벽하게 드러난다는 의미에서 순수한 상태의 민주주의적 현상을 보여 준다. 따라서 미국의 경우는 순수하지 않은 것으로 확인된다. 왜냐하면 민주주의 혁명 과정이 특수한 원인들——환경, 기원, 계몽, 습속——때문에 (좋은 의미에서) 일탈한 것처럼 보인다. 그의 검토 속에서 보이는 것과 보이지 않는 것이 자리를 바꾸었다. 토크빌이 민주주의 혁명 과정에서 발견했다고 주장하는 것은 나타나지 않은 것, 즉 평등과 절대권력 사이의 관계이다. 반면에 등장했던 것은 평등과 자유의 관계이며, 그것은 미국인들의 전사(이민자들의 과거)의 효과 혹은 그 성립의 조건들이었다. 간단히 말해 사회 상태와 정치 세계의 한계들에는 눈길을 주지 않았다.

　이러한 역설로부터 벗어날 수 있을까? 사실 서론은 우리가 소홀히 했던 길을 지시하고 있다. 유럽 그리고 독특하게는 프랑스는 무질서의 장場처럼 제시되었다. 민주주의는 거기에서 그것이 어떻게 해야 하는지를 가늠할 수 있는 사람들에 의해 **지도되지** 않고 우연 속에서 이루어지고 있다. 토크빌은 그것에 미국 모델을 대립시키고 있다. 미국 모델에서 민주주의는 점점 자연적 한계에 도달하고 단순하고 쉬운 방식으로 작동하고 있다. 이 모델로부터 그는 교훈을 끌어내고 있다고 주장한다(명확히 하지 않지만, 그는 그의 전 저작에 걸쳐 한 인민에게 가치 있는 것이 다른 인민에게 필연적으로 가치 있는 것은 아니라고 반복하여 말하고 있다). 따라서 이 교훈들은 민주주의의 내적 논리인 동시에 민주주의의 악들을 피하도록 해주는 정정의 성격을 지닌 것이라고 가정할 수 있다. 그리고 이러한 정정들은 미국에서 민족적 성격의 효과이거나 상황의 효과라는, 그것들은 민주주의를 잘 지도하기 위해 구대륙의 계몽된 사람들에게 지표로서 역할을 할 것이라는 점을 인정할 수 있다. 간단히 말해 토크빌의 사유는 미국에서 행운의 작품이었던 것이 유럽인들에게는 과학의 작품으로 전환될 수 있다는 것이다. 사실 민주주의 혁명이 역전될 수 없는 것이라고 판단한 후 그는 "민주주의는 가르치는 것, 그에 대한 믿음이 있다면 그것을 되살리는 것, 그 습속을 정화시키는 것, 그 운동을 규율하는 것, 무경험을 점점 과학으로 대체하는 것, 맹목적인 본능을 진정한 이해관계에 대한 인지로 대체하는 것, 시간과 장소에 적합한 정부를 적응시키는 것, 이러한 것들이 사회를 지도할 사람들에게 오늘날 부과된 의무들 중 우선시되는 것이다. 완전히 새로운 세계에 대한 새로운 정치학이 필요하다"(5)라고 선언하였다.

　유럽에서 민주주의는 본성에 반하는 것이 무모하며 좋은 교육을 위해 규율화되는 것이 필요한 어린아이에 비교될 수 있다. "야생적 본능에 맡겨져 있는 민주주의는 우리 도시의 거리에서 스스로 자라면서 사회의 악과 비참함만을 알게 되고 자연스러운 보호를 벗어난 어린아이처럼 자라 왔다"(5). 그러나 다른 한편으로 어린아이의 본성에 대해 무지한 교육자들은 평화스러운 조건을 이용한 발전을 유심히 살펴보고, 이러한 스펙터클 앞에서 좋은 환경에 의해 제공된 대체물로서 가치가 있는 기교들을 발명하는 것 이상으로 더 좋은 것은 없을 것이다. 종교에 대한 토크빌의 제안은 이러한 가정을 확인하는 듯하다. "낯선 사건들의 경쟁"은 민주주의가 "(프랑스에서는) 민주주의가 전복한 세력들 사이에 결합되어 있도록 하여" 결국 종교인들은 기독교가 원칙상 민주주의에 적대적이지 않다는 사실을 이해하지 못하고 평등과 자유를 비난하며, 새로운 이념의 소유자들은 모든 제도가 습속과 믿음에 근거하고 있다는 것을 이해하지 못한 채 종교를 거부하고 있다. 그들의 확신이 무엇이든, 우리 모두는 미국인들의 행운을 평가해야 하고, 그들이 종교와 민주주의를 결합시키고 있다는 것을 알아야 한다.

조건들의 평등의 발전을 둘러싸고 있는 필연성의 질서와 유럽 인민과 미국 인민의 독특한 역사인 우연성의 질서 사이에 분할이 있다. 그리고 불행한 우연의 효과를 정정하기 위해 행복한 우연의 교훈을 가져오는 것이 필요하다.

그러나 토크빌 담론의 교육적이고 실용적인 의도를 부정하지 않고서 어떻게 그것을 만족시킬 것인가? 유럽과 미국에서 평등을 확인하고 정치세계의 특성들을 특수한 원인으로 돌리는 것에 만족해야 한다면, 지워진 것은 "발생적 사실"이라는 생각이다. 모든 증명을 피하는 것은 민주주의 혁명의 사슬이라는 테제이다. 민주주의의 본질은 우리에게는 숨겨져 있다. 왜냐하면 우리는 그것이 우연한 사건들을 통해서 진화하는 것만을 보기 때문이다.

위에서 언급한 어려움을 피하려 한다는 것은 헛된 일이며, 우리의 어려움을 가중시킬 뿐이다. 그러나 토크빌의 사유를 움직이고, 우리가 우리의 경로에서 만난 대립점들을 결집시키는 하나의 문제를 엿보기 위해, 우리는 그 어려움들에 천착하기 시작할 것이다. 유럽과 미국의 대립, 야만적 민주주의와 평화적 민주주의의 대립, 민주주의 혁명의 논리와 우연적 사건들의 논리의 대립, 사회 상태와 정치 세계의 대립, 본능과 과학의 대립, 인민과 지도자들의 대립. 이 문제는 자유 그리고 그것이 평등과 맺는 관계들과 관련된다.

솔직히 말해 우리가 토크빌이 자유에 대한 귀족주의적 개념에서 출발하지 않았다는 생각에 만족한다면 탐구는 헛되며, 앞서 알려졌듯이 결론은 새로운 것도 없으며 풍부해지지도 않을 것이다. 따라서 민주주의라는 불가사의 ──다른 한편으로 민주주의가 기여한 불가사의 ──에 맞서 사유의 비결정의 표지들을 드러내는 것이 중요하다.

2권 2부를 여는 장은 그것이 아주 길고, 명백하게 자유에 대한 사랑과 함께 평등에 대한 사랑과 맞서고 있으며, 그 제목이 말하고 있는 것처럼 왜 평등에 대한 사랑이 자유에 대한 사랑보다 더 열정적이고 지속적인지를 제시하려 하기 때문에 우리의 주목을 끈다. 사실상 전제들은 결론보다 덜 중요하지 않다. 토크빌은 평등과 자유가 영향을 미치는 열정들에 대해 말하기 전에 그것들 자체에 대해 말하고 있다.

첫번째 계기. "우리는 자유와 평등이 서로 관련을 맺고 결합하는 극단적인 지점을 상상할 수 있다. 나는 정부에 협력하는 모든 시민들은 거기에 경쟁할 평등한 권리를 갖는다고 가정한다. 그들은 완벽하게 평등하기 때문에 누구도 자신의 이웃과 다르지 않으며, 어느 누구도 폭군적인 권력을 행사할 수 없으며, 사람들은 완벽하게 자유롭다. 그리고 그들은 완전하게 자유롭기 때문에 완전하게 평등하다. 민주주의적 인민들은 이러한 이상으로의 경향을 갖는다. 이 형태는 지구상에서 평등이 취할 수 있는 가장 완벽한 것이다"(101). 이러한 주제는 독자를 당황하게 한다. 또한 토크빌은 민주주의의 이상적인 축만을 지시할 뿐이다. 그는 사실상 조건들의 평등이 평등의 하위 수준일 뿐인데, 왜냐하면 완벽한 형태 속에서 평등은 정치적이며 자유와 하나를 이룰 뿐이기 때문이라고 암시한다. 토크빌이 이전에 썼던 것은 이러한 완벽하고 완전한 상태를 상상하도록 하지 않았다. 그것은 현실적인 힘이 민주주의의 도래에 반대하기 때문이 아니라, 한편으로는 조건들의 평등이 사회적 사실로서 충분한 의미를 가지고, 정치적·경제적 그리고 법률적 평등과는 다른 계획 위에서 드러나기 때문이며, 또 다른 한편으로는 평등이 역사적·자연적 결정론의 효과이기 때문인 반면에 자유는 예술에 의존하기 때문이다. 그러나 서로서로가 결합하면서 그 자체로서 자신들의 본질에 순응하는 것으로 인식된 자유와 평등은 경험적 관찰로의 회귀의 효과에 의해 해체된다.

두번째 계기. "자 여기 가장 완벽한 형태……그러나 그것은 지구상에 평등이 취할 수 있는 천 가지의 다른 형태들이다……." 본질적으로 평등은 정치 세계에 도입되지 않으면서도 시민 사회를 지배할 수 있다. 그리고 평등은 자유가 존재하지 않는 곳에서 확립될 수 있다. 모두가 단 한 명의 지배자 밑에서 비슷비슷하게 살아가면서 그의 권력에 봉사할 수 있는 것으로 충분하다. 세번째 계기에서 이러한 주장은 자유에 대한 검토 속에서 자신의 보충물을 찾는다. 그가 우리에게 명확히 했듯이, 자유는 평등이 존재하지 않는 편에서 발견된다. 그러나 이 두 개의 주장은 대칭을 이루고 있지는 않다. 첫번째 주장으로부터 평등과 자유를 구별지은 후, 토크빌은 각각에 대한 사람들의 취향이 그 자체로 "불평등한 두 개의 것"이라고 주장한다 (102). 그 주장을 설득하기 위해 토크빌은 각각의 시대는 "모태적 사고" 혹은 "주요한 열정"을 발생시킨다고 주장하는 "독특하고 지배적인 사실"을 보게 한다는 사실을 확언하면서 역사적 층위를 도입한다. 따라서 이러한 행보는 그의 추론 속에서 문제가 있다는 사실을 좀더 잘 드러내 준다. 독특하고 지배적인 사실은 사실상 민주주의적 세기들의 한계 속에서만 구성될 뿐이다. 우리는 그것이 조건들의 평등이라는 것을 알고 있다. 역으로 자유에 대하여 토크빌은 단지 "그것이 상이한 시간에 상이한 형태로 드러나고 있다는 점을 주목한다. 자유는 배타적으로 하나의 사회적 사실에 부착되지 않으며, 민주주의에서와는 다른 방식으로 만날 수 있다". 단어의 선택은 설득력이 있다. 자유가 귀족주의 사회의 독특하고 지배적 사실을 구성한다고 말하지 않았다. 두 가지 이유가 그것에 반한다. 하나는 귀족주의 사회는 자유로운 제도들을 포함하고 있으며, 귀족과 도시 엘리트들은 자유에 대한 취향을 가지고 있다고 판단할 수 있기 때문에, 자유를 "사회의 총체에 대한 독특한 성격"(민주주의에 대해 평등을 염두에 두면서 사용하는 표현)으로 만들 수 없다. 다른 한편으로 이 이유는 우리에게는 더 중요한 것인데, 자유는 저자에게 있어 그가 이 단어를 사용하는 용법에서 사실fait의 질서가 아니다. 사실, 그것은 사회 상태이다. 그리고 귀족주의 세계에서 사회 상태는 조건들의 불평등이다.

따라서 자유와 평등의 분리는 앞서 우리가 믿는 것보다 훨씬 더 멀리 간다. 그것을 분명하게 하기 위해 취해진 역사적 전망은 오히려 그것을 더욱 희미하게 만든다. 혹은 역사적 전망은 토크빌이 인식하고자 했던 현상, 즉 모든 특수한 사실들을 발생시키는 사회적 사실의 역사 속에서 첫번째 출현을 밝혀내지 못한다(I, 1). 사건은 시간들의 차이의 표상 아래에 숨겨져 있다. 이 시간들의 차이는 몽테스키외에게서 몰래 빌린 것으로 상이한 체제들의 구별적 특징의 개념이다. 요약하자면 우리로 하여금 자유가 평등 없이 통치할 수 있으며, 평등이 자유 없이 통치 가능하다는 점을 알게 하기 위해 전망이 열려 있을 뿐이다. 그러나 그러한 전망이 열리자 마자 자유는 역사 속에 "포착되지" 않는다는 확신 앞에서 사라진다. 자유는 어떤 특정한 사회 상태에 부착되지도 (부착의 이미지는 자유가 사회 속에 흔적을 남기지 않는다는 것을 암시한다) 특정한 시간에 기입되지도 않는다.

그러나 아직 왜 토크빌의 사유가 이러한 구불구불한 선을 따라가고 있는지를 물어야 한다. 우리는 평등에 대한 그의 개념을 의심할 수 없다. 그는 책의 전체 서문에서 그것에 대해 진술하였다. 조건들의 평등은 다른 것들 사이에 있는 사회 상태를 지칭하는 것이 아니고, 그것은 돌이킬 수 없는 혁명의 산물이며, 그것의 발전은 인간들에게 자신들의 역사의 과거와 미래를 읽게 한다(5). 따라서 이 문장 속에서 그는 그것을 재정식화하는 것을 회피하였다. 조건들의 평등은 자유와 평등 사이에 설정된 대립을 폐지하는 않았는가? 첫번째 계기에서 성립된 것처럼 이 마지막 계기가 자유와 혼합하면서 완전한 형태를 갖추는 것이 사실이라면, 어떻게 조건들의 평등이 정치적 자유로 이르는 것을 인정하지 않으면서 역사 속에서 불가역적인 과정이 되고, 자신의 한계에 도달한다는 생각을 보존하는가? 평등의 역사적 특징(불가피한 발전)에 대해 침묵하면서, 토크빌은 자유의 역사가 제기한 문제를 설명한다. 평등과 달리 사회 상태에 뿌리박은 자유는 어떠한 특정한 사회 상태에 부착되지 않는다는 것을 제시하면서 토크빌은 난점들과 직접 맞서지 않고 간접적으로 말하면서 역사적 뿌리를 드러내고 있다. 그리고 그렇게 하면서 그는 자신의 고유한 원칙에 근거한 새로운 반대에 직면한다. 왜냐하면 평등이 더 이상 역사적이고 보편적인 사실로서 정의되지 않을 때, 상이한 사회 상태 속에서 평등을 발견하거나 자유처럼 평등이 "사회 상태에 부착되어 있다"라고 말하는 것을 금지하는 것을 보지 못하기 때문이다. 평등이 정치 세계에서 지배하지 않고 시민 사회에서 확립될 수 있다(사회 상태 속에 평등이 존재하는 방식이다)거나 평등이 자유의 부재 속에서 정치 세계 속에 침투할 수 있다고 말하는 것으로 충분하지 않다. 특히 귀족주의적 사회는 그 조건이 다른 계급과는 다르지만 그 내부에서는 평등이 표현되는 귀족의 예를 제공한다는 것을 인정해야 한다. 토크빌이 명백히 했던 현상은 여기에서는 고려되지 않는다. 왜? 우리는 민주주의의 경계들을 넘는 역사 속에서 평등을 사유하고 동시에 평등과 자유와의 관계를 다시 검토하도록 강제한다고 믿기 때문이다. 토크빌은 명확히 사실에서든 이론에서든 자유와 평등을 분리시키고자 하였다.

이 마지막 반대는 이미 제기한 문제를 다시 도입하게 된다. 즉 조건들의 평등은 평등의 한 측면, 일정한 정도를 구성하는가 아니면 하나의 **독특한 사실**인가?

우리가 토크빌의 것이라고 한 세 가지 제안을 다시 꺼내 짚어 보도록 하자. 첫째는 완벽한 형태 속에 평등이 자유와 합류하는 것이다. 둘째는 평등이 역사적으로 한정되고 정해진 사회 상태, 즉 평등을 그 특징으로 하는 근대 민주주의 속에 한정하는 것이다. 셋째는 자유가 사회적인 것과 역사적인 것의 질서를 초월하는 것이다. 낱낱이 드러내자면 이러한 제안들은 서로 충돌한다. 자유의 지위는 평등의 지위만큼이나 어려운 문제를 제기한다. 우리는 자유의 문제가 평등의 문제를 제어한다고 생각하도록 요구받는다. 왜냐하면 토크빌과 함께 사회적 변화에 대한 객관적 평가만이 아니라 지나간 과거와 미래의 의미에 대해서도 문제제기가 이루어졌기 때문이다.

이 장에 이어지는 부분들을 고려해 보자. 그것은 민주주의에서 사람들이 자유보다 평등을 더 선호한다는 것을 증명하는 데 할애하고 있다. 이 증명은 막 언급하였던 대립에 근거하고 있다. 첫번째로 사람들의 취향은 사회 상태에 의해 만들어지는 듯하다. 따라서 평등은 사람들의 삶 속에 깊이 각인되어 있어서 상당한 에너지를 동원해야 하며, 어떠한 의미에서 그것을 도려 내기 위해서는 본성에 대항하는 감성을 표현해야 한다. "사람들의 사회 상태를 수정하고, 법률을 철폐하고, 이념들을 갱신하고 습관을 변화시키며, 습속을 변화시켜야 한다." 반대로 자유는 인간이 향유하고 있을지라도 그에게 자연스러운 것이 아니다. 즉 자신의 사회적 존재의 부분이 아니다. 그것은 하나의 선의 문제이다.──"정치적 자유를 잃기 위해서 그것을 붙잡고 있지 않는 것만으로 충분하다. 그것은 빠져나간다." 토크빌로부터 오지 않은 다른 용어로 말해 보자. 민주주의에서 인간들은 **평등하다**. 그들은 자신의 존재 속에서 계속하려는 경향 때문에 평등을 사랑한다. 그러나 그들은 하나의 속성, 위엄을 소유하거나 소유하지 않는 것처럼 자유를 소유하거나 소유하지 않는다. 두번째로 자유는 거의 비가시적인 것이 명백하다. 하지만 그것이 과도한 경우 가시적이다. 자유는 이상적인 선이며, 자유가 사회 질서의 보존에 대립하는 행동과 규칙의 구상 속에서는 타락할 경우에는 물질적 선이 될 뿐이라는 것을 이해하자. 무정부의 위험은 각자의 눈에는 명백하다. 반대로 평등은 많은 수에게 가시적이고, 매일 그러한 경향을 만족시키며, 그것이 과도한 경우 비가시적이 된다. 왜냐하면 그 악은 "사회체 속에서 단계적으로만 암시되기 때문이다". 이러한 사회체의 무기력과 마비, 사회 구성원들의 탈구dislocation, 공적인 것에 대한 개인들의 무관심은 가장 빈번하게 의식으로부터 벗어나는 표시들이다. 간혹 인식할 수 있는 평등의 악은 그것이 가장 폭력적이 될 때, 습관은 사람들이 그 악을 더 이상 느끼지 못하도록 만든다는 본성이 있다. 세번째로 앞선 것에 포함된 주장, 정치적 자유는 대중들의 열정을 자극하지 않는다. "정치적 자유는 때때로 특정한 수의 시민들에게 숭고한 기쁨을 준다." 그것을 향유하기 위해 "다소간의 희생을 통해 그것을 사야" 하며, 그것은 "많은 노력과 함께만" 얻어진다. 반대로 "평등의 매력은 모두의 영향권에 있다". 평등은 일상적인 기쁨을 제공한다. "평등을 누리기 위해서는 살아가기만 하면 된다." 결국 자유는 주체, 의지, 행동의 축에 의지하고, 평등은 본성의 축에 의지한다는 것을 이해하자.

따라서 이 표에 대해 새로운 것을 질문하는 것이 중요하다. 토크빌은 기존의 사회 상태로서 조건의 평등이라는 제한된 의미를 부여하면서 평등에 대해 말하고 있다. 이 평등에 토크빌은 이미 획득된 자유를 대립시킨다. 그러나 우리는 사회 상태 속에서 정복의 흔적들이 기입된 것을 찾지 않는가? 토크빌은 이 질문을 피한다. 어쨌든 토크빌은 그가 평등은 정치 세계 속에서 통치하지 않고 시민 사회에서만 확립될 수 있다고 확언한 장의 첫 부분에서 그 용어들을 가지고서 평등을 묘사한다. "기쁨 그 자체에 맡기고, 동일한 직업에 들어서며, 동일한 장소에서 서로 만나고, 한마디로 통치에 대해 관여함이 없이 동일한 방식으로 살아가고 동일한 수단을 통해 부를 추구할 **권리를 가질 수 있다**." 권리라는 말(이 말을 강조한 것은 우리이다)은 토크빌에게 펜이 가는 대로 우연히 온 것이 아니다. 그것은 권리가 침전된 상태로서 사회 상태를 평가하는 지표를 제공하는 것이다. 그러나 이러한 침전은 결과적으로 사회에 거의 자연적인 것으로 포착할 수 있는 상황의 확립이라는 것을 인정하자. 이러한 가정은 따라서 평등으로의 진전은 이러한 상황 속에서 한계를 발견하고 또한 정치적·경제적·법률적·도덕적 질서의 변화들은 그 기원을 발견한다는 것을 함축하고 있다. 이것은 토크빌에게 반쪽의 진리일 뿐이다. 우리가 분석한 발전이라는 용어로 토크빌은 특정한 시기에 민주주의적 인민을 열광에까지 이르게 하는 열정을 불러일으킨다. 이러한 극단적인 열정은 "내부의 최후의 투쟁 후에 오랫동안 위협받은 과거의 사회적 위계가 파괴되고, 시민들을 분리시키던 장애물들이 전복되는 순간" 발생한다. "사람들은 마치 하나의 정복인 것처럼 평등으로 달려가며, 그들은 그들에게서 빼앗고자 하는 귀중한 재물에 매달리는 것처럼 평등에 매달린다. 평등의 열정은 인간의 심장 속 모든 부문에 침투한다. 그것은 전체로 확장되고 모든 것을 채우게 된다"(103). 평등은 이번의 경우 전혀 다르게 나타나고, 우리는 자유로부터 그것을 구별하기 위해 걱정을 해야 한다. 평등의 진보는 일련의 투쟁들에 의존한다. 평등을 자연적인 사실이라고 생각하는 것은 헛된 일이다. 평등은 시민들을 분리시키는 경계들의 전복과 함께 승리한다. 따라서 이러한 하층과 상층의 분리라는 것을 무시하는 것 역시 헛된 일이다. 평등화의 과정은 단순한 분화의 과정이 아니다. 그것은 사회에서 지배하고 힘과 명예, 부를 지닌 시민들이 차지하고 있는 지위들의 파괴의 과정이다. 이러한 의미에서 평등은 사회적 삶 속에 각인되어 있다고 말할 수 있을 뿐이다. 자유와 마찬가지로 평등은 정복된 것이며, 하나의 선으로서 정의된다. 결국 특정한 한계 속에 한정되는 것이 아니라 어떠한 변화의 명분이 되기 위해서 평등은 주어진 한계를 자신의 고유한 운동을 통해 넘어선다. 왜냐하면 평등은 인간의 마음의 모든 부분을 관통하여 확장되기 때문이다.

어쨌든 우리는 토크빌의 의도에 대응하지 않는 텍스트를 싣고 있다는 것을 인정하자. 사실 사람들이 민주주의에서 동일한 방식으로 살아갈 권리에 대해 말하면서, 사람들이 그 권리를 투쟁을 통해 획득했다고 토크빌이 생각했는지 확실하지 않다고 반대할 수 있다. 사회적 장벽들의 전복에 대해 말하면서 이러한 사건을 인민의 행동에 기인한 것도 아니며, "사람들은 정복에 대해서처럼 자유에 대해서도 돌진한다"라는 이 문장은 사람들에게 그것을 정복했다는 환상만을 줄 뿐이라는 것도 확실치 않다. 사실 우리는 텍스트의 마지막 부분을 읽으면서 그것들을 의심할 충분한 이유를 가지고 있다. 근대 유럽 국민들의 특별한 경우들에 대해 쓰인 텍스트의 이 부분은 "신민들 사이의 서열을 평준화시키기 위해 가장 열심히 일한 사람은 다름 아닌 절대주의 왕들이다"라고 가르치고 있다. 우리는 "자유가 새로운 것일 때, 평등은 오래된 과거의 것"임을, 그리고 자유가 이념과 취향 속에 나타나기 전에 평등은 관습 속에 들어왔고, 사람들의 존재 속에 자리잡았으며 그들로부터 사랑을 받았다는 것을 관찰할 수 있다. 그러나 그러한 주장은 새롭고 더 심각한 어려움을 자극하였다. 평등과 자유 사이에 패인 간극은 이번에는 아주 심각하여 초기에는 혼동되는 경향을 가졌지만 그러한 혼동은 더 이상 일어나지 않는다. 평등은 사회적 장을 평평하게 만드는 작업의 결과로서 확증된다. 우리는 분명 평등이 시민들의 무기력을 함의하고 있으며, 엄격하게는 시민들이 만족하는 상태가 확립된다는 것을 알고 있다. 그러나 평등의 문제설정이라는 용어들은 변화한다. 인간들이 평등하다고 말하는 것은 이제부터는 그들이 평준화되었다는 것을 말할 뿐이다. 그들이 평등을 사랑한다고 말하는 것은 이제 그들이 한 명의 주인 아래에서 노예 상태나 권력을 좋아한다는 것을 말한다. 그리고 또다시 민주주의의 사회적 문제설정은 정치적 문제설정 앞에서 사라진다. 사회 상태(조건들의 평등)가 첫번째 원인의 지위를 갖는다는 테제는 헛된 것이 되고, 이제 첫번째 원인은 사회체를 해체시키는 권력에게로 넘어간다.

결국 토크빌은 이 장의 마지막에서 그가 자신의 출발점을 잊어버렸다는 증거를 우리에게 보여 준다. 우리가 제기한 문구들에 의거하면 그는 갑자기 다음과 같이 확정한다. "나는 민주주의적 인민들이 자유에 대한 자연스러운 취향을 갖는다고 생각한다. 그들 스스로 자유를 찾고, 자유를 사랑하고 그것으로부터 분리될 때 고통을 가지고 바라볼 뿐이다. 그러나 그들은 평등에 대해서 열정적이고 탐욕스럽고 영원하고 극복할 수 없는 열정을 가진다……." 그리고 토크빌은 다음과 같이 결론을 내린다. "그들은 가난, 노예 상태, 야만으로부터 고통을 받는다. 그러나 귀족정으로부터는 고통받지 않는다." 분명 자유와 평등은 분리된 채 존재한다. 그러나 자유는 민주주의적 본성 속에 재기입되고 그 실패는 평등의 타락으로부터 발생하는 것 같다.

토크빌 사유의 편차들이 우리가 살펴본 장에서 얼마나 강하게 느껴지든 모든 측면들을 다 고려하고자 한다면, 명확히 구별되는 부문들을 가지고 있는 이어지는 6개의 장을 살펴보아야 한다. 그리고 가장 밀접한 관계를 가지고 있는 2부와 4부를 비교해야 한다.

2장에서 7장까지 토크빌은 평등과 자유 사이의 분리를 다루고 있다. 그는 그가 평등으로부터 극단적인 특징, 즉 사회적 행위자로부터 분리되었다는 특징을 끄집어 내고 있다는 사실로부터 자유와 평등의 분리를 강조한다. 그리고 결과적으로 자유를 그것을 치유할 기제로 제시한다. 첫번째 고려점들은 개인주의와 관련된다. 그것들은 앞선 발전에만 배타적으로 매달리는 것이 아니라 1부를 여는 두 개의 장에 근거하고 있다. "나는 어떻게 평등의 세기에 개별 인간이 자신에 대한 믿음을 스스로 찾았는지를 보게 하였다. 나는 어떻게 동일한 세기에 인간이 자신에게만 그의 감정을 향하게 되는지를 보이고자 하였다." 그러나 우리는 이 서문에서 토크빌이 두 가지 경향 사이의 모호성을 보여 주었다는 것을 기억한다. 하나는 지적인 자유 혹은 정신의 독립에 우호적인 경향이고, 다른 하나는 각자에게서 믿음에 대한 과거의 보장책들을 숨기면서 여론의 동일성을 전혀 새로운 힘(다수의 폭정)으로 만드는 경향이다. 현재에 개인주의에 대한 분석은 전적으로 사회에 피해를 입히면서 작동하는 개인들의 분리, 고립, 사사화privatisation 과정을 명백히 할 뿐이다. 개인주의에 대한 분석이 새로운 길에 의해 민주주의적 평등주의에 대한 비판으로 확장되는 것은 바로 거기에서이다. 평준화된 사회의 이미지에 분자화된 사회의 이미지가 겹쳐진다. 사실 두 가지 모두 귀족주의적 사회와 민주주의적 사회의 대립을 위해 그려진다. 귀족주의 사회를 고려해 보면, 모든 개인들은 시간과 공간에서 서로서로 가까워지면서 서로서로와 관계를 맺는다. 한편으로 변화는 감지되지 않으며, 시간은 거의 움직이지 않는다. "가족들은 수세기 동안 동일한 상태로 남아 있으며, 거의 동일한 장소에 머물러 있다. 그것은 동일한 세대로 만든다는 것을 의미한다." 다른 한편으로 제도들은 "각각의 사람들을 시민 동료들 각각에게 밀접하게 연결시키는 효과를 갖는다." 맞은편의 민주주의의 사회는 지속성을 깨뜨리는 중단 없는 변화의 극장임을 보여 준다. "시간의 씨실은 한순간에 절단되고 세대들 간의 흔적은 지워진다." 그리고 모든 계급들의 혼합으로 인해 그들 "구성원들은 서로에 대해 무관심해지고 낯설어진다." 비교는 다음과 같은 제안 속에 잘 설명된다. "귀족정은 모든 시민들을 왕에게까지 이르는 긴 사슬로 만들었다. 민주주의는 이 사슬을 깨뜨리고 각각의 고리를 분리시켰다." 따라서 토크빌이 본질적인 것으로 포착한 것은 바로 사회적인 것의 해체, 혹은 오늘날 개인들의 원자화 과정이라고 부르는 것이다. 그러나 귀족주의의 세기에 대한 토크빌의 조심스러운 생각을 인정하는 것은 의미가 있다. 왜냐하면 그의 저작 마지막에 그것을 다시 발견할 수 있기 때문이다. "동일한 세기에 **닮은 사람**이라는 일반적인 개념이 불분명하고, 인류라는 대의명분을 위해 헌신할 것을 전혀 생각하지 않는 것은 사실이다. 그러나 우리는 자주 어떤 사람들을 위해 자기를 희생한다"(106). 왜 인류는 우리에게 중요한가? 왜냐하면 토크빌은 그가 막 구성하기 시작한 표의 이면, 즉 사회적인 것의 해체를 넘어서 인류의 이미지 혹은 그것을 표상하는 사회의 이미지의 도래를 예감하기 때문이다. 그의 주장이 (귀족정에 전형적인) 연합의 현상과 (민주주의에 전형적인) 해체의 현상 사이에 대립에 집중하고, 자유의 기능을 평등에 의해 발생한 악에 대한 처방으로 나타나도록 하는 것은 여전히 사실이다.

미국의 제도들에 대한 토크빌의 분석의 세밀한 부분까지 따라가는 것은 필요하지 않다. 지방의 삶, 시민 결사, 언론, 정치적 결사들에 대해 말하면서 토크빌은 동일한 언어를 유지한다. 자유는 사회체에 생명력을 다시 주고, 사라져 가는 사회조직체에 연결고리를 다시 만들고, 전제정만이 혜택을 보는 요소들의 원심적인 운동에 반대하도록 하는 예술에 속하는 것이다. 예를 들어 그는 다음과 같이 적고 있다. "미국인들은 자유를 가지고서 평등이 탄생시킨 개인주의와 싸웠으며"(110), 그러고서 또한 "자유로운 제도들은 사람들에게 그들이 사회 속에서 살아가도록 상기시켰다"(112). "사람들이 더 이상 굳건하고 영원한 방식으로 그들 사이가 연결되지 않을 때, 그렇게 많은 사람들이 공동으로 행동하거나 적어도 각자에게……그의 특수 이익이 다른 모든 사람들의 노력에 자신의 노력을 결합시키도록 설득하는 것을 알지 못한다." "정치적 결사는 동시에 많은 수의 개인들을 그들 자신으로부터 벗어나게 끌어낸다"(123). 따라서 결사체의 과학, 즉 모태 과학은 자유의 과학과 혼동되는 경향이 있다.

이러한 주장은 명백히 (2부) 첫 장의 주제 중 하나이고, 또한 전체 서문에서 발전된 것이었다. 그러나 우리는 저자가 끝까지 그것을 주장할 수 없다는 것을 다시 한번 증명할 것이다. 토크빌은 그가 일곱번째 장에서 시민 사회에서 형성된 결사체들의 덕목과 정치적 목적을 위해 사람들을 동원하는 거대한 결사체의 덕목을 비교할 때, 적어도 암묵적으로 그 주장을 뒤엎는다. 아마도 그는 자유를 사회 해체의 위험에 대항하는 방어의 수단으로 말하기를 계속한다. 그러나 민주주의에 대한 그의 표는 전환된다. 거대한 정치적 결사, 정당들은 더 이상 개인주의의 불편함을 완화시키는 것이 가능한 엘리트들의 손에 있는 장치로 나타나지 않는다. 정당들은 거대한 수, 공적 업무의 지향에 참여하고자 하는 그들의 욕망에 반응한다. 따라서 우리는 더 이상 주도권을 자극하는 것이 문제가 아니라 그것의 자유로운 발전에 반대하지 않는 것이 중요하다는 것을 발견한다. "어떠한 결사체들이 금지되고 다른 것들은 허가될 때, 전자와 후자를 구별하는 것이 어려울 때" 결과적으로 "의심 속에서 모든 것을 포기한다"라고 말한 후, 토크빌은 다음과 같은 뛰어난 관찰을 제시한다. "한 가지 점에서 억압된 결사체의 정신이 다른 모든 점에서 동일한 힘을 가지고서 발전할 수 있도록 내버려 둔다는 것을 믿는 것은 몽상이다. 시민들이 모든 것을 위해 연합할 능력과 습관을 가질 때, 그들은 큰 것을 위해서뿐만 아니라 작은 것을 위해서도 동일하게 기꺼이 연합한다. 그러나 그들이 작은 것만을 위해 연합한다면, 그들은 연합할 욕구도 능력도 발견하지 못한다"(124).

전망의 전복에 대해 이야기하자. 사실 마지막 주장은 인간이 자유를 향한 자연적 경향을 가지고 있으며, 공적 질서에 가해지는 위험은 피해질 수 없다는 확신에 근거하여 세워졌다. 반대로 무정부상태에서 폭발하거나 전제정 앞에서 사라질 수 있는 "억압된" 자유가 내포하는 위험에 맞서도록 하기 위해 가장 큰 위기를 추측해야 한다. "미국인들이 자유의 타락이 커지지 않도록 하는 기술을 습득한 것은 위험스러운 자유를 향유하면서이다"(126).

사실 토크빌은 개인주의의 폐해라는 시각을 잃지 않았으나, 그가 자유의 좋은 결과로 결론을 짓는 것은 더 이상 그의 전제에서부터가 아니다. 그는 민주주의가 두 가지 경향, 하나는 개인들의 고립에 유리한 경향과 다른 하나인 교환과 공동의 주도권에의 경향을 낳았다고 제시한다. "모든 계층, 모든 정신 그리고 모든 나이의 미국인들이 매일 결사체에의 선호 경향을 갖고, 그것에 참여하는 것은 정치적 결사체 속에서이다"(126).

저자가 장의 마지막에서 행한 신중함은, 유럽 국민들의 경우를 환기시키면서, 그의 해석의 모호함을 더 잘 증언하고 있다. 토크빌이 정치적 문제와 관련한 결사체의 무제한적 자유에 반대하는 1부에서 정식화한 비판, 즉 "그러한 자유가 (사회를) 무정부 상태에 떨어뜨리지 않는다면,……매 순간 사회를 건드리도록 만드는" 비판을 상기하면서, 그는 시민적 평화, 법의 존중, 정부의 안정성이 귀중한 재산이지만, 그것들을 정치적 자유를 위해 희생시켜야 한다면, 국민들이 치뤄야 할 비용이 얼마나 되는지를 측정해야 한다고 말한다. "한 사람의 생명을 구하기 위해 그의 팔을 자르는 것을 나는 이해한다. 그러나 나는 그가 손재주가 있다고 하여 숙련되었음을 보여 주기를 바라지 않는다."

따라서 활력론적 비유는 결국 앞선 장들에게 끊임없이 이용되었던 인공주의적 비유와 균형을 맞추고 있다. 정치적 자유는 본성이라는 축으로 다시 돌아온다. 정치적 기술은 자신의 위치를 잘 보존하지만, 이러저러한 방식으로 정치적 자유와 결합하며, 무정형의 민주주의적 물질 속에는 도입되지 않는다.[3]

---

3 우리는 그의 관심에도 불구하고 2부의 다음 부분들을 소홀히 하고 있다. 미국에서 산업의 발달, 프롤레타리아의 조건, 산업계급의 귀족적 혹은 그렇지 못한 특성에 대한 고려가 평등과 자유의 문제설정으로부터 제기된다. 그러나 이러한 주제는 특별한 또 다른 연구를 요구한다.

4부는 (우리의 주제와 관련하여 중요하다고 판단되는) 평등에 대한 그의 분석과 평등과 자유와의 관계를 재정식화하고 수정하고 부분적으로 새롭게 방향짓고자 하는 토크빌의 마지막 노력을 보여 준다. 우리는 이미 4부가 2부와 밀접한 관계를 가진다는 것을 언급하였다. 사실 토크빌의 행보는 다르다. 그가 명백히 제안한 목표는 "민주주의적 감성이 정치 사회에 행사한 영향력"을 제시하거나 혹은 그가 서문에서 간략히 이야기한 것처럼 인간 사회의 정부에 대한 영향력을 제시하려는 것이었다. 그러나 그는 이미 이 주제를, 특히 그가 민주주의에 대한 이념의 영향력(I)과 감성의 영향력(II)을 묘사—전도된 의미에서—한다고 주장할 때 여러 차례 다루었다. 따라서 우리는 마지막 부에서 지속성을 상대적으로 만드는 단절을 넘어서 민주주의의 논리를 포괄하고 민주주의 혁명의 연결고리를 결정하려는 시도를 인식해야 한다. 토크빌은 서문에서 다음과 같이 적고 있다. "성공하기 위해서 우리는 내가 걸어 온 길로 되돌아가야 한다. 그러나 나는 독자가 이미 알고 있는 길이 몇 가지 새로운 진리로 이끌고 있을 때, 나를 따라오는 것을 거부하기를 바란다." 외관상 더욱 새로운 것은 여섯번째 장에서 근대 민주주의 속에서 성장하는 "거대한 보호자적 권력"에 대한 묘사와 함께 등장한다. 그것을 소개하면서 저자는 정확히 다음과 같은 새로움을 강조한다. "나는 민주주의적 인민들이 위협받는 억압의 종류가 이전에 존재했던 것과 전혀 유사하지 않다고 생각한다. 우리의 동시대인들은 자신의 기억 속에서 그러한 이미지를 찾을 수 없을 것이다. 나는 내가 구성하고 규정한 이념을 정확히 재생산하는 표현을 찾는 것이 헛된 것임을 알았다. 전제정과 폭정이라는 과거의 단어들은 전혀 적합하지 않다. 새로운 것이며 따라서 새롭게 정의해야 한다. 왜냐하면 나는 그것을 명명할 수 없기 때문이다"(324). 각자가 알고 있듯이 이 분석은 그의 저작 전체보다 토크빌의 사후 명성에 더 많은 역할을 하였다. 우리는 토크빌의 창의성도 풍부함도 부정할 수 없다. 그러나 우리가 그의 과실, 즉 사유의 모순을 추적하고 있기 때문에, 우리가 그의 첫번째 장과 2부의 도입 장을 비교한다고 해서, 그 자체로 저자가 제시한 새로운 출발점을 덮을 수 없다. 2부에서는 평등이 아주 높은 수준에서 정치적 자유와 결합한다는 초기의 주장이 분리를 준비하고 있음을 관찰할 수 있다. 현재 저자는 이전의 비판들이 예상하지 못한 평등에 대한 찬사로 시작한다. 장의 제목이 그것을 말해 준다. "평등은 자연스럽게 사람들에게 자유로운 제도에 대한 취향을 준다." 텍스트는 첫 줄에서부터 그러한 동기들을 부여하고 있다. "사람들을 서로서로 독립적으로 만드는 평등은 자신들의 특별한 행동 속에서 자신들의 의지만을 따르려는 습관과 취향을 위축시키게 한다. 이웃들과의 관계 속에서 그리고 사적인 삶 속에서 향유하는 이러한 전적인 독립은 그들로 하여금 모든 권위에 대해서 불만스러운 눈길을 가지게 하며, 그들에게 정치적 자유에 대한 이념과 사랑을 제시한다. 이 시기에 사는 사람들은 따라서 그들을 자유로운 제도로 이끄는 자연스러운 경향으로 가게 된다. 우연으로 그러한 자유로운 제도들 중 하나를 선택하는 것이 가능하다면 그것의 원초적인 본능까지 거슬러 올라가리라. 그러면 많은 정부들 사이에서 우선적으로 가장 눈에 띄는 것은 바로 정부 수반을 선출하고 그 행위들을 통제하는 정부이다"(295).

자! 이제 평등은 첫번째 사실로 아직까지 제시되고 있다. 그러나 평등은 즉각적으로 그 효과인 자유에 연결되며, 자유는 (사회적) 본성의 축으로 이어지며, 본능 속에 깊이 박혀 있다. 논리적 충돌이 사라진다. 어떻게 자유가 밖으로부터 평등한 사회로 오는지를 판단하는가? 그리고 역사적 충돌 역시 사라진다. 어떻게 유럽의 불행이 평등은 아주 오래되고 자유는 아주 새로운 것으로부터 오는지를 판단하는가? 결국 서로서로 관련되고 극단적인 한 지점에서 혼합하는 이 이념을 보존하는 것이 불가능하다. 자유와 평등은 동질적이라는 것이 확증된다. 자유로의 경향은 평등으로의 경향으로부터 구별되지 않는다. 사람들은 자유로운 제도로 향해 가는 자연스러운 경향을 따른다. 그런데 평등에 대한 찬사는 장의 내부에서 번복되지 않는다. 그것은 일종의 신념의 공표에 의해 결론 속에서 강화된다. "나로서는 평등이 영감을 주는 불순종성을 평등에게 탓하지 않고, 그것을 찬양한다. 나는 평등이 만들어 낸 악에게 치료제를 준비시키면서, 각 인간들의 정신과 마음속 깊은 곳에 정치적 독립이라는 모호한 개념이자 본능적인 경향을 놓는 것을 보면서 평등을 사랑하게 된다. 내가 평등에게 애착을 갖는 것은 이러한 측면 때문이다"(296).

우리는 또한 이렇게 말할 수 있다. 평등은 모든 것이 좋은 것으로 되는 것이 아니며 악을 만들어 내기도 한다. 분명하다. 토크빌은 위계제의 파괴 혹은 더 일반적으로 인간들의 의존의 망을 파괴하는 것을 동반하는 개인들의 분리에 대해 썼던 것을 잊지 않았다. 그러나 강조점은 평등에 대한 좋은 점으로 이동하는 것 이외에도 외부성의 지표로 만들어진 그 말이 자유의 내재성의 말이 된다는 것이다. 평등은 그 자체 속에 자신의 치유책을 지니고 있다.

결국 평등이 내포하는 위험들에 대한 언급은 토크빌이 이전의 테제들에 대해 가졌던 거리를 가장 잘 드러낸다. 독립에 대한 사랑이 만들어 낸 공포를 토크빌은 "무기력한 정신들" 탓으로 돌리고 있다. 토크빌이 위협적인 것으로 제시하였던 사회적인 것의 해체는 일관성이 없고 이차적 종류의 가정의 대상이 된다. 토크빌은 다음과 같이 적고 있다. "각자의 자리를 지닌 국민 권력이 존재하지 않는 순간에 시민들이 서로서로에 대해 어떠한 행위도 하지 않는 것처럼 무질서 역시 절정에 이르고, 시민들 각각은 자신의 자리로부터 멀어지고, 사회체는 먼지로 변하게 되는 것 같다. 어쨌든 나는 무정부는 민주주의 세기가 두려워해야 할 주요한 악이 아니라 최소의 악이라고 확신한다"(295). 그러나 토크빌이 겨냥한 대화 상대는 바로 자신인 것처럼 모든 일이 발생한다. 왜냐하면 만약 그가 아니라면, 누가 과거에 사슬을 만들었던 고리의 해체를 묘사하겠는가?

그러나 아직 왜 저자가 그렇게 강하게 집착했던 것 같은 표상으로부터 멀어지는가를 물어야 한다. ──오히려 그가 절대적으로 혹은 임시적으로 멀어진다면, 어떤 다른 표상을 위한 것인지를 물어야 한다. 한마디로 대답은 의심의 여지가 없다. 분명 표상의 변화가 있다. 가장 커다란 위험은 사회체의 분쇄이며 결과적으로 무정부라는 이념은 4부에서는 다른 형태로 혹은 수차례 부정된다. 그러한 사유는 이미 진척된 적이 있고 민주주의에 대한 그의 비판의 중심으로 옮겨 간 것으로서 무정부에 대한 두려움 혹은 질서에 대한 사랑이 절대 권력의 기저를 만든다는 것이다. 따라서 3부의 다음을 읽어 보자. "공적인 고요함에 대한 사랑은 자주 (민주주의적) 인민들이 간직하고 있는 유일한 정치적 열정이다. 그것은 다른 모든 것들이 약해지고 죽어감에 따라 가장 활동적이고 강력해지게 된다. 그것은 자연스럽게 시민들로 하여금 중앙 권력에 새로운 권리를 주거나 그것을 갖도록 한다. 따라서 중앙 권력은 시민들에게는 유일하게 무정부상태를 방어할 이익과 수단을 가진 것처럼 보인다"(301). 그러고는 다시 4부에서 장기적인 유혈 혁명에서 벗어나 권력의 힘을 증가시키는 것에 모든 것을 줄 준비가 된 인민의 예인 프랑스의 경우를 새롭게 불러올 때 분명 그러하다. "공적인 고요함에 대한 취향은 따라서 맹목적인 열정이 되고 시민들은 질서에 대한 무절제한 사랑에 열중하게 된다"(308).

이 마지막 관찰과 그것이 포함되어 있는 광범위한 주장은 변화의 동기를 우리에게 분명히 해준다. 만약 토크빌이 사회의 분해와 탈구의 과정에 대해 더 이상 주의를 끌기를 바라지 않았다면, **사회적 빈 공간**은 그에게 하나의 허구처럼 보였을 것이다. 무정부상태에서 그는 최소한의 위험을 본다. 왜냐하면 그것은 일화적인 예들 중 최악의 예였기 때문이다. 그의 지배적인 확신은 반대로 민주주의가 사회에 이념, 감정, 행동의 다양성, 주도권의 자유로운 경쟁, 새로운 것에 대한 욕망이 삭제된 완전무결함과 굳건함을 준다고 보는 것 같다.

다시 한번 2부에 대한 참조는 가치가 있다. 2부에서 개인주의에 대한 분석은 민주주의의 특징, 여기 2부에서는 결사체의 원칙, 4부에서는 해체의 원칙을 분명히 보여 주기 위해 토크빌은 민주주의적 모델을 귀족주의 모델과 대립시키는 예를 든다. 따라서 두 모델 사이의 비교는 4부의 유사한 장에서 다시 이루어진다. 그러나 이번 경우는 하나(귀족주의적 모델)는 사회적 분화에 의해 특징지어지고, 사회적 분화는 이차적 권력들의 다양성이라는 이념을 발생시키며 사회체의 모든 구성원들에게 부과되는 동일한 규칙이라는 이념을 금지시킨다. 다른 하나(민주주의적 모델)는 조건들의 평등에 의해 특징지어지는데, 그것은 "단일한 권력이라는 이념" 그리고 "동일한 입법"이라는 이념을 발생시킨다(297). 아마도 이 두 개의 분석이 양립할 수 없는 것은 아닐 것이다. 그것들은 상이한 현상들을 취하고 있다. 그러나 마지막 결과까지 이어지는 첫번째는 타인과의 거리를 두는 개인 및 시민의 출현 속에서 독립의 적극적인 표시를 인식하지 못하게 한다. 그리고 다른 한편으로 그것은 근대 사회에서 민주주의적 사실의 창의성을 제거하는 전제정에 대한 고전적 개념으로 이어진다. 미국인들이 자유로운 제도를 통해 개인주의와 어떻게 싸우는가를 보여 주는 (2부) 4장의 도입에서 그러한 분석이 진술된다. "평등은 사람들을 서로 연결시키는 공통의 관계 없이 나란히 놓는다. 전제정은 그들 사이에 벽을 설치하고 분리시킨다. 평등은 사람들이 그들의 이웃을 생각하지 않게 하고, 전제정은 무관심을 공적인 덕목으로 만든다"(109). 저자가 다음과 같이 지적하는 것은 중요하지 않다. "모든 시대에 위험스러운 전제정은 민주주의의 세기에 특히 두려워해야 한다." 전제정은 "모든 시대의" 제도를 현재에 부착시킨다. 반대로 마지막 부분에서 추론은 더욱더 세밀하다. 왜냐하면 그는 새로운 자유라는 사실과 새로운 권력이라는 사실을 접합시키고자 하기 때문이다.

그러나 토크빌이 자신의 주장의 중심에 유일한 중앙 권력과 동일한 입법이라는 주제를 놓았을 때 작동하는 문제설정의 수정은 매우 뛰어나다. 그 주제들은 우리가 이전에 보았지만 새로운 지위를 획득한 평등에 대한 표상을 동원한다.

4부의 2장을 포기하지 말자. 귀족주의와 민주주의라는 두 개의 모델 사이의 비교를 통해 토크빌은 다음과 같이 선언한다. "조건들이 인민들에게서 평등해지는 정도에 따라, 개인들은 더욱더 작아지고 사회는 더욱 커지며, 다른 사람들과 더욱 유사해진 각 개인들은 군중 속에서 사라지고 우리는 인민 자체라는 거대한 이미지만을 알아볼 뿐이다"(298). 이 문구는 이미 분석될 가치가 있었다. 이미 본 것처럼 첫번째 제안은 수정된다. 사실 그것은 평준화라고 알려진 이미지를 불러일으킨다. 그러나 왜 개인들의 위축이 권력이 아닌 사회의 상승과 함께 가는지를 이해할 수 없다. 그것을 설득하기 위해서 개인은 필연적으로 사회적 표상 속에 포착되고 그에 따라 그의 이미지는 사회의 이미지가 다른 축에서 확장되는 것이 없이는 수축될수 없다는 것을 인정해야 한다. 그러나 저자는 그것에 대해 말하지 않는다. (오히려) 그의 글쓰기는 동일성의 효과 아래에서 각자의 정체성이 집단적 정체성 속에서 사라진다는 것을 제시할 뿐이다. 결국 **사람들**의 구성과 난입

("그리고 더 이상 볼 수 없다……")의 단절은 그것들 자체로 설득력이 있다. 인민의 이미지는 개인으로부터 분리되고 비인칭적 관점에서 그들 사이에 놓인 각자를 바라보도록 한다. 그러나 인민이라는 용어가 진전되자마자 토크빌은 연결짓는다. "그것은 자연스럽게 민주주의 시대의 사람들에게 사회의 특권층들의 매우 강한 여론과 개인의 권리라는 매우 겸허한 이념을 준다. 그들은 누군가의 이익이 전부이고 다른 사람의 이익은 아무것도 아니라는 것을 쉽게 인정한다. 사람들은 사회를 대표하는 권력이 그것을 구성하는 어떤 사람들보다 훨씬 더 많은 총명함과 지혜를 가지고 있으며, 자신의 권리와 마찬가지로 자신의 의무는 각각의 시민들이 직접 나서고 행위하는 것이라는 것을 아주 기꺼이 인정한다"(298).

인민을 사회로 대체하는 것은 우리의 주의를 끈다. 그러한 대체는 그 기원이 평등에 있는 과정의 이중화라는 표시이다. 한편으로 인민-일자 peuple-Un라는 이미지를 만들어 내는 유사한 사람들 사이의 동일시가 문제가 된다. 다른 한편으로 그들의 힘의 가장 낮은 수준에서 개인들의 순수한 다양성 그리고 실재적인 것의 전능이 각인된 사회 자체를 등장시키는 분열이 문제가 된다. 이러한 전망 속에서 이중적인 방식하에서 권력이 계몽된다. 권력은 인민을 체현한다. 자주 우리에게 제시되었던 것처럼 권력 내에 공통의 여론이 응축된다. 1권의 틀을 따른다면 권력은 다수의 폭정을 행사하고 정의하기 힘든 어떤 것이지만, 본질과 힘을 가지고 있는 것으로서 사회를 **표상한다**. 따라서 사회를 표상하면서 모두의 눈에는 "보편적인 겸허 속에서 유일하게 우뚝 솟은 거대한 존재"(301)로서 등장하는 것이다.

우리가 잘못된 길을 만들지 않았다는 증거는 인민주권의 도그마가 가장 과격하게 제거되는 바로 거기에서 대의제가 승리한다는 언명에 따라 우리에게 제시된다. "매개적 힘이라는 개념은 불분명해지고 사라진다. 특정한 개인들에게 내재한 권리라는 이념은 사람들의 의식에서 급속히 사라진다. 사회의 전능한 다시 말해 유일한 권리라는 이념이 그 자리를 차지한다"(298~299).

"사회적 권력"이라는 용어가 체계적인 사용의 대상이 되기 시작한 것은 바로 이러한 맥락 속에서이다. 그것은 우리에게 정치적인 것의 영역을 사회적인 것의 영역과 거리를 두면서 확정하는 것을 허락하지 않는 새로운 개념의 지표로서 등장한 것이다. 아마도 권력은 항상 평준화를 만들어 내는 효과적인 행위의 장소인 듯하다. 권력은 "자연적 본능"을 따라서 평등과 동일성을 조장한다(302). "그러나 정부는 시민들이 사랑하는 것을 사랑하고 그들이 증오하는 것을 자연스럽게 증오한다." 그들 사이에는 "감성의 공동체"가 있다(302). 그리고 권력으로서 확립되는 사회와 사회 속에서 확산되는 권력 사이의 일종의 변화 반복이 아니라면 이러한 화합이 어디에서 오겠는가?

이러한 분석 과정에서 평등은 토크빌에게 무엇이 되었는가? 그것은 어느 누구도 원칙적으로 누구의 위에 있거나 아래에 있지 않다는 사실로부터 더 이상 개인들, 즉 예전의 집단(혹은 다양한 집단들)의 구성원, 독립된 단위로서 평등한 개인들의 흩어짐이라는 스펙터클에 맡겨지지 않는다는 것이다. 한편으로 평등은 유사성을 그리는데, 그 효과는 인민이라 불리는 집단적 정체성의 (실재 속에 각인된) 환상이다. 다른 한편으로 평등은 균일한 표면의 형성에서 등장하며, 그 효과는 자신의 건설의 법칙, 즉 저자가 "유일하고 단순하며 섭리적인 그리고 창조자"로 명명한, 사회를 **표상하는** 권력을 지니고 있는 (이 역시 실재 속에 각인된) 심급의 환상이다(299).

토크빌은 이러한 표상을 중립화시키기 위해 자유의 출현의 계기로서의 평등의 덕목만을 인정하는 것 같다. 토크빌은 평등을 지우지 않지만, 우선 그것을 해체하고 이어서, 새로운 종류의 전제정으로 향하는 민주주의의 자연스러운 진화를 설득하기 위해 그것을 다시 활용한다. 이러한 사유의 운동은 저자가 권력의 집중이라는 현상을 검토하는 3장에서 그려지고 있다. 공적인 고요함에 대한 사랑이 다른 모든 정치적 열정에 대해 승리한다(우리는 이 문구를 이미 인용하였다)라고 언명한 후, 평등이 발생시키는 독립에의 욕구에 대한 그의 제안을 환기시키는 듯하다. 따라서 우리 앞에는 하나의 모호성이 등장한다. 독립과 허약함. 그는 그것들이 바로 여기 "분리하거나 혼동해서도 안 되는 두 가지 상태들"(301)이 있다고 말한다. 그러나 곧 그것들은 서로서로 권력의 발달에 기여할 준비를 하고 있음을 볼 수 있다. 개인의 허약함은 그와 유사한 이웃들로부터는 기대할 수 없는 "낯선 도움의 필요성"을 느끼게 만들며, 따라서 개인은 보편적인 겸허함 속에 우뚝 솟은 유일한 거대한 존재에 대해 자연스럽게 향하게 된다. 독립의 경우 개인의 허약함은 본질적으로 타인에게 희생을 요구한다는 것에서 증명된다. 그러나 타인에 대한 복종의 거부는 절대적 제3자에 대한 "공동의 의존"을 수용하는 가운데서 발생한다. 토크빌은 민주주의 세기의 인간은 극단적인 반감과 함께 자신과 동등한 이웃에 복종할 뿐이라는 것을 관찰한다. 어쨌든 "그는 매순간 동일한 주인의 두 가지 면에 해당하는 공동의 의존을 느끼게 하는 것을 좋아한다"(302). 결국 마지막 정식화가 충분히 설득력을 갖지 못하는 것처럼, 그것은 누군가 주인에 대한 의존의 개념을 대체하기 때문에, 토크빌은 곧 다음과 같이 명시하면서 그것을 정정한다. "민주주의적 인민들은 중앙 권력의 담지자들을 증오한다. 하지만 그들은 그 권력 자체를 사랑한다"(302). 따라서 논의는 봉쇄되는 것 같다. 우리가 강조했던 첫 장의 이러한 선언 ── "이 시대에 사는 사람들은 그들을 자유로운 제도로 이끄는 자연적 경향으로 향한다"(295) ── 으로부터 어떠한 것도 남지 않는다. 그들의 자연적 경향은 현재에는 권력의 채찍 아래로 그들을 내모는 것 같다. 그리고 동시에 그것은 사람들을 인간적 질서에 대한 의존으로부터 도망치도록 만든다. 전혀 예상치 못한 길을 통해 2부의 주요한 테제 중의 하나가 이 장의 마지막에서 확립된다. "개인적인 독립과 지역적 자유들은 항상 예술의 산물이다"(303).

그러나 아직 한 단계를 지났을 뿐이다. 그의 반대인 자유로의 회귀는 6장에서 비로소 완성된다. 3장에서 권력의 보유자로 향하는 증오에 저항하는 권력에 대한 사랑은, 그 기능이 사회를 표상하는 권력에 대한 사랑이다. 그러나 권력의 기원과 그 보유자가 무엇인지를 우리에게 명확히 묘사되지 않았다. 토크빌이 "민주주의적 인민이 위협받는 억압의 종류"——이 억압들은 전례가 없고 그 이름도 갖지 않는다——를 보여 줄 때, 그는 새로운 현상의 특징들을 정의하는 데 만족하지 않는다. "거대하고 보호하는……절대적이고, 세밀하고, 규칙적이고 그리고 부드러운 권력"은 모든 측면에서 사람들의 삶을 책임지고, "점점 각 시민들을 알아내고 그들을 이용하는 것에까지 이른다"(324). 이러한 분석에서 그는 종속이 "우리가 상상하는 것보다 훨씬 더 자유의 외적인 형태의 어떤 것과 잘 결합할 수 있다"라고 덧붙인다(325). 나아가 더 분명하게 그는 현실에 이 모델을 기입하기에 가장 적합한 체제는 정치적 민주주의의 특징 아래에서 등장하는 체제라는 것을 독자들이 발견하도록 하고 있다. "우리의 동시대인들은 끊임없이 적대적인 두 가지 열정에 의해 움직여져 왔다. 그들은 인도될 필요와 자유롭게 남아 있고자 하는 희망을 가지고 있다. 그들은 대립되는 이 본능들을 어느 것도 파괴하지 않고, 동시에 만족시키고자 한다. 그들은 유일하고 보호자적이며 전능하지만, 시민들에 의해 선출된 권력을 상상한다. 그들은 중앙집권화와 인민주권을 결합한다. 그것은 그들에게 휴식을 주고, 그들이 자신의 보호자를 선택했다고 생각하면서, 보호 속에서 위안을 받는다. 각 개인은 사슬의 끝을 잡고 있는 것은 한 사람도 계급도 아닌 인민 자체라는 것을 알기 때문에 거기에 매달리는 것을 묵인한다. 이러한 시스템에서 시민들은 자신들의 주인을 지시하기 위해 의존의 순간을 떠나 그곳으로 다시 들어간다"(325).

그리고 또한 이 마지막 제안은 급하게 수정된다. 순식간에 일어난 의존에 대한 해방은 그 자체로 환상적인 것처럼 보인다. "당신을 중앙 권력에 매우 의존적으로 만든 그와 같은 시민들에게 그 권력의 대표자들을 선택하도록 하는 것은 헛된 일이다. 그토록 중요하고 한편으로 매우 드문 자유로운 심판관의 사용은 그들이 점점 더 그들 스스로 생각하고, 느끼고 행동하는 능력을 잃는 것을 막지 못한다. 그리고 또한 그들이 단계적으로 인간성 수준의 이하로 떨어지는 것을 막지 못한다"(326). 모델에 대한 비난이 아주 강하여 그 비난은 형성 중에 있는 다른 것을 무시하도록 한다. 즉 더 나쁜 것은 한 사람 혹은 무책임한 한 집단의 지배이다. 인민주권의 표식 아래 행사된 억압은 더 체면을 구기는 것이다. 혹은 특수한 집단들이 공중에게 그들의 독립의 대가로 만든 희생의 열매를 수집한다……. 사회의 대표자인 권력의 이미지가 자신만의 일을 가진 인민의 이미지와 결합하게 될 때, 종국적인 진실은 새로운 전제정이 가장 분명한 형태를 획득한다는 것이다.

이것은 4부가 제기한 것과 같은 낯선 행보이다. 분명 다르지만 우리가 이전에 따라왔던 것만큼이나 풍부한 것이다. 그러나 아니다……. 우리는 너무 일찍 중단하였고, 후세가 가지고 있는 해석의 포로가 되었다. 6장의 마지막 문장들을 놓치지 말자. 갑자기 표가 새롭게 변화한다. 토크빌은 정정한다. "머리는 공화주의적이고 다른 모든 부분에서는 극단적 군주주의인 헌법"이 그에게는 "일시적인 괴물"처럼 보인다. "통치자들의 악과 피통치자들의 어리석음이 그것을 파괴로 곧바로 이끌게 된다. 그리고 그들의 대표자들과 그들 스스로에 지친 인민은 보다 자유로운 제도를 창조하거나 곧 단 한 명의 주인의 발 아래에 엎드리게 된다"(327). 따라서 보호자적인 민주주의가 생명력이 있고, 스스로에게 내버려 두는 독립의 본능이 종속의 상태에 이른다고 결론짓는 것은 잘못이다. 우리를 설득하기 위해 만들어진 주장들에도 불구하고 최종적으로 자유는 종속을 은폐할 수 없고, 자유는 다시 승리할 수 있으며, 실패한다면 전적으로 전제정 앞에서 사라진다는 것을 인정해야 한다. 담론의 마지막 새로운 전개는 이론의 틀을 벗어나는 희망에 대한 간단하고 변덕스러운 양보라는 것을 믿지 못한다. 아마도 토크빌은 자유를 평등에 대한 치유책으로 다시 언급하지만 다음과 같이 결론짓는다. "우리가 들어서는 민주주의 세기에 살고 있는 사람들은 자연스럽게 독립에의 취향을 갖는다. 자연스럽게 그들은 참지 못하고 규칙을 지지한다. 그들이 선호하는 상태의 영원성은 그들을 피곤하게 한다. 그들은 권력을 사랑하지만, 그것을 행사하는 사람을 무시하고 증오하는 경향이 있다. 그들은 자신들의 초라함과 유동성 때문에 빠져나간다. 이러한 본능은 그들이 변하지 않는 사회 상태에서 나오기 때문에 항상 다시 발견된다. 오랫동안 그들은 어떤 전제정도 성립하는 것을 방해하였고, 인간의 자유를 위해 싸우는 새로운 세대에 새로운 무기를 제공하였다"(355). 거기에는 이전에 형성된 체제들에 대항하는 한마디도 존재하지 않는다. 특히 개인들이 그들의 굴욕 때문에 더 이상 권력의 포로가 되지 않는 것을 지적하자. 그리고 인민들은 권력의 담지자에 대한 증오에도 불구하고 더 이상 권력에 대한 사랑을 갖지 않는다는 것을 지적하자(302). 이러한 사랑에도 불구하고 그들은 주인에 대한 멸시와 증오의 상이라는 관점을 잃지 않는다……

결국 이러한 결론이 귀족주의적 모델과 민주주의적 모델에 대한 새로운 숙고를 진행하도록 하는 것은 의미 있어 보인다. 그것의 의미는 저자 스스로에 의해 강하게 강조되었다. "나는 이 장에서 설명된 특수한 모든 이념들뿐만 아니라 이 책이 제시하고자 목표한 바의 대부분을 그의 가슴속에서 포괄하는 일반적인 이념으로 마무리짓고자 한다"(324). 그의 의도를 왜곡하지 말자. 그는 인간들의 노력이 사회적 권력을 증가시키고, 강화시키는 시기가 있음을 제시하고자 하였다. 그리고 사회적 권력이 가장 큰 힘을 획득한 현재에 임무는 그 권력에게 한계를 부과하고, 특수한 것들의 권력을 보호하고 평가해야 하며, 개인의 독립을 지지해야 한다는 것을 제시하고자 하였다. 그러나 그의 첫번째 관찰은 권력에만 한정되지 않는다. 우리가 제기했던(106) 2장의 제안들을 다시 보면서 그는 귀족주의 세기에 **"사회 자체의 이미지는 불분명하였고** 시민들에게 영향을 미쳤던 모든 권력들 속에 사라졌다"는 것을 지적한다(334). 우리들이 볼 때 이러한 판단은 민주주의의 덕목에 대한 이 장의 마지막을 고려하도록 요구한다. 그러나 토크빌이 명백한 관계를 부여하지 않는 것이 더욱 놀라울 따름이다. 그가 덧붙이기를 기다린 것(대립이라는 다른 용어를 제공한 것)은 바로 사회의 이미지가 근대 민주주의와 함께 탄생했다는 것이다. 혹은 더 정확히 말한다면, 왜냐하면 마지막 용어가 모호하기 때문인데, 그것은 집단적 정체성과 객관적 힘에 대한 믿음이 절정에 달하는 인민의 이미지 형성을 넘어서 혹은 사회의 형성을 넘어서, 보편적인 것의 목표로서 사회적인 것의 목표가 탄생했기 때문이다. 따라서 이러한 결과 앞에서 그는 멈춘다. 유일한 권력이라는 이념도 동질적인 입법이라는 이념도 정치와 법 앞에 부여된 새로운 의미의 명분을 주지 못한다.

토크빌 담론의 일부를 검토하는 것(이것은 너무 세밀한 것이며 우리의 기호에는 맞지 않는 것이다)은 그의 모순의 함정에 빠지지 않는 것이라는 것을 명시해야 한다. 결과는 빈약하고 성과 없는 것이다. 모든 위대한 사상가들처럼, 토크빌은 모순 자체로 우리를 가르친다. 그 이상을 말하자. 그것은 아마도 그가 근대 사회에서 부르주아 민주주의 사상가 혹은 사회주의 사상가 그리고 그의 동시대인들이 파악하지 못했던 특징들을 가장 잘 읽을 수 있다는 것은 자유의 역사적 의무가 제기한 문제에 무감각했기 때문이라는 점이다. 토크빌이 책을 쓴 지 한 세기 반 이후 우리는 아직 민주주의의 수수께끼 앞에 있으며, 그의 저작은 그것을 푸는 데 우리를 도와주고 있다.

4부

∶

환원할 수 없는 부분에 대하여

∶

정치신학적인 것의 영원성?[*]

옛것과 새로운 것의 정치적 의미에 대해 묻지 않고서 정치 사회의 전환을 해명할 수 있다는 것 ──사라진 것, 혹은 도래한 것, 혹은 되돌아온 것에 대해 진정하게 측정하는 것 ──은 19세기에 오랫동안 광범위하게 공유해 온 신념이었다. 프랑스에서도 독일에서도 그러한 신념으로부터 철학, 역사, 소설, 시는 다양한 증언을 제공하였다. 분명 이러한 경향은 전혀 새로운 것이 아니다. 시간의 과정을 멀리 거슬러 올라가 그 흔적들을 찾을 수 있다. 나는 왕 혹은 황제의 권위와 교황의 권위의 관계를 논쟁하였던 신학자와 법학자의 저작을 생각하지 않는다. ──권위가 행사되는 방식에 대한 그들의 사유는 세계에 대한 정치신학적 경험의 지평 속에 위치하였다. 종교와 정치에 대한 근대적 숙고의 표시들을 찾을 수 있는 것은 16세기에서부터인 듯하다. 교회의 권위가 흔들리고 종교개혁을 둘러싼 투쟁, 그리고 군주의 절대적 권력에 대한 저항과 긍정 등에서 나타난 복합적 효과 속에서 시민적 질서의 토대들에 대한 문제에 대해 새로운 감성들이 등장하였다. 그래도 여

---

[*] *Le Temps de la réflexion* 2, Paris, Gallimard, 1981에 게재된 글.

전히 19세기 초에는 프랑스혁명의 결과로서 거대한 논쟁이 발생하였다. 바로 이 사건에 대한 기억 속에서 그 시대에 있지 않은 것과의 단절이라는 감정이 만들어지고, 그것은 그 시대와의 관계를 형성하고, 또한 거대 역사라는 신비가 발생하게 된다. 또한 그 단절은 이른바 정치적·경제적·사회적 제도들의 장에 한정되지 않고, 제도 자체와 관계를 맺으면서 사회의 신비가 등장하게 한다. 이러한 단절의 종교적 의미는 정식화된 판단이 무엇이든 의식들에 출몰하여 가톨릭교의 복원의 표식, 가톨릭교 내지는 프로테스트탄트 내에서 기독교 갱신의 표식들을 찾거나, 교회의 과거의 틀 밖에서 정치적·사회적 삶 속에서 자신의 성취의 표식을 찾고, 혹은 결국 교회의 전체적인 파괴와 새로운 신념의 탄생의 표식을 찾는다. 프랑스의 경우를 상기하기 위해서는 하나의 축에는 드 메스트르의 정통주의, 또 다른 하나의 축에는 사회주의자 르루, 그리고 둘 사이에 발랑슈, 샤토브리앙, 미슐레, 키네가 정치적·철학적·종교적으로 동일한 언어를 말하면서 특이성을 보여주고 있다. 그들에 대해 말하도록 하자.

같은 시기에 ——이 점을 잊지 말자——국가를 독립적인 단일체로 인식하고 정치를 고유한 실재로 만들며, 종교를 사적인 믿음의 영역으로 넘기는 새로운 의식 상태와 경향(16세기에 이러한 흔적들을 볼 수 있으며 프랑스혁명에서 전적으로 형성된)이 확정된 것이 사실이다. 1817년 이미 헤겔은 그러한 경향이 등장하는 것을 예견하게 하는 용어들을 통해 그것을 비난하였다. 『백과전서』의 한 구절에서 "종교는 자신의 의식을 위해 사회적 도덕성과 국가의 토대를 구성한다"라고 분명히 하면서 다음과 같은 귀중한 평을 덧붙였다. "분리할 수 없는 것을 분리할 수 있다고 생각하며 서로에게 무관심한 것으로 간주하기를 바라는 것은 우리 시대의 거대한 실수이다. 국가는 그 자체로 어떠한 힘과 어떠한 세력으로서 존재하고, 종교는 국가에 굳건함을 주기 위해 한편으로 바람직한 것으로 혹은 다른 한편으로 무관한 것으로 개인적이고 주관적인 요소로서 거기에 부착되었다는 의미에서 국가와 종교의 관계를 그렸다.―국가의 도덕성, 그 권리 그리고 그 합리적 구성은 그 자체로 자신의 고유한 기초 위해 굳건히 서 있는 것으로 간주된다"(§552).

동일한 질서에 대한 비판이 프랑스에서는 상이한 전제에서 출발하여 인간주의 혹은 새로운 종교성의 각인이 찍힌 사회주의의 영향하에서 자리를 잡고 있는 첫번째 적대자들에 맞서 좀더 이후에 확대되었다. 그 시기는 루이 필리프의 통치는 절충주의에 멋진 색깔을 입힌 빅토르 쿠쟁의 실용주의적·자발적 견유주의적 정치의 성공을 보장하고 있을 때였다. 르루의 말을 따르면 이 조잡한 철학은 종교의 파괴할 수 없는 덕목을 찬양하였지만, 헤겔의 표현을 따르면 자신의 고유한 토대에 서 있는 정치 질서의 보존에 그 덕목들을 종속시키기 위해서였다.

따라서 현재 부과된 정치 개념은 그 자체로 오래된 뿌리를 가지고 있다는 것을 인정해야 한다. 그 기원은 부르주아 정신 ―정치적으로 지배적이 된 부르주아의 정신 ―의 기원과 혼동되는 듯하다. 우리의 근대성이 예측한 것은 우선 우리가 상기한 사상가들의 측면에서 아니라, 지적 장면에서 그것을 쫓아내고 이데올로기의 흥망성쇠에 멈추지 않은 절충주의의 측면에서라고 우리는 말해야 한다. 따라서 헤겔이 말한 '거대한 실수'는 새로운 시대의 진실, 우리 고유의 시간의 진실이 무엇인지를 그려야 하는 것이었다. 헤겔이 자주 환기시키곤 하는 역사는 그에 대항하여 돌아섰고, 그의 실수를 비난하였다. 일반적인 방식으로 그들 스스로가 증인(민주주의 혁명의 증인이다. 왜냐하면 여기에서 그것이 문제가 된다)이 되고 있는 정치혁명의 종교적 진리를 찾는 사상가들이 우리 시대의 감수성에서 볼 때 낯설어진다면, 그것은 그들이 새로운 것에 대한 지식을 가지지 않았기 때문이라고 결론지어야 한다. 그러나 이와 같은 결론에서 멈추고 그들의 몽상을 비웃는 것이 적합한가? 구체제와 프랑스혁명에 대한 기억 속에서 살아가고, 사라지고 있는 세계와 등장하는 세계의 분절 속에 머물고 있는 이들, 그리고 그들의 사유가 끊임없는 질문——나는 알아야 할 것이라고 전제된 정의, 즉 정치, 종교, 권리, 경제, 문화에 대한 정의에 한정하고자 하지 않는다——에 익숙해져 있는 이들에게 오해를 불러일으켰을지라도, 정치적인 것의 상징적 차원, 이후에는 잠복되고, 부르주아 담론이 이미 사회의 실제적 질서에 대한 전제된 지식 아래 숨겨 버린 것을 포착하려는 독특한 권력을 갖지 못했는지를 묻지 않을 수 없다.

질문에 답하기 위해서 그 용어들을 명확히 하는 것이 우선 필요하다.

분명 정치적 제도들이 오랫동안 종교 제도와 분리되어 있었다는 것은 사실이다. 종교적 믿음이 사적인 영역으로 후퇴한 것은 또 다른 것이다. 가톨릭교가 지배적인 종교로 물러나는 곳에서 이러한 현상을 관찰할 수 있다. 전체주의의 지배하에 떨어진 유럽의 나라들의 예를 고려할 때는 유보가 있는 것이 사실이다. 그러나 그것이 사유를 자극한다 하더라도 일반적인 증명을 포착하기 위해 일시적으로 그것은 무시하도록 하자. 일반적인 증명은 고유한 의미를 지니고 있는가? 종교는 기존 정치 질서 속에서 자신의 관여가 의미하는 것이 무엇인지를 묻지 않은 상태에서 정치 앞에서 단순히 삭제된다(주변적으로만 생존한다고)라고 말할 수 있는가? 혹은 이러한 관여가 매우 깊어 종교의 효과가 고갈되었다고 판단하는 정치가 이제는 인지될 수 없는 것이라는 것을 전제해야 하지 않을까? 새롭게 등장한 변화에도 불구하고 종교적인 것은 새로운 믿음, 새로운 표상하에서 유지되면서, 국가라는 건축물을 무너뜨릴 정도로 투쟁이 격화될 때, 전통적 혹은 아주 새로운 형태들 아래에서 표면에 떠오를 수 있음을 인정해야 하지 않을까?

첫번째 관점에서 정치에 대한 '근대'의 개념은 의심의 여지가 없으며, 그것은 우리의 효과적인 경험으로부터 유추된다. 두번째 관점에서 그것은 사회적 삶의 비밀스러운 부분, 즉 인간들을 한 체제에 애착을 갖도록 명령하는——그 이상으로 **사회 속에서 인간들의 존재 방식을 결정하는**——그리고 이 체제에 영향을 미치는 사건들에 독립적으로 사회의 양식, 시간에서의 영원성을 보장하는 과정들에 대한 무시나 부정의 지표일 것이다. 따라서 열려진 길은 우리에게 필연적으로 종교적인 것과 정치적인 것의 관계를 해소할 수 없는 것으로 유지하는 해석(적어도 모순적으로)으로 이끌지는 않는다. 그러나 적어도 우리는 그러한 암시를 몇 가지 포착할 것이다.

그러나 우리에게 문제가 되는 용어들을 명확히 하면서 우리는 우리가 말들, 우선은 종교적인 것의 말 그러나 정치적인 것의 말들에 주는 의미와의 밀접한 관계 속에 있다는 것을 알아보는 것을 놓치지 않는다. 검토해야 할 것은 이 의미이다.

첫번째로, 종교가 모든 적절성을 상실하는 것을 넘어서는 다소간의 확장을 제공하고 그 한계를 토론할 수 있다. 그러나 관련된 주체가 도그마와 관련되지도 않고, 교회에 대한 충성을 함의하지도 않으며, 전투적인 무신론을 동반하는 믿음, 태도, 표상들이 종교적 감수성을 증언할 수 있도록 판단하기 위한 것임은 어려움 없이 합의할 수 있을 듯하다.——그것이 역사적·문화적으로 결정된 현상, 즉 종교적인 것 일반과 관련된 것이 아니라 우리가 혼동하지 않고 다양한 현시들을 추적할 수 있는 기독교적인, 즉 종교적인 것의 현상에 근거한다면, 종교적 감수성이라는 표현은 충분히 명확한 내용을 보존할 수 있다. 반대로 정치적이라는 말은 사람들이 말하는 것을 알기 위해 해결해야 모호성을 우리 앞에 보여 준다. 정치적인 것*le* politique 혹은 정치*la politique*를 말하는 것을 선택한다는 사실은 각자가 아는 것처럼 이러한 모호성에 대한 지표를 제공한다. 분명한 것은 정치적이라고 명명된 영역의 경계짓기는 단순한 방법론적 기준만을 제기하지 않는다. '경계들'이라는 개념 자체는 '객관적' 정의에 대한 우려로부터 발생된다.──이 우려는 정치이론, 정치(과)학, 정치사회학에 기원이 있는 것으로 우리 세기의 과정 속에서 그려진 것이다. 예를 들어 그 자체로 인지될 수 있는 사회적 관계, 세력관계의 질서를 한정하거나 혹은 필요한 절합이 시스템의 일관성을 알리는 사회적 기능들의 총체를 인식하는 것이 쟁점이 된다. 혹은 계급 지배가 일반이익을 담지하는 것으로 간주된 제도, 실천, 표상 속에 감춰지면서 전환되어 생산관계 위에 올려진 상부구조의 수준을 구별하는 것 역시 쟁점이 될 것이다. 혹은 마지막으로 경험적 관찰을 통한 무수한 사회적 사실 속에서 권력 행사에 직간접적으로 다루어지는 것을 추적하는 것이 문제가 된다. 이 모든 경우에 전제는 동일하며, 대상은 특수한 존재로부터 확실성을 가질 뿐이다. 다른 말로 하면, 대상──'실재' 혹은 '이상'으로 제기된──과 관계를 갖는 인식의 작동은 정의되거나 정의될 수 있는 다른 대상들로부터 그것을 분리시키면서 그 대상을 두드러지게 한다. **정치적인 것이 무엇인지에 대한 기준은 정치적이지 않은**──즉 경제적·사회적·법률적·미학적 혹은 종교적──것이 무엇인지에 대한 기준과 같이 주어진다. 이러한 작동이 결점이 없는 것은 아니다. 그것은 정확한 인식의 작동으로 구성된 영역으로부터 빌린 증거 속에서 이루어진다. 즉 특수한 것에 대한 과학일 뿐이다……. 의식의 그러한 경향은 정치로부터 제기되는 것과 다른 실재 혹은 다른 시스템으로부터 제기되는 것 사이의 절합을 찾는 것을 금지하지 않고, 가장 빈번하게 독촉한다고 말하는 것은 무의미하다. 예를 들어 세력관계는 어떻게 법률적 관계와 결합하는가? 정치시스템은 어떻게 일반적 시스템 속에서 하위 시스템으로 통합되는가? 생산양식의 보존에 필수적인 정치적 제도, 실천, 표상들은 어떻게 결정되며, 상이한 사회역사적 구성체에서 그들의 고유한 효율성은 무엇인가? 정치 제도, 실천, 표상들은 어떻게 문화, 권리, 종교의 상태를 이용하는가? 그것들이 이론가 혹은 관찰자가 자발적으로 정식화하는 문제들이다. 더 나아가 관계주의적·맑스주의적·기능주의적·묘사적 관점 등 다양한 관점으로부터 역사적 경험 속에서 사회적 관계의 분야들, 하위 시스템들, 상부구조의 수준들 사이에 다양한 절합의 양태를 구별하도록 요구받는다. 그러나 결합의 다양화를 인식하기 위한 모든 시도는 인식할 수 있는 것을 구별하기 위해 사회적 자료들을 절단하는 첫번째 작업으로부터 발생한다. 그리고 이 작업은 순수한 인지적 주체를 확립하고, 그에게 과학적 중립성을 제공하고, 그 건설 혹은 관찰의 일관성을 통해 그 위상의 안정을 얻도록 하는 원칙에 의해 인도된다.

우리가 철학의 가장 오래되고 가장 지속적인 영감에 충실하면서 정치적인 것이라는 용어를 통해 사회의 발생적 원칙 혹은 더 명확히 말해 사회의 다양한 형태들을 그릴 때, 정치적인 것에 대해 우리가 형성하는 사유는 매우 다르다. 우리가 가장 확장된 범위에서 정치적인 것을 습득한다고 판단하는 것은 불합리하다. 우리는 그로부터 다른 생각들을 만들며 우리를 인도하는 것은 인식에 대한 상이한 요구이다. 이러한 생각과 요구들의 의미를 명확히 하기 위해 정치철학의 역사가 만들어진 수십 세기의 논쟁을 환기시키는 것은 필요하지 않다. 왜냐하면 우리에게 어떻게 철학자의 탐구가 인간의 본질, 혹은 자연 상태에서 사회 상태로의 진행, 혹은 역사 속에서 이성의 도래에 대한 질문으로 과거 속에서 진행되었는지를 묻는 것은 중요하지 않기 때문이다. 세계의 전환이라는 시련 속에서 이루어진 이러저러한 방식 혹은 이론의 구성 내에서 그리고 철학적 사유의 행보 내에서, 사회가 자신의 **체제**régime 혹은 오히려 인간 공존을 위해 특정하게 **만들어진 형태**mise en forme에 의해 다른 사회와 구별된다는 생각이 부과된다. 달리 말하면 정치적인 것이 철학자의 시선에서 사회 내에 명백하지 않다면, 그것은 사회 자체의 개념이 이미 정치적 정의定義에 대한 근거를 포함하고 있다는 단순한 이유 때문이다. 또한 사회라고 명명된 공간이 우리가 상상할 수 있을 만큼, 복잡한 관계의 체계로서 인식될 수 없다는 단순한 이유 때문이다. 사회 속에서 실천들, 믿음들, 표상들 사이에서처럼 계급들, 집단들, 개인들 사이에 확립된 관계들과 그 위상들의 절합을 사유할 수 있도록 (과거와 현재의 여기저기에서) 만드는 것은 바로 사회 제도의 정비 계획과 특이한 양식이다. 사회의 공간적·시간적 형상화를 주도하는 사회적인 것의 제도화 양식, 발생적 원칙, 정비 계획에 대한 우선적인 참조 없이는 실증주의적 허구에 항복하는 것이 되고, 이미 사회적인 경험으로부터만 포착할 수 있는 것들을 요소들로서 배치하면서 사회 앞에 사회를 놓는 것을 피할 수 없게 된다. 예를 들어 생산관계와 계급투쟁에 실재의 지위를 부여하면서 **사회적 분업**은 그것이 내적 분업을 형상화하고, 동일한 장소, 동일한 "살" (메를로퐁티의 표현을 빌려서) 속에서 포착되는 한에서만 정의될 수 있을——그렇지 않으면 낯선 사회들 사이의 분업으로 불합리하게 제기되는 것이 보여진다——뿐이라는 것을 잊어버린다. 그 용어들이 그들의 관계에 의해 결정될 뿐만 아니라, 그 관계들은 동일한 공간에 그들의 공통된 기입에 의해 결정되고 그 기입에 공통된 감수성을 증언하는 한에서 또한 그러하다. 마찬가지로 특수한 시스템의 표식들을 분별하기 위해 경제적인 것, (근대적 학문으로 이해하는 의미에서) 정치적인 것, 법률적인 것, 종교적인 것이 무엇인가를 구분하면서 우리가 우리를 넘어서 사회적인 것에 대한 원초적인 위상성에 대한 사유를 소유하고 있기 때문에 그러한 분석적 구별에 도달할 수 없으며, 그러한 구별은 원초적인 **형태**와 정치적 **형태**의 구별과 함께 주어진다는 것을 잊어버린다.

정치적인 것의 사유 —— 모든 변수들과 모든 계기들 속에서 포착된 —— 와 정치(과)학 —— 모든 변수들과 모든 계기들 속에서 포착된 —— 을 대립시키는 것은 전자가 총체성으로서 사회를 겨냥하고, 후자가 그것을 환상적인 것으로 판단하면서 그 대상을 비판하기 때문이 아니다. 예를 들어 맑스주의 과학(그의 사유가 모호하고 훨씬 더 미묘한 맑스에 대해서는 말하지 말자)은 실제적 혹은 이상적 총체성을 재구성할 수 있다고 주장한다. 파슨스의 과학은 마찬가지로 이른바 일반 시스템 속에 기능들의 시스템을 재절합시킬 수 있다고 주장한다. 다른 수준에서 대립은 명백해 보인다. 철학자는 총체성으로 존재하는 포착할 수 없는 대상에 대한 질문에 필연적으로 매달리지 않지만 체제, 사회 형태 내에서 계급, 집단 혹은 조건들의 차별화의 특이한 양식과 관계 형성, 동시에 공존의 경험이 정렬되는 이정표들 —— 경제적·법률적·미학적·종교적 등등의 이정표들 —— 의 차별화의 특이한 양식의 원인을 제공하는 내재화의 원칙을 찾는다.

따라서 우리가 도입한 **형태를 짓다**의 개념을 명확히 하자. 그 개념은 사회적 관계들의 (피에라 올라니에Piera Aulagnier로부터 빌려 온) **의미를 부여하다**mise en sens와 **연출하다**mise en scène의 의미를 가지고 있다는 점을 염두에 두자. 혹은 한 사회는 자신의 인식 가능성을 위한 조건들을 제도화하고 수천 가지의 자체의 유사-표상을 통해서 드러내면서만 사회적 관계들의 배치 속에서 등장한다는 사실을 이야기하자. 그러나 형태짓기, 사회적 제도화는 그 자체로 사회적인 것의 한계로 환원될 수 없다는 것을 새롭게 강조해야 한다. 사회적인 것과 그렇지 않은 것의 구별은 우리가 그것을 **실제적인 것**으로 제기하자마자 우리를 허구 속에 빠뜨릴 것이다. 우리는 조금 전에 정치적인 것에 대한 사유를 인도하는 내재화의 원칙은 공존의 경험이 정렬되는 이정표의 구별의 양식을 전제한다고 언급하였다. 그런데 공존의 경험은 모든 영역에서 세계에 대한 그리고 가시적인 것과 비가시적인 것에 대한 경험으로부터 벗어나지 않는다. 실재적인 것과 상상적인 것, 진실된 것과 거짓된 것, 선과 악, 정당한 것과 정당하지 않는 것, 자연적인 것과 초자연적인 것, 정상적인 것과 비정상적인 것의 구별은 사회적 삶 속에서의 인간들의 관계에만 관련되지 않는다는 것은 주장할 필요가 없을 것이다……. 따라서 모든 정치 사회가 증언하는 정교화, 즉 정치 사회를 해명하려 노력하는 주체의 정교화는 세계 그리고 존재Être 자체에 대한 질문을 포함한다. 어떻게 적어도 부분적으로 역사의 과정에서 **객관적** 세계의 경험, 특이한 집단적 경험들로부터 독립적인 세계의 경험이 발생하는지, 후설의 언어를 빌려서 말한다면 정치-사회적 **생활 환경**Unwelt에서 **세계**Welt로의 이행이 어떻게 진행되는지를 알아내는 것은 정치적 사유에 부과된 거대한 작업일 것이다.

그러나 우리는 여기에서 철학과 정치(과)학 사이의 차별점을 면밀히 검토하는 데 한정할 것이다. 정치학이 철학적 탐구의 흔적과 관련된 문제들을 만나는 것에 한정하자. 그러나 명확히 한다면 사회적 작동의 메커니즘에 대한 재구성 혹은 묘사의 틀 내에 한정되는 것만이 정치학에는 **문제**가 될 뿐이다. 사실 세력관계들의 틀 내에서 정치를 분석하는 이론가는 그가 고유한 논리를 부여하든지 혹은 생산양식에 의해 결정된 계급관계의 반영 혹은 전환이든지 간에 왜 그리고 어떻게 그것들이 주어진 배치들 속에서 안정적이며, 따라서 지배 세력들이 더 이상 명백하게 활동하지 않는지를 묻지 않을 수 없다. 왜 그리고 어떻게 그들이 행위자들의 인식으로부터 벗어나는지, 왜 그리고 어떻게 그것들이 정당한 것으로 혹은 사물의 본성에 조응하는 것으로 이행하는지를 묻지 않을 수 없다. 외관상 이론가의 문제는 지배의 내재화 과정에 원인을 제공하는 것이다. 그러나 그는 정치의 경계들 밖에서 표상의 메커니즘에 의존하면서 이 과정의 기원과 본성을 찾으면서 해결한다. 즉 법, 종교, 과학기술 인식의 영역에서 그것들을 찾는 것이다. 마찬가지로 고유하게 정치적 행위를 기능적 정언명령(사회 전체의 통일성과 융합을 보장하고, 객관적 사실들이 형성되고 접근 가능하도록 하는 것)에 종속시키면서 정의하는 이론가는 그 정의定義가 순수하게 형식적이라는 사실을 알지 못한다. 따라서 그는 정치의 정언명령들의 내재화라는 조건 속에서만 그 기능들이 사회적 행위자들에 의해 충족될 뿐이라는 것을 인정한다. 그리고 그 이유를 설명하기 위해 그는 주어진 문화 시스템 속에서 행동의 모델들을 결정하는 가치와 규준들을 제시한다. 그러나 이 규준들과 가치들에 그는 여전히 특수한 기능들을 맡긴다. 그는 규준과 가치들이 속한 시스템의 일관성 속에서 그것들의 효율성의 조건을 찾는다. 간단히 말해 묘사와 건설의 틀이 무엇이든, 그 진행은 항상 관계들을 고립시켜 그 작동으로부터 **사회**를 유추하기 위해 결합시키는 것이다. 이러한 관계들의 몇 가지가 우리에게 사회적인 것의 내재화라는 양식의 열쇠를 제공한다고 가정하는 것이 환상을 만들 수는 없다. 따라서 이론가는 외재성의 요소 속에서 침묵한다. 그가 법·종교·과학을 말할 때, 그가 가치·규준·인식 범주에 대해 말할 때, 행위·실천·관계들(물질주의적 혹은 형식주의적 수용 속에서 이해된)의 흔적이 있는 틀이 남겨둔 빈 칸을 채울 뿐이다. 이러한 이차적인 작업은 첫번째 작업에의 의존 속에서 이루어진다. 실재로 계획에서 혹은 기능적인 것에서 상징적인 것의 계획으로 미끄러져 가기 위해 대상을 회전시키는 방식은 중요하지 않다. 상상적인 것의 요소 혹은 언어라는 요소를 도입하는 방식 역시 중요하지 않다. 마지막 분석에서 세력관계, 생산관계, 기능적 관계들이 종교적인 것, 법률적인 것, 과학적인 것들의 기호들 속에서 항상 '표상'되고 '언급'된다는 결론은 중요하지 않다. 거기에서 상징적인 것은 우리를 인위적인 개념으로부터 벗어나게 하지는 않는다. 그것은 그 용어가 분리되어진 선행조건에 존재하는 절합 게임 속에서 전개되고, 그 자체로 자기 결정을 실행하는 것으로 간주되는 것들 위에 덧붙여진다.

철학과 과학의 대립은 인식에 대한 두 가지 요구의 대립이다. 과학에게 인식은 작용 모델의 정의 속에서 자기 확신을 발견한다. 인식은 주체를 사회적인 것과 거리를 둔 주권자로서 만드는 객관성의 이상에 순응하면서 작동한다. 인식하는 주체의 외재성은 필연적으로 사회적인 것의 외재성과 결합한다. 반대로 사회적인 것의 제도화의 문제를 자신의 것으로 하는 사유는 동시에 자신의 고유한 제도화와 대결한다. 사유는 구조와 시스템의 비교에 집착하지 않으며, 인간과 인간, 인간과 세계의 관계들의 경험의 지평을 확립시키는 진실된 것과 거짓된 것, 정당한 것과 정당하지 못한 것, 상상적인 것과 실재적인 것의 이정표로부터 생산된 의미를 만드는 공존을 정교화하는 데 민감하다. 이러한 사유는 사유하는 것에 정당한 명분을 찾는 순간 속에서 스스로 자신의 명분을 찾는다. 이와 관련하여 현재에 우리의 것인 요구들과 역사철학 혹은 고대철학의 요구들 사이의 근본적인 차이가 존재하는 것 같지는 않다. 우리가 고전적인 이성의 기준을 상실하고, 인간의 본질이라는 이념에 근거하여 신성한 체제와 타락한 체제, 정당한 권위와 정당하지 못한 권위 사이의 구분을 포기할지라도, 또한 우리가 근대 국가의 구성 속에서 그 단계들——근대 국가가 만들어 온 진보, 후퇴, 전환——의 여정의 완성과 의미를 동시에 발견하도록 하는 정신Esprit의 변천이라는 이념을 내세우는 것이 불가능하다고 판단할지라도, 정치 사회의 다양한 형태 속에서 놓인 인간적 모험의 의미에 대한 질문이 우리를 관통한다. 그리고 이 질문은 항상 여기 그리고 지금 정치적인 것에 대한 우리의 경험에 의해 제기된다. 우리는 진실된 것의 흔적들, 정당한 것의 흔적들, 진리의 엄폐와 권리 ──사유할 권리가 있다는 것이 무엇인가를 찾는 사유의 긴장 속에 있는 권리 ──의 엄폐의 흔적들을 찾는다.

우리를 이미 떠났던 문제, 즉 종교적인 것과 정치적인 것의 역사적으로 도래한 분리의 문제로 돌아가자. 사회학과 정치학의 틀 속에서 사회적인 것의 인식의 범주들을 흔들 수 없는 명백한 사실이 거기에 있다. 정치적인 것과 종교적인 것은 분리된 실천들과 관계들이라는 두 개의 질서로서 제기된다. 문제는 어떻게 이것들이 경험적 역사의 검토 속에서 절합하고 탈구되는지를 이해하는 것이다. 수세기 혹은 수천 년 동안 인간들은 이 분리를 알지 못하였고, 그들이 권력이 행사하는 기능이나 권력이 발생하는 세력관계에 종교적 표현을 주었다는 것을 객관적 분석의 틀에서 본다고 하자. 그렇다고 하여 (객관적 분석의 틀) 그 자체가 가치가 있는 권력이 행사하는 기능이나 권력이 발생하는 세력관계에 내재한 특징적 적절함을 인정하는 것에 대한 (책임을) 면제해 주지 않는다. 이러한 태도는 우리에게 이중의 어려움을 준다. 하나는 사회가 그러한 것처럼 역사는 아주 평평한 것이 된다. 분리의 현상은 일반적 시스템의 지표가 되고, 따라서 과학은 상대주의적 관점을 가정하게 된다. 이 경우 과학이 은폐하는 것은 그 형성의 조건들 그리고 그와 함께 자신의 작용의 보편적 유효성에 대한 주장의 토대들이다. 왜냐하면 분리라는 사건은 과학에게 정치의 특수성을 해명하게 하였기 때문이다. 다른 하나는 진화주의적 혹은 변증법적 이론과 결합하면서 정치적 장에서 종교를 제거한다는 이념은 제도와 실천이 실제적으로 있는 그대로 나타나거나 나타나기 시작하는 합리적 혹은 잠재적으로 합리적 사회의 형성을 특징짓는 것으로 간주된다. 그러나 이 경우 분리라는 사건은 그 자체로 아무것도 가르쳐 주지 않는다. 그 의미는 역사발전의 법칙 혹은 사회구조 동학의 법칙에 근거하여 성립된다.

철학은 다른 상황에서 드러난다. 철학이 정치의 이름하에서 사회의 발생적 원칙들을 사유할 때, 철학은 자신의 사유 속에 종교적 현상들을 포함시킨다. 그것은 철학의 눈에 정치적인 것과 종교적인 것이 일치할 수 있다는 것을 말하고자 하는 것이 아니다. 그러나 그 이념은 정치적 형태의 정교화──권력과 사회적 분업(계급 및 집단의 분업)의 표상과 본성을 규정하고 동시에 세계의 경험의 위상을 배치하는──로부터 오는 것과 종교적 형태의 정교화──가시적인 것은 깊이로부터 증언되고, 살아 있는 것은 죽은 것과의 관계 속에서 명명되고, 인간의 말은 첫번째 이해 속에서 확신을 발견하고, 권리와 의무는 원초적 법에 근거하면서 형성되는 종교적 형태──로부터 오는 것의 분리를 알지 못하는 것이다. 간단히 말해 정치적인 것과 종교적인 것은 상징적인 것의 현존 속에서 철학적 사유를 진행한다.──사회과학이 이해하는 의미에서가 아니라 그것들이 자신들의 절합과 세계에 대한 접근을 통해 서로서로를 제어한다는 의미에서 말이다. 바로 이것이 모든 사회에 있는 두 가지 원칙 사이에 투쟁의 잠재성이 있으며, 그것은 암묵적으로 모든 곳에 있다고 인식하는 것을 막지 못하는 것이다. 게다가 근대 세계에서 두 가지 원칙으로 움직여지는 영역들에 대해 충분히 구별할 수 있는 정언명령이 확정될 수 있다는 것은 철학적 사유를 난관에 놓지 않을 뿐만 아니라, 오히려 그 요구들을 만족시킨다. 왜냐하면 철학적 사유는 종교적 권위에 결코 종속될 수 없기 때문이다. 그리고 철학적 사유는 자신의 고유한 활동 속에서 그 토대를 찾을 권리를 요구하기 때문이다. 이러한 혁명적 사건과 함께 철학 고유의 그림이 완성된다. 철학적 사유는 인간들이 자신의 역사를 지배할 가능성, 종교적 법률에 사회 질서의 종속이 인간의 삶에 대해 짓누르는 운명으로부터 벗어날 가능성 그리고 인간들의 실천 속에서 그리고 그로부터 새롭게 발생하는 곳에서 최상의 체제를 판별해 낼 가능성을 획득하는 순간에 자신의 해방의 조건을 발견함에 따라 혁명적 사건과 결합된 부분이 된다. 그러나 그로부터 그 자체로 종교적인 것은 삭제될 수 있거나, 삭제될 수 있어야 하거나 혹은 더 바람직하다면, 사적 의견의 한계 속에 머무를 수 있거나, 머무를 수 있어야 하도록 결론짓기까지는 넘을 수 없어 보이는 한 걸음이 있다. 사실 어떻게 상징적 차원, 인간과 세계와의 관계들의 구성적 차원에 대한 개념을 잃지 않고서 그것을 인정하겠는가? 아마도 의견들의 차이에 대한 새로운 정당화는 상징적 의미를 또한 포함할 것이다. 그러나 외관상 각 개인에게 타인들에 대해 표시해야 하는 존경을 받을 수 있는 권리는 보장하는 정치체제의 한계 내에서 그러하다. 따라서 철학적 사유가 보존하기를 바라는 것은 의견들의 차이를 넘어서 그리고 철학적 사유가 전제하는 것, 즉 관점들의 상대성에 대한 동의를 넘어서 인간의 능력이 닿지 않는 차이의 경험이다. 그것은 인간의 역사 속에서 출현하지 않으며, 거기에서 철폐되지도 않는다. 그들의 인간성과의 관계를 설정하게끔 하여, 인간성이 그 자체로 파괴되지 않으며, 인간성 자체의 기원과 목표 속에서 그 한계를 제시하고 그 속에 흡수되는 것이다. 인간 사회는 그것이 만들지 않는 열림에 포착되는 한에서 자신에 대한 열림을 갖는다. 그것은 철학이 자신의 것으로 만들 수 없는 언어 속에서와 마찬가지로 정확히 모든 종교가 각자 자기의 방식대로 말하는 것이다.

따라서 철학은 종교에 대한 자신의 비판 속에서 공유된다. 예를 들어 만약 철학이 기독교가 계시 속에 놓은 진리를 비난한다면, 만약 원칙에 의해 철학이 성경의 권위를 제거한다면, 만약 철학이 자신의 아들을 통해 지상에서 체현하고 있는 신의 이미지와 결별한다면, 철학은 비-진리를 거짓

말 혹은 속임수처럼 내세우지 않을 것이다. 철학이 자신의 영감에 충실할 때, 철학은 기존의 정치 질서의 유지에 유용한 믿음이 있다는 단순한 동기를 위해 종교를 보존하기를 바라지는 않는다. 철학이 종교에서 발견하는 것은 인간이 그들의 고유한 관계를 맺는 경험적 시간과 공간을 넘는 것과 맺는 관계들의 형상화와 극화의 양식이다. 이러한 상상의 작업은 상이한 시간, 상이한 공간을 연출한다. 따라서 그것을 단지 인간 활동의 산물로만 환원시키는 것은 헛된 일이다. 아마도 표상의 시나리오가 그들의 현존을 증명하고, 그들의 민감한 경험으로부터 차용한다는 의미에서 그러한 작업의 흔적이 남는다. 비가시적인 것을 가시적인 것으로 가득 채운다. 시간 이전의 시간을 발명하고, 그들의 공간 뒤에 공간을 옮겨 놓는다. 인간들 삶의 가장 일반적인 조건들에서 출발하여 음모를 꾸민다. 어쨌든 인간들의 주도권의 특징을 지닌 것은 시련의 표식이다. 인간성이 그들이 만들지 않은 열림 속에 포착되면서 스스로에게 개방한다고 인정된다면, 종교의 변화는 신성함의 인간적 발명의 기호들을 읽게 할 뿐만 아니라 신성함에 대한 해명의 기호들 혹은 신성함의 외관 아래에서 **나타나는 것**에 대한 **존재하는 것**의 과잉의 기호들을 읽을 수 있을 것이다. 그러한 의미에서 근대 종교, 기독교는 철학자에게 그들이 생각해야 할 것을 가르친다고 공언한다. 계시의 진술자로서 비난받는 기독교는 동시에 신성함의 진술 양식으로서 철학자들이 지나칠 수 없는 계시권력을 부여받게 됨을 알 수 있다. 적어도 철학이 인간 역사의 문제에서 인간 본성의 문제를 더 이상 분리시키지 않게 되면서부터 그러하다.

극단적으로 단순화하자. 철학적 사유가 인식 가능성의 이상을 배반하면서까지 자신의 것으로 할 수 없는 것은 인간 예수가 하느님의 아들이라는 확신이다. 그러나 책임져야 할 것은 **신-인간**Dieu-Homme의 표상을 도래하게 하는 의미이다. 왜냐하면 그러한 표상은 우리가 이해하는 두 가지 의미에서 인간성 자체의 개방이 재개된 변화를 포착하기 때문이다. 근대 철학은 자신이 근대 종교에 빚진 것을 무시할 수 없다. 근대 철학은 자신의 고유한 출현의 문제에 포착되자마자, 근대 철학이 종교에 종지부를 찍을 환상을 포기할 때, 철학적 **사유의 작업**, 다시 말해 자신의 질문의 근원의 전치가 있다는 것을 더 이상 숨길 수 없게 되자마자, 상상의 작업에 거리를 둘 수 없으며, 그것을 순수한 인식의 대상으로 받아들일 수도 없다. 절대 지식에 대한 야망에도 불구하고 이미지의 개념에 의한 대체는 철학자로 하여금 언어 속에서 타자성의 경험, 창조와 폭로 사이, 능동성과 수동성 사이, 감각의 표현과 인상 사이의 이중화의 경험에 손대지 않게 한다.

이 마지막 언급들을 통해 종교적인 것에 대한 철학자의 애착의 가장 비밀스러운 이유를 건드려 보자. 아마 철학자에게서 모든 제도화된 권위를 제거하고 사유할 권리에 대한 요구에만 근거한다면, 그는 종교적 기초를 망각한 사회가 그 자체로 순수한 내재성의 환상 속에서 살아갈 것이며, 철학의 장소를 제거할 것이라는 생각을 가질 뿐만 아니라 철학이 첫번째 열쇠를 갖지 않는다는 모험에 의해 종교와 연결된다는 사실을 요구하게 될 것이다. 만약 철학자가 기독교의 종말의 도래를 판단한다면, 철학자는 우선적이고, 잠재적이고 공통적으로 공유하는 지식으로부터 자신의 고유한 지식을 해체할 수 없기 때문에 새로운 신념의 탄생을 요청할 것이다. 따라서 종교적인 것과 정치적인 것의 분리라는 역사적 사실이 드러나는 것에도 불구하고 인정하기를 거부한다. 철학자는 우리가 말했듯이 이미 확립시킨 것에, 정치적인 것이 무엇인지에 대한 정확한 개념을 갖지 않은 것을 대립시킨다. 그러나 그렇게 하면서 그는 외관은 새로운 실천에 형상을 부여하기 위해, 그리고 권력과 국가의 실재에 어떠한 방식으로든 기입하기 위해 충분한 일관성을 지닌다는 것을 부정한다. 어쨌든 자신의 사유는 자신의 표상으로부터 권력의 위상을 분리시키는 것이 불가능하다는 것 그리고 권력에게 상징적 지위를 부여하는 것에 있기 때문에, 종교적 토대가 없는 권력의 표상이 포함하고 있는 변화를 평가하는 문제가 제기되어야 한다. 그렇지 않으면 철학적 비판은 별로 의미가 없는 것이고, 잘못된 여론에 대한 비난에 한정될 것이다……. 따라서 철학적 비판은 사회의 형태짓기가 지니고 있는 가능성의 관점에서, 자신의 목적이 거기에 존재하지 않는다는 것으로 나타나고, 그것은 (결국) 종교적인 것은 단지 인정되지 않거나 부정된다는 것이다.

19세기 사상가들이 미래를 해명하기 위해 찾았던 것은 우리의 현재와 과거이다. 분명 현재의 의미는 비결정된 미래에의 의존에 있다. 그러나 우리는 그들에게 숨겨지고 논쟁에 새로운 기복을 제공하는 경험을 활용한다. 그들의 시대에는 우리가 근대 민주주의로서 인식하고 있는 정치적 형태만이 알려졌다. 모든 전제들이 그로부터 제기되었지만 토크빌의 뛰어난 몇 가지 기대가 증명하고 있듯이, 근대 민주주의는 그 동학과 모호성들을 어렴풋이 예감하였지만 그 비밀을 보존하였다. 그러나 정치사상의 지평을 벗어나 전체주의의 기획이 진행되었다. 그런데 정치사상이 민주주의의 비밀을 규명하고 우리에게 종교적인 것과 정치적인 것에 대한 새로운 질문을 제기한다는 것은 의심의 여지가 없다.

근대 민주주의는 비록 과거로부터의 유산이 없는 것은 아닐지라도 우리가 과거에서 그 모델들을 찾는 것이 의미가 없는 사회의 매우 특이한 형태짓기를 증언하고 있다. 이러한 형태짓기는 **권력의 장소**에 대한 새로운 결정-형상화를 증언한다. 틀림없이 정치적인 것이 그려지는 것은 바로 이러한 특징에 의해서이다. 우리는 미리 그것을 강조하는 것을 피하고자 하였다. 왜냐하면 정치학과 정치철학의 차이, 정치학에게는 사회적인 것 내에 특수한 사실들의 질서를 구획하는 것이 문제가 되는 반면에, 정치철학에게 임무는 사회적인 것의 제도화의 원칙을 사유하는 것임을 보여 주면서 그 차이를 강조하는 것이 중요했기 때문이다. 그러나 다의성의 위험이 사라진 현재에 우리는 권력에 대한 숙고가 정치학은 물론 정치철학 전체를 주도한다는 것을 제시하는 것을 더 이상 두려워할 필요가 없다. 이러한 숙고를 통해 어떤 특수한 것에 도달하는 것이 아니라 사회라는 공간의 구성적인 첫 번째 분할을 건드리는 것이다. 사실 사회라는 공간이 자신의 다양한 분할에도 불구하고 (혹은 그 덕분에) 그 자체로서 정렬된다는 것은 자신이 보고, 읽고, 명명하는 근거로서 하나의 장소에 대한 근거를 암시한다. 경험적 결정들에서 그것을 검토하기 전에 권력은 이러한 상징적 축으로서 등장한다. 권력은 사회 자체에 대한 외재성을 표현하고, 사회에 자신에 대한 유사-숙고를 보장한다. 우리는 실재 속에 바로 그 외재성을 투사하도록 해야 한다. 그것은 사회를 위해 의미를 만들지 않을 것이다. 사회가 스스로 정의된 이래 **외부**를 향해 표식을 만든다고 말하는 것이 낫다. 모든 형태 아래에서 권력은 항상 동일한 수수께끼로 되돌아간다. 내적-외적 접합의 수수께끼, 공통 공간을 제도화하는 분할의 수수께끼, 내재화 과정과 동시에 진행되는 사회적인 것의 외재화 운동의 수수께끼가 그것들이다. 따라서 우리의 입장에서 오랫동안 우리는 근대 민주주의의 이러한 특이성에 매달려 왔다. 우리가 알고 있는 모든 체제들 중에서 근대 민주주의는 **빈 장소**lieu vide를 단언하고, 상징적인 것과 실재적인 것의 분리를 유지하는 권력의 표상이 갖추어진 유일한 체제이다. 이러한 담론으로부터 권력이 누구에게도 속하지 않는다는 것이 등장한다. 권력을 행사하는 이가 그것을 소유하지 않는다는 것은 권력을 체현하지 않는다는 것이다. 권력의 행사는 주기적으로 갱신되는 경쟁을 요구하며, 그것을 담당한 권위는 인민의 의사 표현의 결과 속에서 지속적으로 다시 성립된다. 아마도 인간에 의한 전유가 금지된 권력의 원칙은 고대 민주주의에서 확정되었다는 것을 관찰할 수 있지만, 도시 공동체의 표상, 시민권의 정의가 자연적 기준 혹은 그와 경쟁적인 초자연적인 기준에 근거한 차별에 토대를 두고 있다고 할 때, 권력은 적극적인 결정을 포함하고 있다는 것을 상기할 필요가 있다.

따라서 권력이 아무에게도 속하지 않는다는 것과 권력은 빈 장소를 지시한다는 이념을 혼동해서는 안 된다. 전자의 이념은 정치적 행위자들에 의해 형성될 수 있지만, 후자는 그렇지 않다. 사실 정식화는 행위자들 각자에게 권력을 탈취할 권리를 거부하는 행위자들의 표상을 함축하고 있다. 그리스의 오래된 정식화는 **가운데** 있으며(역사가들은 우리에게 이 정식화가 민주주의로 유증되기 전 귀족주의 사회의 틀 내에서 정교화된 것이라고 말한다), 자기 자신, 자신의 공간, 자신의 한계에 대한 이미지를 가지고 있는 한 집단의 존재에 의존한다. 반대로 빈 장소에 대한 참조는 그 구성원들이 주체의 위치에 있는 공동체만이 그 성원이 된다는 사실을 미리 전제하지 않는 정도에서 말을 피한다. "권력은 누구에게도 속하지 않는다"라는 정식화는 두번째 정식화(역사적으로는 첫번째로 보일 수 있다)로 번역될 수 있다. 권력은 우리들 중 누구에게도 속하지 않는다. 빈 장소에 대한 지시는 공동체의 형상에서 적극적이고 표상할 수 없는 결정이 없는 사회라는 지시와 나란히 간다. 동일한 이유로 권력과 사회의 분할이 근대 민주주의에서는 신, 도시 공동체, 신성한 대지에게 맡길 수 있는 **외부**에 근거하지 않게 하며, 그 분할이 공동체의 본질에 맡길 수 있는 **내부**에 근거하게도 하지 않는다. 혹은 달리 말하면 동일한 이유로 타자Autre의 물질화——권력이 그 정의가 무엇이든 매개자 역할을 하도록 하기 위한 것 ──도, 일자의 물질화 ──체현자의 기능을 수행하는 권력 ──도 존재하지 않게 한다. 권력은 사회가 제도화되는 분할의 작업으로부터 더 이상 벗어나지 못하며, 사회는 사실이 아니라 자기 구성의 발생자로서 공언하는 내적 분할의 시련 속에서만 자기 자신과 관련을 맺는다.

타자와 일자에 대한 이중의 근거를 박탈당하고서 권력은 자신 내에 법률의 원칙과 지식의 원칙을 응축할 수 없다는 사실을 덧붙여야 한다. 그렇게 한정된 듯하다. 그리고 그러한 사실로부터 다양한 질서 속에서 특히 생산과 교환의 질서 속에서 규준과 특정한 목표를 위한 기능 속에서 정렬되는 관계와 행위들의 가능성이 해방된다.

만약 우리들이 이러한 주장을 발전시키고 싶다면, 민주주의적 권력의 확립을 지배하는 과정, 즉 권력 행사를 담당하는 권위의 규제된 게임의 작동을 분석하는 것이 타당하다. 그러나 권력의 확립은 투쟁의 제도화와, 인민의 의지가 표현되는 순간에 사회적 관계들의 유사-해체를 요구한다는 것을 상기시키는 것만으로 충분하다. 두 현상은 순수하게 상징적인 심급으로서 권력이라는 이념과 본질적 단일성을 박탈당한 사회라는 이념 사이의 절합이라는 것이다. 투쟁의 제도화는 권력의 처분에 달려 있지 않다. 오히려 권력에 의존한다는 것을 보여 준다. 투쟁의 제도화는 법률적 정교화로부터 오며, 첫번째 의미에서 그것은 정치라는 특수한 장을 구분하도록 해 준다.──이 장은 선동가들 사이의 경쟁이 진행되는 곳이며, 선동가들의 행동 양식과 프로그램은 명백하게 공적 권위의 행사에 전제하는 것으로 그것들을 그리고 있다. 그러나 권력의 정당성과 정치에 구성적인 투쟁의 정당성 사이의 관계가 있는 것처럼 보이는 것에 덧붙여, 그러한 현상은 전체 속에 사회적 삶과 관련된 일정한 수의 조건들을 결합하고 있다고 가정한다.

그것은 의견, 표현, 결사의 자유, 사람과 이념에게 보장된 순환이다. 이와 관련하여 국가의 영역과 시민 사회의 영역 사이에서 자주 언급되는 분리라는 이념은 민주주의적 현상의 특징들을 분명하게 하기 보다는 흐릿하게 하는 것 같다. 그 분리는 다양성과 대립들이 느껴질 수 있는 사회적 관계의 일반적 형상을 탐지하는 것을 방해한다. 그러나 순수하게 정치적 행동의 경계를 짓는 것은 분쟁이 모두의 눈(더 이상 시민권이 소수에 한정되지 않게 되자마자)에 필연적이고, 환원될 수 없으며, 정당한 것으로 표상되는 장면을 구성하는 효과가 있다는 것은 결코 놀라운 것이 아니다. 각 정당이 **일반**이익을 옹호하고 **통합**을 실현하는 것이 자신의 일이며, 적대와 사회의 분열은 자신의 것이 아니라고 주장하는 것은 중요하지 않다. 그리고 정치적 분쟁의 쟁점이 계급투쟁과 이익들의 투쟁과 일치하지 않는다는 것은 중요하지 않다.──사회적 구상에서 정치적 구상으로 작동해 가면서 왜곡의 크기가 얼마가 되든, 본질적인 것은 모든 분열은 분열이 권리를 획득하는 장면위에 전이되고 변형된다는 사실이다. 이 현상은 인민주권의 원칙에 근거한 보통선거의 특수한 절차와 결합한다. 그러나 인민이 자신의 의지를 확정한다고 간주하는 그 순간에 인민주권의 원칙은 순수한 개인들, 즉 자신의 존재가 결정되는 사회적 관계망의 추상적인 각자 개인은 다양성──원자들혹은 더 정확히는 단일성들의 복수성──으로 변화된다. 간단히 말해 인민의 정체성, 제도화된 주체에 대한 최종적인 참조는 수數라는 이해하기 어려운 조정을 은폐하는 것을 공언하는 것이다.

이러한 분석의 첫번째 단계에서 멈추고 왔던 길로 다시 돌아가자. 사회과학의 원칙에 근거하는 정치의 표상은 민주주의의 구성 자체 속에서 발생해야 한다. 왜냐하면 권력은 **바깥**으로 향하는 표식을 만들거나 형상화될 수 있는 다른 어떤 힘과 절합하기를 중단하는 것은 당연하며, 이러한 의미에서 종교적인 것의 분리가 있는 것이 당연하다. 권력은 법과 지식의 기원과 일치하는 기원에 근거하는 것을 중단하며, 그러한 의미에서 자신의 축 아래에서 일정한 형태의 행위와 관계는 특히 법률적·경제적 혹은 문화적 행위와 관계들과는 명백히 구별되는 것이 사실이다. 결과적으로 어떤 것은 정치*la* politique에 한정되는 것이 사실이다. 과학적 관찰자에게 단지 숨겨진 채 남아 있는 것은, 권력의 변환의 효과 아래에서 이러한 새로운 특징이 가능하도록 하는 상징적 형태이다. 그것이 정치적인 것*le* politique의 본질이다. 따라서 사회 속에서 정치적인 것의 위치 설정이라는 환상은 확실성이 없는 것은 아니다. 그리고 그것은 그 위치 설정이라는 환상을 여론의 실수로 환원시키는 것과는 다른 환상에 굴복하는 것이다.

근대 민주주의는 군주이든 소수이든 누구도 탈취할 수 없는 권력이라는 개념과 함께, 상징적인 것과 실재적인 것의 분리를 의미하는 체제라고 우리는 판단하고 있다. 근대 민주주의의 덕목은 사회를 자기 제도에 시험해 보도록 한다는 것이다. 빈 장소의 윤곽이 드러나는 바로 그곳에 권력, 법 그리고 지식의 결합은 존재하지 않으며, 그것들의 토대가 가능하도록 하는 언설도 존재하지 않는다. 사회적인 것의 존재는 사라지거나 좀더 좋게 말한다면, 끝없는 물음의 형태 속에 주어진다(이데올로기들의 끊임없고 움직이는 논쟁이 증언하는 것). 확실성의 마지막 준거점들은 사라지고 반면에 역사에 알려지지 않고, 인간성의 형태들의 다양성 속에서 배태되어 있는 새로운 감성이 탄생한다. 그러나 이러한 분할이 지시될 뿐이라는 것을 분명히 해야 한다. 또한 그것은 효력이 있지만 **보이지** 않으며, 그것은 인식을 위한 대상의 지위를 갖지 않는다. 시선들을 끄는 것은 권력의 속성들, 쟁점으로 보이는 경쟁의 차별적 특징들이다. 주의를 끌고 인지 대상으로 간주되는 것은 공적 권위의 형성, 지도자의 선택 그리고 보다 넓게는 공적 권위의 행사 혹은 통제를 담당하는 제도의 본성을 주도하는 메커니즘들이다. 따라서 사회적인 것의 상징적 차원은 그것이 더 이상 가시적인 세계와 비가시적인 세계 사이의 차이의 표상 아래에서 더 이상 왜곡될 수 없다는 사실을 무시하도록 내버려 둔다.

이것이 패러독스이다. 권력의 형상이 **다른** 힘의 형상과의 관계 속에서 그려지는 체제들은 사회 질서의 정치적 원칙을 전적으로 무시하도록 하지 않는다. 권력의 종교적 토대는 전적으로 확정되면서 권력은 세계의 경험을 지지하는 확실성의 방어자이자 보증자로서 등장한다. 동시에 그것은 사회적 관계들 속에서 각인되고 단일성 속에서 그것들을 유지하는 법의 보유자로서 등장한다. 반대로 타자의 형상이 제거되고, 권력이 벌거벗은 상태로 놓여 있지만——그것은 아직 현실주의적 허구에 굴복할 것이다——, 권력이 포착할 수 없는 (전유와 표상이 제거된) 채로 발생하고 존재하는 분열로부터 해체되지 않는 민주주의는 자신의 정치적 형태 속에서 이해되도록 내버려 두지 않는다. 사회의 윤곽이 희미해지고 단일성의 이정표들이 흔들리는 반면에, 환상은 사실들의 다양한 관계들의 조합 속에서 자기 고유의 결정의 이유를 포함하고 있는 실재성으로부터 탄생한다.

그런데 이러한 분석은 다른 한편으로 근대 사회의 발생적 원칙에 대해 연구하는 정치철학이 종교적 토대가 파괴할 수 없는 것이라고 판단할 때 표면의 덫에 빠지지 않는지를 묻게 되는 것으로 이끌리지 않는가? 아마도 확신은 인류 사회가 그것이 무엇이든 항상 자신의 순수한 내재성 속에서 정렬되는 것의 불가능성 속에 있을 것이라는 사유에 근거할 것이다. 그러나 그것이 종교적인 것에 매달리는 유일한 이유인가? 그 이유는 숙고의 요구 아래에서 쟁취하기 위해 **일자**에 대한 지식으로서 형성되는 최종적인 지식에 대한 요구에 의해 인도되지 않는가? 그것은 정치철학이 보존해야 하고, 민주주의의 도래가 정치철학을 삭제할 위험성을 예견하는 암시가 아닌가? 효과적인 운동 속에서 정치철학은 이러한 영감에 대해 항변하고, 정치철학은 질문의 요소 속에 사유를 정립시키며, 확실성의 종교적 요소로부터 사유를 제거한다. 그러한 의미에서 정치철학은 기원적인 법의 축 아래에서 인간의 행동을 수행하는 것을 더 이상 허락하지 않는 정치적 구성과 결합한다는 것을 우리는 잊지 않는다. 그러나 이러한 효과적인 운동을 고려하는 것이 자신의 목적의 표상을 무시하도록 놔두어서는 안 된다. 따라서 종교적인 것에 대한 끌림은 인간들을 모든 명부에서 분할, 파편화, 이질성의 시련과 사회적인 것의 존재와 역사의 비결정의 시련에 굴복시키면서 철학적 지식이 확립되는 토대를 숨기고, 철학적 지식이 담당하는 임무를 희미하게 하는 정치적 형태 앞에서 후퇴하는 것이 아닌가? 달리 말하면 한 사회가 자신의 종교적 토대를 잃을 수 없다는 확신은 두 가지 의미에서 이해될 수 있다. 하나는 철학자가 사회는 자신의 고유한 한계 속에서 자기 제도의 원칙을 무너뜨리기를 주장하려 한다는 환상 속에 있다고 말하기를 바란다는 것이다. 그러나 철학자가 모르는 것은 근대 민주주의가 그러한 환상을 가능하게 한다면, 그것은 과거의 확실성을 분산시키면서 그리고 사회가 자신의 토대를 찾는 경험을 추진하면서라는 사실이다. 그는 사회가 타자의 차원을 제거하지 않으며, 종교적인 것을 상실할 위험과 자유와 법에 대한 문제제기 속에서 정복이 동시에 존재한다는 사실을 알지 못한다. 다른 하나는 철학자가 말하고자 하는 바는 종교가 일자의 우선적인 표상을 정교화하고 그 표상은 인간들의 통합의 조건을 확증한다는 것이라는 점이다. 그러나 연합을 위해 이러한 특징을 인도하는 것이 무엇인지 그리고 그 반대편에 빚진 것은 무엇인지에 대해 의문을 표할 수 있다. 분할과 분쟁에 대한 비난. 어떠한 은밀한 합의가 일자에 대한 철학적 이념과 통합된 사회에 대한 상을 가져오는가? 왜 통합은 정신적인 것의 기호 아래에서 인식되어야 하고, 분할은 이익들의 물질적 계획 속에 투사되어야 하는가?

정치적인 것과 종교적인 것의 분리를 인정하는 것에 대한 저항을 정확히 측정하기 위해서는 우리가 현재에 있는 분석의 수준을 넘어서야 한다. 사실 근대 민주주의의 중심부로부터 통합의 이미지가 발생하거나 혹은 재발하는 것을 무시하는 것은 불가능하다. 권력의 새로운 위상은 상징적인 재정교화를 동반하며, 그것을 통해 국가, 인민, 국민, 조국, 인류 등의 개념은 동등하게 새로운 의미를 획득한다. 이러한 개념에 무관심하거나 그 개념들이 권력의 정당화 과정에서 채울 수 있는 기능에만 멈추는 것은, 우리에게 과학의 특징으로 보였던 인위적인 관점을 채택하는 것이 된다. 그 개념들은 우리가 사회에 대해 형태짓기, 의미부여하기, 장면 연출하기라고 명명했던 것에 속하는 것임은 의심의 여지가 없다. 유일한 문제는 그 개념들이 종교적 본질로부터 오는 것인지 아닌지를 아는 것이다.

그 개념들에 종교적인 본질이 있다는 것은 사실이지만, 반드시 그 해석에 동의하는 것은 아니다. 그것은 기독교가 인간들을 필요의 지배로부터 벗어나게 해주고, 인간의 현세적인 목적으로부터 해방시키며, 인간에게 공동체, 형제애, 무조건적으로 도덕적 원칙에 복종해야 한다는 의미를 부여해주고, 희생의 가치를 가르쳐 준다는 것 그리고 기독교적인 신앙이 없는 경우에 국가에 대한 봉사의 윤리나 애국심의 자리가 더 이상 없다는 것 ──그것은 바로 개인의 자유 속에서 자신의 토대를 찾는 사회 속에서의 윤리이다──을 확인시켜 주는 것이다. 기독교가 자신의 원칙 속에서 세속적인 가치에 대한 폄하를 함축하고 있으며, 따라서 종교적 감성은 그것과 단절하여 다시 만들어지며, 국민과 인류에 대한 사랑 속에서 이루어진다고 판단하는 것은 다른 문제이다. 첫번째 경우, 이미 언급한 헤겔의 표현에 따르면 종교는 사회적 도덕성과 국가의 기초로서 존재한다. 두번째의 경우, 이러한 도덕성은 그 자체로 충분한데, 왜냐하면 그것이 종교적이 되기 때문이다. 그러나 이러한 구별이 중요하다 하더라도 그것이 우리 문제의 끝을 변화시키지는 못한다. 왜냐하면 사회적 정착, 공통의 소속감, 인류 공존의 형성 원칙의 동일화 등의 이념을 설명하는 것은, 종교적 감수성으로부터 출발해야 한다는 것이 바로 이 두 가지 방식의 해석에 근거하는 듯하기 때문이다.

그것을 의심할 수 있는가? 종교적인 것이 기원, 공동체, 정체성으로부터 **결정된** 형상화라는 이유 때문에 보다 심오한 경험에 접목되지 않는지를 물어야 하지 않는가?

우리가 민주주의에서 인민의 개념에 대해 간략히 말한 것은 그 개념이 모호성과 연결되어 있고, 종교적인 용어로의 번역이 설명될 수 없다는 것을 의미한다. 인민은 하나의 주체의 지위가 지시되도록 하기 위해 충분히 정의된 정체성의 축을 구성한다. 인민은 주권을 보유하며, 자신의 의지를 표현하는 것으로 간주된다. 권력이 자신의 이름으로 행사되며, 정치인은 지속적으로 인민을 내세운다……. 그러나 그의 정체성은 잠재적으로 존재한다. 그의 정체성이 그를 명명하고 그 자체로 다양하며, 그에게 상이한 형상을 부여한다는 것 그리고 주체의 지위는 법률적 헌법의 용어에 의해서만 정의된다는 사실 이외에도, 인민은 수의 요소로 해소된 자신의 주권을 표현하는 순간에 있다는 것을 우리는 언급하고자 한다.

그런데 같은 종류의 모호성이 종교적 의미가 부여되는 표상에 대한 검토 속에서도 감지된다. 우리가 초월적인 힘으로서 국가를 말할 때, 국가는 그 자체로 존재 이유를 지니며, 그것 없이는 사회의 영원성도 응집도 존재할 수 없다. 그리고 이러한 의미에서 국가는 자신의 보존이라는 정언명령

앞에서 무조건적인 복종과 사적 이익의 제거를 요구한다는 것을 말하고자한다. 그러나 우리는 민주주의가 국가의 존재로부터 정치 권력을 분리시킨다는 것을 무시한다. 아마도 바로 이러한 분리의 효과 아래에서 정치 권력이 자신의 더 큰 힘을 획득하고, 자신의 작동에 결부되어 있는 비인격성이행위들과 사회적 관계들의 보다 밀접한 종속을 허락하며, 헤겔이 유사하게언급하였듯이 각 개인은 의지를 자신의 것으로 인정해야 하는 거대한 개인이라는 환상을 발생시키기까지에 이른다. 그러나 권력 행사를 경쟁으로 만드는 민주주의적 과정에서 동원되는 정치적 경쟁과 사회 투쟁이 권리의 무한한 변환과 공론장의 수정을 이끈다는 사실을, 이러한 경향이 어찌할 수없다는 것은 의심의 여지가 없다. 국가이성은 절대적인 것으로 나타나지만, 그것은 스스로 확정하기에는 무기력하고, 시민 사회 내에서 개인과 집단의 열망의 효과 그리고 결과적으로 공론장에 기입된 가능한 요구들의 효과에 종속되어 있다. 우리가 국민을 불러일으킬 때, 우리는 종교적 신념의근원을 찾는다. 그러나 그 정의定義에 대해 질문을 하거나 국민이 그것을 진술하는 담론에 의존한다고 평가해서는 안 되는 것인가? 또한 유럽에서 프랑스혁명의 담론 효과 아래에서, 그리고 19세기에 어떻게 그 개념과 국민이 자극하는 감정들이 새로운 정치의식의 형성에 뚜렷하게 기여한 역사가들의 새로운 정교화 덕분에 전환되었는지 물어서는 안 되는 것인가? 우리는 단지 프랑스에서 국민의 운명을 그리는 것 속에서 전망의 변화, 가치들의 재활성화, 사건들의 형상 아래에서 그 깊이의 정렬, 의미 있는 시계열들의 구분 등에서 티에리, 기조, 혹은 미녜François Mignet 혹은 좀더 후에 미슐레의 역할이 무엇이었는지를 생각해 보자. 어떻게 인식의 진보와 이데올로기적 정언명령의 효과 아래에서 수정된 이러한 '조합'이 기념물, 기념일, 장소들의 이름, 공교육의 교과서, 민중문학, 크고 작은 정치적 담론 등등에 기록된 집단기억의 형상물 속에서 효과적이었는지 관찰하도록 하자. 이 현상은 공동체의 기원과 영원성을 연출하는 것을 함축하고 있기 때문에 새로운 종교가 이 현상에 들어간다고 판단하는 것은 헛된 일이다. 왜냐하면 믿음을 동원하는 모든 기호들과 상징들은 해석과 재해석에 응하며, 미래에 대한 우려의 양식들과 사회적 행위자들에 의해 실재적이고 정당한 것으로 간주된 목표라는 이념과 연결되어 있기 때문이다. 국민이라는 이념은 우호적인 비평의 텍스트에 근거하지 않으며, 그것은 흩어져 있는 물질들과 표상들에 분명 의지하고 있지만 결코 국민에 대한 담론에 그치지 않는다. ──권력의 담론과의 특권적 관계를 유지하기 위해 전유할 수 없는 채로 남아 있다. 역설적으로 이야기를 정정하고 시간 밖의 시간을 통제하는 데 항상 적용된 종교적 상상으로부터 국민이 빠져나오는 것은 국민이 역사적 실체이기 때문이다. 집단적 정체성의 부여자로서 국민은 동시에 이 정체성에 얽혀 있으며, 국민은 부유하는 표상이다. 그 기원, 초기 형성 단계, 운명의 벡터는 항상 움직이며, 자신들이 명명되는 지속적인 시간과 공간 속에서 국민 형성을 담당하는 사회적 행위자와 그 대변자들의 결정에 달려 있다.

그런데 왜 이러한 명명에 대한 요구를 전적으로 종교 혹은 이데올로기에 맡겨야 하는가? 아마도 다른 무엇보다도 국민이라는 이념은 상징적인 것, 이데올로기적인 것, 그리고 종교적인 것을 구별하도록 자극한다.

근대 민주주의 분석의 어려움은 그것이 인민, 국가, 국민의 이미지의 현실화와 관련되지만, 빈 장소로서 권력에 대한 이해와 사회적 분업이라는 난관에 의해 필연적으로 방해받는 운동을 드러낸다는 것에 있다. 우리가 말하는 운동은 정당하게 평가되어야 한다. 사회가 더 이상 하나의 몸으로서 표상될 수 없으며, 군주의 몸 속에 더 이상 형상화될 수 없는 곳에서 국가, 국민은 새로운 힘을 얻고, 정체성과 사회적 공동체는 의미를 드러내는 주요한 축이 된다. 그러나 국민을 찬양하기 위해 새로운 종교적 신앙이 형성된다고 확증하는 것은 이 정체성, 이 공동체가 정의될 수 없다는 것을 망각하는 것이다. 역으로 자유주의적 사유가 자극했던 것처럼, 이 신앙 속에서 순수한 환상의 기호를 발견하는 것은 사회라는 개념 자체를 부정하는 것이고, 동시에 정당성의 최종적인 문제와 연관된 주권의 문제와 제도의 의미의 문제를 제거하는 것이다. 예를 들어 그것은 권력 ──혹은 권력과 지나치게 혼동하는 국가──을 도구적 기능으로, 인민을 소수가 다수로부터 발생하는 정부에 복종하도록 만드는 계약의 효율성을 숨기고 있을 뿐인 하나의 허구로 환원시키는 것이다. 결국 그것은 개인과 이익 및 의견들의 연합을 실재적인 것으로 제시할 뿐이다. 이러한 마지막의 관점 속에서 그 자체로서 단일성이라는 허구는 그 자체로서 다양성이라는 허구에 대항하여 등장한다. 정의로운 국가의 성립 혹은 인민의 해방이라는 기호 아래에서 민주주의 사회의 역사 과정에서 표현된 열망은 사회가 자신의 질서 속에서 화석화되는 것을 막는 효과를 갖는다는 사실을 이해하지 못하게 한다. 포기하게 한다. 법이 지배자와 피지배자의 위치 그리고 부, 힘 그리고 계몽을 전유하는 조건을 고정시키는 곳에 권리를 제도화하는 차원을 재건시키는 것을 또한 하지 못하게 한다.

해석의 두 양식을 분리시키는 것(어떻게 그것들이 새로운 사회 형태의 구성이라는 사실로부터 그려지는지를 잊어버리지 않고서)은 결국 종교적인 것으로의 회귀가 발생하도록 하는 길을 탐색하는 것을 허락하지 않는가?

회귀? 사람들은 그 용어에 종교적인 것이 사라지지 않았다는 것을 전제하도록 하는 데 반대할 것이다. 좋소! 그러나 신앙이 전통적인 형태하에서 보존된다고 판단하는 것과 꺼져 버린 불씨를 다시 활성화시킬 수 있는 것이 적절하다는 것은 다른 문제이다. 결국 우리가 예전에 메를로퐁티를 초대했던 것처럼 역사 속에서 절대적인 지양이 존재하는지에 대해 묻는 것은 가치가 있는 일이다. 이 경우에 우리가 그린 분석은 민주주의적 시스템의 상징적 효율성이 제거되는 상황의 가능성을 예견하게 한다. 사실 권력의 성립 양식과 그 행사, 좀더 일반적으로 정치적 경쟁의 본성이 사회적 분할에 형태와 의미를 부여하지 못한다고 공언한다면, 투쟁은 **사실상** 사회의 전 범위에서 등장한다. 상징적 심급으로서 그리고 실재적 기관으로서 권력의 특성은 사라진다. 빈 장소에 대한 준거는 효과적인 비어 있음을 지지할 수 없는 이미지 앞에서 중단된다. 공적 결정을 보유하거나 그것을 탈취하고자 하는 사람들의 권위는 힘에 대한 욕구를 만족시키기 위해 집착하는 개인들 혹은 집단을 더 이상 보지 못하도록 하기 위해 사라진다. 계급과 다양한 범주들 사이의 이익들의 대립 또한 그에 못지 않는 의견, 가치, 규준들의 차이 등 사회적 공간의 파편화와 이질성의 기호가 되는 모든 것들은 정당성의 붕괴를 시험해 본다. 이러한 제한된 상황에서 정체성과 사회적 단일성의 지표를 제공하는 표상 속에서 환상적인 포위가 발효되고 전체주의적 모험이 공언된다.

전체주의 형성의 양태들을 구별하는 것은 우리에게 중요하지 않다. 인민의 이미지는 프롤레타리아의 신성화를 중개로 혹은 국민의 신성화를 중개로 현실화된다. 전자는 인류에 대한 재정의에 의지하고, 후자는 인종에 대한 재정의에 의지한다는 것은 우리가 무시할 수 없는 것이다. 공산주의와 파시즘을 혼동해서는 안 된다. 그러나 우리가 제기한 문제들과 관련하여 기획들의 동시성은 놀랍다. 어떻게 해서든지 권력에게 본질적 실재성을 주고, 법Loi과 지식Savoir의 원칙을 자신의 궤도 속으로 가져오는 것이 문제이다. 또한 모든 형태하의 사회적 분리를 부정하고 사회 속에 하나의 몸을 만드는 것이다. 그리고 지나가는 길에 언급하도록 하자. 우리 시대 많은 철학자들의 양심과 타협하는 행동 그리고 적지 않은 철학자들이 나치즘, 파시즘, 공산주의와 결합하는 행동은 바로 여기에 그 원인이 있다. 우리가 종교적인 것에 표하였던 애착은 그 자체로서 통일성과 정체성의 복원이라는 환상 속에 그들을 가두게 되고, 그들은 사회체의 통합 속에서 나타나는 것을 보게 된다. 전체주의 체제에 대한 그들의 지지를 가져오는 것 그리고 공산주의에 그들이 결합할 때조차도 그것은 카리스마적인 권위에 대한 굴복이 아니다. 그들은 역설적으로 세계에 대한 모든 경험의 토대를 자유롭게 사유할 수 있는 권리를 보장한다는 명분 아래에서 재발견된 확실성의 매력에 양보한 것이다.

아마도 우리는 사람들이 신중치 못하게 그렇게 한 것처럼 전체주의 현상을 그것의 종교적인 측면으로 환원하는 것을 피해야 한다. 오히려 현상 속에 그것을 고착시키거나 폐지의 운동 속에 그것을 종속시키기 위해, 실제적인 것에 대한 인식의 기호 아래에서, 사회적인 것의 비결정의 효과를 피하며, 자신의 제도의 원칙을 통제하고, 조건과 한계를 진술하기 위해 분할을 봉합하며, 합리성 속에 그것을 기입하기를 주장하는 이데올로기와 담론의 발생을 탐구하고 변환들을 추적해야 하는 것이다. 전체주의에 대한 인지를 가장 잘 획득할 수 있는 것은 과학의 관점과 사회 질서의 관점 사이에 연결된 새로운 관계를 탐색하는 것에 있다. 이 체제와 함께 19세기에 시작된 인공주의적 그림, 자동적으로 규율·조직되는 사회라는 그림이 절정에 이르고, 그 한계 속에서 '사회적 물질', '인간적 물질'은 가로질러 **조직할** 수 있는 것으로 드러났다. 그러나 이데올로기적인 것과 종교적인 것을 가르는 것은 헛된 일이다. 왜냐하면 종교적인 것이 **다른** 장소를 가리키는 것으로서 부정된다면, **신비로운** 통합의 추구 속에서 그리고 일부인 프롤레타리아, 정당, 지도자 조직, 일인통치자egocrate(솔제니친Solzhenitsyn의 말에 따라)가 인민의 머리와 인민 전체를 표상하는 한 몸——개인들을 다양한 미시적인 몸의 구성원으로 전환시키면서 사회의 한 부문에서 다른 부문으로 재생산되는 모델——의 형상화 속에서 재활성화되는 것을 보지 못한다.

조직의 (그리고 좀더 정확히는 기계의) 표상이 몸의 표상과 결합하는 것은 우리가 이데올로기적 담론의 틀에서 인식할 수 있다. 극단적인 인공주의는 사회 전체의 충분한 확정이라는 요구 아래에서 극단적인 유기체주의와 교환 가능할 뿐만 아니라, 이 담론은 말의 유희 없이 자신과 한 몸을 만들면서만 그리고 그것을 말하는 주체들의 체화體化에 의해서만 유지된다. 이 담론은 언술행위énonciation와 언표énoncé 사이의 거리를 없애는 경향이 있으며, 말의 의미와 독립적으로 각자 속에 새겨지는 경향이 있다.

그러나 전체주의 이데올로기의 실패를 점점 더 인식할 수 있는 효과는 적지 않게 교훈적이다. 실재적인 것 속에 상징적인 것을 몰아넣은 것, 권력을 순수하게 사회적인 정의로 이끌어 내는 것, 권력을 그것의 보유자들의 인격 속에 물질화시키는 것, 사회를 사회 밖의 질서와 한계의 보증자를 제공하지 않고서 하나의 몸으로 형상화하는 것의 불가능성, 사회적 분할을 제거하는 것의 불가능성은, 권력의 담론과 그들의 상황 속의 인간들이 만들어 낸 경험 사이의 다른 어떤 체제보다도 더 깊은 균열의 출현 속에서 주목을 끈다. 그것은 사실상 주체가 자신의 고유한 위상을 상실하거나 혹은 그것을 전적으로 낯선 것 그리고 사실을 감추기 위해 말들을 조작하는 집단의 단순한 산물로 인식한다는 이 담론의 본성이다. 공산주의 내에서 믿음이 흔들리자마자, 힘에 의해 통치하면서 그것이 체현한다고 주장하는 사회를 외부로부터 복종시키는 당, 권력의 이미지, 자신의 소유이자 자의성을 덮기 위해 만들어진 법의 이미지, 거짓을 덮는 역사의 진리의 이미지가 등장한다. 그리고 기호들이 역전되고 공산주의의 충만함 아래에서 놀라움, 인민의 해체, 습속의 분해 ——혹은 헤겔의 언어를 한 번 더 취한다면 사회적 도덕성과 국가의 붕괴 ——가 드러나는 반면에, 돌아오는 것은 바로 민주주의적 열망, 과거에 대한 신념, 주요하게는 기독교적인 신념이다. 사회체의 한계들 속에 공간을 압축하고 시간을 압축하려는 환상적인 시도에 대한 대응 속에서 전유할 수 없는, 통제할 수 없는, 환원할 수 없는 지속의 상징인 부재하는 몸에 대한 준거가 다시 등장한다. 확실성은 '새로운 인간', '찬란한 미래'의 이미지를 비웃듯이 타격하는 특이한 권력과 함께 재탄생한다.

어쨌든 민주주의적 반대와 종교적 반대를 연결짓는 새로운 관계들이 기독교의 민주주의적 본질 혹은 민주주의의 기독교적 본질을 증언한다고 혼동하지는 않을 것인가? 19세기에 그것들의 분리와 함께 발생한 모험의 의미를 잃어버리지는 않을 것인가? 더 단순하게 하자면, 그것들은 전체주의가 인민-일자의 표상 속에서 제거하려고 시도했던 **타자**의 위상의 복원 속에서 다시 결합한다는 것을 우리는 인정해야 하지 않는가?

* * *

우리는 현재까지 어떻게 종교적인 것과 정치적인 것의 관계 그리고 그들의 불확실한 단절을 인식할 것인가를 자문했다. 그러나 이러한 언어는 선善인가? 사회의 이러저러한 형태 속에서 그 효율성을 추정하기 위해 정치적인 것으로부터 추출해 낸 종교적인 것 자체를 아는 것이 의미를 가지고 있는가? 혹은 더 정확히 시작부터 우리의 질문이 제한되었기 때문에, 근대 정치 사회의 어떤 특징을 기독교와 관련짓기 위하여 (즉 기독교 시대의 시작 이래 제도화된) 우리는 기독교의 본질에 의거할 권리가 있는가? 문제는 기독교가 하나의 이야기에 기반하여 세워졌다는 측면에서 이야기 전체를 혼란스럽게 할 위험이 있으며, 우리가 그 이야기들에 부여한 진실성의 정도가 어떠하든 간에, 인간 역사의 시기에 도래된 독특한 종교로서 그것을 확정하기 위해 그것을 참조할 자유를 가지고 있다. 그러나 우리는 이 종교의 탄생이 정치적 의미를 지니고 있다는 사실을 이미 무시할 수 없다. 게다가 그러한 사실은 단테가 인류가 로마 황제의 권위 아래 모이는 순간에 ──그리고 더 분명하게는 모든 신민들── 은유적으로는 모든 인간들 ──전체에 대한 첫번째 조사가 실행되는 순간에 ── 하느님의 아들이 지상에 인간의 형상을 하고 나타난다는 주장 위에 보편적 군주를 위한 옹호를 하기 이미 오래전에 수세기 동안 신학자들에 의해 강조되고 언급되어 왔다. 그러나 신성한 책들로부터 ──끊임없이 그러나 정확하게 수많은 그리고 자주 모순적인 해석들을 통해 사용된다 하더라도── 정치 질서의 원칙을 추론할 수 없다는 것을 지적하는 것은 매우 중요하다. 새로운 종교는 이 세계와 그 너머 사이, 인간의 유한한 운명과 영생의 운명 사이의 이중성이라는 개념을 재구성하고, 또한 새로운 종교가 인간과 신의 매개자에게 형상을 부여하며, 그리고 인민이 아니라 인류 전체를 모을 수 있다고 간주된다. 예수의 몸은 인간과 하느님의 통합 그리고 성체 속에서 그 통합을 상징화하며, 예수는 교회의 우두머리이면서 교회 속에서 생존한다. 새로운 아담처럼 특정한 날, 특정한 장소에서 그의 탄생이라는 사건과 타락과 구원의 이념 사이에 확립된 관계는 신적인 것의 역사적 위상을 느낄 수 있게 한다. 이상의 것들은 정치적 정교화에 응하지만 그 의미는 아직 미결정적인 상태로 남아 있는 많은 주제들이다. 정치 질서에 대한 종교적 토대, 또한 교회의 정치적 토대가 읽힐 수 있는 것은 바로 특정한 형태의 정치 제도와 특정한 형태의 종교 제도 사이에 명확한 관계가 연결되는 시점에서부터이다. 왜냐하면 교회는 하나의 공간에 제한되기 위해, 하나의 권력 아래에 정렬되고 일정한 영토 위에 자리잡기 위해 기독교적인 인간성과 혼합되는 것을 중단하기 때문이다.

따라서 바로 지금 우리를 난점의 중심으로 이끄는 듯한 정식화를 정정하도록 하자. 우리는 철학적 사유가 정치적인 것 속에서 종교적인 것의 지속을 구별해 낸다고 주장하는 순간에 철학적 사유 속으로 종교적 믿음의 전이가 있지 않은지, 간단히 말해서 철학적 사유가 지난 세기에 시작된 새로운 사회의 의미를 알아보지 못한 채 스스로를 인식하지 못하는 것은 아닌지를 묻는다. 다음과 같이 말하는 것이 더 정확할 것이다. 이 사유가 정치신학적 도식의 흔적을 지닌 것은 아닌가? 일자를 향한 그 성향은 특이한 동일시에 의해 **정신의 왕위**royauté de l'esprit의 원칙으로 슬그머니 주문된 것이 아닌가?

미슐레의 저작은 이 문제에 대해 가장 잘 정당화하는 듯하다. 아마도 학계의 정의에 따르면 철학자가 아니지만, 우리는 이미 제한된 의미로 용어를 사용하지 않기로 선언하였다. 사실 그는 훨씬 나중에 구성되는 과학적 역사가의 부류에도 속하지 않는다. 그의 역사는 해석적이며, 인간성의 발전의 의미, 특이하게는 정치적·종교적 혁명의 의미에 대한 질문과 관련되어 있고, 그는 그 과정을 방해하거나 전복시키려는 세력들에도 불구하고 그의 눈으로 그것이 추구되는 것을 본다고 믿었다. 우리는 본보기가 되는 그의 사유를 판단할 것이다. 왜냐하면 그의 사유는 동일한 사람에게서 이루어지는 보기 힘든 논쟁을 보여 주고 있기 때문이다. 출발점에서 그는 혁명을 기독교 혹은 군주제에 의해 성취된 작품의 계승자로 만드는 두 가지 개념을 결합시킨다. 그리고 나서 그는 이러한 영감과 단절하여 혁명이 파괴했던 정치신학적 형성으로서 구체제에 대한 급진적 비판을 수행한다. 그러나 이 비판은 그의 사유가 외관상 권위를 상실한 정치신학적 범주를 근대성에 대한 옹호를 위해 다시 활용한다는 것이다. 그러나 이 비판이 어느 정도에서 의식적 혹은 무의식적이었는가를 묻는 이 작업은 스스로에게서 자신의 토대를 찾는 자유와 권리라는 이념 그리고 자신의 고유한 초월성의 기호를 지닌 인간성, 혹은 '정신의 영웅주의'(비코Vico에게서 일찍이 그가 빌렸던 표현), 모든 시대에 걸쳐 있는 지식의 모든 형상화에 대한 질문의 무한한 운동이라는 이념들과 충돌한다.

『보편사 입문』*Introduction à une Histoire universelle* 혹은 『프랑스 법의 기원』*Origines du droit français*에서부터 『프랑스혁명』*Révolution française*을 거쳐 『인류의 성경』*Bible de l'humanité* 혹은 자신의 『프랑스사』*Histoire de France*에 대한 1869년 「서문」에까지 하나의 여정이 그려진다. 그 속에서 우리는 인간의 지양할 수 없는 지평으로서 종교라는 이념과 인간에 의한 인간 창조의 종국적 근원 혹은 더 낮게는 인간의 내부에 있는 인간의 지양의 원칙으로서 권리라는 이념——두 이념, 전자는 시간과 대지 위에 뿌리내리는 사유, 한계들과 전통에 대한 사유, 자신과 존재(인민·국민·인류)의 정체성에 대한 사유를 명령하고, 후자는 존재의 뿌리 제거, 방랑, 소용돌이에 대한 사유, 성취된 작품만을 지지하는 모든 권위로부터의 해방 속에서 자신의 야생적 확정이라는 사유를 명령한다——사이의 지속적인 긴장을 추적할 것이다.

우리의 의도는 명백히 미슐레의 여정을 요약하는 것이 아니라, 우회를 통해 우리를 붙잡고 있는 문제들을 해결하려는 것이다. 따라서 『보편사 입문』이 제공하는 출발점으로 돌아가자. 왜 그것은 우리에게 중요한가? 저자의 창의성이 표현되기 때문이 아니다. 서둘러 말한다면 그는 기조와 발랑슈의 해석을 응집하고 있다. 군주정에 대해 그는 평등의 조건들을 만들고 사회를 점점 더 동질적으로 만든 평준화와 집중화의 행위자로 만들고 있다. 기독교 속에서 그는 평등과 형제애의 종교, 인류애의 종교의 도래를 인정한다. 기조에게서 그는 사회가 충분히 건설되자마자 낡은 군주정이 불필요하게 되었다는 이념을 빌려 온다. 발랑슈에게서는 기독교 정신이 사회 제도들 속에 투여되었다는 이념을 빌려 온다. 적어도 미슐레가 프랑스의 역사에 대해 정치적 그리고 종교적 용어들을 통해 독해를 했다는 것을 지적하는 것은 중요하다. 그의 눈에 프랑스 역사의 각별한 특징을 구성하는 것은 이 국민 내부에서 '사회적 일반성이라는 감성'이 탄생했다는 것이다. 조건과 습속의 불평등에도 불구하고, 혁명 때까지 지속되었던 특수주의에도 불구하고 물질적 통일의 원칙과 정신적 통일의 원칙이라는 이중의 효과 아래에서 인민이 형성된다. '지상에 천상을 전이시키는' 것 속에서 프랑스의 뛰어난 역할이 말해 주는 특정한 정식화에 우리는 머물지 않을 것이다. "도덕적 세계가 유대교와 그리스의 아들인 크라이스트 속에서 자신의 말씀을 갖"듯이, "프랑스는 사회적 세계의 말씀을 설명할 것이다……." "새로운 계시가 울려 퍼지도록 하는 것은" 바로 프랑스이다. 프랑스는 "유럽의 말씀"을 전하며, "새로운 문명의 교황"을 지니고 있다. 그러나 적어도 궁극적으로 전복될 이 판단을 일으켜 세우자. "국민적 사유 속에서 성직자와 왕 그리고 더 일반적인 신의 대표자의 이름은 그가 확장시키고 강화한 **신비한 포장**으로서 인민의 흐릿한 권리에 주어진다."

미슐레는 이 '신비한 포장'을 자신의 『프랑스혁명』에서 하나의 환상으로 전환시킨다. 그는 권리와 성직자와 왕의 이름의 정의를 완전하게 분리시키는 데, 그들은 그것들을 질식시키기 위해 복원시키기 때문이다. 어쨌든 그는 '사제들의 왕국'에서 구체제의 토대를 발견하는 것을 중단하지 않는다. 더 나아가 그의 말에 따르면 기독교에 대항하는 투쟁으로의 그의 전환과 『프랑스혁명』을 쓰려는 그 기획의 기원에는 종교적 계시 같은 것이 존재하였다. 1869년에 그가 재구성한 장면의 진실성은 별로 중요하지 않지만, 그 계시는 어떻게 그가 만들어 낸 구성 속에서 상징들이 위치를 변화하였는지 그리고 상징들이 의미의 전복에도 불구하고 어떻게 보존되었는지를 보게 하였다.

『프랑스사』의 서문에서 그가 언급하였던 것처럼 그 책은 하나의 '우연'이 그의 계획을 전복시켰을 때, 그를 "군주제의 세기들"에 대한 연구로 이끌었다. "어느 날 렝스Reims를 지나면서 나는 신성함의 웅장한 성당, 눈부신 교회를 자세히 보았다. 80피트 높이의 교회에서 우리가 돌아볼 수 있는 내부의 장식은 교회를 매혹적이고 꽃 장식이 가득하며, 영원한 할렐루야가 있는 곳으로 보이게 한다. 비어 있는 거대함 속에서 항상 우리는 공식적인 위대한 침묵, 인민의 목소리라고 말하는 것을 듣는다고 믿는다……. 나는 마지막 조그마한 종탑에 도착하였다. 거기에서 광경 하나가 나를 매우 놀라게 하였다. 둥근 탑은 희생자들의 꽃 장식을 가지고 있었다. 그것은 목에 밧줄이 매달려 있고, 귀를 잃어버렸다. 사지가 절단된 이들은 죽음보다 더 슬픈 것이다. 그들은 얼마나 옳았던가! 놀라운 대비! 뭐라고, 축제의 교회, 결혼식의 목걸이를 두른 신부는 이 슬픈 장식을 착용하고 있다! 인민의 죄수대는 제단 위를 지나간다. 그러나 이 눈물은 둥근 천장을 지나 왕의 머리 위에 떨어지지 않는가? 혁명 그리고 신의 분노의 가공할 기름 붓기. '내가 무엇보다도 우선 나 자신 속에 인민의 혼과 신념을 확립하지 못한다면, 나는 군주의 세기들을 이해하지 못할 것이다.' 나는 루이 11세에게 직접 말을 걸고 그후에 『프랑스혁명』(1845~1853)을 썼다."

미슐레가 정치신학적인 것에 대한 자신의 논지를 설명하는 어떠한 장소에 대해 이해하도록 하는 이론과 역사에 대한 펼친 수많은 주장들보다 더 설득력 있는 놀라운 묘사이다. 어떠한 장소에 대한 것인가를 묻도록 하

자. 신성한 것의 성당, 그것은 기독교 프랑스가 어디에서 형성되고 항상 개혁되어 왔는지를 보게 한다. 그 장소에 그는 정착하였고, 더 잘 표현한다면 그는 그곳을 돌아다녔다. 그는 왕들의 혼이 신의 뜻에 따라 자신의 자리를 얻기 위해 충실히 따르는 자들의 아우성 아래에서 일어선 것처럼 그로부터 일어섰다. 그리고 새로운 의식 속에서 자신의 고유한 사유는 인민을 따라서 자신의 자리를 얻는다. 미슐레는 교회 속에서 스스로 장면을 연출하였다. 진실로 그는 교회를 변형시켰지만 거기에 매달렸다. 그는 왕실 제도의 참관자였다. 그는 그것을 비밀스럽게 변화시키고 해체하면서 다른 제도 속에 이중화되는 상이한 제도도 나타나도록 하였다. 그는 모든 오래된 상징들을 사용한다. 신성한 것, 성인들의 공동체에 선출자들이 들어가도록 하는 환호성, 교회와 예수, 왕국과 왕의 결혼, 신성화된 희생자, 제단 위의 십자가, 신민 대중의 위에 있는 왕의 머리에 행해지는 기름 붓기. 그러나 신성한 것은 그에게 인민의 신성함이 된다. 교회의 중앙에서 그가 들은 것은 인민의 진정한 목소리이다. 그가 미사로부터 상상했던 것은 또 다른 결혼식이다. 희생자들의 꽃 장식은 순교자 예수를 대신한다. 죄수대는 재단을 지배한다. 눈물은 성배주를 대신한다. 신의 축복을 받은 자는 하느님의 형상을 하고 있는 혁명의 축복을 받은 자가 된다. 그리고 시간 밖에 있지 않으면서 시간 안에 있지 않는 시간에 대한 참조가 느껴진다는 것을 덧붙여야 한다. 인민le Peuple의, 자신의 체현을 기다리면서 그리고 어떠한 방식으로, 항상 보이지 않으면서 역사의 한순간에 보이도록 하더라도, 신념을 요구하는 한 인민un Peuple의 시간.

그런데 렝스 성당의 장면이 하나의 환영으로 환원된다고 믿을 수 없다. 그것은 『프랑스혁명』 속에 사유의 작업을 명령하는 모든 부분의 주제를 압축하고 있다. 명백하게 종교적일지라도 그 참조사항들을 확대할 필요는 없다. 교회의 이미지는 1868년의 서문에서처럼 1847년의 서문에 등장한다. 프랑스혁명이 가톨릭교에 대해 종교개혁의 정신을 대립시키지 못했던 것을 유감스러워하는 이들에게 그는 프랑스혁명은 "교회 자체였다"라는 탁월한 이유 때문에 어떠한 교회도 채택하지 않았다라고 반박한다. 자신의 책에 대해 비판을 가하고 지롱드주의 혹은 자코뱅주의의 유산을 다투는 사람들에게 그는 "위대한 교회의 단일성을 깨트리기 원하지 않기" 때문에 그들이 싸우도록 하는 것을 싫어한다고 대답한다. 그러나 말들만큼 혹은 그 이상으로 프랑스혁명의 신비적인 개념은 중요하다. 프랑스혁명은 분명한 장소에서 일어난 사건이다. 그러나 그가 한 차례 적고 지속적으로 암시한 것처럼 "프랑스혁명은 공간과 시간을 알지 못했다". 이 사건은 지상에 잠시 체류했던 예수의 이미지에 의존한다. 이 사건은 성 바울의 정식화에 따르면 시간의 충만함을 그리고 동시에 시간의 철폐를 증언한다. 이 사건은 하나의 시대를 열었지만, 정신적 단일성을 형상화하기 위해 모든 현세적인 결정을 제거하였다. 정신적 단일성은 인류에게 자기 자신에게 접근할 수 있도록 해주며, 정치적 투쟁이 지속적으로 이루어지는 장 밖에서 파괴될 수 없는 것으로 확증하고, 구질서 회복을 위한 시도들을 헛되게 만든다. 혁명과 함께 인류는 그 자체 위에 위치하게 되고, 따라서 이제 인류는 자기 자신에 근거하게 되며, 이 새로워진 높이에서 자신의 역사의 흥망성쇠를 인식하게 된다. 신학자의 언어 속에서 미슐레는 연맹제[1]를 분석하면서 그것을 프랑스와 프랑스의 결혼(예수와 교회의 결혼 혹은 왕과 왕국의 결혼을 본떠서)으로서 말한다. 혹은 자신의 몸에 대한 탐색 속에 있는 인류라는 주제를 다시 취하면서 미슐레는 세계가 말하여졌던 순간을 상기시킨다. "아, 내가 하나였다면……내가 흩어진 나의 사지들을 결합할 수 있었다면, 나의 국민을 결합시킬 수 있었다면." 그리고 1868년 서문에서 1790년으로 돌아가서 그는 "연회agape와 영성체와 같이 어떤 것도 비교될 수 없다"라고 덧붙인다. 1792년 전쟁에 대하여 그는 동일한 문구로 '신성한 전쟁'으로 만든다. 거기에서 "희생의 절대적인 것, 무한한 것"이 제시되었다. 그것은 그에게 프랑스혁명이 새로운 상징을 줄 수 없었다는 키네의 테제를 반박하는 것으로 충분했다. "신념은 모든 것이며, 형식은 거의 아무것도 아니다. 제단의 커튼은 중요한가? 항상 권리, 진실, 영원한 이성의 제단이 지속된다. 제단의 초석은 사라지지 않았고 조용히 기다린다."

　기독교라는 종교의 모태 속에 미슐레의 사유의 재기입을 증언하는 것은, 확실한 것과 계시된 것 사이의 연결은 이와 같은 확실성의 확립과의 새로운 관계이다. 그러나 어떠한 순간에도 군주제에 대한 참조는 기독교에 대한 참조와 결합한다는 시각을 잃어서는 안 된다. 미슐레는 새로운 장부에 그것을 옮겨 놓으면서 하나 속에서 다른 하나를 읽을 수 있도록 하는 사건에 연결하기 위해 현세적인 것과 초월적인 것 사이의 이중성이라는 개념에 대해 책임을 질 뿐만 아니라, 그는 인민, 정신 혹은 이성, 정의 혹은 권리를 찬양하기 위해 왕의 이미지, 일자의 주권이라는 이념을 재탈취한다. 프랑스혁명처럼 인민은 시간과 공간 속에서 자신의 존재와 초월적인 자신의 존재로 분열된다. 자신의 존재로서 인민은 나약하고 분열되며, 즉 꼬뮌으로부터 유래하거나 혹은 인민이 "소요 속에" 있을 때 자신들의 "어릿광대" 혹은 "가장 위험스러운 재판관"에 우습게 종속되었던 천박한 몸짓(루이 16세

---

1 1790년 7월 14일 혁명 1주년을 기념한 연맹제는 축제의 새로운 언어와 상징, 즉 시민 선서를 위한 조국의 제단과 자유의 나무, 그리고 삼색기를 제시하였다. 이 축제는 구체제의 기도교적 축제를 대신할 국민축제의 의미를 지니는 것으로 국민의 단일성을 상징적으로 드러내고 혁명이 끝났음을 알리는 축제이고자 하였다. 앞서 프랑스혁명 시기 축제에 관한 옮긴이주(135쪽 각주 19번)를 참조하라.—옮긴이

의 재판에 관한 장들) 혹은 "군중들의 정부" 혹은 "민중적 변덕"이라는 특징 아래에서 멸시될 수 있는 것처럼 보인다. 다른 한편으로 초월적인 존재 속에서 인민은 자신의 진정한 정체성을 얻고, 자기 자신에 결합한 절대적 권리의 정당한 담지자로서 무오류를 공언한다. 그런데 후자의 지위에서 그는 왕의 자리를 차지한다. 그가 역사가로서 '정도'를 따랐던 미슐레에게 "그 말은 우리에게 민중적인 것을 말하려는 것이다"(3편, 「이 책의 방법과 정신에 대하여」)라고 말하고 논평하는 것은 수사학의 방식이 아니다. 우리는 특정한 이러한 정식화 속에서 왕의 이중적 본성으로부터 정치신학적 신화의 탄생을 보는 것을 놓칠 수 없다.

혹은 뷔퐁Georges Buffon, 몽테스키외, 볼테르 그리고 루소를 새로운 인간성의 창시자(그는 그들을 또한 "새로운 교회의 위대한 의사"라고 부른다)로 세우면서, 그가 세계 위에 '정신의 왕위'를 세우려는 환상의 효과들을 몰아내기를 중단하지 않았던 이름을 다시 취하는 순간, 성직자의 군주제라는 잘못에 대한 그의 냉철한 묘사의 과정에서 세계의 주권자로서 권리(루소에게서 가져온 정식화)에 대한 반복된 그의 찬사는 매우 의미 있다. 따라서 우리가 가리킨 전이의 작동에 놀랄 것이다. "단일성은 당시까지 종교적 혹은 정치적인 체현이라는 이념에 근거하였다. 교회와 국가를 결합시키기 위해서는 인간적 신, 살을 가진 신이 필요했다. 나약한 인류는 자신의 통일성을 하나의 기호, 가시적인 기호, 한 인간, 한 개인 속에 두었다. 그 이후로 이러한 물질적 조건으로부터 벗어난 더 순수한 단일성은 심장들의 결합, 정신의 공동체 속에서 모두가 모두와 함께하는 감성들의 심오한 결합이 될 것이다." 그러나 미슐레 언어의 보다 세밀한 분석은 중세 말에 정교화된 것과 매우 가까운 상징적 건축물을 발견하도록 한다. 그것은 왕을 정의justice와 인간들 사이의 매개자이자 주권자의 지위에 두고, 동시에 정의를 이성과 균등équité 사이의 매개자이자 주권자의 지위에 두게 된다.

　어쨌든 우리가 말했듯이, 미슐레 사유에서 그가 파괴하고자 열중했던 정치신학적 흔적을 발견하는 것이 구체제에서부터 프랑스혁명 때까지 작용했던 변동에 대한 그의 해석을 불신하도록 이끌지는 않는다. 그는 사회적 관계의 형태가 구성되는 데 있어서 권력의 상징적 기능을 인정한 그 시대의 드문 사상가 중 한 명이다. 그것을 의심하는 이는 정치철학에 대한 진정한 시도인 그의 『프랑스혁명』의 「서론」을 읽고 또 읽으면 될 것이다. 그것의 주요한 직관은 역사적 재구성의 불완전에도 불구하고 그의 날카로움을 우리에게 보여 준다. 토크빌의 것과 비교해 볼 때, 구체제에 대한 이 분석은 사회학적으로는 아마도 빈약한 줄거리를 보여 줄 것이다. 그러나 하나가 다른 하나를 없애지는 않으며, 둘 사이의 차이는 개념사에 대한 이데올로기 역사의 차이가 아니다. 사실 미슐레가 알아차리고 인식하기를 바랐던 것은 토크빌의 사유 속에 은밀한 채로 남아 있다. 토크빌은 국가의 점진적인 중앙집중화와 자신의 질서의 영원성이라는 외관 아래에서 사회의 변환을 입증하는 조건들의 점진적인 평등화의 모든 표식들을 조사한다. 그가 사회적인 것의 상징적 차원에 무감각했다고 말할 수 없다. 어떤 관점에서 상징적 차원은 그를 비껴 가지 않았다. 왜냐하면 평등과 중앙집중화라는 사실의 진보 이상으로 그의 주의를 끌고, 그가 명확히 하고자 했던 것은 귀족 사회의 낡은 헌법과 양립할 수 없는 행동과 습속의 유사성의 원칙과 **국가라는 관점**의 확립이다. 그러나 명확히 하자면 귀족주의 사회를 모델 ——이상적 모델로서 시간 속에서 그 지표들은 결코 정의될 수 없다——로 세우면서, 그는 권력의 형상에 대해서는 무관심하였다. 또한 그는 새로운 사회는 이 과정의 종국적인 결과로서 나타날 뿐이며, 프랑스혁명은 상상적인 것 속으로의 도피의 계기가 아니라면 인식될 수 없는 것이라는 관점에서 구체제의 역사를 귀족 사회의 해체의 역사로 환원시키려 하였다. 반대로 미슐레는 상징적인 것을 다른 범위 위에서 해명하는데, 거기에서 한 사회에게 지배와 제도들이 배치되는 방법은 그의 말에 따르면 정치 권력의 위치와 표상 (각각은 서로가 없이는 진행될 수 없다는 점을 반복하자) 속에서 가장 불투명하고 가장 친밀한 것이다. 그의 사유는 1789년 전야의 프랑스의 신분에 대한 조사 속에서 "나는 베르사유는 물론 모든 곳에서 혁명을 본다"라고 언급하고, 칼론Callone의 무모함과 맹목성을 지적하며 귀족과 성직자의 패배가 "모두의 눈에" 이미 명백하고 불가피하다고 판단한 후, 그가 다음과 같이 결론을 내릴 때, 그의 사유는 가장 잘 표현되었다. "불명확한 유일한 문제는 왕위의 문제였다. 반복하여 말하듯이 순수한 형태가 아닌 기저의 문제, 프랑스에서 다른 어떤 것보다도 더 친밀하고 생기 있는 문제, 정치적일 뿐만 아니라 사랑과 종교의 문제. 어떤 인민도 그만큼 그들의 왕을 사랑하지 않았다."

불명확하고, 심오하고 창의적인 것에 대한 이러한 매력은 모든 저작 (『프랑스 법의 기원들』*Origines du droit français*에서 『마녀』*Sorcière*에 이르기까지)에서 미슐레를 인도하였다. 그리고 그러한 매력은 그로 하여금 토크빌이 소홀히 했던 것, 즉 군주적 체현의 신비를 발견하도록 하였다. 이러한 군주적 체현의 신비는 자신의 권력 속에 예수의 현존과 같은 어떤 것을 재구성하고, 이러한 덕목을 통해 자신 속에 정의가 출현하도록 하는 왕에 의한 신권droit divin의 의식적 표상을 넘어서, 왕 속에 체현된 사회의 무의식적인 표상이 육체의 원칙에 따라 정치제도 속에 정렬된다. 뿐만 아니라 그 구성원들은 하나의 몸의 이미지에 의해 포획되어 그들의 고유한 단일성을 투사하고, 그들의 감정은 이 몸과의 사랑스런 동일시 속에 투하된다. 사실 주의를 기울인다면 미슐레가 서로 연결되어 있지만 중첩되지는 않는 두 개의 주장을 결합하고 있다는 알 수 있다.

첫번째는 구체제의 정치적 법과 종교법과의 관계와 얽혀 있다. ──아마도 그것을 유추해 낸다고 말하는 것은 지나친 것이 아닐 것이다. 기독교는 군주정과 그것을 지지하는 제도적 총체의 형성 시스템임이 공언된다. 게다가 그의 「서문」의 계획 자체도 그것을 증언하고 있다. 1부 「중세의 종교」, 2부 「과거의 군주정」, 그는 곧바로 문제를 정식화한다. "프랑스혁명은 기독교적인가 혹은 반기독교적인가? 이 문제는 역사적·논리적으로 다른 모든 것들에 우선한다." 그러고 나서 그의 답은 기다리지 않는다. "나는 장면 위에서 두 개의 거대한 사실, 두 원칙, 두 행위자 그리고 두 사람, 기독교와 혁명만을 볼 뿐이다." 그러고서 그는 다음과 같이 확언하기에 이른다. "혁명이 발견한 시민적 질서의 모든 제도들은 기독교적이거나 그로부터 왔거나 혹은 기독교에 의해 허가된 형태 위에 투사된 것이다." 이러한 전망 속에서 틀은 단순하다. 기독교는 "은혜, 무상과 임의의 구제, 그리고 신의 기쁨의 종교"이다. 인간의 군주제는 신의 군주제의 이미지를 본떠 건설되었다. 둘 모두 선택된 이들을 위해 통치한다. 정의의 이름 아래에서 자의적인 것은 사회 속에 틀어박혀 있다. 자의적인 것은 "정치 제도 내의 절망적인 집착과 함께" 재발견된다. 그것은 사회적 조직, 신분들의 분할, 조건들의 위계, "정의와 부정의를 혈통 속에 놓고, 그것들이 세대에서 세대로 삶의 흐름과 함께 순환하도록 만드는" 원칙을 지지하는 "육체의 원칙"이다. 미슐레는 그것들이 정치신학적 시스템이며, 그것은 사랑, 신에 대한 인간, 왕에 대한 인간의 개인적 관계를 영광스럽게 한다. 정의의 정신적 관념은 물질화된다. 사랑은 "법의 위치에" 놓인다. 우리가 더 일찍이 사용했던 용어들을 통해 자유롭게 평하도록 하자. 권력에 대한 충분한 확정이 있는 곳, 한 사람에게서 신적인 힘과 인간적 힘의 응축이 작동하는 그곳에, 법은 권력 속에 각인된다. 법은 그 자체로서 지워진다. 복종의 원동력은 그것이 공포가 아닐 때, 군주에 대한 사랑스러운 종속이다. 동시에 기독교가 요구하는 사랑과 반대로 질서를 어지럽히는 모든 이들에 대한 증오가 드러난다. "중세에 믿을 수 없는 교회의 분노", 종교 재판, 불태워진 책들, 화형된 사람들, 보두아와 알비주아의 역사[2]가 그것들이다……. 혁명적 테러가 웃게 만드는 테러. 왕이 자극하는 사랑과 반대로 고문, 바스티유, 봉인장[3], 적서Livre rouge가 있다.

그러나 1부와 2부의 절합에서 정점에 달한 미슐레의 두번째 주장은 다른 방향을 따른다. 왕의 힘은 거만스런 기독교적 자의성을 무너뜨릴 뿐만 아니라, 그 자신의 신민들에 의해 그 힘이 세워졌다. "피난자의 성소, 왕위의 제단"을 정돈하는 사람은 바로 신민들이다. "일련의 전설들, 천재의 모든 노력에 의해 잘 꾸며지고 확대된 전설, 13세기에 사제보다 더 사제인 신성한 왕, 16세기에 기사 왕, 앙리 4세 속의 선한 왕, 루이 14세 속의 신적인 왕"을 만든 이들이 바로 신민들이다. 그러한 의미에서 그들은 단일성 속에서 인류의 안전을 찾고, 일자를 체현하며 무한한 권위를 보유하기 위해 유한한 생명들로부터 열정을 부여받은 군주를 상상했던 가장 위대한 사상가 단테의 상상력에 복종하였다고 저자는 관찰하였다. 어쨌든 "단테보다 더 낮게 파헤쳐야 하며 그 거대한 건축물이 세워진 민중적인 깊은 토대를 땅 속에서 발견하고 주시해야 한다". 인간들은 "정치 종교 속에서 정의를 구원했다"라고 믿고, 그들이 "인간을 정의의 신"으로 창조했다고 믿겨졌을 뿐만 아니라, 그들은 왕들을 그들의 사랑의 대상으로 만들었다. 특이한 사랑. "끈

---

2 보두아(Vaudois, 발도파). 12세기에 일어난 기독교 이단파. 알비주아(Albgeois) 종파.—옮긴이
3 봉인장(lettre de cachet). 왕의 도장을 찍은 명령서.—옮긴이

질기고, 맹목적인 사랑, 자신의 모든 불완전을 신으로 뜻으로 만드는 것이었다. 거기에서 인간적인 것을 보는 것은 놀랄 것이 아니라 감사하는 것이다. 신에 더 가까울수록 덜 자만해지고, 덜 힘들어하게 된다고 믿는다. 가브리엘을 사랑하게 된 것은 앙리 4세에게 감사한 것이다……." 이러한 사랑에 대한 묘사, 사랑스런 루이 15세에 대한 상기, 육체의 신, 바렌Varenne에서 사형 집행까지 루이 16세에 바쳐진 페이지들은 왕의 이중적 몸의 표상에 대해 다시 묻도록 이끄는 뛰어난 점을 가지고 있다. 그러한 표상은 예수의 이중의 몸에 근거하면서 중세에 형성되었고, 16세기 영국에서 쌍둥이 두 인간의 법률적 허구[왕의 두 신체]를 발생시키기까지에 이르렀다. 그중 한 명은 자연적이고 유한한 생명을 지녔고 시간과 공통법에 종속된 인간이며, 무지, 실수, 병에 노출되어 있다. 다른 한 명은 초자연적이고 무한한 생명을 지니며, 절대 잘못을 모르고 왕국의 시간과 공간 속에서 편재하는 왕이었다. 이러한 표상은 영국의 역사가들로부터의 풍부한 비평을 자극하였고, 칸토로비치에게는 비교할 수 없을 정도의 뛰어나고 세심한 분석을 제공하였다.[4] 미슐레는 그것에 대해 명확한 것을 제시하지 않았지만, 간접적으로 그리고 주요하게는 동시대인들의 주의를 끌었던 법률적 혹은 법률-신학적 용어로 정식화하는 것에 한계를 느끼는 방식으로 그것을 다루었다. 이러한 정교화를 넘어서 초자연적 몸과 결합한다는 사실로부터 자연적 몸은 인민들의 넋을 빼놓는 매력을 행사한다는 사실이 나타난다. 신적인 것과 인간적인 것 사이의 무의식적인 매개, 즉 어쨌든 유한한 생명을 가진 가시적이고 결점을 지닌 동시에 신적인 예수의 몸은 그것이 신 속에서 자신의 육체

---

4 Ernst Kantorowicz, *The King's Two Bodies, a study in medieval Political Theology*, Princeton, Princeton University Press, 1957.

를 감각할 수 있는 인간을 가시적으로 만드는 반대의 운동을 이끌지 않고 인간 속에 신의 존재를 지시하는 것이기 때문에, 확신할 수 없는 매개를 유효하게 하는 것은 성적 구조를 가진 몸, 생산하는 몸, 사랑스런 몸, 결점이 있는 몸으로서이다. 신적 군주제로부터 인간적 군주제를 유추하는 주장과 단절하면서 미슐레는 정치적이면서 에로틱한 근거를 벗겨 낸다. 아마도 그의 눈에는 종교가 법의 자리에 사랑을 놓았기 때문에 그것을 확립시켰다고 보았을 뿐이다. 그러나 그는 정치적인 것 속에 사랑의 논리를 대강 그리는데, 다른 곳에서 그가 사랑이 기독교보다 더 오래된 것이라는 것을 보지 못한 것에 놀랄 뿐이다. 지상 위에 신의 대표자로서 형상화되거나 혹은 예수의 대체로 형상화된 근대 군주는 이 이미지로부터 자신의 모든 권력을 이끌어 내지 않는다. 인간이 신의 지위로 상승하고, 예수와 동일시가 이루어지며, 자신의 생명의 한계를 던져 버리는 것은 바로 고통의 요소 속에서 희생이 작동할 때만 가능하다. 따라서 사랑은 근대 군주를 생명 위에 올려놓는다. 왕의 신민들이 황홀함을 인식하는 것은 희생과 향유라는 이중의 작동을 통해서이다. 사랑은 그들의 삶으로부터 공급을 받고 동시에 그들의 죽음을 정당화한다. 그것이 자연적 몸의 이미지, 살을 가진 신의 이미지, 결혼, 부모, 관계들, 축제, 오락, 연회 그러나 여전히 자신의 약함, 즉 잔인함의 이미지이다. 간단히 말해 그들의 상상력을 채우고 인민과 왕의 결합을 보장하는 것은 그의 인간성이 드러내는 모든 기호들이다. 왕과 왕국의 신비로운 결합으로부터 분리할 수 없는 위대한 인간과 멀리 그리고 가까이 있는 다수의 그의 봉사자 사이의 육체적인 연합이 연결된다. 신학자와 법률가들에 따르면 불멸의 왕은 편재성과 함께 예지력을 지니고 있다. 그러나 동시에 그들의 신민들의 눈에서 벗어나 그는 모두의 시선을 끌고 인간 존재의 절대적인 가시성을 그에게 집중시킬 수 있는 능력을 지닌다. 유일한 표적으로서 그는 관점의 차이들을 철폐하고 일자 속에 모든 것이 혼합되도록 만든다.

　군주적 체현의 수수께끼와 그것이 초자연적 신체 속에 자연적 신체를 만드는 부분에 맞선 미슐레의 극단적인 감수성은 특히 루이 16세의 재판에 대한 그의 분석에서 드러난다. 우리의 논의와 관련된 그의 분석만을 보도록 하자. 그에게 그 재판이 일어났어야 했는지에 대해 묻는 것은 중요하지 않다. 그것은 명백하다. 재판은 이중적인 유용성을 가졌다. 하나는 인민을 재판관으로 만들면서 "왕위를 진정으로 인민에게 돌려놓는 것". 다른 하나는 "야만적인 인류가 그렇게 오랫동안 종교를 군주제적 체현의 신비, 한 명의 바보에게 집중된 인민의 지혜를 전제한다는 기이한 허구로 만드는 우스운 신비를 분명히 밝히는 것"이다. 문제는 왕위가 한 인간에 체화되었기 incoporée 때문에, 어떻게 체현incarnation을 파괴시키는 방식으로 한 인간이 왕이 되는 것을 영원히 방해하기가 어려워지는지를 아는 것이었다. 뒤를 이어서 길게 제시된 역사의 대답은 단번에 제시된다. "왕위는 앞뒤 모두 공개되어야 하며, 그리고 벌레와 곤충들이 가득한 금장식의 머리를 가진 낡은 우상 안에서 그것이 살도록 해야 했다. 왕위와 왕은 유용하게 비난받고, 판단되며 그리고 검 아래에 놓여야 한다. 검은 몰락해야 했는가? 그것은 다른 문제이다. 죽은 제도와 혼동된 왕은 아무것도 아닌 비어 있고 패인 나무의 머리일 뿐이다. 만약 이 머리를 때리고 단지 피 한 방울을 뽑아낸다면, 목숨은 확인된다. 우리는 살아 있는 머리라고 믿기 시작할 것이고, 왕위는 다시 살아난다"(9권, 7).

　우리가 이 용어들을 통해 재정식화할 수 있는 예리한 분석. 왕위는 사람들을 위해 불멸의 삶을 응축한다. 이러한 삶은 하나의 생명체, 왕에게 주어진다. 생명의 상징은 환상의 산물이라는 것을 보여 주어야 하고, 믿음의 뿌리를 뽑아야 하고, 우상을 우상으로 보게 만들어야 하며, 간단히 말해 유사-가시적인 것의 내부의 암흑을 파괴해야 하여 그것을 평평하게 그리고 조각내야 한다. 이러한 유일한 행동은 살아 있는 것이 생명을 잃게 한다. 왕관의 빈 곳에 루이 16세의 비어 있는 머리가 나타난다. 반대로 그의 몸을 없앤다고 믿으면서 루이 16세를 때리고, 그의 피가 흐르게 한다면, 거기에는 살아 있는 것이 존재한다고 증명하는 것이다. 이 살아 있는 것이 영원한 생명을 형상화하기 때문에 왕위는 다시 살아나게 하는 것이다. 일반적인 방식으로 미슐레는 왕위는 한 인간 속에 체현되고 있기 때문에, 인간을 하나의 스펙터클로 만들었을 때, 왕의 환상을 소생시킨다는 것을 설명하기 위해 매달린다. 그로부터 사원에 루이 16세의 시신을 보존한 것에 대한 성숙한 비평이 나온다. 사람들은 개인의 타락이 그것을 탈신성화시키는 효과가 있다고 믿는다고 그는 말한다. 그와 정반대이다. "프랑스혁명에서 가장 심각하고, 가장 잔인한 일격은 루이 16세를 인민들의 눈앞에 드러내고 인민과의 관계 속에서 인간으로 그리고 죄수로 보여 준 이들의 무능함이었다." 왜? 그가 인간의 특이성 속에 나타나면 날수록, 살아 있는 개인으로 등장하면 할수록, 그는 왕으로서 유지되기 때문이다. 그의 고통들은 그의 처형 앞에서조차 사랑을 일깨웠지만 사랑을 넘어서, 말하자면 **모든 시선들의 유일한 대상**에 대한 매력이 있었다. 그리고 감탄할 만하게 미슐레가 설명하는 것은 하찮은 것처럼 보이는 것 속에서, 자신의 가족 속에서 인식되고, 단순한 것들 사이에서 단순한, 일상적인 것들의 무의미함 속에 포착된 것 속에서 유일한 것으로 보이는 것이다. 그를 인간으로 설명하는 모든 기호들은 그를 왕으로서 재구성한다.

그러한 의미에서 저자가 루이 16세의 인간적인 것을 그리는 방식이 뛰어나다는 것을 말하지 않을 수 없다. 왜냐하면 그는 루이 16세를 독자에게 드러나게 하였지만, 그것은 시각의 마법에서 그를 제거하기 위해서였다. 그는 그를 "다혈질이고 살찐" 그리고 너무 많이 먹고, 과잉으로 영양 공급되었다고 보여 주고 있으며, "근시안의 침침한 시선과 무거운 발걸음을 지닌 부르봉 사람들에게 일상적인 망설임으로" 진화시키면서……. "보스Beauce 지방의 뚱뚱한 소작인의 인상"을 만들었다. 그렇게 그는 그를 하찮은 사람으로 만들었지만, 일정한 방식으로 중립적인 관찰을 통해 개인성을 유類의 범주 속에 해소시키려 하였다.

해석의 결정적인 계기가 사형 집행과 관련되어 남아 있다. 미슐레는 산악파의 이유들에 둔감하지 않았다. 왜냐하면 그는 산악파의 공적은 탈체현의 불가피성을 인식하였다는 점이라고 생각했다. 산악파는 인간은 정신만큼이나 육체라는 것을 그리고 사람들은 루이 16세의 죽은 몸과 잘려진 몸속에서 만지고 더듬지 않는 만큼 왕위의 죽음에 대해 결코 확신하지 않았다는 것을 '그럴듯하게' 믿었다. 따라서 그는 어떠한 방식으로든, 인민들이 왕의 자리에서 일어서도록 하기 위해 법이라는 이념 이상의 것 그리고 징벌의 이미지가 필요하다는 것을 암시하였다. 그러나 그의 말을 들어 보면 상상은 그것이 정의의 빛 아래에서 사라지지 않으면, 몸에 대한 이해의 지점에서 더 큰 힘을 갖는다. 체현은 해체되지 않으며 죽음의 피와 함께 다시 살아난다. 왕위와 종교는 그것을 지탱하는 환상 속에 빠지는 순간, 즉 환상이 실제 몸 속에 각인되는 순간에 부활한다. 그것들이 결국 사형 집행으로부터 벗어난 "사원의 전설이라는 무시무시한 효과들"이다……. "문헌의 왕들은 예수들이라고 불렸다. 예수는 왕이라 불렸다. 예수의 수난의 시각에서 포착되고 번역된 왕의 체포라는 사건은 존재하지 않았다. 루이 16세의 수난은 여성들, 농부들 사이에서 입에서 입으로 전해 오는 야만적 프랑스의 시와 같은 전통적인 시가 되었다."

군주제적 체현의 신비를 자극하고, 유지하고 혹은 재구성하는 신앙을 쫓아내는 데 주의 깊은 사상가가 어떻게 인민, 국민, 인류, 정신이라는 신성한 이미지 속에 전이가 이루어지도록 하는가? 우리가 이 글 내에서는 알지 못하는 것으로, 프랑스혁명에 대한 그의 해석의 다른 판본을 따른다면 문제는 더 복잡해질 것이다. 매우 간단한 지적만으로도 충분할 것이다. 구체제와 프랑스혁명의 안티테제가 제기될 때, 미슐레는 프랑스혁명의 내적 모순에 둔감하지 않았다. 그는 로베스피에르가 획득한 힘 속에서 군주제의 재기를 뜻하지 않게 발견한다(미슐레는 68년의 서문에서 그것이 당통의 죽음과 함께 시작된다고 명시한다). 그는 공공 안전에 대한 자코뱅의 독트린을 절대주의 시기 국가이성의 독트린과 기독교에 의해 확립된 안전의 독트린으로 연결지으면서 맹렬히 비난한다. 그는 지롱드만큼이나 산악파를 거만한 문인엘리트로 비난한다("보라! 이 민주주의자들 속에서 무시무시한 귀족주의자들을"). 미슐레는 로베스피에르에 대해 "지도자가 (성모에 대한 재판 후) 사제들의 미래의 왕으로 등장하던 날, 깨어난 프랑스는 루이 16세 곁에 그를 두었다"(3편, 「이 책의 방법과 정신에 대하여」)고까지 말하기에 이른다. 그의 의지는 프랑스혁명과 그 에피소드 중의 하나를 혼동하도록 놓아 두거나, 한 도당에 의한 모든 것의 전유를 방어하기 위한 것이다. 그러나 어떤 의미에서 그가 프랑스혁명을 탈시간화한다면, 그는 이념과 사람들이 분열되지 않도록 또다른 의미에서 통제할 수 없는 시간성을 재구성하고, 그 과정을 서술한다. 그가 프랑스혁명 정신의 단일성을 확정한다면 그는 고유하게 농민적인 혁명과 사회주의적 혁명의 시도를 구별하는 관점에서 다양한 장소에서 전개되는 혁명을 관찰하고, 다양한 흐름들을 혼합한다.

아마도 이 두 개의 정식화는 그것들의 대조를 통해 그의 개념의 마지막 모호성을 보여 준다. 그 두 가지 모두는 결국 유명한 것이 된다. "**역사는**

부활이다", "역사, 그것은 시간이다".

우리가 추적한 급한 스케치 속에서 독자는 미슐레 주장의 약점을 느낄 수밖에 없을 것이다. 신적인 군주제에서 출발하여 인간적 군주제, 그리고 종교 제도에서 출발한 정치 제도의 유추는 기독교에 대한 지나친 단순화를 가져온다. 두 가지 형태의 제도들이 동일한 틀 속에서 기입되어 있다는 테제를 약화시키지 않지만, 하나가 다른 하나를 모방했다고 어디에도 제시되지 않았다. 우리가 말했듯이 그러한 제안은 정치적 사실에 대한 모든 고려와 독립적으로 기독교 자체의 본질을 인식할 수 있다는 것을 전제한다. 결국 미슐레는 그가 복음서는 아무것도 명확한 것을 가르쳐 주지 않는다고 선언할 때, 이 가정의 자의성을 어렴풋이 예견하였다. "그의 희미한 도덕성 속에서, [그는] 기독교는 인간을 감쌀 만큼 그렇게 실증적이고, 풍부하고, 매력적이고, 강한 종교로 만드는 어떠한 도그마도 가지고 있지 못하다"(「서론」)라고 인정한다. 따라서 그는 가톨릭교 내에서 충분히 제도화된 종교를 대상으로 제시한다고 명시하였다. 어쨌든 독트린의 원칙 속에서 그가 은혜라는 주제를 발견한 것처럼, 그는 프로테스탄트 현상을 고려하고, 프로테스탄트가 가톨릭 세계의 독트린을 "더 단단하게 정식화"할 뿐이라는 언급에 한정하는 대신에, 그가 근대 정치 사회 속에 자신의 개입의 양식에 관심을 가진다는 점을 우리는 기대한다. 이 점에 대해 그는 침묵한다. 그가 기독교와 혁명 사이의 거대한 대립을 제시할 때, 그는 단호하게 미국의 사건을 무시한다. 뉴잉글랜드에서 자유로운 제도들을 확립시킨 것이 청교도들이라는 것, 청교도들의 정치적 선언 속에 성경이 지속적인 근거가 되고 있다는 것은 그의 주의를 끌지 못했고, 따라서 그의 동시대인인 키네는 프로테스탄트주의와 자유 사이의 결합 속에서 근대 민주주의의 지성을 위한 거대한 범위의 가르침을 발견한다. 그러나 미슐레의 분석에서 이러한 공백, 혹은 더 좋게 말하여 청교도혁명의 이러한 엄폐는 우리에게 중요한데, 그것이 기독교의 진정한 본성에 대한 무지나 오해 때문이 아니라 우리가 거기에서 종교적인 것의 효율성을 한정하는 끈질김의 지표를 발견하기 때문이다. 이 경우에 미슐레에게는 어떻게 기독교가 유럽 특히 프랑스의 군주제를 만들었는지를 제시하는 것이 문제가 된다. 그러나 키네가 가톨릭과 기독교를 분별하고 프로테스탄트의 해방적 덕성을 명백히 하려 했다면, 그것은 종교적인 것에 고유한 효율성을 더 이상 의심하지 않았고, 그의 입장에서 그는 인민, 국민, 인류 그리고 동시에 권리, 정의 그리고 이성에게 부여된 새로운 신념을 찾으려 했다는 것에 주목하자. 게다가 군주제적 체제의 가치와 단절을 확정하는 것에서 오는 정치적 자유의 이상이, 청교도적 담론을 위해 습속과 여론 속에서 순응주의에 대한 특이한 강조 그리고 그러한 의미에서 민주주의를 폭발시키는 사회적 분업의 새로운 종류의 효과의 부정과 결합하지 않는지를 묻는 것이 중요하다. 사실상 모든 것은 마치 상이한 전제에서 출발하여 근대성의 도래, 역사 과정의 불가역성에 가장 민감한 사상가들(프랑스의 경우, 우리는 미슐레 혹은 키네뿐만 아니라 예를 들어 기조와 토크빌과 같은 자유주의자 혹은 르루와 같은 사회주의자를 생각하자)이 종교적인 것 속에서 구체제의 패퇴로부터 발생한 사회적인 것을 해소하려는 위협들을 예방해 줄 수 있는 단일성의 축의 재구성을 찾는 것처럼 발생한다.

* * *

이것이 미슐레의 문제설정이라는 우회로를 통해 결합하고자 하고 우리가 재정식화하도록 하는 문제이다. 정치적인 것과 종교적인 것이 유지하는 관계들을 재정의하기를 바라기보다는 하나의 다른 하나에 대한 종속의 정도를 평가하기 위해 그리고 결과적으로 근대 사회 속에서 종교적인 사유의 감성이 아닌 그 영원성에 대해 질문하는 것은 논리적으로 그리고 역사적으로 정치신학적 **형성**을 첫번째로 주어진 논거로서 제시하는 데 의미가 있다. 정치신학적 형성은 진화의 원칙 혹은 사건들의 시련 속에서 이루어진 상징적 작업의 원칙을 함축하고 있다는 사실을 대립들 속에서 포착하는 것. 어떻게 조직과 표상의 특정한 틀이 새로운 총체 속에서 몸의 이미지와 그 중복, 일자라는 이념과 가시적인 것과 비가시적인 것, 영원한 것과 일시적인 것 사이의 매개의 위치 변화와 전이들을 위해 유지되는가를 탐색하는 것이 가치 있는 작업이다. 따라서 민주주의가 새로운 양식의 전이의 극장이 되는지, 혹은 단지 정치신학적 유령만이 머무는지를 물을 수 있는 더 좋은 기회를 가질 것이다.

따라서 우리가 발견하려는 것은 결정의 망이다. '성직자의 군주정'은 하나의 요소만을 제공할 뿐이며, 그것에 구성적이고 망 내에서 차례로 정치 공동체-국가, 도시의 직업 집단들 그리고 고전적 인문주의의 유산의 활용의 발전이 포착된다. 또한 발견하려는 것은 에른스트 칸토로비치가 미묘하게 분별해 낸 변화 반복의 복잡한 게임 속에 각인된 동적인 틀이다. 자신의 고유한 정식화로서 신학적인 것과 정치적인 것이 아닌 이미 정치화된 신학적인 것과 이미 신학화된 정치적인 것 사이의 변화 반복은 그 틀을 전제하도록 자극한다.

그것을 더 명확히 하는 것이 필요하지는 않다. 이 틀은 만약 그 결정적인 순간이 로마법과 고대 철학의 재탄생에 의해 표시된 경제적·기술적·인구학적·군사적 변화들, 그리고 인식 범주에서의 변화들이 생산되는 실제 역사의 지평을 기억하기만 하면 읽힐 수 있다. 게다가 칸토로비치의 주장을 따르면 현세적인 차원에서 그 절합을 포착한다 하더라도 경험적 역사 속에서 충분히 투사될 수 없다. 저자가 구별하는 네 가지 형성──예수 중심적, 법률 중심적, 정치 중심적, 인간 중심적 왕위들──은 왕의 이중의 몸의 표상의 전치를 증언한다. 그러나 매 차례 전치되는 것은 삭제되지 않고, 또 다른 상이한 상징적 형상화의 핵심을 기대 속에서 포함하고 있다고 공언하고 있다. 따라서 왕위가 첫번째 장소에서 예수의 이미지에 근거한다는 것은, 예수의 대리자라는 배타적인 명칭을 차지하는 교황의 전략의 일부를 위해 왕위가 그것을 포기할 때, 예수에 대한 근거가 모든 효율성을 상실한다는 것을 의미하지는 않는다. 10세기 오토 대제의 신화를 해체한 후 오랫동안 샤를 5세의 의도에 따라 작성된 신성조약은 명백히 샤를 10세를 예수로 대체하는 자리에 두었으며, 한편으로 미슐레가 정확한 제목으로 그것을 언급한 것처럼 루이 16세는 아직도 그러한 동일시의 혜택을 보고 있었다. 마찬가지로 왕의 표상이 프리드리히 2세와 브랙턴[5]의 시대에 정의와 권리의 표상에 근거하였다는 것은 16세기 권리에 대한 진정한 종교의 재정교화를 잊게 하지 않으며, 다른 한편으로 그것은 정치체인 왕국이 왕의 신성한 몸으로서 출현하는 시스템의 잠재성을 포함하는 것이다. 혹은 단테가 자신의 『군주제』De Monarchia에서 보편적 권위의 보유자로서 일자에게 형상을 부여하고, 동시에 구성원들의 현실적 다양성과 세대들의 계승을 통해 하나의 몸에 결집된 인간성에 형상화하는 황제의 초상을 구성할 때, 인간주의의 정치학적 전망은 한 시대의 유일한 조건들에 맡겨지지는 않았다(그리

---

5 헨리 드 브랙턴(Henry de Bracton, 1210~1268). 영국의 성직자·법률가·재판관. 옥스퍼드 대학에서 연구하고 성직을 맡았다. 주저 『영국의 법과 관습에 대하여』(De Legibus et Consuetud inibus Angliae)는 고전적인 모범에서 전개된 영국 중세의 커먼로(common law)를 조직화한 것이다.──옮긴이

고 그 기회가 만개하는 시점에서 제국에 대한 향수의 표현으로 환원되지는 않는다). 그러한 전망은 이탈리아 법률가들의 오래된 작업에 의해 알려지고, 샤를 켕트Charles Quint[카를 5세], 엘리자베스, 프랑수아 1세 혹은 앙리 3세의 시대에 재활성화된다. 제국적 야망이 보편주의적 언어와 결합할 때, 『군주제』의 이상들, 오귀스트와 아스트레아 그리고 힘과 정의의 이중 형상은 새로운 군주제와 세계 정복의 확립을 위해 다시 활용되는 것을 보게 될 것이다. 본질적인 것은 남아 있다. 정치신학적인 것은 그 용어들이 전환되고 대립의 원칙이 보존되고 있는 표상의 시스템의 전개 속에서 드러난다.

기름 붓기와 제관의 제도를 통해 왕위는 신성한 것이 되고, 왕에게는 나머지 인간들과 그를 분리시키는 주권을 주장하고, 예수의 장관이자 대리자로서 또한 그의 이미지 속에서 자연적이고 유한한 생명의 몸과 무한한 생명의 초자연적 몸을 지닌 이미지로서 나타날 가능성을 부여하는 순간부터, 그 대가로 신성한 것을 작동시키는 주인으로서 교황은 군주제의 상징을 탈취하고 현세적인 질서 속에 자신의 권력을 각인시킬 가능성을 찾는다(나중에 그레고리안 개혁과 서임권투쟁[6]에 의해 현실화된 것). 왕위의 신성화 결과로서 발달한 세속적 기능과 신성한 기능의 혼합을 해체하고자 노력하면서 교회가 자신의 영역을 한정하고 형성 중인 국가를 모방하여 기능집단으로서 자리매김하던 순간부터, 교회는 모든 정치적 총체로부터 급격하게 분리하고 **신비한 몸**corpus Ecciesiae mysticum ──예수의 몸 자체, 예수는 동시에 머리를 형상화한다──으로서 자신을 드러내면서 정신적 임무를 보존하고자 하였다. 그 대가로 왕국은 자신 속에 종교적 임무를 재각인

---

6 서임권투쟁(敍任權鬪爭). 11세기 후반에서 12세기에 걸쳐 유럽의 주교(主敎)·대수도원장(大修道院長) 등 고위 성직자들에 대한 서임권을 둘러싸고 신성(神聖)로마 황제와 로마 교황 사이에 야기된 분쟁.─옮긴이

시키고, **신비한 몸**──왕이 그 머리를 동시에 형상화하는 왕의 몸──의 정의를 부여한다. 로마법과 아리스토텔레스주의의 재활용이 신학과 정치이론에 새로운 개념적 틀을 제공하는 시점에서 **제국, 인민, 공동체, 조국, 영속성, 끝없는 시간**(영원성과 시간 사이의 매개 개념)이라는 고대적 개념들은 항상 몸과 공간적·시간적으로 유기적인 전체의 한계들 속에서 기입된 특이성singulier과 항상 초월성의 작용과 관련된 보편성universel 사이에서 새로운 관계를 형상화하기 위해 재작업되었다. 군주(우리는 이미 이 사건에 대해 암시를 하였다)는 정의와 신민들 사이에서 중재자의 위치를 차지한다. 법률들로부터 해방되고 동시에 법Loi에 종속된 황제에 대한 로마적인 고대 정의는 이 위치에 그것을 놓기 위해 방향을 전환하였다. 그것은 자신의 위에서 그리고 아래에서 은혜에 의해서 신적인 것으로, 동시에 본성에 의해서 인간적인 것으로 등장한다. 동시에 정의의 교사이자 계시자 그리고 국가 속에서 자신의 대리인과 이미지를, 대칭적으로 예수를 본떠서 정의는 숭배의 대상이 되고 그 자체로 주권적 이성과 균등성 사이, 신법의 대체와 인간적 법의 대체 사이에서 중재자로서의 위치로 미끄러져 간다.

아주 특별하게 주의를 받을 만한 가치가 있는 것은 예수의 모델로부터 원초적으로 영감을 받은 몸의 형상화를 동반하고 유지하는 일련의 이중화이다.──서로가 서로를 대체할 뿐만 아니라 서로에게 근거가 되는 몸. 반복하건대 틀의 원칙은 신성한 것의 작용에 의해 새로운 종류의 왕위 제도와 함께 제시된다. 마르크 블로크Marc Bloch가 자신의 책 『기적을 행하는 왕』*Rois Thaumaturges*에서 제시했던 것처럼, 우리는 현세적인 권력의 지위와 정신적 권력의 지위를 움직이게 하는 복잡한 현상의 존재 속에 있다. 예수처럼 축복받고 제관이 된 왕은 자신의 영적인 권력을 보지만, 지상에 대한 예수의 반박은 자신의 모델과 달리 본성상 인간적이고 은혜에 의해 신적이다. 그것은 신성한 것의 자리를 충분히 차지하지 못하기 때문만이 아니라(아마도 어떠한 것도 도달하지 못할 것이다), 그 인간 속에서 자연적인 것과 초자연적인 것의 결합과 분리가 동시에 가시적으로 되기 때문이다. 이러한 의미에서 오토 제국의 황제들에 의해 행해진 시도들에도 불구하고, 신과의 완전한 동일시의 길이 지워진 채로 남아 있다. 동시에 왕은 지상에서는 또 다른 힘 즉 사제들과 충돌하게 되지만, 사제들의 덕성을 통해 그는 은혜를 받고 또한 사제들은 자신의 우월성을 요구하게 된다. 따라서 왕의 몸의 이중화는 군주적 (혹은 제국적) 권위와 교황의 권위라는 이중화와 함께 이루어진다. 그러나 후자의 축에서 행해지는 것은 의미가 없지 않은데, 왜냐하면 현세적 권력 위에 존재하는 교황의 확립이 지상의 영토에 고유한 정신적 권력을 각인시키는 기획과 관련되기 때문이다. 이와 관련하여 왕과 교황 사이, 즉 페핀 르 브레프Pépin le Bref와 에티엔 2세Etienne II 사이에 이루어진 첫번째 협약의 상황들은 일화적인 것이 아니며, 상징적인 의미를 지닌다. 페핀은 자신의 아버지의 권력 행사를 찬탈로 바꾸었다. 그가 교회에 확립시켜 주길 바랐던 것은 자신의 정당성의 토대였다. 에티엔 2세의 경우, 오류를 덮기 위해 왕을 도와주는 행위 덕분에 그가 획득하기를 바랐던 것은 라벤Ravenne의 지방 주교 자리였다. 거기는 콘스탄틴의 거짓 증여로 로마의 소유로서 포기된 지역이었다. 이러한 이중의 사기는 종교법과 인간법 사이의 새로운 결합 속에서 덮어졌다. 새로운 형성은 정치신학적인 것이었고, 우리가 말하고자 하는 것은 그것이 권력의 이중의 쟁점에 의해 제어되었다는 것이다. 그러나 더 중요한 것은 단번에 보편적이고, 정신적이고 현세적인 권위의 방향 속에 동시에 있는 두 개의 운동이 예감하도록 하는 것 그리고 그것들의 완성의 불가능성. ──제한 없는 정치적 지배의 불가능성과 신적 군주제의 불가능성을 언급하는 것이다.

반대로 중세적 조직의 특징인 권위의 세분화를 통해 그려지는 것은 제한된 영토의 틀 속에서 자신 위에 아무것 ——현세적인 어떠한 권력이라고 이해하자——도 존재하지 않는 것으로 등장하는 왕의 위치이다. 그것은 **자신의 왕국에서 황제**imperator in suo regno로서 정의된다. 그런데 군주제적 형상화가 자신의 서구적 특이성 속에서 전개되기 시작한 것은 13세기 중반 프랑스와 영국에서 자신의 주장이 명확히 확정되는 순간이다.

영토 내에 권력과 법률을 기입하는 작업, 한정된 경계 내에 정치 사회를 제한하는 것, 이 공간 내에 왕의 권위에 공통적인 충성을 획득하는 것은 영토의 신성화, 왕국의 영성화의 작업과 함께한다. 국가의 틀 내에서 교회로부터 그의 현세적 힘을 빼앗고, 왕국의 공동체 내에 국민적 사제 집단을 포함시키려는 세속화와 탈종교화 과정에 병행하여 '자연적' 공간과 사회적 제도 내에 신비한 의미를 부여하려는 고유한 종교적 표상의 체화 과정이 작동한다. 이중화는 사회의 모든 겹 속에서 기능적인 것과 신비적인 것의 질서 사이에서 발효된다. 혹은 표상 속에서 발생하기 때문에 **정치체**corps politique의 겹 속에서라고 말하는 것이 더 나을 것이다. 정치체의 이중화는 왕의 이중화를 수반하며 동시에 그것의 일부분이 된다. 왜냐하면 왕의 초자연적, 무한 생명의 몸은 신에 의해 깃들여지고 은혜에 의한 신적인 인간의 몸으로 존재하기 때문이다. 혹은 동일한 몸이 인간의 몸과 공동체의 몸으로 정의되는 순간에 머리는 지울 수 없는 초월성의 상징으로 남는다. 조셉 스트레이어는 필리프 르 벨의 통치에 대한 쓴 자신의 유명한 글[7]에서 어떻게 '왕국의 방어'라는 기호 아래에서 정치 사회의 단일성의 정복이 종교

---

7 Joseph R. Strayer, *Medieval Statecraft and the Perspectives of History*, Princeton, Princeton University Press, 1971.

적 감성을 동원하는 데 성공하는가를 보여 준다.──예수의 왕국의 방어와 조국의 감정을 연결시키는 이러한 방어는 천상의 조국의 방어, 예루살렘의 해방과 신의 영광을 위한 십자군의 희생에 균등하게 전투원들의 희생을 대체하는 것이다. 이 역사가는 우리에게 어떻게 전사로서의 왕과 기독교인으로서의 왕의 형상이 이중화되는지, 동시에 영토가 신성한 땅으로, 신민 대중은 선민으로 이중화되는지를 보여 준다(그의 『최고 기독교적인 왕, 선택된 인민과 신성한 대지』*The Most Christian King, the Chosen People and the Holy Land*을 보라). 조국, 공동체, 인민이라는 로마적 관념이 종교적 상징 속에서 어떻게 재활성화되고 재정교화되는지를 장황하게 설명하는 것은 무의미할 것이다. 우리는 단지 현재에 잘 알려진 이러한 현상에 대한 주의를 끌기를 바랄 뿐이다. 중세 군주제의 신학적 형상화 속에서 인민, 국민, 조국, 성전, 국가의 안녕이라는 표상의 성립이 그것이다. 그런데 칸토로비치의 분석에 근거하면서 18세기에 출발한 과정, 즉 왕 개인으로부터 공적 영역, 소외될 수 없는 재물들의 영역이 분리되고, 객관적 질서에의 참조와 신성한 질서에의 참조가 이중화되는 과정을 살펴보는 것은 매우 의미 있는 것이다.──교회가 가진 재산의 이미지, 예수의 소유물 자체의 이미지 속에서 **신성한 것**res sacrae이 된 **공적인 것**res publicae. 국가의 축으로 나중에 확정되는 비인간성의 축 아래에 위치하고 기호의 전복 자체에 의해서 개인들로서 신비한 몸으로서 정의되는 왕관 혹은 국고(브랙턴은 왕을 예수의 대리자 모델에 따라 국고의 대리자로까지 정의한다).

결국 한정된 영토와 공동체 위에 안착한 권력이라는 관념(제국의 시기에는 알려지지 않은 관념)과 보편적 지배를 주장하는 권력의 관념 사이에 세워진 관계, 그리고 대칭적으로 한정된 정체성에 맡겨진 왕국, 국민, 인민이라는 관념과 특권화된 방식으로 인류를 각인하고 체현하는 지상과 공동체라는 관념 사이의 관계를 묻는 일이 발생하였다. 왕을 자신의 왕국 내에서 황제로 만드는 정식화는 모순을 포함하고 있다. 그것은 경계 없는 권위와 경계지어진 권위로의 기호를 만든다. 그것은 다른 힘에 의해 제한된 힘을 근대 군주가 암묵적으로 수용하는 것이 제국적 힘의 환상을 제거하는 것이 아니라는 것을 알려 준다. ──수세기 동안에 항상 되살아난 일이다. 그런데 이러한 모순은 왕국이 틀 내에서 빗나간다. 마치 그것이 보편적 가치의 보관자를 발견하면서만 경험적 경계들 내에서 인식될 수 있는 것처럼. 그러나 아마도 모든 능력을 측정하기 위해서 단테의 첫번째 자극 아래에서 인간성이라는 이념이 **유일한 일자**의 권위 아래에서 평화 속에 하나──정신의 권력, 주권적 이성을 정치 권력과 결합하려는 이념──를 발전시키면서 행사한 역할을 재검토하면서 그것을 분명히 해야 할 것이다. 인문주의에서 현세적 군주제에 대한 비판의 토대를 발견한 사람들에 의해 아주 강하게 반박되었던 이 이념──14세기 말 피렌체와 16세기 전 유럽에서 이루어진──이 철학이 미슐레의 표현에 따라 우리가 **정신의 왕위**라고 명명했던 것의 원칙을 재정식화하려 시도할 때마다, 철학 속에서 정치신학적 효율성을 보존하고 있었는지를 물어볼 가치가 있다.

정치신학의 미로 속에서 이러한 간단한 연구가 우리를 어떠한 결론으로 이끄는가? 그의 틀에 따르면 내재성의 의미 속에서 진행하는 모든 것은 초월성의 의미 속에서 진행한다고, 사회적 관계들의 윤곽에 대한 설명의 의미 속에서 진행하는 모든 것은 단일성이 내재화되는 의미 속에서 진행한다고, 객관적이고 비개인적인 총체를 정의하는 의미 속에서 진행하는 모든 것은 이 총체들의 개별화의 의미 속에서 진행한다고 인정하기에 이른다. 체현의 메커니즘이 지닌 복잡한 장치는 종교와 정치의 얽힘을 보장한다.

거기에서 우리는 순수하게 종교적인 혹은 순수하게 세속적인 실천이나 표상들에만 관련이 있다고 믿을 수 있다.

그런데 19세기에 시작되어 시대의 철학자들과 역사가들이 질문하였던 민주주의 사회에 대한 시선을 본다면, 그러한 체현의 복잡한 장치가 깨지도록 합의하지 않았는가? 권력의 탈체화désincorporation와 함께 권리의 탈체화, 사유의 탈체화, 사회적인 것의 탈체화가 있다. 패러독스, 그것은 국가, 인민, 국민, 인간성이라는 새로운 이념의 형성과 함께 작동하는 모든 모험이 과거에 그 뿌리를 두고 있다는 것이다. 그러한 의미에서 토크빌이 그가 프랑스혁명 속에서 근본적 시작이라는 환상을 비난하고 민주주의의 전사前史를 재구성하기를 바랐음을 예상할 수 있는 것은 많은 동기를 가지고 있다. 우리는 암시만을 할 수 있었을 뿐이지만 미슐레가 다소간 무의식 속에 그 흔적들을 되찾은 르네상스 시기의 인문주의의 정치적 종교성이 분명하게 존재한다. 그러나 민주주의적 표상의 계보학의 재구성은 역사의 층위들의 연속성을 자극하기보다는 단절의 심오함을 우리로 하여금 발견하도록 하지 않는가? 따라서 민주주의 속에서 종교적인 것의 정치적인 것 속으로의 전이라는 새로운 에피소드를 찾는 대신에, 하나의 특성의 다른 하나로의 전이는 현재는 폐지된 형태의 보존을 위해서만 유효하다고. 또한 이제부터 신학적인 것과 정치적인 것은 연결된다고. 사회적인 것의 제도화의 새로운 경험이 그려졌다고. 종교적인 것의 재활성화는 그것의 실패의 관점에서 이루어진다고. 그것의 효율성은 상징적인 것이 아니라 상상적인 것이며, 결국 그것은 그 자체로 독해 가능한 민주주의의 아마도 우회할 수 없는, 아마도 존재론적인 난점을 증언할 뿐이라고. ——왜곡 없이 근대적 조건의 비극을 담당해야 할 정치적·철학적 사유를 위한 난점에 대해서도 마찬가지라고 판단해야 하지 않는가?

불멸성의 죽음?[*]

지난 세기 중반, 보나파르트 쿠데타 다음 날 저지 섬의 망명자[1]들은 동일한 정치적 감수성을 공유하지 않았다. 그러나 다른 무엇보다도 아마도 불멸성의 문제가 그들을 분리시킨다. 한편으로 그 문제는 그 자체로 정치적 효력이 있다. 바로 이것이 우리를 놀라게 하는 것이다……. 불멸성을 부정하거나 혹은 그것을 확정하는 것은 진정한 공화주의자, 진정한 민주주의자, 진정한 사회주의자가 되기 위해서 해야 한다. 빅토르 위고와 피에르 르루, 각각은 그들의 시각에서 미래 사회에 대한 인식과 건설에 대해 정확한 이념과 조건을 가지고 있다. 그들은 완강히 논쟁한다. 위고는 개인의 정체성을 해소하고 집단 속에 그것을 흡수하는 '인류의 종교에 대해 분노하였고, 그 사후에 그것을 제거한다. 르루는 **영혼들**과의 수상한 인터뷰를 즐겼다. 이 논쟁에 대해 몇 년 뒤 『레 미제라블』의 '철학' 서문과 『사마레즈의 파업』은 증언하고 있다. 위고는 1860년 윤회의 독트린을 포기하였다. 그러나 그는

---

* *Le Temps de la réflexion*, 3, 1982에 게재된 글.

항상 영혼의 이동이라는 관념에 집착하였다. "공간은 대양이고, 우주는 섬들이다. 그러나 섬들 사이에 소통이 필요하다. 이 소통은 한 세계에서 다른 세계로의 영혼들의 파견을 행하는 것이다."[2] 그러고서 그는 "존재,…… 셀 수 없는 기적"에 대한 신념을 "분할될 수 없는 것에 대한 집착"에 의한 파괴할 수 없는 자신에 대한 신념과 연결시킨다. 그의 말에 따르면 새로운 예언자들에 의해 숭배받고 자기 자신에게로 환원되며, 세계와 신으로부터 분리된 인간성, "그것은 비어 있는 인간성, 하나의 유령이다". 자유와 책임을 제거하려는 역사의 허구에 빠진 긴 주장은 다음과 같은 결론에 이르도록 한다. "불멸성, 추론의 나머지이다. 대답하기 위해 생존해 있는 것, 그것이 삼단논법의 기저이다……"[3] 철학적 혹은 신학적일 만큼 정치적인 결론이다. 왜냐하면 자유가 확장되면 될수록 그리고 인간이 그것이 무엇인지에 대해 대답할수록, 그러한 결론이 나온다. "당신이 삶에 대해 해야 할 것을 주면 줄수록, 당신은 무덤에서 해야 할 것을 남기는 것이다. 노예는 책임이 없다. 엄격히 말해 그는 전적으로 죽을 수 있으며, 죽음은 그에게 말할 것을 아무것도 남기지 않는다. 시민은 모든 필연성으로 인해 불멸이며 그는 대답해야 한다. 그는 자유로웠다. 그는 설명해야 한다. 이것이 자유에 대한 신적인

---

1 위고(Victor Hugo)와 르루(Pierre Leroux)를 가리키고 있다. 빅토르 위고는 루이 나폴레옹의 쿠데타(1851) 이후 망명의 길에 올라, 벨기에를 거쳐 영국령 저지(Jersey) 섬과 건지(Guernsey) 섬에서의 19년간에 걸쳐 망명 생활을 보냈다. 이 시기에 위고는 루이 나폴레옹을 풍자하는 『징벌 시집』(Les Châtiments, 1853), 딸의 추억과 철학 사상을 노래한 『정관 시집』(Les Contemplations, 1856), 인류의 진보를 노래한 서사시 『여러 세기의 전설』(La Légende des siècles, 1859), 장편소설 『레 미제라블』(Les Misérables, 1862), 『바다의 노동자』(Les Travailleurs de la mer, 1866), 『웃는 남자』(L'Homme qui rit, 1869) 등의 작품들을 연이어 발표하였는데 위고가 남긴 최고의 걸작들은 대부분 이 망명 시기의 작품들이다. 피에르 르루 역시 쿠데타 이후 저지에서 가족과 함께 망명 생활을 시작하였고, 저지 섬에서 『사마레즈의 파업』(la Grève de Samarez)을 쓴다. ―옮긴이
2 V. Hugo, Oeuvres complètes, t. XII, Paris, Club français du livre, p.49.
3 Ibid., p.54.

기원이다."[4] 위고는 자신의 적대자, 인간성이라는 종교의 보유자들을 지명하지 않았다. 그러나 아마도 르루 혼자만 관계되지는 않는다. 그는 동일하게 콩트 혹은 앙팡탱Barthélemy Enfantin의 몽상을 비난한다. 그리고 발랑슈의 『재생』Palinggénésie은 인간의 연속적인 죽음을 통한 인류의 재탄생에 대해 언급하고 있기 때문에 창조자 신에 대한 신념에 영향을 받았다는 것을 발견하지 못하였다.

『사마레즈의 파업』은 신학자들이 불멸성의 도그마를 전혀 이해하지 못했으며, '명석한 이웃'인 위고가 모든 존재들의 연대 이론 속으로 파헤치고자 한 것을 알기 위해서 자신의 이미지, 예술 그리고 스스로에게 지나치게 몰입했다는 확신을 표현하고 있다.[5] 사마레즈의 해변에서 고통과 이동의 장면을 그리면서 르루는 유령들을 환기시키고, 그들을 소환하여 그들이 말하게 하는 것을 잊지 않는다. 그러나 그는 이러한 황홀을 다른 세계에서 솟아나온 영혼들과 진정으로 소통하는 연극으로 전환시키는 것에 개의치 않는다. 피에르 알부이가 인용한 문구에서 르루는 다음과 같은 말을 제시하고 있다. "나는 영혼들과 대화한다. 모든 당신들의 종교는 잘못이다.……당신이 이상적이고 실재적인 존재로 만드는 인류는 존재하지 않는다. 그것은 결코 나의 테이블에 오지 않았다. 미래의 삶은 당신이 말하는 그런 것이 아니다.……나는 별에 갈 수 있다고 확신하지 않는다. 그러나 나는 그것을 강하게 믿는다."[6] 르루가 어떻게 불멸성을 인식했는지를 이야기하지 말자. 그것을 정의하지 않는 것이 그에게 중요하다. 왜냐하면 위고가 암

---

4 Hugo, *Ibid*., p.55.
5 Pierre Leroux, *La Grève de Samarez*, Paris, Klincksieck, 1979.
6 Pierre Albouy, *Mythographies*, Paris, Corti, 1976 인용. 저자는 위고와 르루 사이의 논쟁 그리고 더 일반적으로는 저지 섬과 건지 섬의 지적 분위기에 대한 정확한 생각들을 전하고 있다.

시한 것과는 반대로 불멸성은 실제적인 인간성이나 이상적인 인간성에 결합되어 있는 것이 아니다. 그러나 적어도 그것은 그의 눈에는 가시적인 것과 비가시적인 사이의 분할이 아니다. 공간 속에 한정되어 있는 비가시적인 것이 아니며 ──그의 친구 레노Reynaud가 원했듯이 이러한 동기 때문에 혼란스러워진 천체 속에서 ──혹은 시간 속에서, 현시적인 삶으로부터 분리된 미래의 삶 속에서, 그것은 역사를 통하여 인간에서 인간으로의 현존과 읽기와 글쓰기의 사용 속에서 말을 사용하는 경험을 해체할 수 있는 불멸성의 표상이 아니라는 것을 알리도록 하자.

철학자 위고 혹은 르루, 생시몽 혹은 발랑슈, 우리 현대인들은 그것들을 읽고 관심을 가질 수 있다. ──역사적 순서가 아닌 관심 ──그러나 그들은 불멸성에 대한 그들의 의도 속에서 기이함만을 발견할 뿐이라는 것도 인정하자.

반대로 그들의 사유가 토크빌의 사유, 즉 몽상과 단절한 사유, 이미 사회학적인 사유와 얼마나 근접한가. 사실은 『미국의 민주주의』 2권 ──1840년에 출간되었다는 것을 기억하자──에서 개인주의에 대해 쓰인 장에서 토크빌은 귀족주의 사회와 민주주의 사회를 비교하면서 집단적 공간이라는 개념뿐만 아니라 시간 개념 속에서 생산된 변환을 명확히 보여 준다. 그는 각자가 유일하고 거대한 의존의 망 속에 위치하고 분류되며 잡혀 있는 것이 귀족주의 사회라는 것을 관찰한다. "귀족주의는 모든 시민을 농민에서 왕에게까지 오르는 기다란 사슬로 만들었다."[7] 그런데 마찬가지로 사건들과 개인들의 연속을 넘어서 변함 없는 시간 개념이 부과되었다. "가족들은 수세기 동안 동일한 상태와 동일한 장소에 자주 머물러 있다. 그것은 우

---

7 Tocqueville, *De la démocratie en Amérique*, t. II, 1951, p.106.

리 시대의 모든 세대들에 대해 그렇게 말할 수 있다."[8] 바로 이것이 이러한 인류를 살게 하는 거의 자연적 의미의 불멸성의 의미를 이해하게 하는 것이다. 게다가 저자가 다른 장에서 말하는 것처럼, "…… (과거에) 세대들은 다음에서 다음으로 의미 없이 계승되었다. 각각의 가족들은 불멸의 그리고 영원히 움직이지 않는 인간으로서 존재하였다. 이념은 조건들과 마찬가지로 변화하지 않았다."[9] 이 모델과 관련하여 민주주의의 특이성이 나타난다. "새로운 가족은 끊임없이 무無로부터 발생하고 또 다른 것은 끊임없이 다시 추락한다. 그리고 존재하는 모든 것은 표면을 바꾼다. 시간의 씨실은 모든 순간에 끊어지고 세대들의 흔적은 사라진다. 당신을 앞섰던 것을 잊어버리고 당신을 따라오는 것에 대해서는 아무 생각을 하지 않는다."[10] 토크빌은 이와 관련한 자신의 주장을 다음과 같이 결론짓는다. "따라서 민주주의는 각각의 사람들에게 자신의 조상을 잊어버리게 한다. 그러나 민주주의는 후세들을 숨기고 또한 동시대인들과도 분리시킨다. 민주주의는 끊임없이 각각의 사람들을 자신에게만 향하게 하고 결국 진정한 고독 속에 그를 가두게 된다." 게다가 저자는 19세기 초에 재활성화된 불멸성에 대한 민음 속에서 과거의 유물만을 발견하도록 이끄는 이러한 표에 멈추지 않는다. 그는 두 개의 장을 통해 민주주의 속에서 그것들의 성격과 기능을 묻는다. 하나의 장은 "왜 어떤 미국인들은 그렇게 과장된 심리주의를 보는가". 다른 하나의 장은 "어떻게 종교적 믿음은 간혹 미국인들의 영혼을 비물질적 향유로 향하게 하는가". 그를 놀라게 하는 것은 우선, 영원한 행복을 향한 기이한 길들을 열도록 노력하는 종교적 분파들의 출현이다. 그것은 '종

---

8 Tocqueville, *Ibid.*, p.105.
9 *Ibid.*, p.246.
10 *Ibid.*, p.106.

교적 광기'의 성공이다. 그러고 나서 미국인의 진정한 종교성이다. 첫번째 현상에 대한 그의 해석은 한편으로 사회학적이라고 판단할 수 있는 생각으로부터 온 것이다. 본질적으로 세계로부터 탈주하려는 욕망은 민주주의에 의해서 더 단호하게 자극된 물질적 재화의 향유와 "탈출하도록 하지 않을 것 같은 한계 속에서" 각자의 감금이라는 행복의 추구로부터 탄생한다. 더욱더 많은 수의 사람들이 이 한계 속에 감금되면 될수록, 적은 수에게서 종교적 광기는 더욱더 강화된다. "만약 인류 대다수의 정신이 물질적 재화의 추구에만 집중한다면, 몇몇 사람의 영혼 속에서 거대한 반작용이 일어날 것을 기대할 수 있을 것이다. 몇몇 사람은 자신의 몸에 부과되는 매우 좁은 족쇄에 당황스럽게 남게 되는 두려움으로부터 영혼의 세계에 필사적으로 던져진다."[11] 토크빌이 덧붙이기를 "지상만을 생각하는 사회 속에서 하늘만을 보기를 바라는 몇몇의 소수를 만난다고 놀라서는 안 될 것이다. 나는 자신의 행복에만 집착하는 사람들에게서 신비주의가 곧 진보를 만들지 않는다면, 오히려 놀랄 것이다." 독자는 해석의 미묘함에 대해 아주 놀랄 것이다. 여기 그리고 지금, 실재 속에서 탕진湯盡에 대항하는 반작용으로 세속적인 행복에 대한 공통적 이상의 끝에 정착한 신비주의, 불가능한 것의 추구, 이것이 사유들의 습관을 만족시키는 표이다. 어쨌든 그것이 토크빌에게서 우리가 발견하기를 바라는 우리의 사유가 아니라 그의 것이라면, 그의 주제는 사회학적 분석의 틀을 넘어서는 것임이 타당하다. 기이한 종교적 분파들의 증식을 동반하는 종교적 광기들에 대한 증명과 신비주의의 성장이라는 가정 사이에서 토크빌은 인간의 본성에 대한 판단을 제시하는 것을 두려워하지 않는다. "무한한 것에 대한 취향과 불멸적인 것에 대한 사랑

---

11 *Ibid.*, p.108.

에 빠진 것은 인간이 아니다. 인간의 숭고한 본능은 자신의 의지의 변덕으로부터 탄생하지 않는다. 그것들은 인간 본성 내에 움직이지 않는 토대이다. 그것들은 그들의 노력에도 불구하고 존재한다. 인간은 그것을 방해하고 뒤틀지만 파괴하지는 않는다."[12] 토크빌의 과학적 우려는 기독교인의 신념으로부터 배가된다고 선언하면서 이러한 노선을 강조한다고 우리는 믿는다. 그러나 그가 그렇다고 가정한다면, 민주주의에 대한 그의 인식과 그로 하여금 민주주의 속에서 최상의 것과 최악의 것을 분별하고 민주주의적 전제정과 민주주의적 자유의 동학을 해명하도록 하는 원칙들 사이를 구분하는 것이 가능한지에 대해 물을 수 있다. 그러나 가정은 분명 논쟁적이다. 내가 언급한 두번째 장은 저작 속에서 수차례 다시 언급되는 하나의 관찰을 포함하고 있다. "미국인들은 그들의 실천을 통해 그들이 종교를 통해 민주주의를 도덕화할 필요성을 느끼고 있다는 것을 보여 준다"[13]고 적고 있다. 종교가 여기에서는 종교적 광기와 구분되고 있다는 것에 동의하자. 종교는 기독교를 그리고 있다. 어쨌든 그러한 관찰은 보편적 범위의 진실을 보여 주고 있다. "이와 관련하여 그들이 그들 스스로에 대해 생각하는 것은 모든 국민에게 관통되는 진리이다"라고 우리의 저자는 덧붙이고 있다. 그런데 이 진리는 기독교의 본질에 관련되어 있지 않고, 타락의 위협에 대항하여 방어해야 하는 인간 정신의 본성과 관련된다. 이것에 토크빌은 물질주의라는 하나의 명칭을 부여한다. 그것은 "모든 국민들에게 위험스런 질병이다". 그러나 다른 어떤 것보다 민주주의에는 더욱 위험하다. 아마도 그는 기독교가 상위의 종교라고 판단하였을 것이다. 그러나 그가 거기에 집착한

---

12 Tocqueville, *Ibid*., pp.140~141.
13 *Ibid*., p.150.

다면 그것은 근대적 인간에 대한 그의 현실적인 고려 때문이며, 그에게는 중요하지 않지만 결정적으로 그의 선호가 어떠하든 간에 종교적 감성의 본성 때문일 것이다. "어떠한 것이든 하나의 종교가 민주주의 속에 깊이 뿌리내릴 때 그것이 흔들리지 않게 하시오." 이것이 그의 생각이다.[14] 따라서 그는 그의 시대에 하나의 신념에서 다른 신념으로, 이행의 시점에서 신앙의 공백이 패일 수 있다는 위험을 인식하였던 것이다. 그러나 기독교적 종교의 다양성을 넘어서 그리고 종교 일반의 다양성을 넘어서, 토크빌은 신앙에 대해 우려한다. 신앙은 그에 따르면 모든 체제 속에서 그리고 아주 특별하게 민주주의에서 어떠한 과정을 거치든 자신의 진리를 끄집어 내는 원천을 가지고 있다. 좀더 깊이 들여다보면 신앙은 불멸성에 대한 믿음이다. 따라서 그는 다음과 같이 결론짓는다. "대부분의 종교는 영혼의 불멸성을 인간에게 가르치는 일반적이고, 단순하며, 실천적인 수단이다. 거기에 민주주의적 인민이 신앙을 찾는 가장 큰 이점이 있으며, 그것은 그 모든 인민에게 가장 필요한 것을 주는 것이다."[15] 더욱 과감하게 "종교적 광기"와 기독교 종교 사이의 차이를 결국은 흐릿하게 하는 또 다른 제안이 뒤따른다. "분명하게 윤회는 물질주의보다 더 이성적이지 않다. 그러나 민주주의가 둘 중의 하나를 선택해야 한다면, 나는 주저하지 않고 그들의 영혼이 아무것도 아니라기보다는 그들의 영혼이 돼지의 몸 속으로 들어간다고 생각하는 것이 덜 우둔해질 것이라고 판단한다."[16]

우리 현대인들은 토크빌을 사랑한다. 우리들은 토크빌에게서 충분히 근대적인 저자를 발견한다고 믿는다. 우리들의 많은 수는 『미국의 민주주

---

14 *Ibid.*, p.151.
15 *Ibid.*
16 *Ibid.*, p.152.

의』를 읽고, 그의 절제됨을 칭찬한다. 반대로 아주 적은 수가 『사마레즈의
파업』 혹은 『레 미제라블』의 서문을 알고 그것들의 엉뚱한 생각에 대한 느
낌을 가지고 있다. 그러나 왜 절제된 토크빌과 그러한 엉뚱함이 공명할 수
있는지를 묻는 일은 일어나지 않을 것이다. 결국 『미국의 민주주의』에 친
숙한 정치학자들의 마지막 장에서 인용한 한 문장을 제시하는 것이 의미
있는 경험이 될 것이다. "비물질적이고 불멸하는 원칙에 대한 믿음은 인간
의 위대함에 아주 필요한 것이기 때문에, 우리가 고통과 보상의 의견을 따
르지 않고 사후에, 인간에 갇힌 신성한 원칙이 신에게 흡수되거나 **혹은 다
른 창조자에게 생명을 주게 될 때**, 그 원칙은 아주 의미 있는 효과를 산출한
다."[17] 우리들은 저자가 누구인지 알 수 있는가?

* * *

불멸성의 죽음. 이것은 『미니마 모랄리아』*Minima Moralia*에 실린 단편
의 제목이다.[18] 정식화는 한눈에 설득력 있다. 아도르노가 질문의 요지를 따
르지 않는다는 것은 지적하자. 그는 사건을 알려 준다. 그의 주장에 한정하
지 말고 우리 시대의 상식에 부합할 것 같은 증명을 임시적으로 받아들이
자. 따라서 불멸성의 죽음……. 어쨌든 그것이 당연한 결과, 단순한 죽음은
아닌가? 혹은 죽음에 대한 사유를 이용하지 않고 죽음을 말할 수 없기 때문

---

17 Tocqueville, *Ibid.*; Pierre Manent, *Tocqueville et la Nature de la démocratie*, Paris,
Julliard, 1982. 그는 토크빌의 철학에 대해 묻고 있으며, 민주주의에 대한 해석의 토대들을 분
명히 하고 있다.
18 Theodor W. Adorno, *Minima Moralia*, dirigée par Miguel Abensur, 'Collection Critique
de la politique', Paris, Payot, 1978.

에 그것은 단지 죽음에 대한 사유인가? 그것을 인정하기에는 몇 가지 난점이 있다. 수년 이래 사회학자와 역사학자들은 죽음에 대한 태도의 변화 그리고 더 특별하게는 최근의 수십 년의 특징으로 보이는 변화에 관심을 가져 왔다. 그런데 유명한 제목의 필리프 아리에스의 선구적인 연구로부터 이러한 결론, 죽음이라는 관념의 죽음을 끌어낸다.[19] 그의 말에 의하면 서구 사회의 역사를 구획하는 모든 것과는 다른 질서로부터 하나의 변화가 발생하였으며, '역전된 죽음'이라는 도발적 표현을 통해 가장 잘 그것을 요약하고 있다.

최후의 사건을 동반하는 의례들을 끝내자. 죽음은 더 이상 인간들이 과거에 운명이 봉인되는 것을 보는 드라마가 아니다. 더 이상 거대한 장면의 연출도 아니며, 자신의 마지막 시간을 기다리면서 준비하는 죽어 가는 사람과 부모, 측근들 사이에서 역할의 분담도 아니다. 죽음의 스펙터클은 현재에는 최소한의 것, 장례식과 같은 의식으로 변화된 듯하다. 성욕 역시 동일한 효과를 지닌 대상이었던, 금지된 것을 타격하는 것으로서 죽음을 판단한 고레르Geoffrey Gorer를 따라, 아리에스는 죽음을 전시하고 외설의 감성에 대해 말하는 당대인들의 비난을 적고 있다. 분명 놀라운 기호의 전복이다……. 살아 있는 자들의 세계 위로 솟아나온 시적인 죽음에 대하여 평범한 죽음이 이어진다. 과시적인 죽음에 대하여 보이지 않는 죽음이 이어진다. 가족사의 결정적인, 보다 일반적으로는 집단적인 순간에 세워진 죽음에 대하여 사적이고 고독한 죽음이 이어진다. 개인적이고 유사 영웅적인 죽음에 대하여 무명의 죽음이 이어진다. 사실 이 많은 지표들 속에서 우리

---

19 Philippe Ariès, *Essai sur l'histoire de la mort en Occident, du Moyen Age à nos jours*, Paris, Editions du Seuil, 1975.

는 우리 시대에 일상적인 것들의 사소함 속에 그 현상이 해소되는 시도를 찾을 수 있다. 죽어 가는 사람은 죽지 않는 것처럼 보이게 하는 데 초대되는 반면에, 그 측근들은 그들의 고통과 슬픔을 감추도록 애써야 한다. 모든 것은 마치 각자가 비밀스럽게 피해야 하는 것처럼 일어난다. 살아 있는 사람을 괴롭히지 말아야 한다는 것. 그들과 공모하여 파탄을 감추는 것. 미국에서 자주 있는 것으로 불치병을 알리는 의사의 새로운 조치가 보여짐에도 불구하고 이 광경을 전혀 변화시키지 못한다는 것이다. 왜냐하면 그러한 조치는 극적으로 만들지 않으려는 의지에 대한 대응이기 때문이다. 불치병 진단을 받은 것을 알지 못하는 사람에게 '진실을 말하는 것'은 종교적 혹은 도덕적 정언명령에 복종하는 것은 아니며, 오히려 위생학과 관료주의적 규칙에 순응하는 것이다. 따라서 의무는 마지막 의학적 처방을 받고 순수하게 죽어야 하는, 그리고 자신의 일들을 정리하고, 사회가 그에게 기대하는 마지막 작업을 완성하도록 하는 환자에게 행해진다.

극적으로 만들지 않는 것이 죽음의 부정을 의미하지 않는가? 아리에스는 되풀이하여 그것을 암시하고 있다. 그리고 적어도 한곳에서는 자신의 의견을 제시하는 것을 두려워하지 않는다. "기술적으로 우리는 죽을 수 있다는 것을 인정하자. 불운으로부터 우리의 동료들을 지키기 위해 삶에 대한 확신을 갖도록 하자. 그러나 진실로 우리 자신의 기저에서 우리는 불멸을 느끼고 있다."

따라서 다음과 같은 질문을 할 필요가 있지 않을까? 죽음의 부정과 불멸성의 부정은 우리 시대에 동일한 현상의 양면이 아닌가? 실재에 환상을 가져오는 것이 아니라 불멸성에 대한 믿음의 포기는 최근까지도 사람들에게 깃들어 있는 문제의 엄폐에 참여하는 것이 아닌가? 그러나 그것을 어떻게 말하는가? 죽음이 부정의 대상이 된다는 것을 아리에스의 독자들은 인정하고, 따라서 그들은 새로운 관습에 순응한다. 사실 사건에 남겨진 장소가 비밀이라면, 그것은 지울 수 없는 것이다. 각자는 타인들이 죽는 것을 보며, 자신이 죽는다는 것을 의심하지 않는다. 각자는 자신이 알기 원하지 않는 것이 무엇인지에 대한 관념을 보존하기 위해 충분히 그것에 대해 알고 있다. 다른 한편으로 우리가 상기시킨 작업들은 추문을 일으키지는 않는다. 그것들은 성공을 거둔다. 반대로 **불멸성의 부정**을 **확정**하는 것으로 부조리하게 이끌어지지 않으면서 어떻게 이해할 것인가? 만약 죽음의 표상이 아리에스와 고레르가 선언한 것처럼 현재에 외설적인 것으로 나타난다면, 불멸성의 표상은 얼마나 외설적인 것인가? 그와 관련하여 금지된 것은 대중적이고 우회할 수 없는 것이다. 이 금지된 것에 대한 역사적 분석은 우리로 하여금 그것을 반복하도록 이끌고 있다. 그러나 비난은 그 대상, 즉 불멸성이라는 사실 혹은 죽음이 아닌 것non-mortel이라는 이름 아래의 어떤 것을 사유하는 데 있다. 죽음 앞의 태도들의 역사와 불멸성 앞의 태도들의 가능한 역사 사이의 단호한 대칭의 지점. 전자에 관심을 가진 이들은 자신의 판단의 자유를 보존한다. 만약 우리 시대의 실천들 속에서 부정의 기호들을 발견하는 데 동의한다면, 과거 속에서도 그것을 발견할 수 있을 것이다. 장엄한 죽음은 원칙상 표상과 담론에서 벗어나는 것을 회복하는 수단이 아니었던가? 그러나 후자가 동일하게 자유로운 이용을 가능하게 하지 않는다. 불멸성은 본질 속에서 장엄한 것처럼 보이는 것이다. 불멸성을 재인식하기 위해 경험에 근거하는 것은 비웃음거리에 노출된다. 아리에스의 문구를 상기하자. "우리의 기저에서 우리는 죽음이 아닌 것을 느낀다." 그는 불멸을 말하지 않는다. 그는 의심을 좌절시키기를 원하는가? 그는 금지된 것을 가지고 속임수를 쓴 것은 아닌가? 죽음에 대한 부정이 불멸성의 확정과 동일한 것이 아니라는 것은 사실이다. 어쨌든 그것은 나는 무엇인지를 모른다는 명사에 상응하는 죽음이 아닌 것에 대한 기호를 만든다.

아도르노의 정식화, **불멸성의 죽음**으로 돌아오자. 말의 유희는 곤란함을 자극한다. 그 정식화는 불멸성에 대한 죽음이 사라졌음을 가르쳐 줄 뿐만 아니라 부조리하게도 불멸성이 있음을 암시하고 있다. 그러나 숙고해 보면 일관성이 없는 것이 아니다. 왜냐하면 사실은 그 단어가 우리의 언어에서 사라지지 않았으며, 또한 그 단어가 거주하고 있는 사유가 제거되지 않았기 때문이다. 우리는 더 이상 불멸성을 믿지 않는다. 그러나 우리는 예전에 인간들이 그것을 그들의 믿음의 대상으로 만들었다는 것을 인정할 뿐만 아니라 우리는 기꺼이 그들 중 어떤 이들, 예를 들어 호메로스, 단테, 셰익스피어(19세기 초반에 의미 있게 결합한 세 명의 이름)를 불멸로서 간주한다는 것이다. 우리가 한 단어를 다른 의미로 사용하고 있다고 판단할 것이다. 우리는 "잊어버릴 수 없는"이라는 의미를 말하고자 한다. 불멸이라는 것은 우리의 시각에는 그들의 이름이 인류의 기억 속에 각인된 듯한 작가, 예술가, 철학자 혹은 정치가 혹은 위대한 장군으로 존재한다. 분명 우리는 그들이 별들 속에 살고 있다고 상상하지 않는다. 그러나 그들에 대한 기억이 불멸이라는 것이 전적으로 우리의 사유가? 아주 나쁜 영웅들에 대해 우리는 그들을 불멸이라고 부르지 않는다. 친숙하게 남아 있는 네로나 아틸라Attila가 그들의 이름이다. 불멸성은 그들의 저작이나 행위가 일시적인 효과 속에서 사라지지 않으며, 인류의 과정을 결정하는 데 이런저런 방식으로 기여한 사람들에게 붙여진다. 그것은 또한 동일한 의미에서 우리가 역사의 의미를 결정하는 힘을 부여하는 특별한 사건들에 결합된다. 또한 이러한 불멸의 존재들 사이에서 어떤 것은 특별한 특권을 가지며, 그 덕분에 다른 것들이 불멸성을 얻을 수 있다는 것을 지적할 수 있다. 작가 혹은 예술가들의 언어가 우리에게 도달한 것이다. 시간의 차이에도 불구하고 마치 시간이라는 것이 지나가지 않은 것처럼 그들과 함께 우리는 소통하고 있다. 피에르 르루가 말한 것처럼 우리가 그들의 작품 속에 등장하도록 하는 것이다. 불멸적인 것으로 존재하는 것은 사람이라기보다는 작품인가? 우리의 주제에는 별로 중요하지 않다. 불멸이라는 용어를 잊을 수 없는 것 혹은 사라지지 않을 것으로 대체하는 것은 우리의 언어를 무미건조하게 하는 것이다. 그것은 우리가 읽는 책, 우리가 보는 그림, 우리가 듣는 소나타는 죽지 않는다는 감성에 대해 헛되이 얼굴을 찌푸리는 것이다. 이것이 패러독스이다. 어떤 순간부터 불멸성은 사라지지만 불멸성이 존재들 혹은 과거의 사물들에 결부되기만 하면, 그것은 지속된다. 불멸성이 **장소를 갖는다면** 어떻게 그것을 죽게 만들 것인가? 그 장소는 본질적으로 죽음의 공격이 침범할 수 없으며, 우리 세계와 공유하지 않고서 통치한다고 판단한다.

불합리한 것을 사라지게 하길 원하는가? 그러나 불합리한 것은 완강하다. 불멸성에 대한 믿음이 불합리하다면, 오늘날 그러하듯이 지난날에도 불합리했다는 것을 인정하자. 그리고 과거에 발생한 무한한 시간 지속이라는 관념을 결합하면서 우리는 불합리성을 우리의 것으로 만들 수 없으며, 동시에 현재와 미래를 염려하는 순간에 그것을 제거할 수도 없다.

놀라운 것은 과학이 불합리한 것을 조금이라도 사실로 전환시킨다면 우리는 사유할 수 없는 것을 수용한다는 것이다. 인간적 건축물의 흔적을 만나는 곳이면, 그곳이 오래된 곳이라면, 우리는 거기서 장례의식의 흔적이 발견된다는 것을 큰 어려움 없이 습득한다. 우리는 불멸성이 필연적으로 죽음이 아닌 것을 함의하고 있다는 것을 명백히 하는 것에 멈추지 않고, 기꺼이 죽음에 대한 관념이 인간의 존재와 분리할 수 없는 것 그리고 그것에 구성적인 것으로 나타난다는 것에 합의한다. 죽은 자의 자리를 표시하는 것, 그것은 죽음을 명명하는 것임과 동시에 할 수 있다면 잘 정돈된 몸짓, 기호를 통해 영원성이 이루어지도록 하는 것임을 이해하기 위해 철학적으로 박식한 독해를 할 필요까지는 없다. 그것은 비가시적인 것과 가시적인 것 사이에 영원히 분리할 수 없는 관계를 맺는 것이다. "아무것도 아닌 것을 대신한 어떤 것", 현대 철학이 만드는 운명의 이 정식화는 아마도 첫번째 표상 "아무것도 아닌 것을 대신한 누군가"를 해체하지 못한다. 그 정식화는 인간에 의해 인간에게 세워진 가장 연약한 기념물 속에서 판독된다. 그리고 또한 바로 동일한 운동으로부터 비어 있는 공간이 생겨나고 거기에 기념물이 선다. 바로 동일한 호흡 속에서 말parole은 죽음 앞에서 예와 아니오를 말하면서 행해진다. 이러한 의미에서 살아 있는 자가 자신의 고유한 말을 통해서만 그 저자를 알 수 있는 말은 죽음이 필연적인 것만큼이나 파괴할 수 없는 것이다. 죽은 자는 그 두 가지 모두를 증언하고 있다. 다소간 긴 생존을 상상하는 것과 어떻게 그의 이동의 단계들을 고정하는가는 중요하지 않다. 세계의 결정된 장소에 그를 위치시키는 뿌리내리기가 무엇이든, 그로부터 그는 살아 있는 자들과 소통하고 혹은 다른 세계에서 영원한 거주를 이룬다. 혹은 가족의 집 벽에 초상화를 걸든지 혹은 그를 생각하기만 하든지……. 걱정은 항상 죽은 자를 위해 무언가를 해야 하는 것 속에서 표현된다. 그와 함께 지속의 기간이 발생한다. 그는 본질을 만든다. 그에게 체화하지 않고 인간성은 분쇄된 시간 속에 해소될 것이다.

세계가 **공동의 세계**, 외부의 세계로서 등장하는 것은 단지 살아 있는 자들의 소통과 그들의 인식의 교착에 의해서만이 아니다. 그리고 각자가 다른 이들에게 눈에 보이는 그리고 볼 수 있는, 또한 자신에게 볼 수 있으면서 열려진 존재 속에 각인되는 것으로 충분하지 않다. 변화하지 않고 소진될 수 없는, 절대적으로 현존하고 모든 현실적 영향력을 넘어서는, 비가시적이면서 동시에 가시적인, 사유할 수 없으면서 동시에 사유할 수 있는, 세계는 죽음의 파편으로부터만 솟아나올 수 있으며, 죽음에 대한 전망의 심오함 속에서 그 흔적을 가늠할 수 있을 뿐이다. 그 제도는 상실된 그리고 명명된 인간에게 **존재**가 무엇인지에 대한 영원함의 확실성이 회귀하는 제도와 분리되지 않는다.

죽음에 대한 관념과 항상 지속되는 것에 대한 관념 사이에 원초적 관계를 인정하는 것, 사실 그것은 인식할 수 없는 것과 우리를 친밀하게 할 뿐이다. 그러나 그것은 불멸성, 자신의 가능한 사라짐 혹은 유사-실종에 대한 명확한 문제 앞에서 우리를 무장 해제시킨다. 사실상 이러한 관념과 함께, 특이한 방식으로 **항상 지속적인 것**의 경험이 형성된다. 『인간의 조건』에서 한나 아렌트는 불멸성과 영원성 사이의 대립에 대한 구별과 관련하여 우리의 주목을 끈다. 그녀는 불멸성이 인간들이 자기가 사는 세계와 다른 세계를 인식하지 못하는 곳에서 인정된다고 생각한다. ─불멸성은 명백히 영속성을 가진다. 그리스인들의 사유는 이러한 경험을 증언한다. 그녀는 다음과 같이 우리에게 말하고 있다. "불멸성은 이 땅 위에서 이 세계 속에서 지속성, 영원한 삶을 의미하며, 그에 따라 그리스 개념 속에서 자연과 올림푸스의 신들이 향유하던 것이다. 항상 자연으로부터 다시 시작된 이러한 삶과 신들의 끝도 없고 나이도 없는 삶에 맞서서, 유한한 생명의 인간이 존재하였다. 불멸의 우주 속에서 유한한 유일한 존재들, 그들의 신의 불멸의 삶과 함께 이루어지는 영원하지 못한 존재, 영원한 신의 통치하에 있는 영원하지 못한 존재이다."[20] 유한한 존재들, 인간들만이 유일하게 그러한데, 왜냐하면 동물들과 달리 인간들은 그 지속이 생식에 의해 보장되는 종의 구성원이 아니기 때문이다. 따라서 그들이 사라지지 않는 흔적을 남기는 작품, 공훈, 말을 만들면서 신적 본성에 참여하고자 하는 것은 개인으로서이다. 반대로 세계와 그 세계를 채우고 있는 우월한 존재들이 끝없이 지속한다는 확실성으로 인해, 기독교라는 종교, 초월적 신과 함께 지구상의 삶의 시간을 고려하지 않으면서 인간이 영원한 정주를 발견하는 세계 밖의 장소라는 새로운 개념이 파괴되는 것이 분명하다. 그러나 아렌트는 이러한 파괴가 사색적 삶의 탁월성이 행위하는 삶vita activa에 대하여 확정되는 철학의 탄생 시기인 고대 속에서 알려졌다고 관찰한다. 사건은 불멸성이라는 관념을 세계 속에서의 삶의 불멸성뿐만 아니라 정치적 삶의 불멸성과의 관계를 드러내는 것 속에서 결정적이 된다. 그곳은 인간이 평등한 이들——각자는 다른 사람들 앞에 나타나면서 그리고 모두에게 제공하는 자신의 이미지를 만들면서——과의 관계 속에서 정치 공동체에 참여하면서 자신의 정의定義를 찾기를 중단하는 곳이며, 그곳에서는 지속성 속에서 자신의 어떤 것을 각인시키려는 희망이 사라진다. 불멸성은 정치적 공간의 확립과 전개에 달려 있다. 그러나 불멸성이 사회의 특정한 형태에 의존하는 우연적인 표현이라고 가정해서는 안 된다. 아렌트가 이해하는 의미에서 그녀가 그리스 정치 공동체에서 인식하는 정치적 삶은 인간 조건의 상위적 형태를 구성하고 있다. 따라서 불멸성이라는 의미의 상실은 이러한 조건의 상실과 동시적이다. 이러한 주장은 아렌트가 근대적 인간성의 쇠퇴를 상기시키는 장에서 발전시키고 있다. 인간이 **공동의 세계**, 즉 자신의 세대보다 먼저 존재하고 그 이후에도 존재하게 될 세계로부터 느끼는 경험을 갖는다는 것이, 그에게 지속성과 초월성을 보장하는 것으로는 충분하지 않다고 그녀는

---

20 Hannah Arendt, *The Human Condition*, Chicago, University Chicago Press, 1958, p.18(*La Condition de l'homme moderne*, trad. fr. Calmann-Lévy, 1961, p.27. 우리는 프라디에 Georges Fradier의 번역을 정확히 따르지는 않는다).

판단한다. "공동의 세계는 공적으로 보이는 정도에서만 세대들 간의 왕래에 저항할 수 있을 뿐이다. 수세기에 걸쳐서 인간들이 시간의 자연적 퇴락으로부터 구원하기를 원하는 것을 흡수할 수 있고 빛나게 하는 것은 바로 공적 영역의 공공성이다. 수세기 동안 우리에 앞서 ——그러나 이 시간은 경과한다——, 인간들이 공적인 영역에 진입한다. 왜냐하면 그들은 그들이 다른 사람들과 공유했던 것 혹은 그것 중 어떤 것이 지상에서의 그들의 삶보다 더 지속되기를 바라기 때문이다……." 그리고서 그녀는 덧붙인다. "아마도 불멸성에 대한 진솔한 집착의 거의 완전한 상실, 불멸성에 의해서 암흑 속으로 추방된 어떤 것의 상실, 그리고 동시에 영원성에 대한 집착의 완전한 상실보다도 더 근대에 공적 영역의 상실을 증언하는 것은 없다." 그로부터 그녀의 결론은 "그것은 진실로 (우리의 시대에) 있음직하지 않기 때문에 단지 허망함을 볼 수 있을 듯한 불멸성을 심각하게 갈망하게 된다."[21]

우리 시대에 공적 영역의 상실은 어디로부터 오는가? 어떠한 의미에서 그 상실은 기독교가 지상 세계를 평가절하하면서 나타난 간접적 결과인 듯하다. "이 세계의 것에 대한 기독교적 포기는 유한한 생명의 손으로 만들어진 인간적 인공물 역시 유한하다는 확신으로부터 끌어낼 수 있는 유일한 결론일 뿐이다. 반대로 그것은 세계가 모두의 **공동선**koinon으로 주요하게 인식하지 않는 모든 관계들, 즉 향유와 소비를 강화할 수 있다." 다른 의미에서 이러한 현상은 개인이 사적인 삶의 좁은 영역 속에 갇히고, 동시에 그들이 모이자마자 실제적인 것에는 무관심한 집단적 삶에 휩쓸리는 근대 사회, 즉 대중 사회의 스펙터클에서 더 명확히 드러난다. 우리는 이 마지막 설명에 멈추지 말자. 오히려 인간 혹은 인간의 작품에 귀속된 무한한 시간

---

21 *Ibid.*, p.55(trad. fr., p.67).

이라는 관념이, 사회적인 것의 기저 위에서 자유롭고 각자에게 보편적 가시성을 부여하는, 모두에게 열려진 권리로서 공간의 정돈에 대한 강한 연대성을 아렌트에게서는 공언되고 있다는 전제를 붙잡도록 하자. 시간의 이중화——유한한 존재와 사물의 시간과 무한한 생명의 존재와 사물들의 시간——는 사적인 영역과 공적인 영역의 첫번째 분열——인간이 노동의 필요성과 그들의 필요의 만족이라는 효과 아래에서 갇혀 있는 고유하게 사회적인 삶과 인간을 그들의 불확실성으로부터 해방시키고 그들에게 평등한 사람들에 의해 인식되고 볼 수 있도록 만드는 열정, 이미지, 출현의 방식을 부여하는 정치적 삶 사이——을 동반한다. 따라서 아렌트를 따른다면 불멸성에 대한 믿음의 토대 속에서 종교적 혹은 형이상학적 우려 혹은 단지 죽음에 대한 두려움을 찾는 것은 불필요하다. 개인적 생존과 제도의 생존의 구별에 멈추는 것 또한 불필요하다. 그녀가 제안하는 것은 인간은 공적인 장면에 등장하자마자 자신의 이미지 속으로 들어간다는 것이다. 그것은 더 이상 개인으로서가 아니며 자신의 고유한 운명의 표상이 무엇이든 간에, 그는 죽음에 맞서 살아 있는 불멸적인 것이 된다.

만약 『인간의 조건』의 독해에 매달리면서 고대 정치 공동체와 근대 대중 사회의 대조에 멈춘다면, 우리는 아렌트의 사유를 이해하지 못할 것이다. 폴리스polis는 그녀에게 공동의 세계의 정치적 제도와 불멸성과 영원성의 대립을 분명히 하는 근거로서만 존재할 뿐이다. 따라서 우리 시대에 공적 영역의 사라짐을 말하면서 그녀는 그것이 충분히 전개되었던 가까운 과거에 대한 암시를 주는 것은 당연할 것이다. 그녀의 저술 『혁명론』*On Revolution*을 참고한다면 의심할 여지가 없다. 이러한 잃어버린 세계는 하나의 계기, 프랑스혁명과 미국혁명이 만들어 낸 세계이다. 인간들은 기독교적 윤리와 단절의 힘을 가지고 있었다.——때때로 그들이 모르는 사이에 인간들은 지상에 삶을 재활성화시키는 것을 알고 있다. 그들은 열정을 가지고서 자신들의 고유한 불멸성과 정치적 작품의 불멸성을 혼합하면서 불멸의 도시 공동체를 건설하는 것을 자임한다. "식민지인들이 더 이상 그러한 상태를 반복하지 않도록 하는 것처럼, 그들의 번영의 안전을 보장하는 '영원한 상태', 영원성에 편재하는 이러한 사고만큼이나 혁명들처럼 근대 시기의 새롭고, 세속적인 열망을 분명하게 드러낸 것은 없었다. 이러한 주장과 나중에 부르주아에게 자신의 아이들과 자손들의 미래를 보장하고자 하는 욕망을 혼동하는 것은 전적으로 잘못된 것이다. 그 기저에는 지상의 영원한 도시 공동체로부터 강하게 느끼는 욕망 그리고 '잘 정돈된 공화국'은 모든 내적인 투쟁들에도 불구하고 불멸적이거나 혹은 세계만큼 지속할 수 있다는 삶에 대한 확신이 있다"(마지막 제안은 해링턴에게서 가져온 것이다). 아렌트에 따르면 근대의 사람들은 두 개의 거대한 혁명의 시기에 "인간에 의해 창조된 지상 세계의 미래에 대한 집념 속에서 전례를 찾기 위해 고대로의 회귀 이상의 것을 만들었다". 동일한 계시 속에서 정치적 장면의 행위자인 개인은 유한한 자신의 고유한 존재를 변환시키고, 그로부터 탈주하였다. 로베스피에르의 정식화 속에서 "죽음은 불멸성의 시작이었고", 근대 정치는 따라서 "자신의 보다 명확하고 웅대한 정의"를 발견하였다. 그것은 우리 현대인들이 인식하기 불가능한 것이다. 아렌트는 기꺼이 예언을 증명으로 전환시키면서 미슐레의 판단을 취한 것으로 보인다. "무기력한 시기들은 죽음 속에 발을 들여놓는 이러한 유혈의 비극들 속에서 어떻게 특별한 인간들이 불멸성만을 꿈꿀 수 있는지를 이해할 수 없다"(『프랑스혁명』에 대한 1868년 「서문」).

이 해석 속에서 유혹하는 것은 그 경계를 벗어나도록 하는 것이다. 왜냐하면 그녀가 동원하는 주장들은 그리스의 정치적 우주로부터 제기된 불멸성의 표상에 난점을 제기하기 때문이다. 혁명적 언어에서는 명확하다면, 어떻게 그것이 새롭다는 것을 언급하지 않고서 불멸성의 감각과 후세라는 감각 사이에 관계를 명백히 할 수 있는가? 그리스인들에게 '지상에 영원한 도시 공동체'를 건설해야 하지는 않았지만, 그들의 도시 공동체에는 신적인 본질이 있었다는 것을 어떻게 망각할 것인가? 현재의 작품들, 공훈들은 사라질 수 없는 스펙터클 속에서 미래 세대를 상기시키지만, 그들이 역사의 순환 속에서 그것들을 제거하고 또한 어떠한 의미에서 그것들이 불멸의 창조에 참여하게 할 힘이 없었음을 어떻게 망각할 것인가? 다른 한편으로 공간과 시간의 이중의 분리 ─사회적인 것의 희미한 공간, 정치적인 것의 공적이고 명확한 공간, 일시적인 것의 시간과 불멸성의 시간─가 근대 세계에서는 고대 세계, 적어도 아렌트가 상기시킨 세계는 알지 못하는 긴장을 함의한다는 것을 인식하지 못한 채, 그러한 분리에 그토록 민감하다는 것을 어떻게 드러내겠는가? 아마도 아테네 시민은 정치적 장면에서는 불멸적일 수 있지만, 사회의 구성원으로서 그는 시민이 되는 권리에 상응하는 신적인 대지의 파편을 소유하였다. 어떠한 것도 저 멀리의 고대 속에 도시 공동체의 초월성 그리고 세계와 시간의 내부에 있는 인간과 역사에 대한 관념을 주지 않는다. 그런데 만약 어떠한 것도 그것에 대해 신호를 만들지 않는다면, 종교는 초월성의 관념을 불가능하게 하는 것이 아닌가? 아렌트의 정식화 "영원성 대對 불멸성"은 매우 시사적이지만, 만약 그것이 다른 세계 속에서 신앙의 효과 아래 불멸성이라는 관념의 지속과 변환을 알지 못하게 내버려 둔다면, 기만적이 될 것이다. 그 정식화는 기독교로부터는 지상의 삶에 대해 가치절하만을 가져올 뿐이며, 아마도 이러한 테제를 전개하기 위해서는 굳건한 근거를 결여하지 않고 있을 것이다. 그러나 기독교의 저작은 두 가지 의미에서 읽혀야 한다. 유한한 생명의 조건 속에서 원죄를 속죄하는 인간의 타락이라는 관념은 인간 속에 신적인 것의 체현이라는 관념과 결합한다.

'근대의' 불멸성은 중세에서는 교황, 황제, 왕의 몸이라는 대체물 속에서 있었던 몸인 예수의 몸 속에서 인식되도록 한다. 그것은 파괴될 수 없는 공간으로 한정된 공동체, 즉 교회 그리고 왕국과 인간 자체 속에서 현실화된다. 단테는 보편적 군주정의 형상을 세우면서 단일성 속에서——남쪽의 극단에서 북쪽의 극단까지 '민족들'의 다양성을 넘어서——, 그리고 지속되는 시간 속에서——세대들의 무한한 계승을 넘어서, 각자가 시간 속에 전개되는 몸 자체의 구성원으로서 나타나면서——, 인간성 자체를 드러내고자 하는 임무를 부여할 때, 그는 이미 세워진 전통을 따를 뿐이었다. 그러나 명백한 내용 속에 포착된 종교적 표상의 모호성을 분석하는 것으로 충분하지 않다. 18세기에 절정에 이르고 이미 전에 그려졌던 정치적 표상들, 세속적이고 정교 분리적인 표상들 속에서 그러한 것들이 드러나는 것은 분명한 사실이다. 영토적인 국가의 이미지 위에 왕국의 불멸의 몸이라는 이미지가 각인된다. 왕의 방어라는 주제는 조국의 방어라는 주제와 결합하며 마치 그에게 십자군의 시대에 예루살렘의 방어를 위한 희생이 천국으로 가는 길을 보장했던 것처럼, 그것은 자신의 명분을 위해 죽음을 각오로 싸우는 이들에게 지상의 불멸성을 보장하였다. 만약 세속적인 공간의 경계들 속으로 초월성의 전이를 무시한다면, 불멸성에 대한 믿음의 역사의 한 단면 전체가 숨겨진 채 남게 된다. 이때 초월성의 전이는 한편으로는 무의식적인 전이이지만, 다른 한편으로는 모든 사실적인 다른 권력 위에 존재하는 군주적 권력을 세우고, 유한한 제도와 인간들과는 다른 성격의 삶을 부여하며, 국가에게는 그에게 결여된 것을 그리고 신적인 대지 안에 뿌리내리기, 즉 **시간 속에 영원성**을 제공하는 데 몰입했던 정치가들과 법률가들에 의해 정교화되고 추구된 전이이다. 이 작업은 로마법과 아리스토텔레스 철학에 대한 인지에 근거하였으며, 변화 속에서 **영원성**의 지위, 특별한 관습에 대해 변화하지 않는 법의 지위를 고정시키는 **전체**와 **공동체**에 대한 지식의 재활성화에 대해 이해하지 못하고서는 그것을 알 수 없다. 그것은 기독교를 위해 시간 밖의 일자와 개인적 혹은 집단적 몸 사이, 그리고 초월적 주권과 세속적 삶 사이의 새로운 관계가 짜여지는 것을 인식하도록 해야 한다.[22]

수세기 동안 왕은 유한한 생명임과 동시에 불멸의 존재로서 자기 자신의 위와 아래에 있는 세계 속의 존재를 형상화한다. 그러나 조금이라도 도시 공동체가 국가의 형태로 진화해 가는 순간, 예를 들어 14세기 후반기 피렌체의 예를 고려한다면, 공화국으로 구성되기 위한 그들의 노력과 동일하게 폭군의 지위를 배제하기 위해 군주제의 특성을 독점하고, 모든 구성원과 거리를 두는 불멸의 주권의 이미지를 생산하려는 의지가 표현되는 것은 놀라운 것이다.

놀라운 사실이다. 왜냐하면 근대 유럽에서 사색적 삶에 대립하여 고대로 회귀하는 표시 아래에서 세계 속의 인간의 권력과 공민주의의 회복인 행위하는 삶이라는 윤리가 정교화되는 곳은 피렌체에서이기 때문이다. 따라서 기독교화된 사회의 지평들 속에 인문주의를 놓으면서 인문주의의 창조성을 제거할 수 없다. 18세기에 등장한 혁명적 인문주의라고 불리는 것에 대해 아렌트가 포착하는 많은 특징들을 우리는 피렌체의 인문주의 그리고 도시 공동체에 의해 세워진 작품이 보편적 진리를 포함하고 있다는 믿음 속에서 분별해 낼 수 있다. 분명 피렌체라는 조국과 그것의 영광에 기여

---

22 근대 국가의 도래와 그것의 정치신학적 토대에 대하여, 다음의 책들을 참고할 것이다. E. Kantorowicz, *The King's two-bodies, a study in mediaeval political theology*, 1957 ; J. Strayer, *Mediaeval Statecraft and the perspective of history*, 1971.

한 시민들——그들은 공적 업무들 속에서 그리고 전쟁 속에서 작가와 예술가로서 혹은 상인으로서 서술된다——을 불멸성으로 치켜세우는 이중의 시도, 그러한 시도는 공론장의 형성에 의해 정당하게 정치적 장면의 시대에 가능한 시도이며, 의미 있는 것이다.

그러나 우리는 이 첫번째 사건에 대해 불멸성의 의미가 지닌 근대성, 세계에 대한 그리스적 개념과 구별되는 모든 것을 측정할 수 있다.

인문주의와 함께 사실상 우리가 정확하게 관찰한 것처럼 역사의 의미, 시간들의 상이성에 대한 의미가 형성된다.[23] 고대 세계는 사라졌던 것을 되찾은 것처럼 발견되지 않았다. 그것의 흔적은 위대한 저자의 텍스트——이 텍스트의 대부분은 인문연구studia humanitatis의 대상이 된 것들이다——와 기념물뿐만 아니라, 특히 라틴어를 사용하는 중세 시기에도 지속되었다. 역사가들이 우리에게 제시하는 것은 기독교와 이단 사이의 단절에도 불구하고 다른 세계로 인식되지 않았다. 그러한 인식은 인문주의에 고유한 것이다. 고대로의 회귀라고 부르는 것은 그것의 복원, 현재와 거리를 둔 과거의 복원을 의미한다. 일시적인 분리의 경험은 소통 혹은 극단적인 형태 속에서 고대와의 동일시를 조건짓는다. 그리고 동시에 행위, 인식, 예술, 교육, 과거의 창조가 정당성을 부여하는 창조에 의해 미래로의 열림을 조건짓는다. 동일한 운동으로부터 인문주의자들은 계승자로 인식되고 후손으로 위치한다. 적극적 삶의 존엄성은 시민의 삶의 존엄성과 결합하지만, 보다 일반적으로 그것은 작품과의 새로운 관계가 갖는 기능 속에 제도화된다. 기이하게도 한나 아렌트는 이 사건에 대해 민감하지 않은 듯하다. 그녀가 『인간의 조건』에서 예술 작품들을 말할 때 그녀는 그것들에게 본질의 소유라

---

23 Eugenio Garin, *L'Education de l'homme moderne*, Paris, Fayard, 1962(Ariès의 서문).

는 영원성을 부여한다. 작품들의 세계는 그녀에게는 특히 "유한한 존재들의 유한하지 않는 조국"인 것처럼 보인다. 그런데 이러한 영원성이라는 감성의 탄생과 그러한 감성이 시간과 공간 속에 위치된 작품의 특이한 정체성의 표상과 결합할 때 획득하는 의미에 대해 질문하는 것이 중요했다. 영원성이라는 유일한 관념은 인문주의와 함께 탄생한 듯한 이러한 사유의 원인을 설명하지 않는다. 시간들의 차이 **속에서** 작품들의 동시성이라는 사유. 더 이상 아닌 것과 아직 아닌 것이 결합하는 사유. 어쨌든 인문주의가 시간의 경험 속에 도입한 이러한 혁명에서 멈춘다면, 그것은 해방되기를 주장하는 사람들의 눈에는 아직까지 지속되는 '암흑의 시대'를 거부하는 것 속에서 형성되었다는 사실을 소홀히 하는 것이 될 것이다. 진실성을 재구성하고 모델 속에서 작품을 세우는 것이 쟁점이 되는 다른 세계로서 고대에 대한 의식은, 인문주의자들에게는 타락했던 인간의 언어, 인식, 습속과의 단절, 관습이 진리를 대신하는 희미한 시기로부터 벗어나려는 의지를 의미한다. 그 효과가 모호한 단절, 왜냐하면 그것이 삶의 모든 영역에 세워진 권위들로부터의 해방, 창조의 요구, 현재의 소유로 이끌기 때문이며 ——가장 눈에 띄는 표시 중의 하나는 세속적인 언어의 덕목에 대한 충분한 인정이다——, 다른 한편으로 그것은 작품에 대한 인식, 고대인들과 접촉의 수단들 그리고 언어의 적절한 사용을 보유하고 있는 문인층의 경계들에 진정한 삶을 확정하도록 자극하기 때문이다.——그 결과 역설적으로 라틴어는 가톨릭 법규의 언어로서 그 순수성 속에서 복원된다. 그런데 인문주의가 불멸성에 대한 두 가지 개념 속에서 길을 개척했다고 말하는 것은 위험스럽다. 자신의 운명의 일부분은 시간들의 차이 속에서 동시성의 난관을 해결하기 위한 시도, 적합한 기호의 기능 속에서 사라지지 않을 가치가 있는 것이 출현하도록 허가되는 극장을 운영하려는 시도, 그리고 문화라는 거대한 스펙터클에 후속을 상기시키면서 현재의 요구에 적합한 미래 속에 새로운 것을 설치하려는 시도 속에서 역할을 한다. 따라서 인문주의의 저작이 세계 속에 초월성을 '만들기' 위한 기독교의 저작과 밀접하게 얽히는 것에 놀랄 수는 없다. 그 사실로부터 불멸의 이성, 정의, 지혜 혹은 조국을 찬양하는 고대적 준칙들은 군주제를 찬양하고 불멸화하기 위해 종교적 근거와 함께 결합한다. 그리스와 로마의 신화학은 시간을 넘어서 왕의 현존을 형상화하기 위해 시, 조각, 회화를 통해 동원되었다. 그러나 현상은 다른 확대로부터 온다. 저자 혹은 작품의 주권자라는 개념은 군주 혹은 국민의 주권 개념이 지식 문화와 신학에 근거한 것처럼, 정치적 그리고 종교적 의미를 담당한다. 그런데 프랑스혁명이 불멸성의 이러한 거래를 종식시켰는지에 대해 묻는 것이 정당하지 않은 것은 아니다. 아렌트는 프랑스혁명 속에서 정치적인 것의 건설 혹은 재건의 계기, 공론장 전개의 계기, 인간을 위해 인간에 의해 만들어진 **영원한 도시 공동체**의 확립의 계기를 발견하고 싶었을 뿐이다. 그러나 새로운 인공물에 의해 새로운 목표를 위한 고대의 복원이 그녀에게 이러한 유일한 해명 속에서 나타난다는 것은 놀라운 일이다. 그녀는 세속적인 것을 넘어서 프랑스혁명을 빛나게 할 기능을 가진 영웅들의 자세, 정치, 문화 그리고 역사의 새로운 장면 연출에 대해 우려를 표하지 않으면서 로베스피에르의 정식화, "죽음이 불멸성의 시작이다"라는 것에 매력을 느꼈다. 아렌트와 미슐레보다 더 통찰력 있게 보이는 것은 에드가 키네이다. 그는 다음과 같이 관찰한다. "세상의 어떤 호민관도 로베스피에르와 생쥐스트보다 덜 대중적이고, 더 현명하며, 더 연구하지 않았다. 인민의 언어를 말하고자 했던 누구든지 그들에게는 신속하고 자연스럽게 추악한 것이었다. 그것은 그들에게는 프랑스혁명을 타락시키는 것 같았다. 그들은 키케로의 화려함과 타키투스의 웅대함만을 가지고서 혁명을 지휘했

다.……거칠고 프롤레타리아적인 코르들리에의 혁명을 짓밟은 것은 자코
뱅의 고전적인 문인들의 혁명이었다"고 말하면서 공포정치의 마지막 에피
소드 중의 하나를 상기시킨다. "로베스피에르는 고전적인 비극의 계획들을
따랐다. 상투적인 질서로부터 나온 모든 것, 삶, 자생성, 민중적 본능은 그에
게는 괴물인 것처럼 보였다. 그는 프랑스를 전쟁으로 가져갔다……."[24]

그러나 우리는 인문주의 속에서 주권의 표상에 종속되지 않지만, **면담**
이라는 표시, 이미 고대에서 사용했지만 근대인들에 의해 새로운 수용을
통해 사용되는 **우정**이라는 표식 아래 전달되었던 불멸성의 또 다른 개념이
드러난다고 말할 수 있다. 이러한 의미에서 시간들의 차이를 통제하지 못
하는 것, 그러나 단지 살아 있는 것보다 더 가까운, 가시적인 타자에 대한
감성, 타자의 말은 시간이 그에게 만들어 준 운명과 무관한 것으로 이해되
도록 하거나 말은 무한한 미래 속에서 타자에게 맡겨진다. 분명 죽은 자와
의 대화는 그 스스로 저자에게 유리한 고상함을 제공하는 장르가 된다. 예
를 들어 고대인들과 마키아벨리의 대화 속에 있는 르네상스라는 세기들의
피렌체를 다시 한번 상기시키는 것. 유명하게 된 한 편지 속에서 그는 자신
의 친구 베토리Vettori에게 그가 피렌체에서 머무르는 것이 금지되었고, 어
떻게 그가 시골의 망명 생활 속에서 하루하루를 보내는지를 이야기한다.
숲 속에서의 아침을 묘사한 후, 그는 자신의 집 앞에 있는 여관에 멈춘 것을
언급한다. 거기에서 그는 주사위놀이를 하고, 여관 주인, 푸주한 주인, 방앗
간 주인 그리고 두 명의 석회공과 싸운다. 그들의 모욕은 이웃마을까지 울
려 퍼진다. "나의 뇌에 절대로 곰팡이가 피지 않도록 나를 집중하도록 하는
것은 바로 이런 누추한 곳이다." 그리고 저녁 때가 되자 그의 작업 시간이

---

24 E. Quinet, *La Révolution*, t. II, Paris, 1865, p.263.

온다…… "나는 숙소로 돌아간다. 나는 나의 작업실로 들어가, 문지방에서부터 궁정과 성소의 의복을 다시 입기 위해 매일매일 진흙으로 뒤덮인 누더기 옷을 벗는다. 따라서 명예롭게 옷을 입고 나는 고대인들의 궁정에 들어간다. 거기에서 그들에 의해 수집된 인간성과 함께, 나의 것이고 나를 있게 하는 양식의 식사를 한다. 거기에서 그들과 이야기를 나누고 그들의 동작에 대해 그들에게 묻는 것에 어떠한 수치심도 갖지 않으며, 그들의 인간성으로 나에게 답을 한다. 그리고 네 시간 동안 나는 조금의 지겨움도 느끼지 않으며, 나의 모든 고통을 잊어버린다. 나는 빈곤에 대한 두려움을 갖지 않게 되며, **죽음조차도 나의 기를 꺾지 못한다.** ……" 결국 이러한 면담들은 황폐하지 않다. (조그마한 저작, *De principatibus*[나중에 『군주론』*le Prince*이라 불리게 되는 것]이 탄생한다.)[25] 마키아벨리는 여관에서 작업실로의 이동과 복장의 변화를 통해 시간 밖의 시간 속에 자신의 안착을 가능하게 한다. 그리고 이 변화는 그가 입던 의복의 특징에 의해 강조된다. 그것은 화려한 의복들이 아니다. 그것은 예전에 피렌체에서 그 임무를 수행하면서 입었던 의복이 아니다. 궁정과 성소의 의복은 그가 대사로서 공화국에 의해 파견되어 외국에서 임무를 수행할 때만 사용했던 것이다. 그것들은 리비우스, 타키투스, 아리스토텔레스, 제노폰과 면담하고 그들과 함께하는 곳에 등장하기 위해, 그리고 고대가 현존하는 인간성에 의해 위임된 역사적 임무를 담당하도록 인정되기 위해 불가피한 것이었다. 신, 천상과 지상의 분리에 대한 모든 근거들이 부재한 상황 속에서, 이 세계의 경계 내에서 현세와 내세 사이, 살아 있는 자들과 함께 살아가는 범속한 장소와 불멸성의 장소가 분리되는 것을 형상화한다. 그러나 이 말(불멸성)은 마키아벨리가 발

---

25 Machiavel, *Toutes les lettres de N. M.*, t. II, éd. Barincou, Paris, Gallimard, 1955, p.370.

언하지 않았다는 것을 분명히 하자. 그는 "죽음조차 기를 꺾지 못한다"라고 말하는 것으로 만족했다. 이러한 침착함은 어디에서 오는가? 죽은 자들과의 대화를 위하여 그 자신의 고유한 말을 해야 한다는 것으로부터인가? 아마도 그럴 것이다. 그러나 끝이 없는 지속이라는 희미한 의미에서가 아니라 타자, 세계 그리고 시간을 넘어선 자아의 현존의 분명한 실험이라는 의미에서 다른 삶의 감정보다 우월해진다. 마키아벨리가 연결한 보이지 않는 대화자들은 여관의 동료들과는 다른 살아 있는 자들이며, 그의 침실의 문지방 너머에서 휴식을 주었던 주사위놀이보다도 더 생기 있는 것이었다. 고갈되지 않는 면담은 서로서로에게 계속되는 인식과 작품 탄생의 근원이 된다.

따라서 마키아벨리는 우리가 다른 수많은 저자들에게서 찾을 수 있는 경험을 명확히 하였고, 그 경험이 르네상스 시기에 가장 잘 표명된다 할지라도 그 시기에만 한정되지 않고, 시간의 경계를 해체하는 경험을 보인 것이다. 반면에 그는 문제와 답변, 말하기와 듣기의 이중성 속에서 누군가의 혹은 옛날 그리고 지금에서 어떤 것의 해소할 수 없는 특이성을 확립시킨다. 이러한 경험 속에서 돌출해 있는 불멸성은 전혀 없으며, 오히려 항상 변화하는 표면 아래 순간들의 역전 가능성과 밀도를 증언하는 시간의 가로지르기가 있다. 측정되지 않는 것이라는 관념은 불멸의 존재의 주권이라는 관념 ——인간들 위에 존재하는 힘이라는 관념, 생존의 모든 이미지를 제공하는 불사의 몸이라는 관념에 결합되었던 관념 ——과 분리된다.

반대로 이러한 주권의 표시는 영광스러운 불멸성이 급진적 거부와 충돌할 때 그리고 영원성의 선언 속에서 헛됨vanitas의 선언이 대립될 때, 가장 잘 포착된다. 부정이 그 기저에서 긍정으로 전환되는 것을 보게 된다. 헛됨이 모든 인간 존재가 그 앞에서 전멸되는 영원한 것의 권력의 표시를 만들든지, 혹은 우리 문제와 관련하여 더 중요한 것으로, 헛됨이 죽음으로부터의 강조된 선출을 시작하고 주권을 대신한 자신의 취임을 시작하는 것이다. 셰익스피어만큼 주권과의 관계 속에서 불멸성의 표상과 죽은 자의 표상 사이의 공모를 잘 밝혀 낸 이는 없다. 리처드 2세Richard II가 볼링브로크 Bolingbroke의 반란을 경고하고, 자신의 거창한 신체pompous body의 침범 불가능성을 선언한 후, 갑자기 그것의 박탈 불가능성을 예견할 때, 죽음으로부터 선출된 이로서 왕의 이미지는 신으로부터 선출된 자의 이미지를 대체하고, 항상 죽는 왕의 이미지는 결코 죽지 않는 왕의 이미지를 대체한다. 파괴할 수 없는 본질의 왕관은 "죽음이 자신의 궁정을 잡고 있는" 내부에서 **구멍을 파는** 왕관이 된다. 셰익스피어가 군주에게 이러한 사유를 제공하였다는 것을 잊지 말자. 그것이 자신의 것임을 어떤 것으로도 암시하고 있지 않다. 그는 이 자리를 차지하기 위해 주권자의 모순에 대해 너무도 명확한 인식을 가지고 있다. 그는 우리들, 그의 독자들이, 이중의 몸이라는 환상에 빠지지 않고, 이중의 시간이라는 관념을 갖도록 자극하며, 또한 우리에게서 불멸성에 혹은 죽음에 모든 것을 주는 대안을 제거한다.

* * *

우리의 시초의 문제로 다시 돌아가자. 불멸성에 대한 감각은 아직 19세기 인간들의 사유 속에 살아 있었다. 그것은 사라지거나 혹은 역설적으로 존재하는 것에 대한 경외와의 타협을 거치면서 그리고 후세의 의미를 삭제하는 조건 속에서만 보존된다.──그것은 우리에게 근대의 가장 특징적인 것처럼 보이는 것이다. 만약 우리가 말에 적합한 사용법 아래에서 상이한 표상들을 혼합하는 것──우리가 이제 막 시작했을 뿐인 임무──에 동의한다면, 아마도 이러한 증명은 아도르노나 아렌트가 제안하였던 것보다 덜 분명한 것이다. 그리고 표상들이 19세기 동안에 토크빌이 "민주주의 혁명"이라고 명명한 것에 의해 전복되기 시작한 세계 속에서 겪은 변질에 주목한다면 그만큼 분명하지 않은 것이다. 변질이라고 말하자. 왜냐하면 구체제와 혁명 이후의 사회 사이에는 이와 관련한 불연속성이 존재하지 않기 때문이다. 수많은 표시는 불멸의 몸에 대한 정치신학적 시각의 지속성을 증명하고 있다. 가톨릭교의 경계 밖에서 생시몽주의자들은 그들의 예에 머물지 않고, 혁명적 시기의 잔해 위에서 재건하면서 자신의 불멸성을 인식하고 찬양하는 일을 하는 유기적인 사회에 대한 믿음을 기획한다. '인류의 종교', 앙팡탱에 의한 사회의 파괴할 수 없는 몸의 대체, 즉 앙팡탱으로 사회의 파괴할 수 없는 몸을 대체하기, 왕의 몸을 인류로 대체하기, 성경을 과학으로 대체하기, 구세주를 생시몽으로 대체하기. 이러한 사건들은 산업, 조직 그리고 더 일반적으로 기독교 전통과 단절하는 사회적인 것의 구성주의적·인공주의적 철학이라는 전혀 새로운 전망과의 관계에도 불구하고 유산을 숨길 수 없다. 다른 한편 전혀 다른 크기의 현상, 영광스러운 불멸성에 대한 인간주의적 개념은 부르주아의 성장과 함께 만개된다. 그 개념은 15세기 혹은 16세기에 그 시초를 발견할 수 있는 국민적 역사, 인간의 역사 그리고 개인의 정당성의 정교화를 위한 새로운 근원들로부터 혜택을 본다. 기념비적인 시간에 국민, 제도, 개인을 각인시키기 위해, 이성과 권리 ─ 1789년 이래 결국 '불멸의 원칙'이 세워진 이 권리 ─ 를 신성화하기 위해, 집단적 기억 속에 사멸할 수 없는 이름을 새기기 위해, 반복하기 좋아하듯이 미래의 세대들에게 살아 있는 사람들이 지닌 빛을 전달하기 위해, 작업의 많은 오래된 흔적들이 충분히 가시적으로 남아 있다.

어쨌든 부르주아 휴머니즘만큼이나 **종교적인 광기들**을 고려하는 데 있어 새로운 것, 불멸성의 생산을 위한 담론의 끊임없는 기능이 나타난다. 불멸성의 생산은 군주정 혹은 공화정을 위해 상징적인 것, 즉 선전의 경제를 결코 만들지 않는다. 그러나 불멸성에 대한 믿음을 체제, 헌법, 유한한 제도들——친숙한 제도들에서 시작하여——의 영원성뿐만 아니라 **문명**의 영원성의 보장으로 만들기 위해 수사적이고 교육적으로 고용된 수단들은 비교할 수 없을 정도이다. 그런데 만약 신앙이 불가피하게 정식화를 만들고 설득력 있는 이미지를 만들기를 요구한다면, 그것은 인간들이 암묵적으로 혹은 자주 명시적으로 민주주의가 위협이라고 공언하는 사회적인 것의 해소라는 관념에 의해 괴로워하기 때문이다. 시민적 인문주의는 15세기에 암흑의 시대로부터 벗어나고 고대인들이 알고 있었던 빛에 접근하고자 하는 의지 속에서 형성되었다. 그것은 새로운 건설의 보장 속에서 만개되었다. 부르주아 인문주의는 19세기에 그러한 확실성을 쇠약하게 하는 모호성이라는 시련을 겪는다. 부르주아 인문주의는 자신의 바로 뒤에 있는 야만을 인식하지 못하였다.——이 야만이 가장 자주 두 개의 얼굴을 하고 있다는 것을 고려하지 못하였다. 중세의 얼굴과 공포정치의 얼굴, 따라서 1789년의 빛은 그것을 감싸고 있는 암흑을 잊어버리게 하지 못하였다. 게다가 그 앞에서 야만적인 대중들, 소유와 문화가 없는 인민이 일어설 준비를 하고 또 그렇게 되었다. 그들이 정치적 장면에 등장하는 것은 사회 질서의 영원한 기초를 파괴하는 것이었다. 그러나 그러한 두려움이 사회의 원칙과 핵심에서 우연성이라는 새로운 감성과 결합하는 것을 보지 않고서는 사멸할 수 없는 것으로 가정된 부르주아 문명이라는 조직 속의 웅장한 건축물의 깊은 곳에서 있는 이러한 두려움을 아직은 가늠할 수가 없다. 기조Guizot가 가장 잘 언급하였듯이 위대한 임무는 **혁명이 끝나도록** 보이게 하는 것이다. 그러나 인간의 권력에게 그러한 것은 바로 사건이라는 관념을 제거하는 것이다. 단지 거기에 있는 사건만이 아니라 사건 그 자체를 제거하는 것이고, 그 것은 시간의 내부에 더 이상 존속할 수 없는 것이지만, 사건을 분절시키고 해체하며 알려지지 않은 것 ——확립된 어떠한 질서도 분노의 폭발을 방해 하는 것을 확실하게 하지 못하는 무질서의 힘 ——을 산출할 수 있다.

만약 주권적 불멸성이 정치적 몸의 마지막 정당성과의 관계 그리고 수 세기 동안 군주정의 정당성과의 관계를 유지하는 것이 적합하기를 바란다 면, 어떻게 불멸성은 군주정의 몰락 이래 그리고 게다가 영원한 이성과 정 의를 체현하고 있다고 주장한 공포정치의 권력의 비극의 실패 이래 유약해 지지 않았는가? 아마도 부르주아는 들뜬 듯이 정당성의 새로운 타이틀을 부여받고, 동시에 불멸성에 자신의 역할을 인정하도록 노력하였다. 그러나 부르주아는 자신의 발 아래 빈 공간을 느끼지 못하고서는 일어설 수가 없 다. 부르주아가 자신의 애착을 부여하는 권력 ——대의제 권력——은 더 이 상 사회와 몸을 만들지 못한다. 부르주아가 자신의 지속성의 상징을 기입 하기 원하는 세기는 지난 세기들과 더 이상 몸을 만들지 못한다. 1830년 어 느 날 샤토브리앙은 그것을 빈정거리기 위한 몇 마디를 찾았다. "오늘날 과 거 속에서 현재만을 결여할 뿐이다. 그것은 하찮은 것이다! 마치 수세기가 서로 기초로 이용되지 않으며, 마지막 세기는 허공에 떠 있을 수 있는 것처 럼."[26] 또한 그의 입장에서 복원에 대한 어떠한 우려도 없는 것이 아니지만, "루이 성왕의 왕조는 그의 거대한 과거에 의해 매우 강력하여 몰락하면서 사회의 토대의 한 부분을 뿌리채 뽑아냈다".[27] 그리고 다른 한편으로 사멸 할 수 없는 존재들과 사물들에 대한 집착이 세대들의 연속성과 관습 및 전 통의 연속성의 경험에 근거한다는 것이 타당하기를 원한다면, 어떻게 이러

---

26 F. Chateaubriand, *Mémoires d'outre-tombe*, 'Bibl. de la Pléiade', Paris, Gallimard, p.492.

한 영원성의 기억, 그 표시를 복원하기 위한 우려와 변화, 생산의 가속, 상품의 순환, 조건들의 동원 그리고 획득된 지위, 습속과 이념들이 들어와 만들어진 소용돌이에 대한 새로운 전망 사이의 대조를 통해 놀라지 않겠는가? 이러한 소용돌이를 상기시킬 때 가장 기꺼이 떠오르는 사람은 맑스이다. "잘 확립되었지만 녹이 슬어 꼼짝 못하는, 고대의 존경할 만한 이념들과 개념들의 호위를 받는 모든 관계들이 해체되었다. 모든 새로운 관계들이 경직되기 전에 이미 효력을 잃게 되었다. 모든 위계질서와 영원성은 사라져 버렸고, 신성한 모든 것은 세속적인 것이 된다……." 저자의 결론을 언급하지 않고 『선언』의 이러한 판단에 멈추기라도 한다면, 광범위하게 퍼진 사유를 번역하는 것이 명백해진다. 특히 『황금 눈의 소녀』에서 전개한 파리에 대한 훌륭한 대차대조표 속에서의 발자크 ─ 맑스에게 특별한 근거였던 ─ 뿐만 아니라, 토크빌과 샤토브리앙, 미슐레와 키네도 소용돌이에 대해 동일한 감성을 증언하고 있다. 그들을 읽는 것, 특히 샤토브리앙을 읽으면서 우리는 대중 사회의 도래와 그의 작품이나 관념들에 담긴 지속과 감각에 대한 상실이 어제오늘의 일만은 아님을 알게 될 것이다. 『사후 회상록』의 결론은 지난 세기 혹은 우리 세기의 끝에 대해 말하고 있는가? "낡은 유럽의 질서는 끝이 났다. 현재 우리들의 논쟁은 사후 세대들의 눈에서 본다면 어린 애들의 싸움으로 비칠 것이다. 더 이상 아무것도 없다. 경험과 연륜의 권위, 출생 혹은 천재성, 재주 혹은 덕, 모든 것이 부정된다. 어떤 개인들은 폐허의 정상에 올라섰고 거인으로 선언하며, 저 아래 난쟁이로 굴러떨어진다." 그리고 또한 "정치 공동체의 삶 속에서 모든 것은 일시적이다. 종교와 도덕은 인정받지 못하고, 각자는 그것들을 자기 방식대로 해석한

---

27 *Ibid.*, p.60.

다. 하찮은 혹은 심지어 신념과 존재에서 무능한 본성의 사물들 사이에서 하나의 명성이 겨우 꿈틀거리고 있다. 책은 하루만에 퇴물이 되고, 작가들은 주의를 끌기 위해 자살한다. 하지만 헛되게도 마지막 숨소리조차 듣지 못한다."

그리고 문체의 단순한 효과가 아닌 마지막 말을 제기해 보자. 왜냐하면 샤토브리앙이 한 군데 이상에서 제기한 말은 인간을 삶의 천박함과 죽음의 천박함으로 동일한 시기에 떨어뜨린다는 것이다. 수십 년 전 이래 죽음의 죽음la mort de la Mort의 연원을 찾는 역사가들은 샤토브리앙이 동시에 꿈꾸고 쓴 콜레라의 대차대조표 앞에서 놀랄 것이다. 그는 그것을 꿈꾼다. "노트르담 성당 꼭대기에 깃발처럼 휘날리는 관 덮개천을 상상해 보자. 대포가 신중하지 못한 여행자에게 경고하기 위해 이따금씩 쏘아 올려지고 있다……." 그는 공포 속에 침묵, 전율, 엎드린 인민의 기도를 던지면서 꿈을 꾼다. 그리고 1817년 파리에서 그는 다음과 같이 쓴다. "상상할 수 없는 재난……그것은 조롱의 분위기, 햇빛, 새로운 세계 속에서 산책하는 것이다……." 분명 공포정치의 행위자 그러나 아직은 알려지지 않은 이. "빛나는 태양, 군중의 무관심, 삶의 일상적인 기차……."

영광스러운 불멸성의 이미지는 19세기에 재탄생하지만, 그것은 부르주아 담론의 거만함이 증언하고, 수많은 증언들이 그 심오함을 인식하는 상처를 숨기면서이다. 이러한 증언들이 불멸성의 의미를 잃게 하지는 않는다는 것은 여전히 사실이다. 그것이 우리와 가장 가까운 점에서 관련된 것이다.

그것들이 시간을 거쳐 인간과 그들의 작품에 대해 인정하는 도취에 중단하지 않는 신중한 인문주의의 계승자로 존재할 것인가? 한편으로는 아마도 그럴 것이다. 그러나 시간의 관념이 변화하고, 좀더 가까이서는 전과

후의 분절이 느껴질 때 그러한 분절의 효과 아래 다시 등장하고, 현재에 소환되고 동시에 사라지는 세계의 표시를 만드는 것은 바로 모든 것이 인류의 과거 ──동양 그리고 동시에 그리스, 중세와 르네상스, 구체제와 프랑스혁명 자체 ──가 될 때, 시간의 차이의 관념은 더 이상 동일하지 않다. 지나간 것은 의미를 지니고서 다시 등장하지만, 상실의 표시를 띠고 있다. 그리고 정치적 이념과 문학적 생산이 소수의 틀을 해방시키고, 사회 전체의 공간 속에 확산될 때, 인간에게서 두 삶의 차이라는 관념 ──다른 사람들과 일상적인 상업 속에 있는 산문적인 하찮은 삶과 정치와 문화의 우주 속에 참여하는 시적인 삶──은 동일하지 않다. 달리 말하면 작품을 제공받는 공중의 표상이 여론의 표상과 결합한다고 혼동하거나 적어도 결합한다고 말하지 말자.

따라서 이후에도 저자와 후세에 대한 감성이 살아 있게 하는 불멸성에 대한 관념을 일시성과 공중과의 새로운 관계라는 시련으로부터 분리시키는 것은 헛된 일이다. 우리가 상기시키는 샤토브리앙이 주의를 끄는 것은 우리가 자주 그에게 불멸화시키고 또한 특히 사후성의 스펙터클 속에 부여되는 절제되지 않는 열정 ──적어도 그가 부정할 수 없는 표시들을 제공했다는 열정──을 주기 때문이다. 그러나 1830년 이후 아주 극소수의 저자가 그처럼 군주정이 그 몰락 속에서 만들어 낸 빈 공간과, 그에게는 혁명적인 것으로 보이는 것과 또한 아직 도래하지 않은 것 ──사람들이 받아들이기에는 충분히 성숙하지 않고, 지속된 쇠퇴라고 상상할 수 있고 한편으로 다른 사회의 시간이라고 인식하는 미래──과의 불가능한 일치를 명확히 하였다. 군주정은 자신에게 정당성과 불멸성을 가지고 있었다. 그것이 그가 말한 것이지만 그는 군주정이 죽었다는 것을 알았다. 그리고 그 지속 기간이 적대자들에 의해 단축되었다는 그의 유감 표시가 어떠하든 간에, 그는 그 속에서 믿기 힘든 우연한 사건들의 희생을 본다. 정통주의자[28]의 세계에 대한 그의 묘사는 의심을 남기지 않는다. "정통주의자들은 시간과 함께 도착한 쇠퇴를 즐긴다. 그들은 눈이 멀고 귀가 들리지 않으며 허약하고, 추하고 불만이 많다. 그러나 그들은 자연스러운 분위기를 가지고 있으며, 그들의 버팀목은 그들의 나이에 맞는 것이다." 자연적인 것에 대한 양보는 결국 제국의 생존자들에 대한 순수한 조롱이 나오게 할 뿐이었다. 제국의 생존자들은 "정통주의자들처럼 고대적이지 않으며, 그들은 지나간 유행처럼 늙지도 않았다. 그들은 금도금한 종이로 만든 전차로부터 나온 오페라의 신성한 분위기를 가지고 있다……." 그러나 오페라의 이미지는 그에게 한편으로 군주정의 가면을 벗기는 데 도움을 주고 있다. 베리 공작le duc de Berry이 암살당했던 극장을 묘사하면서, 샤토브리앙은 "비극의 사태 이후 비어 있는 극장"을 상기시키면서 다음과 같이 결론짓는다. "생루이의 왕정은 교회의 번개를 맞은 카니발의 난장 속에서 마스크를 쓴 채 종료된다." 불멸의 왕정의 시기에 대한 그의 존경, 양위 후 샤를 10세에 대한 그의 헌신은 그가 왕의 신성한 권리를 결코 믿지 않았다는 공적인 확언과 같이 이루어진다. 과거의 불멸성, 정당성 속에서 그는 사회적 질서에 유용한 환영들을 볼 뿐이다. 불멸성에 대한 고유한 의미와 관련하여, 그는 자신의 작품의 불멸성을 보장할 수 있는 주권에 매달리지 않았을 뿐만 아니라, 그 주권이 사라졌으며 마스크에 불과하다고 말하는 자신의 권력 속에서 드러냈다. 더 일반적으로 시간과 공간 속에서 위치지을 수 없는 자리를 차지하는 자신의 권력 속에서 말이다. 왜냐하면 그 자리는 공적인 삶이나 문학 속에서

---

28 정통주의자(légitimiste). 1815년 왕정복고 이후 보수우파 세력으로 왕정복고를 지지하던 집단. 샤토브리앙은 이들 집단에 속하였지만, 이 집단에서는 가장 자유주의적인 인물로 분류되었고, 자유주의자들과의 대화의 끈을 놓지 않았다.—옮긴이

명백해지는 자리가 아니기 때문이다. 역사의 영광스러운 과정 속에 기입되지는 않지만, 시간 속에서 출현과 사라짐의 전망을 열기 때문이다. ──혹은 더 분명히 말하자면 과거 속에 떨어지고 또한 진행 중에 있는 것에 대한 전망뿐만 아니라, **잃어버린 시간 속에서 다시 찾아지는 시간**을 제공하기 때문이다.

이 말들은 우리에게 우연하게 오지 않는데, 왜냐하면 어떠한 작품도 『사후 회상록』처럼 프루스트의 작품을 알리지 않기 때문이며, 어떠한 작품도 동일하게 주관적인 것과 객관적인 것, 개인적인 것과 사회적인 것, 개인적인 시간성과 역사적 시간성, 존재와 현상 사이의 적합한 경계들을 흐릿하게 하지 않기 때문이다. 어떠한 작품도 동일하게 실제 세계와 거리를 두고 있는 상상 세계를 구획하는 둘레의 표상과 마찬가지로 시작, 과정, 끝의 표상을 실패로 만들면서 샤토브리앙이 말한 것처럼 "삶의 두 끝"을 연결시키고 결합시키지 않는다.

불멸성의 의미는 **점령할 수 없는** 난공불락의 이 자리의 정복과 연결되는 것이 분명하다. 왜냐하면 그 자리는 누군가의 자리 ──시대의 의미에서 개인도 아니며, 철학자의 의미에서 주체도 아닌 그러나 삶 속에서 보다 특이한 것을 결집하면서 과도해지고 더 이상 시간과 공간의 이정표에 종속되지 않으면서, 그 과도함에 의해 관계들, 단절들을 해방시키고, 그 앞에 어떠한 시련도 만들지 않으며, 그를 통해서 시련을 만들게 되는 그러한 자리 ──이기 때문이다.

이러한 조치를 심리학적 혹은 사회심리학적인 것으로 환원시키려는 것도 헛된 일이다. 창의성에 대한 새로운 숭배에 의해 만들어진 영광에 대한 욕망이 문제가 아니다. 우리는 이 작은 사실, 샤토브리앙은 우리를 위해 죽은 것이 아니다라는 것을 잊고 있다. 그런데 왜 그는 살아남았는가. 그의 사유와 그의 언어가 견줄 데 없이 그것을 만들 뿐이라면, 그리고 다르지 않은 것은 사유와 언어 그 자체, 전례 없지만 고유하게 그들에 속하는 것이 등장하도록 하고, 본질과 낯선 명백함을 띠는 특이한 것이 참여하도록 한다면 말이다.

이러한 **점령할 수 없는** 자리는 항상 역사 속으로 거슬러 올라가는 저자의 자리라고 말할 수 있는 것인가? 그러나 그것이 사실이라면 우리는 그가 그것에 대한 관념을 갖지 않았다고 보는 것이 타당하다. 존재의 확실성은 글쓰기 속에서 어떤 모델의 보장 없이 특이성이 도래하도록 하는, 현기증 나는 자유가 향유되도록 하기 위해, 말의 정렬을 세우는 법의 보호 없이 말할 권리를 획득하도록, 혹은 말해져야 하는 것의 발명과 발견을 더 이상 분리하지 않도록 자연, 사회, 시간, 언어에 대한 경험 속에 숨겨져 있다. 확실함의 이정표를 해소시키는 것은 군주정이 수세기 동안 체현한다고 주장해왔던 마지막 정당성, 주권 붕괴의 결과로서 민주주의의 도래를 동반한다. 그러나 우리가 이미 이해하고자 했듯이 이 사건은 그 이면에는 지속성에 대한 질문을 의미의 담지자로 만들고, 이러한 공중의 환대에 자신의 운명이 달려 있는 것을 보는, 모든 것들의 보다 더 확장된 공중 속으로의 확산과 관련된다. 또한 민중적 말하기와 단절하고 스탕달이 **자연적인 것**이라고 명명한 것과 함께 지적인 언어의 특징을 보여 주고, 그 최후의 기능이 대중의 공통된 특징을 통한 서로의 동일시를 보장하는 것인 규준에 따라 배치되는 언어의 확장과 관련된다. 따라서 저자가 찾는 점령할 수 없는 자리는 외관상 수다스러운 그리고 여론의 언어인 화석화된 심오함 속의 언어에서 벗어나려는 끊임없는 노력에 의해서만 달성될 수 있다. 그것은 언어를 기초하는 법의 보호 없이 말할 권리를 맡는 것만이 아니다. 그것은 토크빌이 말한 폭군, 즉 사유되고 말해지는 모든 것 ──특이성 자체로, **공통의 장소**로 전환되는 것 ──을 체화하는 여론이 지닌 무명의 힘에 대항하는 것이다. 샤토브리앙은 우리에게 예를 제공하는데, 말이 정복해야 하는 것에 대항해야 하는 말을 노예로 만드는 상투적이고 획일화된 언어와, 새롭고 첨예하고 친숙한 말을 붕괴시킬 위험이 있는 언어의 파탄이라는 언어의 두 가지 이미지에 의해 괴로워한 아마도 유일한 진정한 작가일 것이다.

그러나 그렇다면 마지막 형태의 경향 혹은 직전에 발명된 개념이 승리하듯이, 라틴어로 인용된 사라지지 않는 문장이 평평해지는 **공통의 장소**는 무엇인가? 아렌트가 불멸성에 대한 모든 사유의 기초로서 말한 **공통된 세계**와는 아무런 관련이 없는가? 불멸성을 명명한 말이 우둔함의 전염 속에서 그것을 발견했을 때, 불멸성을 어떻게 부를 것인가? 키네는 자신의 『혁명』의 용어로 다음과 같이 쓰고 있다. "40세기 동안 느슨해지지 않고서 개발된 뒤에도 우둔함 혹은 자신의 역사적 이름으로 부른다면, 어리석음은 아직도 개발되지 않은 광산인 채로 남아 있다는 것을 믿어라. 거기에 손을 댄 이는 그것을 고갈할 준비가 되어 있지 않다." 그리고 다시 "우리는 자만하고, 대담하고, 냉정하고 항상 새로운 어리석음을 볼 때 화를 낸다⋯⋯. 만약 우리가 이러한 어리석음이 얼마나 진지하고 오래된 것인지, 그것이 얼마나 고상한 구역에서 만들어졌는지, 기저와 형태에서 그것에 완벽함을 가져오기 위해 얼마나 많은 어리석은 세대를 기다려야 했는지, 그것을 확산시키고 모든 요소들 사이에서 그것을 선택하며, 아버지에서 자식으로 그것을 확정하고 모든 근원 속에서 그것을 끌어내며, 모든 치세를 통하여 그것이 증식되도록 하기 위해 대대로, 농노에서 부르주아로, 귀족에서 기사로, 성직자에서 영주로 거치면서 그것을 장식하고 꾸미기 위해, 그리고 우리를 혼동시키고 화나게 하고 우울하게 하고 또한 반대로 우리가 스스로 그 일부라고 한다면, 우리가 찬양하는 그 거대한 어리석음을 만들기 위해, 얼마나 긴 작업이 필요한지를 안다면, 더 공평할 수 있을 텐데……."

사실 키네도 자신의 세대에 속한 많은 사람들처럼 불멸성에 대한 느낌을 갖고 있었음에 틀림없다. 그러나 결국 지배적인 이데올로기의 틀 밖에서 그들의 신앙을 표현하는 사람은 거의 없다. 위고와 르루는 그러한 사람들이다. 그러나 키네가 "자만하고, 대담하고, 냉정하고 항상 새로운 어리석음"이라고 명명한 것에 대항하여 동원된 그들이다. 이 경우에 **불멸성**이 아니다라는 확신에 대항하여 동원된 이들이다. 그리고 그들은 그들의 주장이 진지하다는 의미에서가 아니라 그들이 상투적인 방법을 따르고, 뒤에서는 그들의 적대자들의 것을 취했기 때문에 기상천외한 수단에 그러했던 것이다. 글쓰기의 소용돌이를 통해 여론이 독자를 소용돌이로부터 구했고, 역사·종교·과학·정치를 혼합하면서 글쓰기는 자신의 시간과 장소에 대한 관념을 상실하도록 하였다.

카네티는 스탕달에 대해 다음과 같이 말한다. "이 사람은 진정 드물고, 진실로 자유로웠지만 하나의 믿음을 갖고 있었다. 그는 여유롭고 명백하게 정부情婦에 대해 말하였다. 그는 그에 대한 희곡을 만들지 않고 누군가를 위해 쓰는 것으로 만족했다. 그러나 그가 백 년 동안 많은 독자를 가졌다는 것은 절대적으로 분명하다."[29] 정부의 이미지는 행복함 속에서 불멸성이 더 이상 법에 따라 존재하지 않는다는 것을 암시한다. 그녀는 공론장에서 영광스러운 외양의 부분이 아니라 인간의 가장 사적인 부분이 되었다.

19세기 소수의 작가들에게 불멸성에 대한 새로운 감수성은 우리 시대에 불멸성에 대해 보여지는 침묵을 더 잘 이해하도록 한다고 위험을 무릅쓰고 말하지 않을 수 있을까? 아직 말로 표현할 수 있지만 과장으로부터

---

29 Elias Canetti, *Masses et Puissance*, Paris, Gallimard, 1960, p.260.

벗어난 것은 가장 빈번하게 말로 표현할 수 없는 것이 된다. 그러나 말로 표현할 수 없는 것은 그렇다고 죽은 것은 아니며, 필연적으로 타락의 표시도 아니다. 아렌트가 대중 사회의 비극을 비난하고, 아도르노가 문화산업의 폐해 속에서 그 결과들을 비난할 때, 그들은 분명 옳지만 반만 옳다. 그들은 이미 불멸성을 잊어버린 이 근대성이 몇몇의 폭군을 신성화하고 그들이 죽은 후에 그들의 몸을 방부 처리하기까지 한다는 사실을 소홀히 한다……. 그들은 또한 파괴할 수 없는 몸의 표상을 거부하는 데 있어서 결국 신중함과 덕이 있다는 것을 소홀히 한다. 카네티는 「살아남은 자」라는 제목의 장에서 스탕달에 대해 의미 있게 찬사를 보내고 있다. 생존에 대한 가장 낮은 열정을 그는 폭군에게서 발견한다.——가장 낮고, 가장 추잡한 것이라고 우리는 덧붙인다. 왜냐하면 동시에 그는 생존하기 위해서 죽이고, 모두의 시선을 사로잡으며, 각자의 양심을 침해하기 때문이다. 바로 그것이 우리 시대에 불멸성에 대한 보다 더 조심성 있는 사유와 모든 허영의 표시 앞에서 후퇴하는 것에 영감을 주는 것이다. 스탕달을 열었던 카네티는 다시 다음과 같이 말한다. "그를 둘러싸고 있는 모든 것을 가지고서 그가 되찾은 것은 바로 그 자신이며, 이 삶 속에조차 그를 찾는다." 자신 속에 살아 있는 것들을 집어삼키는 폭군의 이미지와 시간을 통한 서로서로의 관계의 이미지 사이의 이러한 대조는 기이하게도 나보코프 소설, 『폭군의 제거』 속에서 만난다. 이 소설은 폭군의 몸의 이미지에 의해 문학적으로 소유된 한 인간의 이야기를 보고한다. 이 복제자는 그를 떠나지 않는다. 그것은 그에게 다가선다. 현재 그는 매 순간 거리를 두고 살고 있다는 것을 안다. 그와 함께 그는 깨어나고, 식사하고, 신문을 읽고, 저녁 때까지 그의 몸짓과 사유의 세세함까지 공유한다. 단지 하나의 욕망, 그를 죽인다는 욕망만을 되씹으면서 말이다. 그의 생일인 어느 날, 그는 그를 찬양하는 송가에 흥분하여 자신의 증오를 상실하고 자신의 처벌, 자신의 죽음을 원하기까지 이르게 된다……. 갑자기 웃음이 그를 해방시킨다. 이 웃음은 그의 눈에는 자신의 이야기 자체를 웃음거리로 만든다. 그러나 그는 죽음에 대한 욕망을 불멸성의 욕망으로 전환시킨다. 그래서 그는 자신의 조그만 글을 후세에 맡긴다. "모든 인간에게 자신의 종속을 몰아내도록 하는 것은 주문이다. 나는 기적을 믿는다. 나는 몇 개의 우회된 길을 통하여 이 일지가 다른 사람들에게 도달할 것이라고 믿는다……. 그리고 누가 아는가. 우연에 의해 인도된 이 작업이 불멸인 것, 때로는 모략하는 것으로, 때로는 벌거벗은 채로, 자주 선동적이고, 항상 유용한 것으로……. 드러날 수 있다는 사유를 제외시키길 원하지 않는 정의를 나에게 줄 것이라고……."[30]

분명 이것은 불멸성의 욕망이 교묘하게 빠져나가는 초라한 오솔길이다. 초라함, 그것이 웃음이라는 영감에 의해 가져왔기에. 그러나 나보코프는 **불멸성의 죽음**의 이론가가 알지 모르는 채 내버려 둔 우리 시대의 정신의 어떤 것을 느끼게 할 수 있다.

---

30 Vladimir Nabokov, *L'Extermination des tyrans*, Paris, Julliard, 1977, p.45.

⋮

'정치적인 것에 대해 사유하기'에 대한 단상

⋮

해방 이후 이승만, 박정희, 전두환의 억압적 정권 속에서 정치는 결코 권력자들의
제도적 장치에 한정된 적은 없었다. 한반도에 근대성이 형성되기 시작하면서 민중들이
정치의 전면에 나서고 그들의 말과 행위들이 정치의 중심이 되었다. 따라서 그러한 흐름을 찾는 작업,
곳곳에 흩어져 있는 역사의 흔적들을 찾아 정치적인 것을 재구성하는 작업은
결국 역사(학)와 정치철학의 결합일 것이다.

'정치적인 것에 대해 사유하기'에 대한 단상

1

프랑스를 중심으로 하는 유럽의 정치철학은 꾸준히 읽히고 또한 많은 독자들과 연구자들의 지속적인 관심을 받고 있다. 물론 지적 호기심도 있겠지만 무엇보다도 그들의 문제제기가 근본적이고 또한 이단적이기 때문일 것이다. 르포르 역시 그러한 관심 대상이 되는 프랑스의 정치철학자이며 그가 사용했던 개념들 역시 근본적인 부분들이 있다. 르포르에 대한 관심은 자연스럽게 '정치적인 것', '빈 장소로서 권력' '비결정으로서 권력', '인간 권리의 정치' 등 현대 정치철학의 중심이 되고 있는 그의 개념들과 연관된다.

르포르는 그러한 개념들을 새롭게 규정하기도 하였고, 또한 그것들을 자신의 정치적 사유의 중심에 끌어들여 정치철학 및 정치의 새로운 과제를 제기하고 있다. '정치적인 것'을 중심으로 한 정치철학의 계기를 새롭게 하게 된 것은 자연스럽게 르포르 자신의 정치적·지적 편력과 관련된다.[1] 르포르는 메를로퐁티와의 오랜 인연, 트로츠키주의자로서의 활동 그리고 전체주의 논쟁과 역사학자들과의 교류 등 ── 이러한 과정에서 마키아벨리에 대한 면밀한 독해를 통해 정치와 권력에 대한 새로운 이해를 확립하고, 또한 한나 아렌트, 프랑수아 퓌레, 칸토르비치 등의 영향을 받는다 ── 을 통해 자유주의, 정치적인 것, 인간의 권리 등에 대해 사유하였고, 그 과정에서 정치철학자로서의 위상을 확립하였다. 그는 문제설정의 변화를 통해 이데올로기적 전환이 아닌 문제설정을 통한 정치적 고민을 풍부히 하고자 하였다.

그를 포함한 프랑스의 정치철학자들은 정치철학이 철학의 한 분야가 아니라 정치학의 한 분야로 자리잡고 있다는 점을 분명히 한다. 그것은 정치철학의 출발점이 우리가 살고 있는 정치공동체이기 때문이다. 따라서 르포르의 글들은 정치와 정치적인 것이 구체화되는 공간의 역사 그리고 그 현실과 결합되어 있다. 르포르가 이 책을 통해 추구하고 있는 것은 정치철학의 개념에 대한 설명이나 명쾌한 정치철학서를 쓰고 있는 것이 아니라 정치철학하기, 즉 정치적인 것에 대한 사유를 통해 정치철학하기가 무엇인지를 보여 주는 것이다. 그는 자신의 주요 관심사인 근대 민주주의에 대한 이해를 위해 다양한 역사적 사건, 인물들의 담론과 사상 등에 대한 엄밀한 접근을 통한 정치철학하기, '정치적인 것에 대해 사유하기'penser le politique를 보여 주고 있다. 르포르는 프랑스라는 정치 현실과 역사를 보면서 그 흐름 속에서 전개되고 제시되고 쟁점이 된 문제와 담론, 이념, 사유들을 드러내 보이면서 정치적인 것을 구성해 내고 있는 것이다.

이 책에서 르포르는 1789년 프랑스혁명 당시 로베스피에르, 생쥐스트, 당통, 비요-바렌의 연설과 담론들을 통해 프랑스혁명이 만들어 낸 근대 민

---

1 르포르의 정치적·지적 여정과 그에 대한 소개에 대해서는 이미 다른 곳에서 정리한 바가 있기에 여기서는 생략한다. 자세한 것은 홍태영, 「클로드 르포르: 정치적인 것의 발견과 현대 민주주의의 모색」, 『현대 정치철학의 모험』(난장, 2010) 참조.

주주의 모습, 특히 그 한계들 ─ 물론 넘어설 수 있는 그리고 넘어서야 하는 경계일 것이다 ─ 을 보여 주고 있다. 또한 그는 기조, 콩스탕, 토크빌, 미슐레, 위고, 키네 등의 역사가, 소설가, 정치가들의 담론과 글을 뒤적이면서 19세기 프랑스 사회를 구성하고 결정하였던 정치적인 것이 무엇인지를 보여 주고자 한다. 그리고 단지 제도들과 지도자들의 작동과 담론만이 아니라 인민들의 집단적 의식을 결정하는 상징과 그들의 담론들을 분석하고자 하였다. 프랑스혁명 이후 사건과 사람들의 담론과 글들은 르포르가 보기에 현재적이다. 현재의 민주주의의 지속과 변환을 위한 역사의 흐름을 파악하는 것이며, 그것은 민주주의의 확장에 대한 문제의식의 실현이다.

2

얼마 전에 흥미롭게 읽은 김윤식의 『문학사의 라이벌 의식』(그린비, 2013)이라는 책은 좁게는 문학하는 사람들의 이야기였지만, 좀 넓게는 한국에서 인문학을 하는 사람들을 둘러싼 시대의 이야기였다. 역자가 흥미롭게 읽었던 것은 김현과 백낙청의 라이벌 관계였다. 어렸을 적 읽었던 두 지식인의 글들은 나의 학창 시절을 풍부하게 해준 것들이었다. 80년대 읽었던 『문지』와 『창비』를 생각하면서……. 그리고 푸코를 처음 접하게 해주었던 것은 김현의 『시칠리아의 암소』였고, 분단과 통일에 대한 이해 그리고 문학의 의미를 좀 더 이해할 수 있었던 것은 백 선생의 글들이었음은 부인할 수 없다.[2] 어쩌면 정치학도였던 역자에게 풍부한 사회과학적 감수성의 세

---

2 한편으로 그러한 것들이 지식/권력과 관련되어 있음은 그때에도 그리고 시간이 훨씬 지난 지금까지도 분명한 듯하다. 표절시비를 둘러싼 논의 속에서 창비 권력의 모습이 보이고 있다. 개인적으로는 "선비는 물러설 때를 알아야 한다"라는 어느 노선생님의 말씀이 또다시 생각나는 시점이다.

례를 주었던 것은 그들 인문학자들의 글과 소설들이었다. 그렇게 본다면 학부 시절 한국사회에 대한 인식 역시 최인훈, 조세희, 황석영, 조정래를 통해서 몸으로 느낄 수 있었던 듯하다. 밤새 읽었던 벽초의『임꺽정』이 한반도 민초들의 정서를 더 잘 느끼게 하였던 것 같다. 그리고 최근 읽고 있는 50~60년대의 소설들은 그 무엇보다도 더 잘 당시의 상황과 문제의식을 드러내 주고 있었다.

사회과학자가 정치적인 것을 파악하기 위해 먼저 기대야 할 것은 현실의 살아 있는 역사이어야 한다. 물론 문학사로 환원되지 않는 다양한 담론들과 서사들이 파악되고 이해되어야 할 것이다. 해방 이후 이승만, 박정희, 전두환의 억압적 정권 속에서 정치는 결코 권력자들의 제도적 장치에 한정된 적은 없었다. 한반도에 근대성이 형성되기 시작하면서 민중들이 정치의 전면에 나서고 그들의 말과 행위들이 정치의 중심이 되었다. 따라서 그러한 흐름을 찾는 작업, 곳곳에 흩어져 있는 역사의 흔적들을 찾아 정치적인 것을 재구성하는 작업은 결국 역사(학)와 정치철학의 결합일 것이다. 르포르가 말하는 '정치적인 것'이란 흔히 정치를 말할 때 언급하는 선거, 정당, 의회, 청와대로 한정되지 않는 우리의 삶 속에 존재하는 상징, 집단의식 등과 관련된다. 문화인류학자였던 기어츠 역시 정치라는 것이 그러한 제도적 장치들에 한정되지 않으며, 오히려 인민들의 집단적 의식 ── 이미 뒤르카임이 언급하였던 ── 속에서 더 중요하게 작동한다고 말하였다.

그러한 의미에서 보자면 우리 역시 한국사회의 '정치적인 것'을 사유하는 작업이 필요하다. 그것이 한국에서 정치철학을 하는 방식이 될 것이다. 해외의 뛰어난(?) 그리고 유명한 정치철학자들의 견해를 소개하고 재해석하는 과정을 통해 정치철학을 하는 것은 아닐 것이다. 우리의 정치공동체에서 발생하는 다양한 사건과 운동, 상징과 문화, 언어와 담론 속에서 존재하는 권력관계 및 권력의 망들을 찾아내고 그것들의 작동을 드러내면서 사회가 구성되는 형태들을 보여 주는 작업이 정치철학의 몫일 것이다.

3

미국에 발을 디딘 것은 이번이 처음이었다. 미국 본토는 물론 하와이나 괌조차도 경험이 없었다. 유럽에서 공부한 덕에 유럽 출장은 잦은 편이었다. 학교에서 해외 시찰이라는 명목으로 학생들을 인솔하여 갔던 곳도 대부분이 유럽이었다. 반면에 미국은 의도한 것은 아니었지만, 단 한 번도 방문할 기회를 갖지 못했다. 내가 아는 미국에 대한 지식은 토크빌의『미국의 민주주의』, 베일린Bernard Bailyn의『미국혁명의 이데올로기적 기원』, 세이무어 립셋S. M. Lipset의『미국사의 구조』등을 통해서였지만, 그것보다는 헐리우드의 블록버스터 영화들에 의해 각인된 인상이 더 강렬한 듯하였다.

가족들을 데리고 미국 땅을 밟으면서 먼저 걱정되었던 것은 총기, 인종 갈등 등 폭력에 대한 두려움이었다. 얼마 전에도 역자가 머물렀던 시애틀 북쪽의 고등학교에서 총기사고가 있었고, 미주리 등 곳곳에서는 백인 경찰에 의한 흑인 용의자의 죽음이 있었고, 그것은 미국 전역에서 시위를 불러일으키기도 하였다. 하지만 짧은 기간의 생활과 여행을 통해 눈에 띄는 독특함——특히 유럽과 비교하여——이 보였다.

아이들을 학교에서 보내면서 그리고 TV나 생활 속에서 흥미롭게 느꼈던 사실 중의 하나는 미국 사회의 기부donation와 자원봉사volunteer에 대한 강조와 그 중요성이었다. 학부모의 날 학교에 갔을 때, 각 수업의 교사들이 일 년 동안 수업을 어떻게 진행할지를 설명하였고, 그 시간에도 기부를 위한 홍보에 상당한 노력을 하고 있었다. 수도 요금을 보낼 때면, 청구서에는 물이 부족한 사람들을 위한 기부를 요청하고, 자동차세를 낼 때면, 또

어김없이 기부금 낼 것을 요구(?)한다. 물론 그럴 경우 기부금을 제외하고 수표를 보낼 수 있지만, 그러기도 쉽지 않다.

한국에서 복지와 세금을 둘러싼 논의가 이제 막 시작되고 있지만, 역자가 공부했던 프랑스의 경험을 본다면 복지와 세금은 같이 갈 수밖에 없다. 세금을 걷고 복지를 실행한다는 것이 누구의 주머니에서 돈을 꺼내 누구의 주머니로 갈 것인가의 문제라는 것은 분명하다. 결국 분배를 둘러싼 사회정의의 문제이며, 정치적인 것의 문제이다. 그러한 의미에서 본다면 미국과 유럽은 분명 다른 사회이다. 물론 프랑스에 기부문화가 없는 것은 아니다. 하지만 분배와 사회정의, 복지 등의 문제의 중심에는 국가가 있으며, 또한 시민의 권리의 문제가 결부된다. 그리고 난 후 기부는 부차적인 것이다. 프랑스를 포함한 유럽과 미국 그리고 우리나라의 국민 담세율을 비교한다면 충분히 알 수 있는 문제이다. 결국 복지와 세금의 문제는 어떠한 세금이 어떠한 방식으로 걷어질 것이며, 복지가 어떻게 실현될 것인가라는 사회적 합의의 문제이다.

물론 어떠한 형태를 사회를 만들어 갈 것인가의 문제는 그 나라 고유의 문화와 역사와도 결부된다. 개인주의적 자유주의 전통이 강한 미국과 국가주의적 전통이 강한 프랑스의 역사적 차이가 만들어 낸 현재의 차이이기도 하다. 개인의 자유를 국가를 통해 그리고 국가에 의해서 확장하고 보장하고자 했던 프랑스적 방식과 국가의 영역을 밀어내면서 그리고 국가의 간섭으로부터 벗어나는 방식으로 개인의 자유를 확장하고자 한 영국 그리고 미국적 방식의 차이이다.

그리고 한편으로 미국에서 강조되는 기부문화와 자원봉사 문화는 또 다른 방식의 권력의 작동 양식일 수 있다. 결국 그 사회의 형태, 즉 '사회적인 것'의 문제의 해결 —권력의 작동— 을 구성하는 것이 '정치적인 것'

의 문제이며, 정치적인 것의 형성에 주요한 요소는 정치적이고 사회적인 운동이다.

역자는 시애틀에 머무르는 동안 몇 차례 가족 여행을 하였다. 우선 시애틀에서부터 남쪽으로 차를 몰아 열흘 넘게 샌프란시스코, 로스앤젤레스 등을 거쳐 미국 서부를 여행하면서 미국을 볼 수 있었다.[3] 특히 인상적이었던 도시는 라스베이거스였다. 그곳은 분명 미국적이라고 할 만한 것이었다. 막대한 자본을 바탕으로 유럽과 아시아 문명의 흔적들을 모방하고 있었다. 정작 미국의 것은 없었다. 하지만 동시에 그것이 미국적인 것이었다. 이미 보드리야르가 말했듯이 미국은 모든 것이 모사인 동시에 실재이다. 또한 미국은 정체성 문제를 가지고 있지 않고, 권력의 기원이나 진정성에 신경 쓰지 않으며 현대성과 원시성이라는 상반된 개념을 아무렇지도 않게 공유시키고 있다. 라스베이거스의 쇼들은 국적도, 정체성도, 심지어 콘텐츠도 없다. 하지만 그 쇼를 둘러싼 거대한 극장과 호텔의 규모, 쇼가 제공하는 볼거리는 쇼의 서사와는 무관하게 혹은 빈약한 콘텐츠를 덮기 위해 극도로 화려하게 제공된다. 하지만 이 역시도 미국적인 것이다. "진부하고 천박할지언정 위선이나 가장을 벗어버린 미국의 모습"이다. 그리고 호텔의 곳곳에 있는 카지노에는 엄청난 돈이 흐르고 그러한 가운데서 누군가는 행운을 얻고 또 누군가는 빈털터리가 되는 그것이 바로 미국 자본주의의 모습이지 않을까 하는 생각이 들었다. 그리고 라스베이거스 주변을 둘러

---

3 보드리야르는 좀 과장되지만 타당한 지적을 다음과 같이 하고 있다. "미국 사회의 지성은 전부 자동차 풍속의 인류학에 있다.──그것은 정치사상들보다 훨씬 더 많은 것을 가르쳐 준다. 미국을 가로질러 1만 마일만 달려 보면 당신은 이 나라에 관해 사회학이나 정치학 연구소들 전체가 수집하는 것보다 많은 것을 알게 될 것이다"(장 보드리야르, 『아메리카』, 주은우 옮김, 산책자, 2009, 106쪽). 미국에서 자동차 그리고 운전은 "공간에 대한 새로운 경험과 동시에 사회 체계 전체의 새로운 경험을 창조"하기 때문이다.

싸고 끝없이 펼쳐져 있는 거대한 자연 —— 한편으로 장관이었고, 다른 한편으로는 황량하였지만, 동시에 미국 문명은 물론 모든 것을 품고 있는 듯한 사막과 캐니언, 밸리들 —— 은 미국을 말해 주고 있었다. 미국은 다차원적이고 비판적인 유럽적 문화의 청산이고 사회적인 것의 사막화 자체, 즉 그것들의 소멸이다. 사막은 그것들의 사라짐의 장소이다. 이미지와 시뮬라크르 속에 대중들은 흡수되고 사회적인 것은 존재할 장소가 없다.

물론 그와 대비되어 워싱턴 DC나 뉴욕 등 동부의 도시는 또 다른 미국의 일면을 보여 주었다. 미국적 정체성과 제국의 위엄을 보이고자 하는 상징으로 가득한 도시였다. 물론 스쳐가듯 본 워싱턴 DC에 대한 감상과 잠시 며칠 머문 맨해튼에 대한 인상이 미국의 도시들의 모든 것을 알게 하지는 않을 것이다. 하지만 그곳들에 대한 첫인상은 분명 유럽이나 아시아의 도시와는 다른 것임은 분명하다.

수도인 워싱턴 DC는 계획 도시의 틀 속에서 미국적 민주주의와 애국심을 강조하는 상징들로 가득 찼고, 뉴욕은 그야말로 마천루들이 말하고 드러내고자 하는 제국의 미국을 보여 주고자 하는 것 같았다. 자연사박물관, 메트로폴리탄 미술관, 구겐하임 그리고 현대 미술관의 배치들은 거대한 권력의 작동과 그들의 시선을 그대로 드러내 보이는 것이었다. 그러한 의미에서 본다면 그곳 역시 서부와는 정반대의 문명의 모습을 갖추었지만 미국적인 것의 의미를 변화시키지는 않았다.

19세기 전반에 미국을 여행하면서 일 년 이상을 머물렀던 토크빌은 미국과 미국 민주주의의 속살을 보았던 것일까? 토크빌은 대중의 원자화와 물질주의를 민주주의의 위협으로 보면서 우려를 표했지만, 동시에 미국의 민주주의 자체 내에서 그 극복의 동학으로서 민주주의적 정치를 보았다. 21세기에 들어선 미국을 본다면 그나마 미약한 '사회적인 것'은 사막의 소실점 속으로 사라져 버리고, 결국 '미국적' '민주주의' 정치만이 남아 있다. 무수한 개인들과 그들의 움직임이 있지만, 사회적인 것은 사라지고 보이지 않으며, 이제 존재할 이유도 없다. 토크빌의 시대에 존재했던 그 긴장은 이제는 사라져 버린 듯하다.

* * *

이 책의 번역은 아주 오래전에 약속된 것이었다. 하지만 개인적 사정과 이런저런 핑계로 아주 상당 시간 동안 미뤄져 왔다. 그러다가 국방대학교에 온 뒤 처음 얻은 안식년을 계기로 본격적인 번역 작업을 진행하였다. 개인적으로 이 책의 번역은 무척이나 즐겁고 보람된 작업이었다. 이 책은 파리 유학 초기부터 낱낱으로 읽었고, 귀국 후 르포르에 대한 글을 쓰면서 다시 대략 읽었었다. 하지만 번역을 하면서 오히려 더 꼼꼼히 그 의미를 생각하면서 다시 읽을 수 있었다. 그리고 그간 옮긴이 스스로 해온 작업들을 이 책에 비추면서 반성할 수 있었다. 옮긴이 스스로도 정치철학을 하는 연구자라는 정체성을 가지고자 했고, 나름 그러한 작업들을 한다고 생각해 왔다. 그래서 르포르의 책을 번역하면서 본인 스스로 써온 글들과 행위들에 대한 반성의 계기가 되었다. 그리고 한국 사회에서 정치철학하기, 정치적인 것의 사유를 어떻게 진행할 것인가에 대한 고민의 계기가 되었다. 또한 안식년을 가지면서 나와 나를 둘러싼 주변을 잠시나마 돌아볼 수 있는 계기가 주어졌다. 주변 혹은 낯선 이들에 대한 실망이나 경이로움보다는 나 자신에 대한 반성의 계기가 되는 시간이 되었다.

역자가 게으름을 피우는 오랜 기간 동안 큰 불평 없이 기다려 준 그린비 출판사 측에 깊은 감사를 드린다. 특히 그린비 편집자인 강혜진 씨에게 감사를 표한다. 강혜진 씨는 시간강사 시절 역자의 수업을 듣던 학생에서 이번에는 열렬한 독자로서 그리고 전문 편집자로서 역할을 해주었다. 그리고 일 년 동안의 미국 생활을 건강하고 알차게 무사히 마쳐 준 가족들에게 고마움을 전한다.

2015년 10월

홍태영